D1832690

महमूद फ़ारूक़ी

दास्तानगोई की इस दूसरी किताब में उन तमाम दास्तानों को शामिल किया गया है जो महमूद फ़ारूक़ी ने पिछले दस सालों में खुद तदवीन की हैं और जो बेइन्तिहा पसंद की गई हैं। 'दास्ताने-चौबोली', 'दास्ताने-सेडिशन', 'दास्ताने मंटोइयत', 'दास्तान एलिस की', 'दास्ताने कर्ण अज़ महाभारत' और इस किताब में शामिल दीगर और दास्तानें ऐसी कहानियाँ हैं जिन्हें सैकड़ों बार सुनाया जा चुका है और जिनसे सुननेवालों ने बेपनाह लुत्फ़ उठाया है। इन दास्तानों के ज़रिए जदीद हिंदुस्तान के मुख़्तलिफ़ मसाएल पर मज़ाहिया और व्यंग्यात्मक टिप्पणी की गई है। ये कहानियाँ हमारे मौजूदा रंगमंच में एक नई जेहत देने की कोशिश करती हैं और बजा तौर पर स्टेज के लिए एक नई ज़बान और नया मवाद पैदा करने के लिए सराही गई हैं। ये दास्तानें वैसे तो सुनने-सुनाने के लिए तदवीन की गई थीं। मगर अब इन्हें किताब की सूरत में पढ़ के भी लुत्फ़ अनदोज़ हुआ जा सकता है। मजमूई तौर पर ये हमें हमारे अपने अहद से एक नए ज़ाविए से रूशनास कराती हैं।

पिछले पन्द्रह सालों से महमूद फ़ारूक़ी दास्तानों के अहया-ए-नौ में जुटे हुए हैं। इस दौरान उन्होंने दर्जनों दास्तानगोयों को तैयार करने के साथ-साथ बेशुमार नई दास्तानें भी तरतीब दी हैं। उनकी चर्चित क़िताबों में *रामनाथ गोयनका अवार्ड* से सम्मानित 'Besieged : Voices From Delhi 1857' और हाल में शाया हुई 'A Requiem For Pakistan–The World of Intizar Husain' शामिल हैं।

दास्तानगोई

२

महमूद फ़ारूक़ी

राजकमल पेपरबैक्स

राजकमल पेपरबैक्स में
पहला संस्करण : 2019
दूसरा संस्करण : 2024

राजकमल पेपरबैक्स : उत्कृष्ट साहित्य के जनसुलभ संस्करण

राजकमल प्रकाशन प्रा. लि.
1-बी, नेताजी सुभाष मार्ग, दरियागंज
नई दिल्ली-110 002
द्वारा प्रकाशित

शाखाएँ : अशोक राजपथ, साइंस कॉलेज के सामने, पटना-800 006
पहली मंजिल, दरबारी बिल्डिंग, महात्मा गांधी मार्ग, प्रयागराज-211 001
1, अनमोल सोराबजी संतुक लेन, धोबी तलाव, मरीन लाइंस, मुम्बई-400 002

वेबसाइट : www.rajkamalprakashan.com
ई-मेल : info@rajkamalprakashan.com

बी.के. ऑफसेट
नवीन शाहदरा, दिल्ली-110 032
द्वारा मुद्रित

मूल्य : ₹399

DAASTANGOI-2
by Mahmood Farooqui

ISBN : 978-93-88753-48-7

दास्तानगोई और उर्दू अदब के पीरे मुग़ां
शम्सुर्रहमान फ़ारूक़ी के नाम—

‘हदीसे मुद्दआ ए मन ज़ेरे लबीस्त
कि अहले बज़्म अवाम अंद ओ गुफ़्तगू अरबीस्त’

और दास्तानगोई की मुहाफ़िज़े हक़ीक़ी
अनूशा रिज़वी के लिए—

‘दर राहे इश्क़ मरहला ए क़ुर्ब ओ बुअद नीस्त
मी बीनमत अयां ओ दुआ मीफ़रसतम अस्त’

फ़ेहरिस्त

पेश लफ़्ज़

किसे तवक़्क़ो थी कि हमारी जदीद तहज़ीब में दास्तान का अहैया हो सकता है ? बल्कि तवक़्क़ो से पहले की मंज़िल पर निगाह डालें तो कह सकते हैं कि किसे ख़बर थी कि दास्तान भी कोई फ़न है ? उर्दू, फ़ारसी पढ़ने वाले तालिब इल्मों को शायद कुछ मालूम रहा हो, लेकिन वो भी उसी हद तक, जिस हद तक कि उनके उस्तादों ने बताया था। और जो बताया था उसका लब्बोलुबाब यह था कि दास्तान दरअसल नॉवेल की गैर–इरतेक़ायाफ़्ता शक्ल है। बयानिया के फ़न, या बयानिया के ज़ौक ने इनसान को नई–नई तर्ज के बयानिया ईजाद करने की तरफ़ माइल किया और दास्तान उसी तवील, ज़रा गुमनाम क़िस्म के इरतेक़ायी सफ़र की एक मंज़िल थी जो आई और बहुत जल्द गुज़र गई, और नॉवेल ही बयानिया की सबसे तरक़्क़ीयाफ़्ता शक्ल है। लिहाज़ा दास्तान के बारे में जो हुक्म लगेगा वह उसी ऐतबार से और उसी तनाज़ुर में लगेगा कि वह बयानिया के इरतेक़ायी सफ़र में एक गुमगुश्ता मंज़िल है, और उसकी अच्छाई–बुराई के बारे में जो फ़ैसला होगा वह उन्हीं उसूलों की रौशनी में होगा जिन पर नॉवेल की शेरियात का दारोमदार है।

इस बात से कत–ए–नज़र कि ऊपर बयान की हुई सब बातें ग़लत हैं, इसमें बहरहाल कोई शक किसी को न था कि दास्तान और दास्तानगोई आज भी हमारे लिए कुछ दिलकशी या मानवीयत रख सकती हैं। लेकिन महमूद फ़ारूक़ी, अनूशा रिज़वी और उनके मुट्ठी–भर साथियों ने दुनिया को दिखा दिया कि दास्तान अब भी ज़िन्दा है, या ज़िन्दा की जा सकती है। लेकिन उसके लिए दो चीज़ों की ज़रूरत थी; एक तो कोई ऐसा शख़्स जो दास्तान को बख़ूबी जानता हो और उससे मोहब्बत करता हो। ऐसा शख़्स आज बिलकुल मादुम नहीं तो बहुत ही कमयाब ज़रूर है। दूसरी चीज़ जो अहियाय–ए–दास्तान के लिए लाज़िम थी वह था ऐसा शख़्स जो उर्दू ख़ूब जानता हो, फ़ारसी बक़दरे–ज़रूरत जानता हो, और उसे अदाकारी में भी ख़ूब दर्क हो, यानी उसे बयानिया और मकालमा को ड्रामायी तौर पर अदा करने पर कुदरत हो।

उसे उर्दू अदब की, दास्तान की, और ख़ास करके हमारी खुशनसीबी तसव्वुर करना चाहिए कि दास्तानगोई के दुबारा जन्म की दास्तान के लिए नागुज़ीर मोतज़विकरे बाला क़िरदार एक वक़्त में और एक जगह जमा हो गए। शेक्सपिअर के ड्रामे

'जूलियस सीज़र' में एंटोनी के जुमले की तरह का मामला रौ-नुमा हो गया कि 'अब उसे अपना काम करने दें। फ़ितना, अब तू बेदार है, जो राह चाहे इख़्तेयार कर।'

दास्तानगोई को मैंने फ़ितना कहा तो उस माने में कि दास्तान के ख़िलाफ़ जो कुछ कहा और लिखा गया था, उसमें इस बात पर ख़ास ताकीद थी कि दास्तान 'गैरअक़्ली', 'ख़्याली और वाक़ेयात से ख़ाली' बातों का मजमूआ है, उसे 'हक़ीक़ी ज़िन्दगी' से कोई सरोकार नहीं। इसमें नॉवेल की तरह की प्लाटसाज़ी है न क़िरदार निगारी वगैरह। तो ऐसों की नज़र में दास्तान और दास्तानगोई को दुबारा फ़रोग़ देना 'अदब के लिए एक फ़ितना' क़रार दिया जाता तो क्या अजब था। लेकिन ऐसा हुआ नहीं। और उसकी सबसे बड़ी वजह ये थी कि दास्तान का बयानिया इस क़दर हाकिमाना, इस क़दर मुसतहकम और हमारी कई जब्बिल्तों को बयकवक़्त बेदार कर देनेवाला ऐसा फ़न पारा है जो ज़माने के फ़ैशन और वक़्ती मस्लेहतों के दबाव को काटता हुआ अपनी जगह बना लेता है। दूसरी वजह ग़ालिबन यह हो सकती है कि तफरीह के मुख़्तलिफ़ ज़राए कसीर तादाद में रायज हैं। दास्तानगोई को भी उन्हीं में से एक ज़रिया समझा गया और बयानियों के फ़न की मुतअद्दिद बारीक़ियों की वजह से उसे ख़ास तवज्जो और तहसीन से देखा और सुना गया।

अब महमूद फ़ारूक़ी और मोहम्मद काज़िम अपनी कही हुई दास्तानों पर मुश्तमिल एक और किताब बाज़ार में ला रहे हैं तो दास्तानगोई का एक जदीद रूप भी सामने आ चुका है। बल्कि हम कहें कि दो जदीद रूप हैं, तो ग़लत न होगा। असल रूप तो वही पुरानी 'तिलिस्म-ए-होशरुबा' है कि उसकी दास्तानों में से इन्तेख़ाब करके और 'तिलिस्म-ए-होशरुबा' की बाज़ इबारतों को नए सिरे से तरतीब देकर ऐसा दास्तानी बयानिया पेश किया जाए जो 'तिलिस्म-ए-होशरुबा' ही कहा जाएगा। पहला जदीद रूप वे है जिसमें मआसिर ज़िन्दगी या फ़ौरी गुज़श्ता तारीख़ को दास्तानी रंग देकर और कभी-कभी 'तिलिस्म-ए-होशरुबा' के बाज़ मक़बूल क़िरदारों को भी (ख़्वाह नाम की हद तक सही) शामिल करके ऐसा बयानिया तरतीब दिया जाता है जिसमें 'तिलिस्म-ए-होशरुबा' का कुछ ज़ायका महसूस होता है, लेकिन जो कुछ बयान होता है उसका रेवायती दास्तान अमीर हमज़ा ('तिलिस्म-ए-होशरुबा' उसका मक़बूलतरीन हिस्सा है) के वाकयात और सूरत-ए-हाल का कोई ताल्लुक़ नहीं होता। दूसरा जदीद रूप वह है जिसका अब तक का सबसे मशहूर और मक़बूल नमूना 'दास्ताने करण अज़ महाभारत' है। यहाँ तर्ज़ सब दास्तानगोई के हैं लेकिन बुनियाद दास्तान अमीर हमज़ा नहीं, बल्कि महाभारत है। बयानिया में उर्दू के साथ दूसरी ज़बानें हस्ब-ए-ज़रूरत मिलाकर रिवायती दास्तान के तर्ज़ को ज़रा और 'रिवायती' बनाया गया है।

ये दोनों नए तर्ज़ अपनी जगह पर बहुत दिलकश और क़ुव्वतमंद हैं। लेकिन उनका वजूद और उनकी मक़बूलियत दास्तानगोई और ख़ुद दास्तान की आइंदा ज़िन्दगी के बारे में कुछ सवाल भी पैदा करते हैं। महमूद फ़ारूक़ी ने अव्वल रोज़ ही से दास्तानगोई

में बाज़द्दतें दाख़िल कर दी थीं, मसलन दो या कभी-कभी दो से भी ज़्यादा दास्तानगोयों का एक ही पेशकश में शरीक होना, साक़ीनामा और चेहरे के आसार भी मुश्तरका क़ेरत के ज़रिये अदा करना, बहुत थोड़ा सही, लेकिन स्टेज को स्टेज का रंग देने का कुछ इंतेज़ाम और दास्तानगो (दास्तानगोयियों) का थोड़ा-बहुत मेकअप। ये सब तरक़ीबें सामयीन को पसन्द आई और बरक़रार रखी गईं।

तो अब सवाल यह है कि क्या दास्तानगोई में कुछ मज़ीद नई चीज़ें दाख़िल करना ज़रूरी हैं, या दास्तान के लिए मुज़िर? इससे ज़्यादा अहम सवाल यह है कि दास्ताने अमीर हमज़ा, जो तमाम दास्तानगोयों का मलजा और मावा रही है, उसे नज़रअंदाज़ करके किसी और तरह की दास्तानें पेश करना कहाँ तक दुरुस्त है? क्या इस तरह दास्तानगोई का असल क़िरदार तब्दील न हो जाएगा? दास्तान की शेरियात इस बात की गुंजाइश तो रखती है कि इसमें मआसिर दुनिया कहीं न कहीं से दर आ सकती है,और दास्तानगोयों ने उससे कुछ काम भी लिया है, मसलन तंज़िया अंदाज़ में अंग्रेज़ी राज का ज़िक्र जैसे 'तिलिस्म-ए-होशरुबा' में एक शहर है, जिसका नाम 'शहर नापुरसा' है। इस शहर में काग़ज़ का सिक्का चलता है और अमीर हमज़ा का नवासा वहाँ से गुज़रता है तो ख़ूब हँसता है कि भला काग़ज़ का सिक्का कहीं होता है! लेकिन अगर पूरी दास्तान मआसिर दुनिया के बारे में हो, तो फिर दास्तानगो के बारे में ख़्याल गुज़र सकता है कि वह दास्ताने अमीर हमज़ा को क़ायम बिलज़ात बयानिया नहीं समझता, बल्कि उसकी जगह मआसिर हालात का बयान डालकर वो ख़ुद को अफ़साना निगारों के आम धारे में शरीक करना चाहता है।

महमूद फ़ारूक़ी के बारे में यह तो नहीं कह सकते कि वह दास्ताने अमीर हमज़ा से ख़ुद को दूर रखने का ख़्याल रखते हैं। उनकी जदीद दास्तानों को दास्तानगोई के फ़न का एक नया अंदाज़ ज़रूर कहा जाना चाहिए। महमूद फ़ारूक़ी ने सही कहा है कि दास्तानगोई दरअसल 'दास्तान गढ़ने' का फ़न है। ज़ेरे-नज़र मज्मुए में भी अमीर हमज़ा पर मबनी कई चीजें हैं। मैं समझता हूँ कि रफ़्ता-रफ़्ता उनकी दास्तानगोई में और भी रंग पैदा होंगे और सबका रिश्ता दास्ताने अमीर हमज़ा से मज़बूत, बल्कि मज़बूत-तर होगा। 'दास्ताने करण' की क़ामयाबी और मक़बूलियत इस बात की तरफ़ भी इशारा करती है कि रिवायती बयानिया में ऐसी क़ुवतें और एक़दार हैं जो कहीं और नहीं मिलतीं।

—शम्सुर्रहमान फ़ारूक़ी

नई दिल्ली, मार्च, 2018

दास्तानगोई के साथ मेरा सफ़र

दास्तानगोई की पहली किताब 2011 में आई थी। उस वक़्त दास्तानगोई के जदीद सफ़र को महज़ 6 साल हुए थे। लेकिन ऐसा नहीं लगता था कि बस 6 साल गुज़रे हैं, तब तो 6 साल तवील अरसा लगता था, मगर जैसा कि आम तौर पर होता है कि पहले मंज़िलें दूर लगती हैं मगर जब सफ़र परवान चढ़ता है तो मंज़िलें तेज़ी से पीछे छूटती चली जाती हैं। मैंने जब दास्तानगोई का सफ़र शुरू किया था तो ये तमन्ना थी कि काश अगले दस साल तक इस शौक़ को निभा सकूँ, और आज देखिए कि अलहमदुलिल्लाह फ़न के बारे में लिखते पढ़ते सोचते 15 साल गुज़र गए हैं और फ़न का मुज़ाहिरा करते हुए 11 साल, उसके बावजूद ये महसूस होता है कि सफ़र तो बस अभी शुरू ही हुआ है।

मंज़र इक बुलंदी पर और हम बना सकते,
अर्श के उधर होता काश के मकां अपना।

जैसा कि मैंने पहली किताब में लिखा था मुझे दास्तानगोई के बारे में मुतलक़ कुछ ना मालूम था। मैं ही क्या ग़ालिबन दुनिया-भर में फ़ैली हुई मेरी पूरी उर्दूदां नस्ल और शायद हम से पहले की नस्ल भी इस बाकमाल फ़न से पूरी तरह नाबलद थी। और अगर शम्सुर्रहमान फ़ारूक़ी ने बीसियों साल की जाँफिशानी, अर्क़रेज़ी और शग़फ़-व-इंहेमाक से इन दस्तानों को जमा न किया होता और उस पर अपनी लाज़वाल किताब *साहिरी, शाही, साहब करानी : दास्तान-ए-अमीर हमज़ा का मुताला* ना पेश की होती तो हम सब शायद आज भी लाइल्मी के उन्हीं समुंदरों में ग़ोता लगा रहे होते जिस में हम अपने तमद्दुन के बेशतर अबवाब को गुम कर चुके हैं। ऐसा क्यों हुआ और हमने दास्तानों का जौहर और उनके हुस्न-व-कमाल को क्यों नज़र अंदाज़ किया इस अदबी और ग़ैर अदबी सवाल का जवाब भी आप को फ़ारूक़ी साहब की उस किताब में मिल जाएगा। ये किताब 1999 में पहली दफ़ा शाया हुई थी और मैंने इसे 2000 में पढ़ा। ये किताब भी मेरे लिए उतनी ही होशरुबा साबित हुई जितनी वह तिल्सिम-ए-होशरुबा (और दीगर दास्तानें) जिन पर इस में रौशनी डाली गई है। उसी साल मैंने मिड-डे मुम्बई, जहाँ उस वक़्त मैं एक कॉलम लिखा करता था, उस में अपना पहला मज़मून लिखा। फिर चार-पाँच साल मैं इस के बारे में सोचता रहा, लोगों से गुफ़्तो

शुनीद जारी रही, फिर कहीं जाकर 2005 में उसके अव्वलीन मुज़ाहरे को स्टेज पर लाने में कामयाबी हासिल हुई। वो पहला मुज़ाहिरा किस तरह सामने आया और अनूशा और मैंने किस तरह शम्सुर्रहमान फ़ारूक़ी की हौसलाअफ़्ज़ाई और निगहबानी में उसे तरतीब दिया ये बातें पहली किताब में आ चुकी हैं। तब से अब तक शम्सुर्रहमान फ़ारूक़ी की इस फ़न और इस के जवाहिरात पर 4 जिल्दें शाया हो चुकी हैं जिनकी तरतीब हस्बे ज़ैल है।

1. साहिरी, शाही, साहब क़रानी : दास्तान-ए-अमीर हमज़ा का मुताला (1999)

2. साहिरी, शाही, साहब क़रानी : दास्तान-ए-अमीर हमज़ा का मुताला, जिल्द दोम : अमली मबाहिस (2006)

3. साहिरी, शाही, साहब क़रानी : दास्तान-ए-अमीर हमज़ा का मुताला, जिल्द सोम : जहान-ए-हमज़ा (2006)

4. साहिरी, शाही, साहब क़रानी : दास्तान-ए-अमीर हमज़ा का मुताला, जिल्द चहारुम : दास्तान-ए-दुनिया (2011)

पाँचवीं जिल्द छप जाने की उम्मीद है। उनके बाद सात और जिल्दें होंगी। हम सबकी दुआ है कि ये काम बहुस्नो ख़ूबी पूरा हो। आमीन।

''साहिरी, शाही, साहब क़रानी : दास्तान-ए-अमीर हमज़ा'' की इन जिल्दों से इतना फ़ायदा तो हुआ कि यहाँ दास्तानगोई के बारे में मुस्तनद बातें सब बयान हो चुकी हैं और कोई साहब ये न समझें कि ये ख़ाली डब्बा है और इसके बारे में वो भी टामक-दोईयाँ करके अपने क़यास के घोड़े दौड़ा सकते हैं। दास्तानगोई के बारे में जो भी बात इस अहद में की जा सकती है, वो इन किताबों और इनमें शामिल अमीक़ मुताले के निचोड़ की बिना पर कही जा सकती है। इसलिए दास्तानगोई के हर शायेक़, परस्तार और फ़नकार के लिए लाज़िम है कि इन किताबों को बग़ौर पढ़े, सोचे और समझे।

दास्तानगोई क्या है और इस अहद में कैसे और क्यों शुरू हुई ? इन सवालों पर पिछली किताब में बहस की जा चुकी है। अब जो मैंने दीबाचे पे काम करने के लिए अपने काग़ज़ात और औराक़ टटोले तो एक बहुत दिलचस्प चीज़ सामने आई। 2007 में बैंगलूरू के मशहूर इदारे इंडिया फॉउंडेशन फॉर दी आर्ट्स, जो फ़ुनूने-लतीफ़ा और डॉक्यूमेंट्री फ़िल्मों वग़ैरह के कामों को माली इम्दाद देता है, उसने मुझे भी दास्तानगोई के लिए एक मुअक़्क़र वज़ीफ़ा दिया था। उस वज़ीफ़े की मदद से हमने दास्तानगोई की पहली किताब उर्दू में शाया की थी और मुंबई में दास्तानगोई का पाँच साला जश्न मनाया था। उस वज़ीफ़े के हुसुल के लिए एक तआरूफी और तौसीफ़ी ख़त की ज़रूरत थी जो शम्सुर्रहमान फ़ारूक़ी साहब ने मुझे अता किया और उस में ये सतर रक़म की...।

''दास्तानगोई के फ़न के लिए आदमी को इंटेलेक्चुअल (दानिशवर) होना भी ज़रूरी है। यानी दास्तानगो सिर्फ़ वो नहीं जो स्टेज पर बैठ के रटी-रटाई कोई चीज़

सुना दे, दास्तानगो होने के लिए ज़बान, अदब और दीगर फ़ुनूनो–उलूम पर भी उबूर होना चाहिए।''

मगर वाक़िया ये है कि हम लोग अपनी ज़बान से इस क़दर महरूम हो चुके हैं और ज़बानी अदबपारों की जमालियात से इतने दूर हो गए हैं कि हम में से बेशतर इस तारीफ़ पर खरे नहीं उतर पाएँगे। और न ही अब उस्तादी–शागिर्दी के वो मदारिज हैं और न वो मेयार कि हम बरसों किसी उस्ताद के क़दमों की ख़ाक जमा करें और फिर जो मुश्ते–ग़ुबार अपने हाथ आए उसे अपनी ख़ुशनसीबी जानकर लोगों के सामने ले जाएँ। मौसीक़ी में बहर–हाल अभी भी बरसों की तबा–आज़माई और मश्क़ के बाद ही कोई उस्ताद अपने किसी शागिर्द को ये मौक़ा देता है कि वो ख़ुदमुख़्तार होकर अपने फ़न को पेश कर सके। मगर दास्तानगोई के मैदान में हमारे ज़माने में उस्ताद का सरासर फ़ुक़दान है और ना ही हमारे पास वो लगन है कि हम बरसों रियाज़ और मश्क़ करें। लेकिन बहर–हाल ज़बान, अच्छी नस्र और शायरी का मुताला तो किया ही जा सकता है। लुब्बेलुबाब ये कि हम सब लोग जो आज के अहद में दास्तानगोई करते हैं वो सब के सब तिफ़ले–मकतब हैं और अव्वल जमात में हैं और शायद हमें ताज़िन्दगी वहीं रहना है क्योंकि जो उस्ताद इस फ़न, इस सिंफ़ में अपनी जौलानियाँ दिखा चुके हैं हम उनसे बहुत दूर हो चुके हैं। हाँ मगर कोशिश और जद्दोजहद जारी रहनी चाहिए, तमाम उम्र। शायद कभी उम्र के आख़िरी पड़ाव में हम इस क़ाबिल हो सकें कि ख़ुद को इस बेमिसाल फ़न के नाक़िस सही लेकिन हक़ीक़ी जानशीन कहला सकें।

जैसा कि फ़ारूक़ी साहब की तसानीफ़ से वाज़ेह है हमारी रिवायती दास्तानें, जो ज़्यादातर हज़रत अमीर हमज़ा और उनके रफ़ीक़ों के कारनामों पर मबनी हैं, वो इस क़दर रंगारंग और हैरतअफ़ज़ा और सहरअंगेज और जादुई हैं कि उनके मुक़ाबले में शायद ही उर्दू का कोई फ़न पारा ठहर सके। हिन्दुस्तान जन्नतनिशां वैसे ही दुनिया–भर की क़िस्से–कहानियों का सब से अनमोल गहवारा और मंबा और मलजा व मावा रहा है जहाँ से तमाम कहानियाँ शुरू होती हैं या फिर यहाँ आ के नया जन्म और नया रूप लेती हैं। फ़ारूक़ी साहब ने अपनी तसनीफ़ से हमें ये बताया कि अमीर हमजा की ये दास्तानें क़िस्सा–कहानियों की उस शानदार आलमी रिवायत की एक तरह से मेराज हैं, यहाँ आकर इस मुल्क की तमाम कहानियों के शानदार धारे एक ऐसे आबशार की शक्ल लेते हैं जिसकी चमक–दमक और रंग के आगे दुनिया–भर के सारे क़िस्से, क़िस्सा–ए–पारीना हो जाते हैं। मेरी क्या औक़ात है जो इन दास्तानों की बुलअजबियों और गुलफिशानियों पर तब्सरा कर सकूँ मगर जो कुछ फ़ारूक़ी साहब से सीखा है और जो कुछ थोड़ा–बहुत थिएटर और अदब से शग़फ़ है उस की बिना पर ये मुनकसेराना ताईद ज़रूर कर सकता हूँ कि वाक़ई ज़बान और बयानिये का जो चकाचौंध कर देनेवाला मवाद अमीर हमजा की दास्तानों में है, उनमें जो ड्रामाइयत है उनके मुक़ाबले हमारे पास कुछ भी नहीं जो उनके सामने ठहर सके। जब मैंने दास्तानों पे काम करना

शुरू किया था उस वक़्त मुझे ज़बान पर वो दस्तरस तो थी नहीं, और न आज है, कि मैं उसकी बारीकियों से लुत्फ़अन्दोज़ हो सकूँ मगर हाँ चूँकि नाटक और ड्रामे वग़ैरा से थोड़ा-बहुत रब्त-ज़ब्त था इसलिए इन दास्तानों में जिस चीज़ ने मुझे ज़्यादा सर धुनने पर मजबूर किया वो इनकी ड्रामाइयत और रफ़्तार में तेज़ी थी। ऐसे-ऐसे क़िस्से, ऐसे-ऐसे मंज़र, ऐसी पेचीदगियाँ, मकाल्मे, ऐसे टर्न्स ऑफ़ प्लाट, ऐसी ऐय्यारियाँ कि सिनेमा के सारे बड़े फ़िल्मनिगार, मकाल्मेनिगार और स्क्रिप्टनिगार जमा हो जाएँ तो भी तिलिस्म-ए-होशरुबा की एक जिल्द की नैरंगियों का मुक़ाबला न कर पाएँ।

मगर अफ़सोस और नदामत इस बात पर है कि दास्तानगोई के इस सफ़र में हम अभी तक इस असासे को क़ायदे से बरत नहीं पाए हैं। इस बेशक़ीमत असासे से अब तक हम सिर्फ़ 10-12 दास्तानें लोगों को सुना सके हैं। यक़ीनन इस नाकामी में बड़ी हद तक ख़ुद हमारी कोताहियाँ शामिल हैं। ज़्यादातर लोग जो मेरे साथ दास्तानगोई करते हैं या पहले करते थे और वो लोग भी जो अब अपनी मर्ज़ी से दास्तानगोई करने लगे हैं उनमें से बेश्तर उर्दू से वाक़िफ़ नहीं हैं। इसलिए वो इस ख़ज़ाने तक पहुँचने से क़ासिर हैं। मैं ख़ुद भी इस ख़ज़ाने से बहुत महदूद इस्तिफ़ादा कर पाया हूँ क्यूँकि मैंने सिर्फ़ तिलिस्म-ए-होशरुबा का मुताला किया है और वो भी उसकी तमाम जिल्दों का नहीं। तो हमारी सूरत-ए हाल पे सिर्फ़ तरस खाया जा सकता है कि एक बेशबहा और नादिर जवाहिरात का अम्बार हमारे सामने लगा हुआ है और हम अपनी कसमुपुर्सी में उसके हुज़ूर में हाथ बाँधे इस तरह खड़े हैं कि उसमें से एक रेज़ा भी नहीं उठा सकते। ये निहायत ही अफ़सोसनाक सूरत-ए हाल है।

मगर जहाँ उसके लिए हम अपनी ज़िम्मेदारी पूरी तरह से क़ुबूल करते हैं वहाँ ये भी है कि उस ज़िम्मेदारी से उहदाबरआ होने की राह में हमारी कमियों और नाअहलियों के एलावा भी कुछ चीज़ें हायल हैं। पहला मसला है ज़बान का। 'तिल्सिम-ए-होशरुबा' और दीगर दास्तानों की जिस ज़बान पर ज़बान के माहिरीन सर धुनते हैं वही चीज़ उसके वसी पैमाने पर उसके फैलाव में सद्दे-राह बन जाती है। जो नाज़रीन दास्तानगोई या दीगर असनाफ़ के प्रोग्राम देखने आते हैं उनमें से बेशतर तिल्सिम-ए-होशरुबा की मामूली ज़बान को समझने से भी क़ासिर हैं चे जाय कि इन दास्तानों में इस्तेमाल हुए पैकरों और इस्तेआरों और लफज़ियात, की बारीकियों और क़ुव्वतों को समझ सकें। आमतौर से अब हमारे मुल्क में लोग मौजूदा उर्दू समझने की सलाहियत भी नहीं रखते और जिन्हें हम आज के उर्दूदाँ कहते हैं वो ख़ुद भी तिलिस्म-ए-होशरुबा को पढ़ने और समझने की इस्तिताअत से महरूम हैं। उस सूरत-ए-हाल में एक आम नाज़िर से ये तवक़्क़ो रखना कि वो इस ज़बान से लुत्फ़ उठा सकता है, बईद अज़ इमकान है। मज़ीद बरां, जैसा मैंने बारहा कहा है कि जो लोग थियेटर हाल वग़ैरह में प्रोग्राम देखने आते हैं वो उर्दू नहीं समझते, और जो लोग उर्दू समझते हैं वो थियेटर तक नहीं जाते। ये नहीं कि हमने कोशिश नहीं की और हमें कामयाबी नहीं मिली मगर ये भी सच है

कि उस तिलिस्म-ए-होशरुबा कामयाबी ख़ास हालत और एक ख़ास तरह के शायक़ीन पर मुनहसिर है जो हर बार और हर नुमाइश में मयस्सर नहीं हो सकती।

दरअसल दास्तानों की ज़ुबान उसकी चाशनी का शक्कर है और उसमें प्लॉट और क़िरदारों की गहमागहमी वो मीठी गोलियाँ है जिनके ज़रिए हम उस ज़बान को ग़ैर ज़बानदाँ लोगों तक पहुँचा सकते हैं। मगर उसमें ये ख़दशा हमेशा बना रहता है कि उस पेशकश को एक लतीफ़ या हसीन लेकिन बेमसरफ़ और बेज़रर-सी चीज़ समझ लिया जाए जो एक नादिर फ़न की तरह वक़्ती तौर पर आपको लुभा तो सकती है मगर कोई गहरी छाप नहीं छोड़ती। ये सच है कि दास्तान के बारे में आम तौर पर उस इल्ज़ाम को कि वो हल्की-फुल्की और वक़्ती तौर पे महज़ूज़ होने वाली चीज़ है, फ़ारूक़ी साहब पूरी तरह रद्द कर चुके हैं मगर बहरहाल रिवायती दास्तानों को उनके खलक़िये (Ethos) से अलग नहीं किया जा सकता। उनकी ज़बान और अंदाज़-ए-बयान कोई छिलका या लिबास नहीं जिसे अलग किया जा सके, दास्तान का तरज़े-बयान और उसकी ख़ुशगुफ़्तारी, ईजाद और शगुफ़्तगी और तन्ववो उसकी रूह है। दास्तान से सिर्फ़ कहानियों और किस्सों को काटकर अलग कर लेना उन्हें बेतरह मजरूह करने के मुतरादिफ़ होगा।

किस्सा मुख़्तसर ये कि अमीर हमज़ा की दास्तानों का जादू हमेशा सर चढ़के बोला है और आगे भी बोलता रहेगा मगर आज के ज़माने में उन दास्तानों के अलावा भी बहुत से ऐसे अफ़साने हैं जो सुनाए जाने का तक़ाज़ा करते हैं इसलिए रिवायती दास्तानों को इख़्तियार करने के साथ-साथ मैंने और ऐसी चीज़ें तशकील दी हैं जिन्हें दास्तान-ज़ादियाँ कहें तो नामुनासिब ना होगा। ये दास्तानज़ादियाँ बिलवासता हमारे अहद और दीगर सच्चाइयों और पहलुओं पर रोशनी डालती हैं जिन से हमारे सामयीन और नाज़ेरीन बेतकल्लुफ़ समझ सकते हैं।

तो बहरहाल वक़्त का तक़ाज़ा था कि अमीर हमज़ा के मिज़ाज के अलावा और भी तरह की दास्तानें लोगों को सुनाई जाएँ। इसकी शुरुआत तो 2007 में ही हो गई थी जब मैंने और अनूशा ने मिलकर तक़सीम-ए-हिंद पर एक दास्तान मुरत्तब की थी जो पहली जिल्द में शामिल है। उस दास्तान को बहुत पज़ीराई मिली और ख़ुद फ़ारूक़ी साहब ने उसकी तारीफ़ करके उस पर सनद दे दी तो हमारी मज़ीद हौसला अफ़ज़ाई हुई।

उसी साल मशहूर समाजी और फलाही कारकुन डॉक्टर बिनायक सेन को गद्दारी (Sedition) के इल्ज़ाम में बेजा तौर पर गिरफ़्तार कर लिया गया। उनकी दिफ़ाई कारकरदगियों के तहत मुझ से कुछ पेश करने को कहा गया तो मैंने एक छोटी-सी 'दास्तान-ए-सेडिशन' तरतीब दी जिस में रिवायती दास्तानों के रंग में बिनायक सेन और छत्तीसगढ़ के हालात की अक्क़ासी की गई थी। बाद में उनकी रिहाई की मुहिम ने जब ज़ोर पकड़ा तो उस दास्तान में मज़ीद इज़ाफ़ा करते हुए हमने इस मज़हकाखेज़

मुक़दमे को भी हदफ़ बनाया जो उनके ख़िलाफ़ दायर किया गया था। ये मुकम्मल 'दास्तान-ए-सेडिशन' 2011 में तैयार और पेश की गई, उसकी पेशकश को बहुत दाद मिली। फिर उसी साल मुंबई और पुणे में उस दास्तान को ख़ुद डॉ. बिनायक सेन ने बनफ़से नफ़ीस सुना। उसे सुनकर वह और उनकी अहलिया इलीना सेन उस से इतनी मुतास्सिर हुईं कि दोनों ही अश्कबार हो गए। पुणे की पेशकश में तो बड़ी रुकावटें और जहमतें आईं क्योंकि वहाँ आज़म कैंपस में होनेवाली पेशकश को शिद्दतपसन्द तंज़ीमों ने निशाना बनाया, फिर हंगामी तौर पर वहीं मज़दूरों की एक इंक़लाबी तंज़ीम ने अपने यूनियन के दफ़्तर में उसका इजलास रखा और बहुत सख़्त पुलिस के बहुत सख़्त पहरे और इंतेज़ाम में वह नुमाइश वहीं मुनाक़िद हुई और वहाँ मौजूद मराठी समाजी कारगुज़ारों ने उस को बहुत सराहा। इस दास्तान की नुमाइश वक़्तन फ़ वक़्तन एक समाजी ज़िम्मेदारी के तौर पर मुख़्तलिफ़ हुक़ूक़-ए-इंसानी और समाजी और फलाही इदारों के लिए होती रही हैं और होती रहती हैं। मगर इसकी जो एक बहुत ही यादगार पेशकश थी वो 2016 में जवाहर लाल नेहरू यूनिवर्सिटी में मुनाक़िद हुई जब उस यूनिवर्सिटी के कुछ तलबा पर जाबिराना तौर पर सेडिशन (गद्दारी) का इल्ज़ाम लगाकर उन पर मुक़दमा चलाया गया। जवाहर लाल नेहरू यूनिवर्सिटी के बेइंतेहा तनाव से और जोखिम से भरे हुए माहौल में इस नुमाइश को पेश करना ख़तरे से ख़ाली नहीं था। मैं तो किसी वजह से उसमें शामिल ना हो सका था मगर हमारी प्रोड्यूसर अनूशा रिज़वी हमारी पूरी टीम को लेकर पूरी हिम्मत और (दास्तानी ज़बान में) जवाँ मरदी के साथ वहाँ मौजूद थीं और वो दास्तान इस क़दर कामयाब रही कि उस के बाद यूट्यूब और फेसबुक पर कोई 60-70 हज़ार लोगों ने ना सिर्फ़ उसे देखा बल्कि मंगलेश डबराल और जावेद सिद्दीक़ी जैसे बहुत से दानिशमंदों और अदीबों ने उसकी पज़ीराई की। हाल ही में इंडिया हेबिटेट सेंटर में बम्बई के मश्शाक़ दास्तानगोयों राणा प्रताप और राजेश कुमार ने पहली बार टिकट लगा कर इस दास्तान को पेश किया जिसमें बहुत से नामवर सियासतदां और सरकारी अफ़सरान कपिल सिब्बल और नजीब जंग भी मौजूद थे। ये दास्तान अवाम के दिलों में घर कर रही है। लगता है कि जब तक मुल्क में सियासी इंतेशार बरपा है तब तक दास्तान-ए-सेडिशन की मक़बूलियत बढ़ती ही रहेगी जैसा कि फैज़ की उस मशहूर नज़्म में है—

ये हाथ सलामत है जब तक
इस ख़ूँ में हरारत है जब तक
इस दिल में सदाक़त है जब तक
इस नुत्क़ में ताक़त है जब तक
इन तौक़ो सलासिल को हम तुम
सिखलाएँगे शोरिश-ए-बरबत ओ-नैय

इसमें कोई शक नहीं कि जदीद हिन्दुस्तानी नौजवान की तरबियत कुछ इस तरह से हुई है कि हमारा सियासी शऊर अब हमारे फन-व-अदब के नमूनों से भी कुछ बग़ावत का तक़ाज़ा करता है। शायरी की हद तक तो उर्दू का मिज़ाज हमेशा बाग़ी रहा है चाहे वो इक़्तेदार दुनियावी रहा हो या आसमानी, उर्दू शायरों ने हमेशा उसके ख़िलाफ़ रवय्या इख़्तियार किया है और उसका मज़ाक़ उड़ाया है। नस्र और ड्रामा और दीगर फ़ुनून-उलूम में बग़ावत और सामाजी एहतेजाज की रिवायत को तरक़्क़ीपसन्द तहरीक ने परवान चढ़ाया और अब हम उस लय के इस क़दर आदी हो चुके हैं कि हमें अपनी तमाम अदबी और फ़नकाराना कविशों में वही रंग भाता है, भले वो एहतेजाज और बग़ावत कभी-कभी बिल्कुल सतही हो के नारेबाज़ी की शक्ल ही क्यों ना ले ले। अब हम में वो अहलियत तो नहीं रही कि बक़ौल मीर अनीस ''एक फूल का मज़मूँ हो तो सौ रंग से बाँधूँ।'' अब मज़ामीन भी सिमट गए हैं और एहतेजाजी भी यकरंग सा हो गया हैं। मगर उसके बावजूद मुझे यक गुना सुकून है कि दास्तान-ए-सेडिशन उन पामाल (Cliches) से महफ़ूज़ रही है जो आम तौर पर हमारे यहाँ एहतेजाजी अदब (Literature of Protest) का ख़ास्सा बन गए हैं।

2011 में ही मुझे कोलकाता से एक तंज़ीम ने रवींद्रनाथ टैगोर की डेढ़ सौवीं सालगिरह की तक़रीब में टैगोर पर एक दास्तान पेश करने की दावत दी। मैंने बहुत सर मारा मगर कुछ समझ में ना आया कि मैं इस समंदर, जो टैगोर की तख़लीक़ी वुसअत है, उसके किसी किनारे से एक चुल्लू भी पानी उठा सकूँ। टैगोर का कैनवस इतना वसीअ है, शायरी, नॉवेल, ड्रामा, नाट्य संगीत, मुसव्वरी, मौसीक़ी, विश्वभारती, सियासी कारकून की ज़िन्दगी और उनके कारनामों की कोई एक दास्तान कैसे अहाता कर सकती है। मुझे याद आया कि मैंने सत्यजित रे की फ़िल्म 'घरे बाइरे' देखी थी जो टैगोर के नॉवेल पर बनी थी। फिर मुझे ख़्याल आया कि मैंने अपने बी ए के निसाब में भी सुमित सरकार की बेहतरीन निसाबी किताब 'मॉडर्न इंडिया' में उस नॉवेल का ज़िक्र पढ़ा था। सरकार ने दिखाया था कि किस तरह टैगोर ने पहले 'गोरा' लिख के शिद्दतआमेज़ वतनपरस्ती की हिमायत की थी। मगर फिर 1905 की तक़सीम-ए बंगाल के ख़िलाफ़ स्वदेशी तहरीक की ज़्यादतियों ने उन्हें सरासर क़ौमपरस्ती या नेशनलिज़्म से ही मुनहरिफ़ कर दिया था। मैंने नॉवेल का अंग्रेज़ी और हिन्दी तर्जुमा पढ़ा। आम नॉवेल को दास्तान के पैराए में सुनाना आसान नहीं होता। कि नॉवेल दास्तान नहीं, मगर चूँकि इस नॉवेल की साख़्त ऐसी थी उसमें तीन क़िरदार महज़ अपने मुकालमों और खुदकलामियों से कहानी का सिलसिला आगे बढ़ाते हैं। ख़ुद अदीब की कोई बयानिया आवाज़ नहीं है इसलिए इसे ज्यों का त्यों भी सुनाने का बीड़ा उठाया जा सकता है। मैंने उन दोनों तर्जुमों की मदद से दास्तान तरतीब देनी शुरू की। दास्तान के आगाज में मैंने महात्मा बुध की जातक कथाओं से इस्तिफ़ादा कर के एक तआरुफ़ी खाका खींचा, फिर उसमें 1857 के कुछ नादिर अवामी गीतों की मदद से अंग्रेज़ी राज

की सना और उसके ख़िलाफ़ नफ़रत दोनों को उजागर करने की कोशिश की। इस दास्तान के पहले कुछ सफ़हात सिर्फ़ मेरी तहरीर हैं ताकि नॉवेल को दास्तानी रंग दिया जा सके। ये दास्तानी रंग क्या होता है और स्टेज पे उसका इल्तेज़ाम कैसे रखा जाए इस पर मैं आगे बहस करूँगा।

बहरहाल तो उस नॉवेल में दास्तानी रंग भरने के बाद मैंने ये ज़्यादती की कि एक तारीख़ी धारे को मोड़ दिया। मामला ये है कि जब से जदीद खड़ी बोली हिन्दी का उरूज हुआ है, देखा ये गया है कि हिन्दी और उर्दू तहरीरों से उर्दू के अल्फ़ाज़ हटा के सक़ील और खुद्साख्ता हिन्दी के अल्फ़ाज़ भर दिए जाते हैं ताकि ये तहरीर पाक साफ़ हो जाए। ये मुहिम डेढ़ सौ बरसों से जारी है। लेकिन आजकल ज़्यादा ज़ोर पकड़ रही है। तो मैंने इस बार ये किया कि 'घरे बाइरे' के जिस हिन्दी नुस्ख़े से मैंने इस्तिफ़ादा किया था उसके बहुत से मुकालमों को ज्यूँ का त्यूँ मुस्तआर ले के उसमें से हिन्दी अल्फ़ाज़ निकाल के उर्दू अल्फ़ाज़ डाल दिए। बहरहाल वो दास्तान कोलकाता में मौलाना आज़ाद मेमोरियल के लॉन में सुनाई गई और ठेठ बंगाली बाबूओं ने उसे हाथों हाथ लिया। फिर उसकी दो तीन पेशकश और हुईं, दिल्ली में IIC में और JNU में ये दास्तान भी बहुत कामयाब हुई। उस दास्तान को सुनने के बाद एक नौजवान अदीब और बंगलादाँ प्रज्ञा तिवारी, जो फिलहाल 'वाइस इंडिया' नाम की तंज़ीम की सरबराह हैं, उन्होंने मुझे एक ऐसी मुबारक़बाद से नवाज़ा जो मैं आज तक भुला नहीं सका। उन्होंने कहा कि वो टैगोर और सत्यजीत रे दोनों की बहुत बड़ी शायक़ (Fan) हैं। ख़ासतौर से 'घरे बाइरे' उनके बेहद पसन्दीदा नॉवेलों में से एक है जिसे उन्होंने बहुत बार पढ़ा है।

उनका कहना था कि मेरी 'दास्तान-ए-घरे बाइरे' उन्हें सत्यजीत रे की फ़िल्म से बेहतर लगी और ख़ासकर मैंने उसमें निखिल नामी क़िरदार को जिस तरह बनाया था, तहरीर और पेशकश दोनों में, उस से निखिल के क़िरदार को एक नया वक़ार और masculinity अता हुई जो उन्हें ख़ासकर पसन्द आई।

जितनी मेहनत से ये दास्तान तैयार की ग़ई थी उसके मुक़ाबले इसके तमाशे कम ही हुए। दरअसल 'घरे बाइरे' में टैगोर ने ऐसे बहुत से सवालों का अहाता किया था जो हमारे अहद में, ख़ासकर पिछले तीन-चार साल में बहुत ज़्यादा इश्तेआलअंगेज़ रंग अख़्तियार कर चुके हैं। गौकशी, वनदेमातरम, वतनपरस्ती और क़ौमियत जो अपने तशद्दुदआमेज़ रंग पर ख़ुद फरेफ़्ता हो गई है, मुसलमानों से नफ़रत, इन सब सवालों को टैगोर ने बरता और कड़ी मुज़म्मत की। निखिल कहता है : 'अपने देश से प्यार मुझे भी है मगर उसके लिए दूसरे मुल्कों की मुज़म्मत मुझे गवारा नहीं' और ये : 'अगर मुल्क की तरक़्क़ी मक़सूद है तो मुसलमानों को साथ लेकर चलना होगा।'

हमारे आज के बेशतर फ़र्ज़ी और खुदसाख़्ता *मैन्यूफैक्चर्ड (Manufactured)* सियासी मसायल और दावों पर गुरुदेव सौ साल पहले ही अपनी मुहर तन्सीख लगा चुके हैं। मगर इन मुतालिबात से इस तरह बेबाक और साफ़ इनकार करना टैगोर के

बस में तो था, हमारे आप के लिए आज की फ़िज़ा में उसे दोहराना भी आसान नहीं है। और फिर ये क़िस्सा बेहद संजीदा है। लम्बे-लम्बे मुकालमे हैं, दाख़ीली कशमकश की बारीक अक़्क़ासी है और फिर तर्जुमे की ज़बान में वो बात नहीं जो आपको मरऊब कर सके या अपने सहर में ले सके। इन सब वजूहात से इस दास्तान को सुनना और सुनाना दोनों गोया एक भारी पत्थर उठाना है। इसीलिए अब तक के मेरे सफ़र में इस दास्तान को बनाना और सुनाना शायद सबसे मुश्किल और आज़माइश का मुक़ाम था और अल्हम्दुलिल्लाह कि मैं इस से उहदाबरआँ हो सका। उम्मीद है कि इस दास्तान के शायक़ीन दोबारा पैदा होंगे और हम लोग इसे दोबारा, सहबारा सुनाने के फ़र्ज़ को अदा करने में कामयाब होंगे।

2011 में ही दिल्ली की मायानाज़ पब्लिशर और तंज़ीम 'कथा' से एक मोहतरमा शगुब गहलोत मुझसे मिलने आईं। वो ख़ुद भी एक क़िस्साख्वां हैं और बच्चों को कहानियाँ सुनाती हैं। उन्होंने मशहूर राजस्थानी अदीब विजयदान देथा की कहानियों के दो जिल्दों के अंग्रेज़ी तर्जुमे इनायत किए। ये तर्जुमे मिशिगन यूनिवर्सिटी की एक माहिर क्रिस्टी मेररिल ने किए थे। मैं देथा साहिब के नाम और काम से थोड़ी-बहुत वाक़फ़ियत रखता था मगर जब मैंने यकसुई से उनका काम पढ़ा तो दम बख़ुद रह गया। देथा साहिब ने ज़िन्दगी-भर राजस्थान में घूम-घूम के वहाँ की मुख़्तलिफ़ और मुतनव्वो अवामी कहानियाँ जमा की थीं। चरवाहों से, किसानों से, औरतों से, मुख़्तलिफ़ अहले हिरफ़ा और पेशों से तमाम तरह के क़िस्से-कहानियाँ जमा करके उनमें अपना अदबी बघार लगाकर राजस्थानी ज़बान में ही उन्हें छापने का सिलसिला शुरू किया। वो अपना बघार इस तरह लगाते थे कि अवामी कहानियों को थोड़ा तोड़-मरोड़ के उसमें इन चार चीज़ों की मुज़म्मत शामिल कर दिये थे : राजा, साहूकार, मर्दाना या पिदर्शाही निज़ाम और भगवान। इस तरह उनकी तमाम कहानियों में अवामी लुत्फ़ और शोखी के साथ-साथ एहतेजाज का नमक भी शामिल हो गया। इन कहानियों को जमा करके उन्होंने 'बाताँ री फुलवाड़ी' के नाम से 18 जिल्दों में छापा और इस तरह हिन्दी के मुक़ाबले ना सिर्फ़ राजस्थानी ज़बान को क़ायम किया, बल्कि एक पूरी क़ौम और ख़ित्ते का बेशक़ीमती सरमाया हमारे सामने लाकर रख दिया।

विजयदान देथा ने अपने दोस्त और रफ़ीक़ कोमल कोठारी के साथ एक रूपायन संस्थान बनाया जो राजस्थान की ज़बानी विरासत की निगहबानी और उनकी बाज़याफ़्त में बेइंतेहा सरगर्म रहा है। कोमल कोठारी और देथा दोनों की तारीफ़ करने के लिए हमें एक अंग्रेज़ी इस्तेलाह का इस्तेमाल करना पड़ेगा : *ऑर्गेनिक इंटेलेक्चुअल*, यानी आम ज़बान में कहें तो मिट्टी से उगे हुए दानिशमंद। ये वो दानिश्वर नहीं हैं जो मग़रिबी फलसफ़ियों की तलछट अंग्रेज़ी में पढ़के अपने हमवतनों के सामने चबाया हुआ भाषण

उगलने लगते हैं। कोठारी बयकवक़्त सक़ाफ़ती कारकून भी थे, माहिर-ए-मौसिक़ियात (म्यूज़िकॉलजिस्ट) भी, माहिर-ए-ख़लक़ियात (एथनोग्राफर) भी, माहिर-ए-माहोलियात (इंवायरनमेंटलिस्ट) भी और बज़ाते-ख़ुद एक अजायबखाना (म्यूज़ियम) भी। उनके बारे में बात करने के लिए सिर्फ़ ये कहावत दोहरा देना काफ़ी है कि, 'जब एक क़िस्सागो की मौत होती है तो एक पूरा कुतुबख़ाना उसके साथ फ़ना हो जाता है।'

कोठारी और देथा दोनों के सरोकार अवामी थे। वो अपने देश के लोगों, उनकी रस्मों, उनके अतवार, उनकी उस्तूरी और देवमालाई कहानियों, उनकी खेती-किसानी के तौर-तरीक़ों सब को तौक़ीर की नज़र से देखते थे, उनकी क़दर करते थे, उनके यहाँ अपने देश के असास के लिए तहक़ीर का जज़्बा नहीं था, इज़्ज़त और क़दर का जज़्बा था। वो अपने लोगों से सच्चा लगाव रखते थे। ये जो हम आज अपने इर्द-गिर्द मांगनियार और राजस्थानी मौसीक़ी के दीगर अस्नाफ़ का उरूज देख रहे हैं ये कोमल कोठारी की ही काविशों का नतीजा है। उन्होंने राजस्थानी मौसीक़ी को बैनुलअक़वामी शोहरत दिलवाई और हमारे क्लासिसी मौसीक़ार जो इन अवामी मौसीक़ारों को हिक़ारत की नज़र से देखते थे उनके शाना-ब-शाना लाकर मुतमक्किन कर दिया। कोलकाता के मशहूर सक़ाफती तनक़ीदनिगार रुस्तम भरूचा ने कोमल कोठारी के साथ अपने मुज़किरात की एक पूरी किताब मुरत्तब की है जिसका उनवान ही 'राजस्थान' है और उसे पेंग्विन ने छापा है। उस किताब को पढ़कर मालूम होता है कि कोठारी साहिब ना सिर्फ़ मौसीक़ी के फ़न पर दस्तरस रखते थे बल्कि ये भी जानते थे कि कौन-सा साज और आला कहाँ बनता था, किस लकड़ी से बनता था, राजस्थान के किस ख़ित्ते की ज़मीन किस तरह की है, किस इलाक़े के क़बायली किस तरह मआश के लिए एक जगह से दूसरी जगह सफ़र और हिजरत करते थे और उससे उनके फ़न और हुनर पर क्या असर पड़ता था। ये निगाह हिन्दुस्तान जन्नत निशान में कम ही लोगों को नसीब हुई है।

ये महज़ इत्तेफ़ाक़ नहीं था कि विजयदान देथा के क़रीबी शरीककारों *(कोलैबोरेटर्स)* में हबीब तनवीर का नाम सर-ए-फ़ेहरिस्त है, जिनका मशहूर नाटक 'चरणदास चोर' देथा के ही क़िस्से पे मबनी था।

बहरहाल, देथा की कहानियों में जो रंग है वो दास्तानों से बहुत मुताबक़त रखता है क्यूँकि दास्तानों में भी उसी तरह की हिकायतों, फेबल्स को बरता जाता है जो देथा की कहानियों में होती हैं। हमारी क़दीम पंचतंत्र की कहानियाँ जो सरज़मीन-ए-अरब पर पहुँच के कलीला-व-दिमना के नाम से मारूफ़ हुईं, फिर दोबारा हिन्दुस्तान जन्नत निशान लौटीं और इसी तरह हितोपदेश, कथा सरितसागर, वगैरह, ये तमाम कहानियाँ हिन्दुस्तान जन्नत निशान से अरब-व-अजम और फिर वहाँ से यूरोप और फिर वहाँ से ग़ोता लगाती हुई वापस हिन्दुस्तान जन्नतनिशान लौट रही हैं। इसलिए देथा की

कहानियों में हातिमताई, मुल्ला नसरुद्दीन और दोगर क़िस्से–कहानियों की झलक भी दिखाई देती है। ये कहानियाँ हमारी सरिश्त में हैं इसलिए आज भी उनका जादू सर चढ़ के बोलता है।

देथा की कहानी दुविधा पे पहले मणिकौल ने फ़िल्म बनाई थी फिर उसके बाद अमोल पालेकर और शाहरुख ख़ान ने 'पहेली' के नाम से फ़िल्म बनाई। मगर मुझे जिस कहानी ने बेइंतेहा मुतस्सिर किया वो थी ''चौबोली'' की कहानी। इसमें भी अलिफ़ लैला की तरह मरकज़ी क़िरदार एक औरत क़िस्सागो का है। मैंने उसका अंग्रेज़ी से तर्जुमा किया और उसमें मीर हसन की मसन्वी सहरुल बयान, नज़ीर अकबराबादी का कलाम, 18वीं सदी का एक शिव भजन, और तिलिस्म–ए–होशरुबा की बाज़ चीज़ें डाल के उसे दास्तानी रंग देने की कोशिश की। अलहम्दुलिल्लाह वो कोशिश इतनी कामयाब हुई और उस दास्तान का जादू इतना सर चढ़ के बोला कि अब तक उस दास्तान–ए–चौबोली की कोई 400 के क़रीब नुमाइशें हो चुकी हैं। कोई भी उन्हें सुनाए, चाहे नौ मश्क़–ए–सुखन हो या कुहना दास्तानगो, उसे सुनाके बेइंतेहा दाद वसूल करता है। हबीब तनवीर के ड्रामों की ख़ुसूसियत थी कि वो अवाम और खवास दोनों तबक़ों में यकसां तौर पर मक़बूल थे, इसी तरह हमारी चौबोली भी अवाम और खवास हर तबक़े में और हिन्दुस्तान के हर शहर में, दिल्ली, लखनऊ, मुंबई, पटना और जयपुर, में सुनी और सुनाई जाती है और हमेशा अपना लोहा मनवाती है। जश्न–ए–रेख़्ता के अव्वलीन एडिशन जो अब उर्दू के सिलसिले से बैनुलक़वामी शोहरत की नुमाइश और मेला बन चुका है। 2015 जश्न–ए–रेख़्ता में दारैन शाहिदी और मुझे ये शरफ़ हासिल हुआ कि हमने ये दास्तान बहुत ही मुअक़्क़र और आला पाए की सामयीन को सुनाई उनमें शम्सुर्रहमान फ़ारूक़ी, इंतज़ार हुसैन और मुअर्रिख शाहिद अमीन साहिबान जैसे दानिश्वर मौजूद थे। हुस्न–ए इत्तेफ़ाक़, देखिए कि चौबौली की चार कहानियों में से एक कहानी को इंतज़ार साहब *नर नारी* के नाम से पहले ही अफ़सानवी रंग दे चुके थे। अगर देथा का कोई उर्दू नेमुलबदल हो सकता है तो वो इंतज़ार साहेब थे और ये हमारे लिए ऐन ख़ुशनसीबी का बाइस था कि उनकी एक तहरीर को हमने दूसरे रंग से उन्हीं के सामने पेश किया। ये पूरा शो रेख़्ता और यूट्यूब दोनों पर मौजूद है और आज भी इसके देखने वालों में रोज़ बरोज़ इज़ाफ़ा हो रहा है।

तुर्फ़ा तमाशा देखिए कि राजस्थान की एक अवामी कहानी को विजयदान देथा तहरीर में लाए, फिर अमरीका की एक स्कॉलर ने उसका तर्जुमा किया, फिर मैंने उसे उर्दू में मुनतक़िल करके ज़बानी तौर पर लोगों तक पहुँचाया। 2012 में जब मैं मिशिगन यूनिवर्सिटी में विज़िटिंग फेलो बन के पहुँचा तो मुझे क्रिस्टी मेरिल से मुलाक़ात का शरफ़ हासिल हुआ और फिर हमने उस यूनिवर्सिटी में एक जलसा किया जिसमें उन्होंने अपना अंग्रेज़ी तर्जुमा और मैंने अपनी उर्दू दास्तान को पेश करके एक अनोखी कहानी के अनोखे सफ़र का मुनफ़रिद तजुर्बा हासिल किया।

उन्हीं अय्याम में दिल्ली यूनिवर्सिटी में एक ग़ैर ज़रूरी तनाज़ा खड़ा हो गया। उसका मरकज़ थे अवामी क़िस्सों के माहिर, शायर, नक़्क़ाद और नज़रियसाज़ ए.के. रामानुजन। रामानुजन ने उस वक़्त हिन्दुस्तानी लोक कहानियों को विक़ार बख़्शा जब कोई उन्हें दर खोर-ए-ऐतना भी नहीं समझता था। उन्होंने 1950 के अशरे में घूम-घूमकर जुनूबी हिंद की तमाम ज़बानों के अवामी क़िस्से-कहानियों को जमा करना शुरू किया और फिर उन्हें मंज़र-ए-आम पर लाने और शाया करने का बीड़ा उठाया। रामानुजन तमिल, कन्नड, संस्कृत, अंग्रेज़ी और मलयालम पर यकसां क़ुदरत रखते थे। उन्होंने हिन्दुस्तानी सक़ाफ़त, हिन्दुस्तानी फ़िक्र, तहज़ीब और विरासत पर मायानाज़ काम किया जो दुनिया-भर के आलिमों और मुहक़्क़कीन के लिए मशाल-ए-राह बना। *'स्पीकिंग ऑफ सिवा'* (*Speaking Of SIVA*) और *'इज़ दियर ऐन इंडियन वे ऑफ थिंकिंग'* (Is There An Indian Way Of Thinking) के अलावा फोक टेल्स फ्रॉम इंडिया (Folk Tales From India) और दीगर किताबों में उन्होंने हिन्दुस्तान की मुख़्तलिफ़ ज़बानों की अवामी कहानियों को दुनिया के सामने फ़ख्र से पेश किया। अपनी तहक़ीक़ के दौरान रामानुजन ने दरयाफ़्त किया कि हिन्दुस्तान के खित्ते-खित्ते में रामायण और रामलीला के सैकड़ों नुस्खे, बयानिए और रिवायतें मौजूद हैं जो एक-दूसरे से मुख़्तलिफ़ हैं और बाज़ ऐसे हैं जो दूसरों से मुन्सलिक हैं। मसलन जैन रामायणों में राम और सीता को बहन-भाई बना के पेश किया गया है, या कुछ रामायणों में रावण को बहुत वजीह और बेमिसाल क़िरदार दिखाया गया है। रामायण और रामलीला का ये रूप तुलसी और वाल्मीकि की रामायणों से मुख़्तलिफ़ है और अपने-अपने इलाक़ों में बेहद मक़बूल है। रामायण की मुतन्नव और गुनागूँ कैफ़ियात और मुख़्तलिफ़ ज़ख़ीरों पे भरपूर तहक़ीक़ करके रामानुजन ने एक मज़मून लिखा जो *'थ्री हंड्रेड रामायनास'* (Three Hundred Ramayanas) के नाम से मशहूर हुआ। दरहक़ीक़त हर हुब्बुलवतन हिंदुस्तानी के लिए ये बात बाइस-ए-फख्र व इत्मीनान थी कि रामायण इस देश की मिट्टी में इस तरह सरायत कर गई है कि ज़र्रे-ज़र्रे में उसके निशानात मौजूद हैं और हर एक अपने रंग-ढंग से उसे याद करता और बरतता है। रामानुजन का ये मज़मून बरसों पढ़ा गया और पढ़ाया गया मगर 2006 में दिल्ली यूनिवर्सिटी में कुछ तंगनज़र और कोताह अंदेश लोगों ने इस पर तनाजा और फ़साद शुरू कर दिया कि ये हिन्दुओं और हिन्दुस्तान और रामायण की तौहीन है। अलमिया देखिए कि जो रिवायत और जो आलिम हमारे लिए फख्र का सबब थे उन्हें हमने अपने लिए नदामत का सबब बना लिया। ये हंगामा चलता रहा और 2011 में यूनिवर्सिटी ने इसे अपने निसाब से हटाने का फ़ैसला कर लिया। उस वक़्त दिल्ली यूनिवर्सिटी के रामजस कॉलेज के जांबाज़, बेबाक और बेमिसाल उस्ताद मुकुल मांगलिक जो तलबा की कई नस्ल के लिए अपनी उलुलअज़मी और समाजी वाबस्तगी (Commitment) की वजह से मुमताज़ रहे हैं उन्होंने रामानुजन के नाम का झंडा उठाया और एक-दो दिन का जश्न

उनके नाम पर रखा। उस दो रोज़ा सेमिनार में उन्होंने मुझ से रामानुजन की बाबत कुछ करने के लिए कहा। इस तरह, महज़ एक हफ़्ते की मोहलत में वो छोटी-सी पेशकश तैयार हुई जो इस किताब में दास्तान 'जय राम जी की' के नाम से शामिल है। इसे तैयार करते वक़्त जामिया के साबिक़ प्रो. वाइस चांसलर प्रोफ़ेसर मुजीब रिज़वी मरहूम बेइंतेहा मददगार साबित हुए। पद्मावत और दीगर सूफ़ी प्रेम आख्यानों पर उनकी महारत ने मुझे बरसहा बरस तक उनसे मुस्तफीद होने का मौक़ा दिया। इस दास्तान में रामानुजन के उस मुतनाज़ा फीह मज़मून के अलावा मैंने रामानुजन की जमाकर्दा कुछ और लोक कहानियों को शामिल किया और फ़ारसी की चंद रामायणें जैसे बादशाह अकबर की मुल्ला बदायूँनी की निगरानी में तैयार किया गया फ़ारसी तर्जुमा और मसीह पानीपती का तर्जुमा, उन सबको लेकर मैंने राम भक्ति और उर्दू शायरी पर एक दास्तानज़ादी बनायी जो अब भी अक्सर सुनाई जाती है और लोग उसे बेहद पसन्द करते हैं।

रामायण और महाभारत दोनों ही बुनियादी तौर पर ज़बानी बयानियाँ हैं और सदियों तक इन्हें ज़बानी सुनाया जाता था। हमारे अहद में भी सत्यनारायण की कथा सुनाने वाले तो मौजूद हैं और रामलीला का भी हर साल बहुत जोश-ओ-ख़रोश से इनेक़ाद किया जाता है मगर पूरी रामायण को अलग से ज़बानी सुनाने की रिवायत काफ़ी हद तक ख़त्म हो चुकी है और महाभारत तो ख़ैर अब शाज़-ओ-नादिर ही कोई सुनाता होगा। मेरी तरफ़ से तो यह हक़ीर सी कोशिश है कि इन ज़बानी शहपारों को दुबारा सुनने और सुनाने का सिलसिला शुरू हो। पर जदीद थियेटर और ड्रामा ने इन लाज़वाल कहानियों को यक्सर नज़रअंदाज़ कर दिया है। अश्द ज़रूरी है कि जो लोग थियेटर से ताल्लुक़ रखते हैं वो इन कहानियों को दोबारा मंज़रेआम पर लाएँ ताकि इन्हें वो मक़ाम मिले जिनकी वो मुस्तहिक़ हैं।

2012 में उर्दू के ज़िन्दा और जावेद अफ़सानानिगार सआदत हसन मंटो की सद साला सालगिरह के जश्न का साल था। शायद ही कोई उर्दू पढ़नेवाला ऐसा हो जो मंटो के सहर में गिरफ़्तार ना हो और हमारे साधियों में बिलखुसूस दारैन शाहिदी मंटो के बहुत बड़े परस्तार हैं। दारैन ने अपनी नौकरी के आग़ाज़ के ज़माने में रक़म जमा करके मंटो की पाँच जिल्दी हिन्दी कुल्लियात दस्तावेज़ का पूरा सेट ख़रीदा था। 'दस्तावेज़' को जदीद उर्दू अफ़साने की नुमायां शख़्सियतों में से एक बलराज मेनरा और उनके साथी शरद दत्त ने कई अशरों की मेहनत और अर्क़रेज़ी के बाद तैयार किया था। मेनरा और दत्त ने मंटो की तमाम मतबूआ और ग़ैर मतबूआ तसानीफ़ को जमा किया, मंटो पर लिखे गए मज़ामीन को जमा किया। मेनरा ख़ुद पाकिस्तान गए और मंटो के घर में मौजूद बक्से और कबाड़ में पड़ी उनकी बहुत-सी गुमनाम और ग़ैर मारूफ़ और ग़ैर मतबूआ कहानियों और तहरीरों को खँगाला, टटोला और बेशुमार लोगों से मुलाक़ात और मुज़ाकरे करके इस काम को अंजाम दिया। उन्होंने दो हज़ार से ज़ायद सफ़हात अपनी नास्तालीक़ उर्दू में लिखे जिन्हें बाद में शरद दत्त

ने हिन्दी में मुंतक़िल किया और तब कहीं जाकर ये लाज़वाल ख़िराजे-अक़ीदत वजूद में आ सका।

मंटो को ख़ुद अपना ख़िराजे-अक़ीदत पेश करने के लिए मैंने दारैन के उसी देरीना सेट को दोबारा पढ़ना शुरू किया और पाकिस्तान के अपने सफ़र के दौरान संगे-मील लाहौर से शाया की हुई मंटो की क़ुल्लियात जो 'मंटोनामा' और 'मंटोरामा' के नाम से छपी थीं उन्हें खँगालना शुरू किया। अब जो मैंने बिल तरतीब और तफ़सील से मंटो को पढ़ना शुरू किया तो पाया कि मंटो की तहरीरों की दो ख़ासियतें हैं। एक तो ये कि मंटो अफ़साने ऐसे लिखते थे कि गोया किसी से गुफ़्तगू कर रहे हों, इसलिए उनकी तहरीरों में ज़बानीपन बहुत है। दोयम यह कि मंटो अपनी ज़िन्दगी के वाक़ियात और आपस के छोटे-छोटे व कुओं को वाक़िफ़कारों और सवानिहात को और बेतक्लुफ मगर वकियाये ही अपने अफ़साने में ले आते थे। वो ख़ुद और उनके रफ़क़ा हमेशा और मुतवातिर उनकी तहरीरों में ज़िन्दा जावेद नज़र आते हैं। फिर मंटो ने अपनी अदबी ज़िन्दगी के आग़ाज ही में शख़्सी ख़ाके भी लिखने शुरू कर दिए थे। फ़िल्मी हस्तियों पर उनकी किताब "गंजे फ़रिश्ते" बहुत मशहूर हैं। उसके अलावा मंटो ने दूसरी बहुत-सी शख़्सियात पे ख़ाके लिखे बल्कि उनके बहुत से लाज़वाल अफ़साने जैसे बाबू गोपीनाथ और नया क़ानून एक तरह के ख़ाके ही हैं। इस तरह मंटो ने सहाफ़त, अफ़साना, हक़ीक़त और तारीख़ सब को एक-दूसरे से यूँ खल्त-मल्त किया कि उनके यहाँ हक़ीक़त और तख़य्युल बिल्कुल ज़म हो गए हैं। इस तरह मंटो हमारे मुल्क के पहले बड़े ग़ैरअफ़सानवी अदीब थे। वो उस वक़्त मुसलसल ग़ैरअफ़सानवी (non-fiction)अदब लिख रहे थे जब उस जानिब कोई ख़ास तवज्जो नहीं दी जा रही थी और ना वो हमारे दौर की तरह मारूफ़ और मक़बूल हुआ था और ना ही उसके लिखने वालों को कोई ऐतबार हासिल था।

बेशक मंटो ख़ुद भी एक दास्तानी क़िरदार थे और उनकी तसनीफ़ को स्टेज पर पेश करने का सब से उम्दा तरीक़ा दास्तानगोई ही हो सकता है। उनके अफ़सानों पर ड्रामा करने की रिवायत बहुत पुरानी है। फिर मंटो ने ख़ुद भी दो सौ से ज़्यादा ड्रामे रेडियो के लिए लिखे, और बेशुमार फ़ीचर्स भी रेडियो पर पेश किए। टोबा टेक सिंह, खोल दो, काली शलवार पर ड्रामे भी खेले जा चुके हैं और फ़िल्में भी बनी हैं। तो मंटो के अफ़सानों को पेश करना कोई नई बात ना होती। मगर मंटो के बारे में और उनकी अलमनाक ज़िन्दगी के बारे में जितना ही पढ़ता गया उतना ही मुझे यक़ीन होता गया कि मंटो की ज़िन्दगी दरअसल ख़ुद उनके अफ़सानों की तरह तर्बिया और मज़ाहिया होने के साथ-साथ एक बड़ा अलमिया भी है। उन्होंने अपनी मुख़्तसर ज़िन्दगी में इतने ज़ेरोबम देखे और वह दर्द-ओ-कर्ब की इतनी मनाजिल से गुज़रे कि वो ज़िन्दगी ख़ुद एक दास्तान बन गई।

अक्सर मंटो को महज़ तक्सीम-ए-हिंद का मुसन्निफ़ समझ लिया जाता है। बेशक

तक़सीमे-हिंद उनकी ज़िन्दगी का सब से बड़ा सानिहा थी और वो कभी भुला ना सके। पाकिस्तान जाने के बाद से उनकी ज़िन्दगी का सब से तारीक दौर शुरू होता है। मैं तो समझता हूँ अगर वो पाकिस्तान ना जाते तो इतनी जल्दी राही-ए-मुल्के अदम न हुए होते।

इस हक़ीक़त से भी इंकार मुमकिन नहीं कि मंटो ने तक़सीम के अलमिये पर जो लिखा है वो तक़सीम के अदब की शाहकार तहरीरों में शुमार होता है। सियाह हाशिए के सर्दमुहर और सपाट मुख़्तसर तक़सीम लेकिन ड्रामाई बयानिये तकसीम के अल्मिये को इस तरह उजागर करते हैं जिस तरह बड़ी-बड़ी रिपोर्टें और तारीख़ की किताबें नहीं कर सकती हैं। ये भी कहा जाए तो ग़लत न होग कि मंटो शायद दुनिया में इसीलिए आए थे कि तक़सीम के दर्द और तबाहकारियों को हम तक पहुँचा सकें और शायद हम उनसे कुछ सीख सकें, लेकिन अफसोस कि इंसान ज़ालिम और जाहिल ही रहा और शायद रहेगा।

अगर मंटो ने तक़सीम पे एक लफ़्ज़ ना लिखा होता तो भी वो उर्दू के सब से बड़े अफ़सानानिगार कहलाते। मंटो ने समाज के अदना तबक़े से, जिसे हाशिए पर पड़े लोगों के नाम से ताबीर किया जाता है, जो सरोकार रखा और जिस तरह उनकी ज़िन्दगी को अपने क़लम से विक़ार और आलाज़र्फी बख़्शी वही उनके जावेदान होने के लिए काफ़ी है। मगर सवाल यही था कि अफ़सानों को दास्तान बना कर पेश करना दास्तानगोई के साथ ज़्यादती है या दास्तान को एक नए इम्कान से रुशनास कराना ? दास्तान का मिज़ाज एक तरह से एंटी-नॉवेल का है। नॉवेल को दास्तान की ज़िद कहें तो ग़लत ना होगा और जदीद अफ़साना तो दास्तानगोई के लिए और भी कम मुनासिब है। इसलिए मैंने तय किया कि मंटो की हयात को ही हाज़िरीन के सामने पेश कर दिया जाए। शायद इस तरह हमारे एक पूरे अहद की तारीख़ मंज़रे-आम पर आ जाएगी। आजादी के पहले का अमृतसर और पंजाब, मुंबई, लाहौर, अदब, सियासत, सहाफ़त, जंगे-आज़ादी, हिन्दू-मुस्लिम इत्तेहाद, समाजवाद, फ़िल्मी दुनिया की चकाचौंध, तक़सीम, तबक़ाती कशमकश, सरमायादारी, मुस्लिम शिद्दतपसन्दी, कठमुल्लापन, शायद हमारी ज़िन्दगी की कोई ताबीर ऐसी नहीं है जिसे हम मंटो के अफ़सानों से अख़्ज़ ना कर सकें।

मुझे मंटो की एक अच्छी सवानेह हयात की तलाश थी मगर जैसे-जैसे मैं पढ़ता गया मुझे एहसास हुआ कि मंटो ने अपनी तहरीरों में ख़ुद ही अपने बारे में बिलवास्ता और बिलावास्ता इतना लिख दिया है कि अलग से किसी सवानेह को पढ़ने की ज़रूरत नहीं। मसलन मुरली की धुन में उन्होंने ना सिर्फ़ श्याम का ख़ाका खींचा है बल्कि अपने पाकिस्तान जाने की वजूहात और मुहर्रिकात पर भी थोड़ी-बहुत रोशनी डाली है। फिर मैंने उनके हमअसरों की चीज़ें पढ़ीं। मसलन इस्मत और कृष्ण चन्दर और अश्क के मंटो के ख़ाके जो बहुत मशहूर हैं। फिर उर्दू के मुमताजतरीन नामों से एक प्रो. शमीम हनफी ने हमारी बहुत मदद की और मंटो के दैरीना दोस्त अबू सईद कुरैशी

की किताब मंटो की निशानदेही की और उसे हम तक पहुँचाने में बड़ी मदद की। उन्होंने हमें हुमायूँ अशरफ़ की मुरत्तब की हुई किताब भी फ़राहम की। डॉक्टर खालिद अशरफ़ की किताब फ़साने मंटो के' और फिर बयाँ अपना, भी मेरे लिए कारआमद साबित हुई। प्रोफ़ेसर हनफ़ी ने हमें मंटो के भानजे हामिद जलाल, जो उस ज़माने में पाकिस्तान रेडियो के लिए क्रिकेट कमेंटरी करने लगे थे, उनका लिखा हुआ मज़मून, 'मंटो मामू का आख़िरी दिन' के बारे में मुत्तला किया और फिर उसकी नक़ल भी हमारे लिए फ़राहम की।

तो इन सब वसायल की मदद से मंटो की ज़िन्दगी को मैंने लिखना शुरू किया तो मालूम हुआ कि मंटो की ज़िन्दगी के बिल्कुल दो वाज़ेह बाब हैं। तर्बिया बाब जो मुंबई में उनकी ज़िन्दगी थी और ख़ालिस अलमिया जो भी ज़िन्दगी लाहौर में उन्होंने गुज़ारी। मगर सब लिख चुकने के बाद मैं अटक गया कि इसका नाम क्या रखा जाए। दास्तान मंटो की सीधा-सादा था मगर उसमें उस शानदार और उथल-पुथल से भरी ज़िन्दगी की अक्कासी नहीं होती थी, 'मंटोनामा' और 'मंटोरामा' वग़ैरा बहुत आमियाना लग रहे थे। बहुत सर मारने के बाद मंटो ने ही मुझे राह दिखाई। 'मुरली की धुन' में जब मंटो फ़िलबादीह एक लफ़्ज़ हिपटुल्लाह ईजाद करके उसे बरमला इस्तेमाल करना शुरू कर देता है तो अशोक कुमार परेशान होकर श्याम से पूछता है कि ये हिपटुल्लाह किस ज़बान का लफ़्ज़ है तब श्याम कहता है कि 'ये मंटो की नई मंटोइयत है' बस मैं ने सोचा की मंटो की ज़िन्दगी बयान करने के लिए इस से बेहतर उनवान नहीं मिल सकता, मंटो होना गोया कि एक इस्म से ज़ायद हो गया मंटो की तारीफ़ सिर्फ़ मंटोइयत से ही हो सकती है और वाक़ई मंटोइयत लफ़्ज़ में ही वो जोश (एबुलियेन्स) है जो मंटो की शख़्सियत के उबाल को ज़ाहिर कर सके।

तो दास्तान हुई और बहुत धूमधाम से हुई। क्नाट प्लेस दिल्ली की एक छोटी-सी जगह द एटिक (The Attic) में इसकी बिस्मिल्लाह हुई, फिर हेबिटेट में बड़े ठाट बाठ से उसकी पेशकश कई बार हुई। उसी दौरान लाहौर में हमारी करमफ़र्मा मोनीज़ा हाशमी साहिबा की वेसातत से मंटो साहिब की छोटी साहबज़ादी नुसरत जलाल का पैग़ाम आया कि वो अपने वालिद साहिब की सद साला जश्न के लिए हमें लाहौर बुलाना चाहती हैं। तो फिर हम सब लाहौर गए और वहाँ इसे पेश किया, उसी सफ़र में मंटो साहब के घर जाने का शर्फ़ भी हासिल हुआ, मियानी साहब के क़ब्रिस्तान में उनके मज़ार पर फतिहा पढ़ा। फिर लाहौर प्रेस क्लब में जब इस दास्तान 'मंटोइयत' को पेश किया तो पाकिस्तान के मारूफ अदीब, ड्रामानिगार और शायर अमजद इस्लाम अमजद साहब ने मुझे बड़ी दाद से नवाज़ा कि ये तरतीब ऐसी ही है जैसे किसी फ़िल्म का स्क्रीनप्ले लिखा गया हो। मुंबई में पृथ्वी थियेटर के मुज़ाहिरे के बाद मशहूर फ़िल्म हिदायतकार विशाल भारद्वाज और उनकी अहलिया रेखा भारद्वाज ने भी मुझ से कहा कि ये तो एक बिल्कुल तैयारशुदा स्क्रीनप्ले है, फ़िल्म तो ख़ैर नहीं बनी मगर मंटोइयत

वक़्तन फ़वक़्तन रूनुमा होती रहती है और इस तरह हम मंटो को अपना ख़िराजे-अक़ीदत पेश करते रहते हैं। मेरा ज़ाती ख़याल है कि चौबोली और सेडिशन दास्तान की तरह मंटोइयत की मानवियत वक़्त के साथ बढ़ती चली जाएगी क्यूँकी बर्रे सग़ीर हिन्द के सियासी और सामाजी हालात कुछ इस तरह से बदल रहे हैं कि हम आगे बढ़ने के बजाय पीछे हटते जाते हैं और मंटो जमाने के हुदूद में क़ैद (डेटेड) होने के बजाय और आफ़ाकी बनता चला जा रहा है। जब मैं ये दास्तान तैयार कर रहा था तो प्रोफ़ेसर मुजीब रिज़वी ने मुझ से पूछा था ''ये बताओ कि क्या तुम्हारे दौर में मंटो जैसा कोई मुसन्निफ़ पैदा हो सकता है और क्या उसे इस दौर में लिखने दिया जाता। मुझे अफ़सोस और शर्मिंदगी के साथ इक़बाल करना पड़ा कि हमारे अहद में मंटो को कब का शहीद किया जा चुका होता। अगर मुसलमान उसे शहीद ना करता तो हिन्दू कर देता मगर उसकी शहादत यक़ीनी लिखी थी।''

दास्तानगोई के सफ़र के दौरान मुझे और हमारी पूरी टीम को अक्सर बहुत तारीफ़-ओ सना से नवाज़ा गया, कई बार ये भी लगता था कि हम बेइंतेहा नाअहल हैं और जो सताइश हमें मिल रही है उसके हम मुस्तहिक़ नहीं। लोग इस तरह से इज्ज़त और एहतराम करते थे जैसे हम वाक़ई बहुत कुहना मश्क़ उस्ताद हों। बहुत से लोग ये कहते थे कि आपकी दास्तानों को सुन कर हमारे बच्चों को उर्दू सीखने का शौक़ पैदा हो रहा है। ये मेरे लिए बड़ी ही बाइसे-इफ़्तेख़ार तारीफ़ थी। मगर लोग ये भी कहते रहते थे कि तुम्हें बच्चों के लिए कुछ करना चाहिए। कई बार हमने सोचा बच्चों के लिए वर्कशॉप की जाए, उन्हें ख़ुद तरबियत दी जाए। जब कभी बच्चों को सुनाने का मौक़ा मिले चाहे सरदार पटेल स्कूल दिल्ली में, या बच्चों के फेस्टिवल बुकरू में, या बड़े पब्लिक स्कूल्स जैसे ऋषि वैली स्कूल या मेरे अपने मादरे इल्मी दून स्कूल में तो मैंने हमेशा उसे लब्बैक कहा और ख़ूब मज़े ले के सुनाया और बच्चों को महज़ूज़ होते देखकर मेरा दिल ख़ुश हुआ। मगर ये भी एहसास हुआ कि तिलिस्म-ए-होशरुबा की दास्तानें बच्चों को उतनी दिलकश नहीं लग रही हैं जितनी बड़ों को और फिर ज़बान तो उनके लिए और भी मुश्किल है। फिर भी दास्तान-ए अमीर हमज़ा यक जिलदी से मैंने अमीर और अमर के बचपन की दास्तान ख़ूब सुनाई और बच्चों और बड़ों ने हमेशा बहुत लुत्फ़ ले के सुनी। मगर ज़रूरत थी एक ऐसी दास्तान की जो ख़ासतौर से बच्चों को, मज़हब-ओ मिल्लत और ज़बान और क्लास की तफरीक़ के बग़ैर समझ में आए। मुझे बच्चों के अदब से ज़्यादा शग़फ़ तो नहीं मगर इतना ज़रूर इल्म था कि बच्चों के लिए जितने भी बड़े लिखने वाले हुए हैं वो सब बे-इंतेहा पहुँचे हुए और बाकमाल लोग थे। चाहे वो Charles Lulwidge Dodgdson उर्फ़ Lewis Carroll हों या Token हों या हमारे अहद में Ruskin Bond हों या J K Rowling।

बहुत सोचने और पढ़ने के बाद मैंने तय किया कि Lewiss Carroll की मशहूर ज़माना किताबों 'एलिस इन वंडरलैंड' (Alice In Wonderland) और 'थ्रू द लुकिंग

ग्लास' (Through The Looking Glass) को उर्दू में ढाला जाए। मैंने इन किताबों का इन्तेख़ाब इसलिए किया कि उनके क़िरदार और इनकी इस्तेलाहें हमारे मुल्क के अँग्रेज़ीदां बच्चों की मिज़ाज में सरायत कर चुकी हैं। फिर ये कि एलिस का सफ़र एक तिलस्मिाती सफ़र है, वो जिन, तजुरबों और सानिहों से दो-चार होती है, उसी तरह के तजरबात से हमारे दास्तानवी क़िरदार भी रूबरू होते हैं। दूसरे ये कि इसके मुकालमे रसीले और बच्चों के दुलारपन से भरे हुए हैं कि इतना तो मुझे एहसास था कि शरारत और बदतमीज़ी बच्चों को बहुत जल्द अपनी तरफ़ राग़िब कर लेती है और अगर ऐसी कोई कहानी हो जिसमें ये उनसुर और Adventure दोनों शामिल हो जाएँ तो फिर उसका कहना ही क्या। उमूमन बच्चे वो चीज़ें ज़्यादा सराहते हैं जो उनसे बड़ों की तरह बड़ा बना के पेश आए। मुझे लगा कि यह एक ऐसी कहानी है जो हर तबक़े के बच्चे का ध्यान खींच सकती है। इस काम को अंजाम देने में हमारी साथी दास्तानगो पूनम गिरधानी बहुत मुआविन साबित हुईं। दोनों किताबों को मिलाकर और उनमें काट-छाँट करके मैंने उन कहानियों को हिन्दुस्तानी रंग देते हुए उर्दू माहौल में ढाला और इसका पहला मुज़ाहिरा उसी पुरानी जगह एटिक में 27 अगस्त 2013 को मुनअक़िद किया गया और पहले ही लम्हे से उसने नाज़रीन का दिल जीत लिया। फिर इसकी बहुत-सी नुमाइशें स्कूलों में, बच्चों के फेस्टिवल्स में, दिल्ली, जयपुर, हैदराबाद और पुणे वगैरह में हुईं आज भी ये दास्तान बहुत शौक़ से सुनी और सुनाई जाती है।

इसी सिलसिले को आगे बढ़ाते हुए 2015 में मैंने मशहूर फ्रांसीसी मुसन्निफ़ Antoine Saint Exupery की किताब लिट्ल प्रिन्स को उर्दू में मुन्तकिल किया। यह एक सितारे पर रहने वाले बच्चे की कहानी है जो अपने फूल की हिफ़ाज़त करने के लिए कायनात के मुख़्तलिफ़ सय्यारों और फ़लकी सितारों का सफ़र करता है और आख़िर में ज़मीन पर पहुँचता है। इस सफ़र में उसे तरह-तरह के क़िरदार मिलते हैं एक ताजिर है, एक राजा है, एक जोकर है, एक शराबी है और इनसे मुलाक़ात और मुज़ाकरा करते हुए उसे इंसानों की बनाई हुई दुनिया की मज़हकाख़ेजियों और उनकी अहमक़ानी सरगर्मियों का तजुर्बा होता है। वो इंसानों की दुनिया को ताज्जुब और सवालिया निगाहों से देखता है उसके अक़दार उसे अहमक़ाना लगते हैं और वो दर्दमंदी और मोहब्बत और फ़िक्रमंदी का सबक़ देते हुए एक नए तौर से दुनिया को देखने और समझने और बनाने की तलक़ीन करता दिखाई देता है। 1943 में शाया इस किताब की चौदह करोड़ जिल्दें बिक चुकी हैं और बाज़ लोग उसे इंजील के बाद सबसे ज़्यादा बिकने वाली किताब बताते हैं। इसमें कोई शक नहीं कि ये बहुत मुख़्तसर-सी किताब बहुत वक़ी और बुनियादी इंसानी मसायल से मुख़ातिब है और बहुत आमफ़हम ज़बान में एक ऐसी तमसील पेश करती है जो बच्चों और बड़ों दोनों को यकसां तौर पर मरऊब और मुतास्सिर कर सके। ख़ुदा का फ़ज़्ल है कि ये दोनों कोशिशें बहुत कामयाब रहीं और उनके मुज़ाहिरे होते रहते हैं।

दास्तान राजा विक्रम की एक बहुत ही खास पेशकश थी जो दास्तानगोई के दसवें साल पर तहरीर की गई थी। 2015 में दास्तानगोई के अहयाए-नौ को दस साल पूरे हो रहे थे। मैंने बहुत सोचा कि किसी तरह इस मौक़े को यादगार बनाया जाए। उस सिलसिले में मैंने सोचा कि या तो अलिफ़ लैला पे कुछ काम किया जाए जिससे ये अज़ीम शाहकार दोबारा ज़बानी सुनाया जाए क्यूँकी ये दरअसल ज़बानी बयानिए ही थे। मगर उस पर काम करने के लिए 6-8 महीने की मोहलत दरकार थी जो उस वक़्त मुझे हासिल नहीं थी। और फिर ये भी था कि चौबोली की बेहिसाब मक़बूलियत के पेश-ए नज़र हर तरफ़ से यही माँग थी कि इसी तरह की कोई और चीज़ होनी चाहिए। दरीं असना मैं बेताल पचीसी को भी लोगों के सामने पेश कर चुका था। बेताल पचीसी की लचकदार ज़बान जो हिन्दी-उर्दू झगड़े से पहले लिखी गई थी मुझे बेइंतेहा पसन्द आई थी। दीगर ये की हालाँकि वो पंदो नसीहत से भरी हुई थी मगर ये अख़लाक़ी इरशादात इतनी दिलचस्प ज़बान में थे कि वो शास्त्रों के ज्ञान का काम कर सकते थे। मसलन 'चार चीज़ें आदमी माँ के पेट से लाता है, नफ़ा, नुक़सान, दुख और सुख।'

मैंने मज़ीद ग़ौर किया तो एहसास हुआ कि दरअसल राजा विक्रम, या विक्रमादित्य हमारी कहानियों और तख़य्युल पर हर तरह से छाया हुआ है। विक्रम और बेताल की कहानियाँ जदीद अहद में भी टेलीविजन पर दिखाई गईं और बेइंतेहा मक़बूल हुईं। बेताल पचीसी की तरह सिंघासन बत्तीसी, उसमें भी राजा भोज के हवाले से विक्रम के कारनामों का ज़िक्र है, हिन्दी उर्दू अदब और मुज़ाहिराती कल्चर में बेइन्तेहा मुम्ताज़ रही है। उसके अलावा विक्रम संवत से भी विक्रम का नाम जुड़ा हुआ है। फिर ये जो योग-योगिनी, डाकिनी वग़ैरा का चक्कर है, बल्कि जो कायनात है, उसका दास्तानों में भी दख़ल है क्यूँकि उनमें साहिर जो बीर बनाते हैं और दूर क़रीब की ताक़तों और इंसानों को अपनी मुट्ठी में लेते हैं उसके सिलसिले भी इन कहानियों से जा मिलते हैं।

मैंने विक्रम के क़िरदार पे ग़ौर करना शुरू किया तो मुझे ये लगा कि हमारी देवमालाई कहानियों के दीगर क़िरदारों की तमाम आन-बान राजा विक्रम में मौजूद है। उसकी शुजाअत, जवांमर्दी, सखावत के क़िस्से कहानियाँ सब हमने अपने दिलों में सजा रखे हैं। बाज़ दफ़ा तो मुझे ये लगा कि अमीर हमज़ा का मिसाली किरदार गढ़ने में कहीं ना कहीं हमारे दास्तानगोयों ने राजा विक्रम की बेमिसाल मक़बूलियत को अपना नमूना बनाया है। विक्रम की कहानियाँ हमें जदीद से क़दीम की तरफ़ ले जाती हैं और हमारे मुल्क के तमाम ज़मानों को एक धागे में पिरोती है। तो मैंने सोचा कि विक्रम को मरकज़ी क़िरदार बना के इश्क़-ओ-मुहब्बत की ऐसी रूदाद बनाई जाए जिसमें चौबोली का रंग शामिल हो। मैंने दोबारा रामानुजन का सहारा लिया और उनकी अवामी कहानियों की दुनिया को देखने चला। उस दुनिया से मुझे फिर कुछ ख़ज़ाने हाथ लगे, उनको मिलाकर चौबोली को इस दास्तान में क़िस्सागो बना के मैंने एक पैराया तैयार किया जिसका मरकज़ी सिरा मीर की मसनवी शोला-ए इश्क़ को

बनाया। इन सबको मिलाकर एक दास्तान बनाई गई जिसमें बहुत-सी चीज़ें ऐसी थीं जो सदियों के बाद स्टेज से सुनाई गई थीं। मसलन मीर की मसनवी। मुझे नहीं लगता कि पिछले डेढ़ दो सौ बरस से किसी ने स्टेज से इस मसनवी को सुनाया है, और ना ही पारसी थियेटर के दौर के बाद से राजाविक्रम की दास्तानों को इस तरह स्टेज पर बयान किया गया है।

तो इस तरह राजा विक्रम, चौबोली, बेताल पचीसी, रामानुजन और मीर तक़ी मीर को मिला-जुलाकर वो खिचड़ी तैयार हुई जिसको राजा विक्रम की दास्तान का नाम दिया गया इसकी तैयारी का शोहरा सुन के मशहूर ज़माना टेलीविजन एंकर रवीश कुमार जोश में आ गए और उन्होंने हमारे साथ एक घंटे का एक पूरा प्रोग्राम रेकॉर्ड Prime Time NDTV INDIA पे नश्र किया गया और लाखों लोगों तक पहुँचा। उसी सिलसिले में इंडियन एक्सप्रेस ने मुझसे इस दास्तान पर एक फीचर लिखने को कहा जो उसी दिन शाया हुआ। 4 और 5 अप्रैल 2015 को इंडिया हैबिटेट सेंटर के स्टाइन ऑडिटोरियम में ये दास्तान पहली बार सुनाई गई और बेइंतेहा कामयाब हुई। इस तरह विक्रम का काम और मीर तक़ी मीर का कलाम सैकड़ों लोगों तक पहुँचा और हमारी नामवरी का बाइस साबित हुआ।

तिलिस्म-ए-होशरुबा की एक दास्तान हुस्साम जादू भी इस मजमूए में शामिल है। इसको पढ़कर आप देख सकेंगे कि हमारे पुराने दास्तानगो किस पाए के क़िस्सागो थे और प्लॉट को किस चाबुकदस्ती से बुनते थे। हुस्साम अफ़रसियाब का एक उस्ताद है और अमीर हमज़ा के अय्यार हैं कि उसे आसमान में मुअल्लक़ कर देते हैं और फिर किस तरह से एक नफ़्सियाती जाल बुनते हैं जिसमें अफ़रासियाब जैसा बड़ा साहिर चकरा के रह जाता है। दरअसल होशरुबा में सिर्फ़ प्लॉट की नैरंगियाँ और पेचीदगियाँ नहीं होती, यहाँ क़िरदारों की नफ़्सीयात को भी सामने लाया जाता है। अय्यारी क़ाबिल-ए-क़ुबूल हो या ना हो लेकिन हरीफ़ उसके झाँसे में आ जाता है फिर इंसानी कमज़ोरी बहरहाल इंसान को बेबस कर देती है। बंदा बशर है, कितना बड़ा साहिर क्यूँ ना हो, वो ख़ुद अपनी लग़ज़िशे-पा से नहीं बच सकता। अय्यारी चकमाबाज़ी की आलातरीन शक्ल हैं ये हमें यहाँ मालूम होता है।

इस किताब में शामिल आख़िरी दास्तान करण की दास्तान है जो मैंने बराहेरास्त संस्कृत महाभारत से रुजूअ करके तैयार की है। ज़ाहिर है, महाभारत एक ऐसी गाथा है जिसे सुनाने के लिए दास्तानगोई का फ़न और उसके बुलंद मयार पर पूरी तरह खरा उतरना पड़ता है। उसकी उठान, उसके मिसाली क़िरदार, उसकी गहराई और वुसअत और पेचीदगी और रंगारंगी और फैलाव—ये सब दास्तानगोई के मिज़ाज से हम आहंग हैं। उसको तैयार करने से पहले मैंने इंतज़ार हुसैन की बेहतरीन और नुक़्ता रस मजामीन की किताब अपनी दानिस्त में पढ़ी थी जिसमें गंगा-जमनी तहज़ीब और उसके कारनामों पर जामे नज़र डाली गई है। फिर मुझे ख़लीफ़ा अब्दुल हकीम के पाकिस्तान में तैयार

किए हुए गीता के तर्जुमे तक पहुँचने में मदद मिली। यह वो ज़माना था जब मैंने बहुत मुद्दत बाद दोबारा क़ुरआन का मुताला शुरू किया था। मुझे महसूस हुआ कि क़ुरआन पाक में जा बजा जो हश्र के मैदान का बयान और उसकी मंज़रकशी की गई है वो कुछ इसी क़िस्म की है जो कुरुक्षेत्र की रणभूमि में पैदा हुई होगी। जब भाई-भाई की परछाई से दूर भागता था और कोई किसी का मददगार ना साबित हो सका था।

बचपन में मैंने रामधारी सिंह दिनकर की शोहरा आफ़ाक़ तवील नज़्म ''रश्मिरथी'' पढ़ी थी और उसी वक़्त से करण का क़िरदार मेरे दिमाग़ पर नक़्श था। उसकी दरदमांदगी, उसकी बेबसी, उसकी शुजाअत, उसका एंटी-हीरो (Anti Hero) क़िरदार, उसकी जवाँमर्दी ये सब ज़ेहन में हमेशा रोशन रहे थे। फिर नौजवानी में श्याम बेनेगल की फ़िल्म 'कलयुग' भी मुझे बहुत पसन्द आई थी। कॉलेज में धर्मवीर भारती का नाटक 'अंधा युग' ने मुझे मबहुत किया था। एक ज़माने में जब मैं अमरीका के एक्टिंग इंस्टिट्यूट में आडिशन देने गया था तो मैंने 'अंधा युग' से एक इक्तेबास वहाँ पेश भी किया था। फिर अपने ग्रेजुएशन में मैंने अकबर बादशाह के महाभारत के तर्जुमे ''रज़्मनामा'' और मुल्ला बदायूँनी की नागावारी का उस पे इज़हारे ख़्याल भी पढ़ा था। तो इन तमाम चीज़ों के इम्तेजाज से मैंने ये दास्तान तैयार की और उसका सुर लगाने के लिए इन्तेज़ार साहब के एक इंटरव्यू का सहारा लिया कि जब तक़सीम के बहुत सालों बाद वह हिन्दुस्तान आए और उनसे सवाल किया गया कि ''इन्तेज़ार साहब दोनों तरफ़ कितने जु अक्ल और दानिशमंद लोगों के होने के बावजूद इस तरह से मुल्क का बटवारा क्यूँ हुआ कि इतनी ख़ूँरेजी हुई'' तो इन्तेज़ार साहब ने जवाब दिया कि ''यही सवाल महाभारत के मुसन्निफ़ महाऋषि व्यास के शागिर्द विश्या विपिन से जन्मजय ने किया था कि दोनों तरफ़ इतने अक्लमंद और बाशऊर लोग थे फिर ये जंग क्यूँ बरपा हुई'' और दोनों ही सवालों का मुख़्तसर जवाब ये है कि इनसान जब अपने जामे से बाहर निकलता है और ख़ुद को बहुत बाकमाल समझने लगता है और जब धर्म के हुदूद से पार निकलता है तब ऐसा ही क़त्ल ओ ग़ारत मचता है और इसी तरह श्रीकृष्ण को जन्म लेना पड़ता है। ये जवाब मेरे लिए बहुत मानीखेज़ था और इसी कसे मशअले-राह बना के मैंने ये दास्तान तदवीन की। उम्मीद है आपको पसन्द आएगी अब श्रीकृष्ण कब जन्म लेंगे ये हमारे ज़माने का मसअला है।

इन दास्तानों को तरतीब देते वक़्त मैंने ये बात मलहूज़ रखी थी कि इनमें दास्तानी रंग क़ायम रहे। ग़ौर करें, मैंने ये नहीं कहा कि इन दास्तानों को लिखते वक़्त, मैंने कहा इन दास्तानों को तरतीब देते वक़्त। दास्तान अव्वलन तो लिखी नहीं सुनाई जाती हैं। मगर मैंने जो काविश की है उसमें दास्तानों को तदवीन किया गया है, अँग्रेज़ी में कहें तो कंपाइल (Compile)किया गया है। जैसा कि पहले भी जगह-जगह इशारा हो चुका

है। इन तमाम दास्तानों को तदवीन करते वक़्त मैंने मुख़्तलिफ़ ज़राए, अस्नाफ़ और माखज़ों से इस्तिफ़ादा किया। बाज़ दफ़ा माखज़ जदीद होते थे और बाज़ दफ़ा क़ुरून-ए वुस्ता से और बाज़ दफ़ा क़दीम अहद की चीज़ें इसमें शामिल हो जाती हैं। मसलन चौबोली में जो शिव स्तुति मैंने इस्तेमाल की है वो 18वीं सदी की है मगर उसका ज़िक्र मैंने मशहूर तारीखदान फ्रेन्सीयेसका ऑर्सीनी (Francesca Orsini) की मुरत्तब करदा एक किताब से है जिसका उनवान है "बिफोर दि डिवाइड : हिन्दी एंड उर्दू लिटरेरी कल्चर" (Before The Divide : Hindi And Urdu Literary Culture) जिसमें एक मौसीक़ी के स्कॉलर ने इस भजन का बयान किया था। मैंने पढ़ा और वहीं से मदद ली। इस तरह तारीख़ और अदब में दिलचस्पी के बाइस बहुत सारी ऐसी चीज़ों पर मुझे दस्तरस हासिल हो जाती है जो बज़ाहिर क़िस्से-कहानियों के मैदान से जुदा हैं। मसलन चौबोली पे काम करने के दौरान मैं हबीब तनवीर की ख़ुद-नविश्त का अँग्रेज़ी तर्जुमा कर रहा था तो बहुत-सी ऐसी चीज़ें मिली जो दोनों में मुश्तरक थीं और इस तरह मुझे एक से दूसरे को जज़्ब करने का मौक़ा मिला। फिर मेरी 1857 के मारके पर जो किताब है, "1857 बिसीज्ड : वॉयसिस फ्रॉम देल्ही" (1857 Besieged : Voices From Delhi) उसमें ख़ुद एक दास्तानी रंग है जिसके सबब से मैं बहुत दिनों तक सोचता रहा कि इंतज़ार हुसैन के लाज़वाल अफ़साने "जल गरजे" और अपनी किताब को मिलाकर 1857 पे एक दास्तान मुरत्तब की जाए जिसके लिये बहुत से शायक़ीन मुश्ताक थे मगर वक़्त ने उसकी मोहलत ना दी। मगर जब इंतज़ार हुसैन पर मैंने किताब लिखी 'अ रेक्वीयेम फॉर पाकिस्तान : दी वर्ल्ड ऑफ इंतज़ार हुसैन' (A Requiem For Pakistan : The World Of Intezar Husain) तो उसमें दास्तान, क़िस्सा कहानियाँ, जदीद अफ़साना, तारीख़, सियासत, अदबी और सक़ाफती सियासत और दास्तानगोई, ये सभी एक-दूसरे में इस तरह से ज़म हो गए कि पढ़ने वालों के लिए इंतज़ार हुसैन, शम्सुर्रहमान फ़ारूक़ी, दास्तानगोई और राक़िम उल हुरुफ़ की ज़ात को अलग-अलग करके देखना मुश्किल हो गया और ये मेरे लिए ऐन-इत्मीनान और फख्र की बात थी।

अब इस बात पर थोड़ी गुफ्तगू कर लेते हैं कि दास्तानी रंग क्या होता है और किस तरह वो हमारे अहद में ज़बानी बयान या नरेटिव (Narrative) में बरता जाए और क्यूँ दास्तानगोई कहलाने के लिए किसी पेशकश में उस रंग की आमेज़िश नागुज़ीर है। दास्तानगोई के उरूज के ज़माने में दास्तानगो फ़िलबदीह दास्तानें गढ़ने पर पूरी क़ुदरत रखते थे। लेकिन ये भी है कि उस ज़माने में भी लोग लिखी हुई दस्तानों को याद करके उन्हें सुनाया करते थे मगर बुनियादी तौर पे ये फ़न फ़िलबदीह गढ़ने का फ़न है यानी इंप्रोवाइज़ेशन (Improvisation) दास्तानी मुज़ाहिरे का जुज़वे ला यंफ़क है। अपनी इस महारत और अपने बाकमाल हाफ़ज़े और याद्दाश्त की मदद से दास्तानगो जहाँ चाहते थे दास्तान की धारा मोड़ देते थे। वो जिस तरफ़ चाहते दास्तान को उस तरफ़ ले जाते। अगर महफ़िल का मिज़ाज इश्क़बाज़ी और शृंगार रस की तरफ़

मायल है तो घंटों घंटों उस क़बील की चीज़ों पर ठहर जाते और अगर रजज़ का बयान मक़सूद है तो उस रस में लोगों को शराबोर कर देते या फिर अय्यारी और मज़ाहिया मामला पेश करना है तो उसी पर ठहर जाते थे। ज़ाहिर है उसके लिए गज़ब की याद्दाश्त और हाफिज़े के साथ-साथ नज़्म-ओ नस्र पर पूर उबूर होना लाज़मी था, यानी ज़बान के हर पहलू पर महारत के बग़ैर ये कारनामा अंजाम देना नामुमकिन था। मीर बाक़र अली, जो हिन्दुस्तान के आखरी बड़े दास्तानगो थे, उनके बारे में कहा जाता था कि तिलिस्म-ए होशरबा के दफ़्तर के दफ़्तर उनके नोक-ए ज़बान थे। वो घंटों दास्तान सुनाते थे और क्या मजाल कि कहीं अटक जाएँ या ज़बान में कोई लग़्ज़िश आ जाए। मोहम्मद हसन जाह और अहमद हुसैन क़मर की सैकड़ों गज़लें,नज़्में और मसनवियां दास्तानों में मौजूद हैं। फ़ारूक़ी साहब ने ये भी लिखा है कि अक्सर दास्तानगोयों के पास पत्ते होते थे यानी दस्तानों के इशारे जिन्हें वह बयान करते वक़्त फैलाते थे और उनमें रंगआमेज़ी करते जाते थे।

ज़ाहिर है हमारे पास उस सलाहियत का अश्रे अशीर है ना ही हमारे सुनने वाले वो अहलियत रखते हैं जो उस ज़माने के सामईन के पास थी। हम दास्तानें लिखते हैं, या तरतीब देते हैं, फिर उन्हें यादकर के सुनाते हैं। हिन्दुस्तान के मशहूर थियेटर नक्काद आनंद लाल ने कोलकाता में हमारा शो देखने के बाद अपने तब्सिरे में इस बात की निशानदही की है कि हक़ीक़त में दास्तानगोई की अहया-ए नौ उस वक़्त होगी जब हमारे अहद के दास्तानगो इंप्रोवाइज़ (Imorovise) करके दास्तान सुना सकेंगे। यक़ीनन उस मुक़ाम तक पहुँचने में हमें बरसों की मश्क़ दरकार है। हम जो चीज़ें सुनाते हैं उन्हें याद करके पेश करते हैं। उसमें कोई ऐसी क़बाहत नहीं है मगर सवाल ये है कि हम जो चीज़ दास्तानगोई के नाम पे सुना रहे हैं क्या वो दास्तान हैं या महज़ क़िस्से-कहानियाँ हैं।

क़दमा ने दास्तानगोई और क़िस्सगोई को अलग-अलग फ़न माना है। क़िस्से सुनाने की रिवायत हमारे यहाँ बहुत मक़बूल रही है और हिन्दुस्तान की हर ज़बान में इसका कोई ना कोई नमूना मौजूद है। ज़्यादा तर रिवायतों में मौसीक़ी और गायकी इस फ़न का ख़ासा है। यानी लोग क़िस्से सुनाते वक़्त मौसीक़ी और मज़ामीर का इस्तेमाल कसरत से करते हैं। दास्तानगोई इन फ़ुनून से इसलिए मुमताज़ थी क्यूँकी इसमें मौसीक़ी का इस्तेमाल ना के बराबर होता था और दास्तानगो महज़ तहतुल्लफ़्ज़ में अपनी आवाज़ के जादू से वो समाँ बाँधते थे कि लोग उसमें बँधे रह जाएँ। तो ज़ाहिर है कि दास्तानगोई में मौसीक़ी और साज़ को कोई जगह नहीं। मज़ीद ये कि हर छोटी बड़ी कहानी सुनाना दास्तानगोई नहीं हो सकता। आजकल लोग उर्दू के अफ़साना-निगारों की कहानियाँ याद करके पेश करने लगे हैं और उसे दास्तानगोई का नाम दे देते हैं। जदीद अफ़साने और नॉवेलों की बनावट और उनकी शेरियात दास्तान की फ़िज़ा से बिल्कुल मुतज़ाद है और उन कहानियों को लिखकर पेश करने के भरोसे पर आप दास्तानगोई के फ़राइज़ और उसके लवाज़ेमात से सुबुक्कदोश नहीं हो सकते।

दास्तानगोई के लिए जो बयानिए मैंने तैयार किए हैं उनमें ये ध्यान रखा है कि एक बयानिया होना चाहिए, एक ऐसा बयानिया जो नॉवेल और अफ़सानों से मुख़्तलिफ़ हो। उस बयानीए में एक ख़ास जाह-हो-जलाल (Grandeur) होना ज़रूरी है, एक बुलंदआहंगी, जिससे उस का लहजा आम बयान से मुख़्तलिफ़ हो और उस बयानिए में शेरो शायरी का इलतेज़ाम ज़रूरी है। आम बयानिया (Narrative) और दास्तानगोई के नरेटिव (Narrative) में फ़र्क़ होता है। सेडिशन हो या चौबोली, उसका बयान आम ज़िन्दगी के वाक़ेआत से बालातर है। उसका सुर और उसका सोज़ दोनों एक बुलंद-ओ बांग तख़ातुब का हामिल होना चाहिए। और फिर उसमें जो फ़िज़ा है वो ऐसी होनी चाहिए जो हमारे क़दीम क़िस्से-कहानियों और दास्तानों का ख़ासा है। आम ज़िन्दगी से हट के वाक़ेआत का बयान हो, उनका अपना एक तसलसूल हो, एक अपनी दाख़िली मंतिक़ जो हमारे जदीद फिक्शन की माकुलियत (Rationality) से परे हों।

ये जो मैं दास्तानी रंग की बात कर रहा हूँ ये मेरे खाम ज़हन की इख़तिरा नहीं है। शम्सुर्रहमान फ़ारूक़ी ने चौबोली देखने के बाद इंतज़ार हुसैन से यही कहा था की देखिए साहिब क्या दास्तान का रंग पैदा किया है इस कहानी में। तो दास्तान का रंग लाने के लिए ज़ाहिर है दास्तानों से वाक़फ़ियत होना ज़रूरी है और उनके जमालियात में थोड़ा-बहुत दरक भी नागुज़ीर है। ज़ाहिर है अगर आपको उर्दू नहीं आती तो आप जो भी बयानिया चाहे फौक़ुल्फ़ितरत तखलीक़ कर लें उसे दास्तान नहीं कह सकते। दास्तानी रंग के लाने के लिए एक फौक़ुल्फ़ितरत माहौल का पैदा करना ज़रूरी है। और वो माहौल तब तक पैदा नहीं हो सकता जब तक आपका मौज़ू और आपका बयान इतना तवाना ना हो की वो एक भारी बयानिए के मुतहम्मिल हो सके।

इसीलिए मैं दास्तानों को तरतीब देने की बात करता हूँ। दास्तानगोई के लिए कोई चीज़ तहरीर करने के लिए उसमें तरह-तरह के माखज़ों से रूजू करना पड़ता है। क्लासीकी शायरी, क्लासीकी मज़मून, तारीख़, अदब इन सब का निचोड़ बना के, मुनासिब चीजों की पट लगा के ही हम लोग दास्तानगोई का बयानिया क़ायम कर सकते हैं। उनकी मदद से ही मैं उन बयानियों को गढ़ सका हूँ जिन्हें इस कदर मक़बूलियत हासिल हुई है कि ज़्यादातर दास्तानें जो मैंने बनाई हैं उनके सौ से उपर मुज़ाहिरे हो चुके हैं और उन्हें पसन्दीदगी से देखा गया है। जब मैंने फ़ैज़ साहिब पे एक मुज़किराह तैयार किया तो उसका नाम दास्तान-ए फ़ैज़ नहीं रखा और ना उसे दास्तानगोई के अंदाज़ में पेश किया क्यूँकि मुझे ये एहसास था कि इसमें ऐसा कोई बयानिया नहीं जो इस तरह सुनाया जा सके और ज़बानी सुनाने का बोझ बर्दाश्त कर सके। ऐहतरामन और रस्मन तो आप टोपी अंगरखा पहन के कुछ भी सुनाएँ लोग उसे गवारा कर लेंगे मगर दास्तानगोई के लिए एक बहाव चाहिए, एक उठान, एक उड़ान, बक़ौल ग़ालिब :

कुछ और चाहिए वुसअत मेरे बयान के लिए

दास्तान एक ज़बानी फ़न है मगर यह एक अंदाज़े बयान होने के साथ-साथ एक बयानिए का भी नाम है। सिर्फ़ दास्तानगोई के अंदाज़ में बैठने से (और वह जदीद अंदाज़ भी हमारी इखतिरा है) हर चीज़ दास्तानगोई नहीं हो जाती। दास्तान कहलाने के लिये आप जो बयान कर रहे हैं उस बयानिया का दास्तानी होना ज़रुरी है। दास्तान की तारीफ़ में जगह-जगह ऊपर बयान कर चुका हूँ। इसकी अव्वल शर्त यह है कि जो भी हमने लिखा है ज़बानी सुनाने के लिये लिखा है पढ़ने के लिये नहीं। ज़बानी सुनाने की मंतिक और हरकियात कुछ और होती है। दूसरी बात यह कि दास्तान में "दुनिया के ऊपर" यानी आम ज़िन्दगी के बाहर का ज़ायका होना चाहिए। बात चाहे हमारे ही ज़माने की हो लेकिन सुनने में ऐसी लगे कि किसी किताब, किसी अख़बार, किसी हक़ीक़ी वाक़ये से नहीं निकली है। अगर आप अंगरखा और टोपी पहन के दोज़ानूं बैठ गए और आपने कुछ भी आमियाना सी चीज़े पढ़ दी तो वह सही मानों में दास्तानगोई नहीं कही जा सकती क्योंकि सिर्फ़ Wrapper या ख़ोल चढ़ाने से अन्दर के माल की नौइयत नहीं बदल जाती। अगर वो बयानिया दास्तानी नहीं है तो आप कितनी भी देर और कितनी ही बार स्टेज पर बिराज लें उसे दास्तानगोई कहना नाइंसाफ़ी होगी। यह इस तरह है कि आप किसी गवय्ये के तर्ज पर शुरू हो गए और पीछे कोई तानपुरा बजा रहा है तो इसका मतलब नहीं कि महज उसकी वजह से आपकी पेशकश क्लासिकी मौसीक़ी हो गई। और आखरी बात यह कि दास्तानगोई के लिये बहुत सारा इल्म भी दरकार है।

मौसीक़ी का ज़िक्र आया तो यहाँ इस बात का ज़िक्र भी होना चाहिए कि मौसीक़ी के अंदाज़ व आदाब बहुत हद तक दास्तानगोई पर भी मुन्तबिक़ हो सकती हैं। मौसीक़ी उर्दू शायरी और दास्तानगोई, इन तीनों का मिज़ाज "नाट्यशास्त्र" और हमारे तमाम उलूम व फ़ुनून के धारों से बरामद होता है। इसलिये हमें बाज़ बक्त जदीद हिन्दी शायरी इतनी गैर मानुस लगती है क्योंकि वो दरअसल उन धारों से कट के ईजाद हुई है। अभी हाल ही में जब दास्तान करण अज़ महाभारत पेश की तो हिन्दुस्तान के मशहूर व मारूफ मोवाररिख शाहिद अमीन ने कहा कि तुमने इसमें जायसी को क्या ख़ूब चस्पाँ किया है। यह जो चस्पाँ करने वाली बात है इसे मौसीक़ी में अक्सर टुकड़े लगाना कहा जाता है और ज़बानी मुजाहिरे में यह बहुत देखा जाता है कि आपने कहीं की चीज कहीं पैवस्त कर दी। मौसीक़ी और शायरी में उसे यह भी कहते हैं कि यह चीज़ बैठा दी या इसे यूँ जमा दिया। अक्सर देखा गया है कि कोई क्लासिकी मुगन्नी आपको दिखाता है कि देखिए यहाँ मैंने क्या नई बात पैदा की है या फ़लाँ चीज़ को किस तरह टुकड़ा लगा के नए रंग में पेश किया है। या यह कि फ़लाँ रंग में फलाँ रंग का रंग डाल दिया है। इसीलिए कभी-कभी हम लोग इस्तिलाहन दास्तान तदवीन करने को दास्तान बनाना भी कहते हैं। जैसे धुन बनाना या लय बनाना। इसमें शायर और फ़नकार बढ़ चढ़ के अपनी ख़ुद की बुलंद आहंगी का दावा करते हैं और ख़ुद को बहुत आला मरतबा बताते

हैं। फ़ारूक़ी साहब की तहरीरों को पढ़ के मालूम हुआ कि इसे तअल्ली कहा जाता है। अब देखिए मीर अनीस एक बन्द में अपनी तअल्ली का रंग किस तरह देखते हैं—

एक क़तरे को जो दूँ बस्त तो कुलज़ुम कर दूँ
बहरे मव्वाजे फ़साहत का तलातुम कर दूँ
माह को महर करूँ, ज़ररों को अंजुम कर दूँ
गुंग को माहिरे अंदाज़े तकल्लुम कर दूँ
दरद सर होता है बेरंग ना फरियाद करें
बुलबुलें मुझसे गुलिस्ताँ का सबक याद करें

ये शम्सुर्रहमान फ़ारूक़ी की काविशों और उनकी नेक नियती और उर्दू अदब की मोहब्बत से मम्लू जज़्बे और मेहनत का नतीजा है कि आज दास्तानगोई हिन्दुस्तान में इतनी मक़बूल हो गई है कि हर आदमी अपनी पेशकश के साथ दास्तानगोई का लफ़्ज़ इस्तेमाल करने पर कोशां हो गया है। कहीं कोई म्यूज़िकल दास्तानगोई कर रहा है, तो कहीं दास्तानगोई का इस्तेमाल सियाहत के लिए किया जा रहा है, कोई ख़ुसरो की गज़लें पेश करने के साथ उसमें चार जुमले नस्र के बोल के उसे दास्तानगोई के नाम से पुकार रहा है। ये शुकर का मक़ाम है कि बहुत से लोग दास्तानगोई के नाम का इस्तेमाल कर रहे हैं और इतने लोग उसके नाम पर प्रोग्रामों में खींचे चले जाते हैं। नाम तो दास्तानगोई का ही इस्तेमाल हो रहा है और ये हमारे लिए जिन्होने इस अहद में इसे फैलाने का बीड़ा उठाया, तक़वियत और इत्मीनान का मक़ाम है। मगर उसके साथ-साथ तश्वीश ये भी है कि हर तरह की सतही और आमियाना चीज़ दास्तानगोई के नाम से लोगों पर लादी जा रही है। जो लोग इन पेशकशों के जरिये दास्तानगोई से पहली बार रूबरू होते हैं उन्हें ये अंदाज़ा ही नहीं हो पाता कि दास्तानगोई किस सेह्रकारी का नाम है।

एक तरह से देखें तो दास्तानगोई के ये सिफली नमूने उन्हीं मुहर्रिकत का नतीजा हैं जिनकी वजह से आज उर्दू की हर मुज़ाहिराती रिवायत इंहितात के दौर से गुज़र रही है। मुशाएरा हो या गज़लख़्वानी या गज़ल गायकी हर चीज़ गोया एक तरह से बिरयानी की तरह हो गई। चावल हों और गोश्त ना हो तो भी, चिकन हो और वो भी ना हो तो पनीर से काम चला के खानेवाला ये सोच के ख़ुश हो जाता है की वो बिरयानी खा रहा है। उसी तरह हर तरह की चीज़ को दास्तानगोई के नाम पे पेश करके और उसके सुनाने वाले और सुननेवाले इत्मीनान महसूस करते हैं कि चलो कोई टोपी पहने हुए था और उर्दू की तरह की कोई चीज़ उसे सुनाई पड़ी तो उसे लगा कि ये कान पड़ी आवाज़ दास्तानगोई है :

—टुक देख लिया, दिल शाद किया, ख़ुश काम हुए और चल निकले

वैसे तो उर्दू बेचारी हिन्दुस्तान में ग़रीब ज़वान, जो चाहे उसके साथ जैसा सुलूक या जैसे ज़्यादती कर ले। ज़्यादती कर ले। दाॅरैन इस पे एक मज़े की पॅरोडी सुनाते हैं। एक महफ़िल में एक साहब बोले :

मैंने पूछा यारों से, क्या हम भी गा दें कोई गजल
यार बोले, नांगिया जी देख लो...

फ़ारूक़ी साहब का इसरार था कि हम जब दास्तान सुनाएँ तो फख्र और शान से सुनाएँ और यूँ सुनाएँ कि जिसे ज़बान समझ में नहीं आ रही हो वो गोया ख़ुद ही कोरा है, उसके लिए किसी रिआयत का इल्तिज़ाम नहीं रखा जाए और ना ही उसके लिए ज़बान सहल की जाए या अल्फ़ाज़ के मतालिब बताए जाएँ। वैसे भी तरसील और फ़हम का मामला बहुत गुंजलक है, कौन-सी चीज़ क्यूँ और कैसे असर डालती है उसका मामला सिर्फ़ अल्फ़ाज़ के मआनी या सेमैंटिक्स (Semantics) से नहीं है।

—बात जो दिल से निकलती है असर रखती है

ज़रूरी है कि इस अहद में जब बा ज़ौक़ लोगों का फुक़दान है। फ़न के मेयार को क़ायम रखा जाए और उसको उसी बुलंदो पे रखा जाए जिसका वो मुस्तहिक़ है। ये सही है कि हमारे अहद में दास्तानगोई के महफ़िल की रुसुमियात (Comventions) कमयाब हैं मगर बिल्कुल नापैद नहीं है। मुझे इस मैदान में बारह पन्द्रह बरस होने को आए और मैंने जो काम किया है पीर-ए मुगा फ़ारूक़ी साहब की निगरानी में किया है। अब तक हमारा जो काम है जो पिछली किताब में मंज़र ए आम पर आ चुका है और बाक़ी इस किताब में आ रहा है उसकी रोशनी में ये कहना सही नहीं है कि दास्तानगोई का मेयार नहीं है और इसलिए दास्तानगोई के नाम पे सब कुछ चलता है। दास्तानगोई के नाम पर वो ही बयानिया चल सकता है जो लोगों के दिल-ओ दिमाग़ में उतर सके और उन्हें पूरी तरह अपनी गिरफ़्त में ले सके। वरना हल्का फुल्का मज़मून या क़िस्सा सुना के आप इस फ़न की तौहीन कर रहे हैं और अपनी और अपने सामईन की कोई खास तौक़ीर भी नहीं कर रहे।

जिस दौर से हम गुज़र रहे हैं वो एक ऐसा पूर अशोब दौर है जिसमें पुराने सारे मीज़ान, सारे तौर-तरीक़े और अतवार टूट रहे हैं। वो अक़दार जिनके तहत हम आपस में गुफ्तगू करते थे, एक-दूसरे से मुहब्बत और मुखालीफत करते थे, वो सोशल मीडिया के शोर में डूबते चले जा रहे हैं और हर तरफ़ मुनाफ़रत का दौर-दौरा है। इस तरह हम ज़बान होते हुए भी हम एक-दूसरे की बात ना सुनना चाहते हैं ना समझना। इस इंतेहा पसन्दी और शिद्दत पसन्दी को महज़ किसी सियासी गिरोह बंदी से वाबस्ता नहीं किया जा सकता बल्कि दिन दूनी रात फैलने वाली किसी छुआछूत की बीमारी की तरह ये उयुब

हमारे अन्दर सरायत कर रहे हैं। तो एक ऐसे पूर अशोब दौर में जहाँ हर मुख़्तलिफ़ हवा को एंटी नेशनल (Anti national) गद्दार या फ़ासिस्ट (Facist) कह दिया जाता है, एक फ़नकार से अलग तरह के तक़ाज़े करता है। अब महज़ झंडा उठाने या नारे लगाने से काम नहीं चल पाएगा क्योंकि आज सोशल मीडिया और टेलिविज़न पे हर आदमी सिर्फ़ नारे लगा रहा है।

इसके साथ-साथ ये भी है कि हर आदमी अब बज़ाते ख़ुद अदीब 'फ़नकार' सहाफ़ी बन गया है और हर फ़न की महारत हासिल कर चुका है। Facebook, Twitter, Instagram के इस दौर में हर शख़्श फ़ोटोग्राफ़र है, नक्काद है, सहाफी है, ख़ुद साख्ता माहिरीन के इस नक्कारखाने में असली नकली का फ़र्क मिट गया है, चूंकि ज़्यादा तर नीम जाहिल ही एक-दूसरे से गुफ्तगू कर रहे हैं इस लिये कनवा राजा ही राजा है। आज के दौर में अलग सोशल मीडिया में कोई ख़ुद का राग नहीं अलाप रहा है तो क्या उस का दुनिया में कोई वजूद है? ये सवाल सिर्फ़ मज़ाक नहीं रह गया है। जहाँ हर शख़्स हर चीज़ जानता है और उसे मालुमात दिखाने के लिये सिर्फ़ दो जुमले दरकार हैं वहाँ इतने तवील मज़ाकरे और बयानिये कौन सुनेगा? मगर इस पेश मंज़र को उलटकर देखा जा सकता है। जहाँ हर इज़हार-ऐ-बयान जारेहाना, शिद्दतपसंदी, आमियाना सतहीपन और इख़्तिसार की तरफ़ मायल है वहाँ ठंडे लहजे में एक जामेअ और मुदल्लिस अंदाज़-ए-बयान अपनी अलग शान रखता है। और आज के इस बेइंतिहा Visual अहद में दास्तानगोई जैसी जुबानी बयानिये की चीज़ शायद इसी लिये लोगों को लुभा रही हैं।

आज जबकि उर्दू पढ़ने और बोलने वालों की एक कसीर तादाद उर्दू रस्मुलख़त से बे बहरा है। फ़ारूक़ी साहब बहुत ज़ोर दे के इस बात को दोहराते हैं कि मुझे कोई एक उर्दू पढ़नेवाला दे दीजिए, वह सौ रस्मुलख़त से नावाकिफ़ उर्दू के शायकीन पर भारी है। इसी तरह एक फ़नकार और एक सामेअ ऐसा हो जो दास्तानगोई के लवाजिमात को बरत सके और समझ सके तो वह सौ दास्तान सुनाने वालों और सुनने वालों पर भारी है। जब तक ऐसा एक भी सामेअ ज़िन्दा है दास्तानगोई का सफ़र पूरी ताबो-तवानाई से इसी तरह चलता रहेगा।

इंशा अल्लाह-वमा तौफ़ीक इल्लाबिल्लाह

—महमूद फ़ारूक़ी
नई दिल्ली

दास्तानगोई और दास्तानगो

दास्तानगोई की पहली किताब 2011 में मन्ज़रे आम पर आई। इस किताब में 'दास्ताने तक़सीमे हिन्द की' के अलावा बाक़ी तमाम दास्तानें तिलिस्म-ए-होशरुबा से माखूज़ थीं। उन दास्तानों को 2005 के बाद मुसलसल सुनाने के बाद किताबी सूरत में उर्दू के कारेईन और दास्तान सुनने और सुनाने वालों की तस्कीन के लिए उर्दू और देव् नागरी रस्मे ख़त में बित्तरतीब अर्शिया पब्लिकेशन्स और राजकमल पब्लिकेशन से शाये किया गया था। उस किताब के शुरू में ही महमूद फ़ारूक़ी ने "शौक़े आवारगी" के ज़िमन में अर्ज़ किया था :

> "दास्तानगोई के सफ़र में गोया यह किताब एक पड़ाव है. और एक दावत नामा है कि लोग उसे पढ़ें, पढ़के लुत्फ़ उठाएँ, सुनाने की तरग़ीब दें और लें ताकि बात हम से आप तक, आप से औरों तक और औरों से दुनिया तक पहुँचे। इस किताब का सिर्फ़ यह मक़सद है कि उर्दू के साथ-साथ भाखा और नागरी में इन दास्तानों को पढ़ें, याद करें और लोगों को सुनाएँ। दास्ताने अमीर हमज़ा के पैंतालीस हज़ार सफ़हात सुनने वालों के इन्तज़ार की लौ जगाए हुए हैं।"

और उन की उम्मीद के मुताबिक़ आज न सिर्फ़ उन दास्तानों को पूरी दुनिया में सुनाया और सुना जा रहा है बल्कि उसे समझने की कोशिश भी की जा रही है। इन दास्तानों की ज़ुबान को मुश्किल कहने वाले भी अब इस से न सिर्फ़ लुत्फ़ अन्दोज़ हो रहे हैं बल्कि उसे जानने की कोशिश भी कर रहे हैं। दास्तानगोई की मक़बूलियत का अंदाज़ा इस से भी लगाया जा सकता है कि अब महमूद फ़ारूक़ी और उनके साथियों की दास्तानगोई के आशिक़ीन की प्यास बुझाने के लिए कोई भी महफ़िल सजा कर बैठ जाता है और दास्तानगोई के नाम पर दास्तान के अलावा कुछ भी सुनाने लगता है और नाज़रीन इस इन्तज़ार में बैठे होते हैं कि अब महफ़िल में दास्तानगोई का आग़ाज़ होगा, और उसी इन्तज़ार में महफ़िल के खात्मे का ऐलान हो जाता है और दास्तानगोई के नाम पर आए हुए नाज़रीन को मायूसी के अलावा कुछ हाथ नहीं लगता।

इस तरह की महफ़िल न सिर्फ़ हिन्दुस्तान बल्कि अब तो दूसरे ममालिक में भी सजाई जाने लगी है। जब भी दास्तानगोई की महफ़िल आरास्ता की जाती है तो लोगों

को यही लगता कि महमूद फ़ारूक़ी या उनके साथी की महफ़िल है और उस महफ़िल में वह आ जाते हैं। गोया जदीद दास्तानगोई और महमूद फ़ारूक़ी लाज़िम व मल्ज़ूम की हैसियत इख़्तेयार कर चुके है। और इसका फ़ायदा ऐसे लोग भी उठाने लगे हैं जिन्हें दास्तान का इल्म तो क्या दास्तान की ज़ुबान का इल्म भी नहीं के बराबर है। और ऐसे लोग दास्तान के नाम पर अफ़साने, यादें और यहाँ तक के सफ़रनामे सुनाकर अवाम को गुमराह कर ने लगे हैं। दास्तानगोई से महज़ूज़ होने वालों की तादाद में इज़ाफ़ा हो रहा है। और इस उम्मीद के साथ महफ़िल में आते हैं कि उन्हें दास्तान सुनने को मिलेगी लेकिन वह दास्तान के अलावा कुछ भी सुनकर वापस लौटते हैं। ऐसे नाज़रीन जिन्होंने दास्तान के बारे में पढ़ा है और दास्तानगोईं की महफ़िल में पहले भी शरीक हो चुके हैं उनकी समझ में तो आ जाता है कि दास्तानगोई की महफ़िल नहीं थी लेकिन पहली बार शामिल होने वाले नाज़रीन तज़बज़ुब के शिकार हो जाते हैं।

दास्तानगोई की इस किताब में दस दास्तानें शामिल हैं। पहली किताब में एक दास्तान ऐसी थी जिसका ताल्लुक़ तिलिस्म-ए-होशरुबा से नहीं था तो इस किताब में सिर्फ़ एक दास्तान (दास्ताने हुस्साम जादू) ऐसी है जिसका ताल्लुक़ तिलिस्म-ए-होशरुबा से है। बाक़ी तमाम दास्तानें न सिर्फ़ नई हैं बल्कि ख़ुद साख्ता हैं। इन में ''दास्ताने मंटोइयत'' और ''दास्ताने सेडिशन'' फ़नकार और दानिशवर की न सिर्फ़ ज़िन्दगी और उनके कारनामों पर मबनी हैं बल्कि मौजूदा दौर में उनकी अहमियत और समाज दुश्मन अनासिर की ज़हनियत को भी उजागर करती है। इन दास्तानों के मुताले से मंटो और बिनायक सेन की फ़िक्र का इल्म तो होता ही है साथ ही साथ उन के ज़माने के मिज़ाज और उनकी फ़िक्र से परिशान लोगों का इल्म भी होता है। इन दोनों ही दास्तानों की पेशकश न सिर्फ़ निहायत कामयाब रहीं बल्कि कई बार इनकी पेश कश में मुश्किलें भी पेश आईं।

''दास्तान लिटिल प्रिंस की'' और ''दास्तान एलिस की'' यूँ तो बच्चों के लिए तैयार की गई लेकिन उनके नाज़रीन में न सिर्फ़ बड़े बल्कि दानिश्वरान भी शामिल रहते हैं। और इन दास्तानों में भी न सिर्फ़ दिलचस्पी मौजूद है बल्कि हर उम्र के लोगों के लिए सबक़ भी शामिल है। इन दास्तानों की पेशकश का दोहरा फ़ायदा नज़र आता है। अव्वल तो बच्चों को उनकी दिलचस्पी की और मुस्बत तफरीह मिल जाती है और दोयम उनको एक ऐसी ज़बान और उस्लूब से वाक़फ़ियत हो जाती है जिसका इल्म अब उर्दू के शायर व अदीब को भी कम कम ही है। क्योंकि अब नए शायर व अदीब पढ़ने पर कम और लिखने पर ज़्यादा यक़ीन रखते हैं। इसलिए इन दास्तानों के ज़रिये मुस्तक़बिल के कारेईन और नाज़रीन के साथ-साथ कलासिकी अदब और ख़ुसूसन दास्तान से दिलचस्पी रखने वाली नस्ल की तैयारी का काम भी लिया जा रहा है। लिटिल प्रिंस की तैयारी के हवाले से महमूद फ़ारूक़ी कहते हैं :

''लिटिल प्रिंस के बयान से मैं ने Baobabs की एक तस्वीर बनाई, क्या पता कोई भूला भटका किसी Asteroid पर जा पहुँचे और Baobabs को न पहचाने तो बड़ी मुसीबत में पड़ जाएगा। बच्चों Baobabs से मुहतात रहना। आप सोच रहे होंगे कि मैंने Baobabs की तस्वीर इतनी अच्छी कैसे बना ली। वजह सिर्फ़ यह है कि बाक़ी तस्वीरें तो ऐसी तैसी बनी मगर जब मैं Baobab पर आया तो खतरे के एहसास ने मेरे हाथों में नई कला भर दी।''

इस दास्तान में Baobab से ख़बरदार करते हुए दास्तानगो कहना चाहता है कि मौजूदा दौर में अपने मुल्क और समाज में पनपने वाले इन Baobabs को मुसलसल जड़ से उखाड़ कर न सिर्फ़ फेंकते रहना होगा बल्कि रोज़ सफ़ाई करना पड़ेगा। अगर हम ने ऐसा किया तो शायद मुस्तक़बिल रोशन हो और एक मुस्बत समाज के बनने का अमल मज़ीद तेज़ हो।

इस किताब में ''दास्ताने घरे बायेरे'' रबिन्द्र नाथ टैगोर के नाविल पर मबनी है। एक नाविल को कैसे दास्तान बनाया जा सकता है इस की बेहतरीन मिसाल है। इस दास्तान में न सिर्फ़ ज़बान व उस्लूब दास्तान का इख़्तेयार किया गया है बल्कि इसकी हैयत में भी तब्दीली करके इस अंदाज़ से पेश किया गया है कि नाज़रीन को नाविल के मवाद के साथ-साथ दास्तान का लुत्फ़ मिलता है। दो क़िरदारों की मदद से दास्तान का ताना बाना कैसे तैयार किया जा सकता, इस का बेहतरीन नमूना यहाँ देखने को मिलता है।

हिन्दुस्तान वाहिद ऐसा मुल्क है जहाँ आज भी लातादाद लोक रवायतें मौजूद हैं। खाह लोक गीत हो या लोक नाटक, वह मक़ामी रक़्स हो या लोक कथाएँ। हिन्दुस्तान के मुख़्तलिफ़ इलाक़ों में दास्तानगोई की तरह ही लोक कथा सुनाने की रवायत रही है। यही वजह है कि एक ही तरह की कथाएँ कई सूरतों में मिलती हैं। अक्सर एक ही कथा मुख़्तलिफ़ इलाक़े या ज़बान में मुख़्तलिफ़ सूरत इख़्तेयार कर लेती हैं। क़िस्से-कहानियों और कथा सुनाए जाने वाले इलाक़ों में राजस्थान एक ज़रखेज़ इलाक़े के तौर पर जाना जाता है। और उन कथाओं को महफ़ूज़ करने वाली शख़्सियात में विजयदान देथा निहायत अहमियत के हामिल हैं। उनकी कहानियों के न सिर्फ़ मुख़्तलिफ़ ज़बान में तर्जुमा हुए हैं बल्कि मुख़्तलिफ़ तौर पर पेश किए गए हैं। उनकी इन कहानियों में से एक पर मबनी ''दास्ताने चौबोली'' है। ये एक मक़बूल तरीन दास्तान है। इसकी ख़सूसियत यह है कि लोक कहानी होने के बावजूद कलासिकी ज़बान में निहायत कामयाबी के साथ पेश की जाती रही है। मौजूदा दौर में क़िस्से कहानी सुनाने की रवायत कमोबेश ख़त्म हो चुकी है। ऐसे में दास्ताने चौबोली न सिर्फ क़िस्सागोई की रवायत की याद दिलाती है बल्कि इस अहम् रवायत की तजदीद की जानिब एक मज़बूत क़दम बढ़ाते हुए दिखाई देती है। और इसकी क़िस्सा दर क़िस्सा की तकनीक इसे दास्तान के ज़ुमरे में शामिल करती है।

इसी ज़ुमरे में "दास्तान राजा बिक्रम के इश्क़ की" को भी रखा जा सकता है। मौजूदा दौर में जहाँ नफ़रत को बढ़ावा दिया जा रहा है और एक खास तरह की ज़ेहनियत का बोलबाला है वैसे में राजा बिक्रम की मिसाल न सिर्फ़ मिसाली रियासत के तसव्वुर को उजागर करता है बल्कि मुहब्बत के लिए किसी भी तरह की क़ुरबानी के जज़्बे को जगाता है। दास्ताने चौबोली में चौबोली का क़िरदार क़दरे मुख़्तलिफ़ है। पहली दास्तान में वो क़िस्सा सुनती है तो यहाँ वह क़िस्सा सुनाती है।

"दास्तान जय राम जी की" और "दास्ताने कर्ण" देव् मालाई क़िस्से पर मबनी है। "दास्तान जय राम की" रामायण के हवाले से निहायत ही फनकारी से तैयार किया गया है। इस दास्तान को तैयार करने में न सिर्फ़ रामानुजन की तहक़ीक़ से मदद ली गई है बल्कि मौजूदा दौर में उससे मुताल्लिक़ जो भी मवाद मौजूद हैं उसका इस्तेमाल करते हुए उस में उर्दू शायरी का भी जा ब जा इस्तेमाल किया गया है। हिन्दू देव मालाई क़िस्से को दास्तान की शक्ल और उस्लूब अता करना कारे दुशवार था और उस मार्के को कामयाबी के साथ महमूद फ़ारूक़ी ने सर किया। इस दास्तान की पेश कश में कई बार दुशवारी भी आई लेकिन ये दास्तानगोई की ताक़त है कि ब आसानी इस का हल भी निकलता गया। इस दास्तान के नाज़रीन ने न सिर्फ़ रामायण के हवाले से मुख़्तलिफ़ नज़रिये से वाक़फ़ियत हासिल की बल्कि उनके ज़ेहन के दरीचे भी वा हुए। इस तरह "दास्ताने कर्ण" भी बरसों की तहक़ीक़ और ज़ेहन सोज़ी का नतीजा है। यूँ तो कर्ण एक देव मालाई क़िरदार है बल्कि महाभारत के मरकज़ी क़िरदारों में से एक है। दास्तानगो ने कर्ण को देव् मालाई क़िरदार के साथ-साथ उसे मौजूदा दौर के हवाले से भी देखने की कोशिश की है। आज भी न जाने कितने कर्ण जैसे क़िरदार न सिर्फ़ तारीख़ के सफ़हात में गुम है बल्कि मौजूदा दौर में हमारे दरमियान मौजूद हैं लेकिन उन्हें मुख़्तलिफ़ क़ौम, फ़िरक़ा, ज़ात और मज़हब का नाम देकर उसके वजूद से ही इनकार कर देते हैं या फिर नज़रअंदाज़ कर दिए जाते हैं। इसलिए ज़रूरत इस बात की है कि अब हम "कर्ण" और "राजा बिक्रम" जैसी शख़्सियात को तलाश करें और उन्हें उनका जाएज़ हक़ और मक़ाम अता करें।

दास्तानगोई की यह किताब न सिर्फ़ नई दास्तान पर मबनी है बल्कि दास्तान की रवायत की मानिंद इस में इसके वजूद में आने का ज़माना साफ़ दिखाई देता है। इन तमाम दास्तानों में दो सतहों पर ज़माना और उस्लूब जलवागर नज़र आता है। अव्वल तो जिस ज़माने का वाक़्या यानी मवाद है इस का लेहाज़ रखा गया है। और उसकी ज़बान का इल्तेज़ाम उसके मवाद की मुनासिबत से किया गया है। दूसरी सतह पर इन दास्तानों में उसकी पेशकश का ज़माना भी दिखाई देता है। 'दास्ताने सेडिशन' और 'दास्तान राजा बिक्रम की' में मौजूदा दौर की ख़ास ज़ेहनियत और उसके इज़हार की अक़्क़ासी मिलती है तो 'दास्तान कर्ण' सिर्फ़ देव मालाई दास्तान नहीं है बल्कि यह तो आज की बात है जिसे कलासिकी उस्लूब व बयान में पेश किया जाता है। इसलिए

इन दास्तानों का मुताला करना न सिर्फ़ किसी खास मवाद को कलासिकी ज़बान और उस्लूब में देखने का मौक़ा फ़राहम करता है बल्कि अपने दौर और उस की ज़ेहनियत को भी महफ़ूज़ करने का बेहतरीन वसीला दिखाई देता है। इसलिए ज़रूरत इस बात की है कि हम असल और नक़ल की तमीज़ करते हुए बहरूपियों के बजाय असल दास्तानगो के फ़न को देखें और उससे लुत्फ़ हासिल करने के साथ-साथ अपने ज़ेहन के दर वा कर लें। दास्तानगोई की दोनों किताबों के ज़रिये खासी तादाद में दास्तानें नाज़रीन, सामईन और क़ारईन के दरमियान मौजूद हैं। अब हमारी ज़िम्मेदारी बनती है कि हम उन दास्तानों को न सिर्फ़ पेशकश की जगह पर जाकर देखें बल्कि नक़ली दास्तान और दास्तानगो की जानिब तवज्जोह न करें। असल दास्तानगो की हौसला अफ़ज़ाई के साथ-साथ नक़ली की हौसला शिकनी भी लाज़िम है। उम्मीद है कि क़ारईन इन दास्तानों का मुताला करके न सिर्फ उससे लुत्फ़ अन्दोज़ होंगे बल्कि दास्तानगोई की राह को मज़ीद हमवार करने की कामयाब कोशिश करेंगे।

—मोहम्मद काज़िम

देहली यूनिवर्सिटी, देहली

दास्तानगोई

२

दास्ताने-हुस्साम जादू

नाज़ों के उठाने वाले साक़ी
रिन्दों के छकाने वाले साक़ी

आबाद तुझी से अंजुमन है
आराइशे-महफ़िले-सुख़न है

फिर रिन्द हुए हैं तेरे बेताब
इक और दे जाम ए बादा ए नाब

वो जाम के जो रश्क़ ए जाम ए जम हो
वो मय कि न जिस का नशा कम हो

वो नशआ के जो दिखाए नैरंग
तक़रीर में हो तिलिस्म का ढंग

वो आज पिला दे जाम साक़ी
जिसमें कि हो तेरा नाम साक़ी

अक़लीमे सुख़न को मैं करूँ सर
मद्दाह रहे मेरे सुख़नवर

ज़ीनत दिहे बाग़े कामरानी
ए जाह बने मेरी कहानी

वो फूल झड़ें मेरी ज़बां से
हर सफ'अ न क़म हो बोस्तां से

मुश्ताक़ हैं अहले बज़्म ए जाह
सब देख रहे हैं देर से राह

आग़ाज़े बयां करो यहाँ से
रौनक़ दो सुख़न को दास्तां से

हाल ज़यून खिसाले अफ़रासिब बदअफ़आल सुनिए कि उसने दोबारा अपने पीर भाई को नामा भेजकर ख़्याल किया के हैरत फ़िलहाल बहोत घबराई हुई है, कई शिकस्तें खा चुकी है, उसकी दिलदारी चल कर करना चाहिए। ये सोच कर उठा। शाहे आली पायगहे तख़्त पर सवार हुआ, घंटे नाक़ूस बजने लगे, तख़्त बज़ोरे सहर दोशे हवा पर रवाना हुआ, एक अब्रे सुर्ख़ सर पर आकर छा गया, मोती बरसने लगे, वो परीज़ादीं जो तख़्त लाई थीं, रंग खेलने लगीं, पिचकारियाँ चलाने लगीं, मुक़ैश उड़ाने लगीं, तारे टूटते नज़र आते थे, मुक़ैश के तार इस तरह जगमगाते थे, सदाए दूर बाश से गोशे-फ़लक पर था, ख़ुलासा ये कि बड़ा कर्रोफ़र था, इसी तरह जानिबे हैरत, बादशाह बसद हशमत रवां था।

बना वो क़स्त्र रश्के बुर्जे माहताब,
ज़िया पर आँख ठहरे उसकी क्या ता'ब
हवा पे बजते थे लाखों नाक़ूस
सदा जाती थी जिनकी सैकड़ो कोस
हज़ारों अज़दहे उड़ते हुए साथ
चले आते थे शोला उड़ाते साथ

उधर हैरत बारगाह में बमुक़ाबला ए महरुख़ उतरी हुई है, कि यकायक सवारी अफ़रासियाब कि पैदा हुई, अब्रे सुर्ख़ ज़ाहिर हुआ, तबले पर थाप पड़ती सुनाई दी।

मलका हैरत बारगाह से बाहर आई, मुजरा किया और दोनों दाख़िले-बारगाह हुए।

बादशाह के साथ आई नाज़नीनान दरे बारगाह पर ठहरीं, बाज़ ओहदे हाथ में लिए शाह के साथ अन्दर आईं, बाक़ी इन्तज़ाम हो गया कि कोई शख़्स अन्दर न जाने पाए, बादशाह आकर तख़्त पर बैठा, मलका पहलू में, अहले-दरबार अपनी-अपनी जगह पर मुतमक्किन हुए, शराब का प्याला गर्दिश में आया, नाच होने लगा, मलका ने हाल अपनी शिकस्त वग़ैरा का आबदीदा होकर बयान किया।

बादशाह ने क़ुफ़्ले-दहन मिफ़ताह-ए-ज़बान से वा किया और तस्कीन आमेज़ कलाम किए और कहा कि अबकी मैंने ताक़चश्म, अपने पीर भाई को बुलाया है, वो आकर सब बाग़ियों को ग़ारत कर देगा और मिस्ले-बर्गे-ख़िज़ां रसीदा बाग़े-आलम से बसरसरे फ़िना उड़ा देगा, बादशाह ने ये सुनकर अहले दरबार से मुख़ातिब होकर फ़रमाया "क्यूँ साहिबो! तुम में से कोई ऐसा है कि जो मेरे पीर भाई का सामना कर सके। सबने मुत्तफ़िक़ुल लफ़्ज़ जवाब दिया—वाक़ई पीर भाई के हुज़ूर का कोई सामना

नहीं कर सकता है वो बड़े ज़बरदस्त जादूगर हैं। ख़ुशामदी बादशाह के कलाम की और ज़्यादा तर ताईद करके मदहो-सना में ताक़चश्म की तरे ज़बान हुए।

यादगारे सामरी जमशेद आप, आसमाने स्हर के ख़ुर्शीद आप, कौन है दुनिया में सानी आपका, किसका ऐसा है जहाँ में मरतबा, आप हैं सुल्ताने शाहाने ज़मा, आपका हमसर है दुनिया में कहाँ।

यहाँ तो ये ज़िक्रो-तज़्किरा है लेकिन जो असीसाने लश्करे मेहरुख जो क़रीबे बारगाह आए देखा तो यहाँ के लश्करी ख़ुशी कर रहे हैं, गुलगुला बरपा हैं कि बादशाह के पीरभाई ताक़चश्म आते हैं सब नमकहरामों का काम तमाम कर देंगे, ये ख़बर हरकारों ने जो सुनी वहाँ से फिर कर ख़िदमते मलकये मेहरुख में हाज़िर हुए और बाद दुआ और सना के ख़बर अर्ज़ की, कि लश्करे-हरीफ़ में इस तरह की ख़बर हमने सुनी है कि आमदे-ताक़चश्म कि ख़ुशी हो रही है, मलका मेहरुख़ ने ख़बर सुनकर फ़रमाया कि अब तो अफ़रासियाब ऐसे ही ऐसे साहिर ढूँढ़-ढूँढ़कर बुलाएगा, ख़ैर हमारा भी ख़ुदा मालिक है, ये कह कर चुप तो हो रही मगर रंग चेहरे का ज़र्द हो गया।

बर्क़ अय्यार हस्बे इत्तेफ़ाक़ दरबार में मौजूद था, उसने जो रंगे-चेहर-ए-मलका मुतग़य्यर देखा अपनी जगह से उठकर गोया हुआ। ज़रा मैं तो जाकर उस ताक़चश्म को देख आऊँ कि कैसी उसकी सूरत है, मेहरुख़ ने कहा कि "ए बर्क़ वास्ता ख़ुदा का, वहाँ जाने का इरादा न करना, वो मुआ ताक़चश्म अपने फ़न में ताक़, और शोहर-ए- आफ़ाक़ है, ज़बरदस्त जादूगर है, अफ़सूनो सहर से माहिर है, मसल ये उसी पे सादिक़ आती है कि उसके काटे का मंतर नहीं, वो मुआ बड़ा मूज़ी है, ख़ुदा कि मार उस पर। बर्क़ ने कहा हमको ख़ुदा ए ता'अला के फ़ज़लो-करम पर भरोसा और तकिया है, वो साहिर हमारा क्या करेगा।

ये कहकर के हरचंद मलका-ए-मौसूफ़ ने मना किया। वो न माना और रवाना हुआ।

जब क़रीब लश्करे-हैरत पहुँचा, दिल से मशविरा किया कि अभी जिस साहिर की फ़िक्र में तुम आए हो वो आया नहीं है, पस लाज़िम है कि किसी तरह अपने तईं बारगाह में हैरत के पहुँचाओ, ठहरे रहो, और जब साहिर-ए-मज़्कूर आए उस पे हाथ साफ़ करो और राहे-अदम उसको दिखाओ।

ये सोचकर बसूरते मुबद्दल, दरे-बारगाह पर पहुँचा। वहाँ पहुँचकर ये सोचने लगा कि किसी को बेहोश करूँ, उसकी ऐसी सूरत बनाऊँ, और अन्दर जाऊँ, इस ख़याल में था कि वहाँ जो नाज़नीनान खड़ी थीं, उनमें से एक को एहतियाज कि हाजत हुई। उसने अपनी साथ वालियों से कहा—

"बहना, मुझको जाए ज़रूर पर जाने कि हाजत है, कोई चलता है मेरे साथ ?"

"अरे तुझको हर बार ऐसी ही जगह पर एहतियाज होती है ? भला ये कौन मौक़ा है, शहंशाह आने वाले हैं।" "न बीबी न, हम में से कोई न जाएगा, ये क्या तूने आदत सीखी है कि एक तो आप जाती हैं दूसरे और को लिए जाती हैं।"

दूसरी औरत ने कहा "ये रंडी अपने पीले चमड़े पे इतराती है, जानती है मुझसे बढ़ कर कोई ख़ूबसरत नहीं...हुँह।"

उस नाज़नीन ने के जिसको एहतियाज थी, इन बातों का जवाब दिया कि "उई इतना मेरा पूछना कि साथ चलती हो ग़ज़ब हो गया ? हज़ारों बातें तुमने मुझे पकड़ाईं ? अगर तुम मेरे साथ न जाओगी तो मुझको कोई खा न जाएगा," ये बकती हुई वहाँ से चली और लश्कर से निकलकर एक ग़ोशे में बहरे-रफ़ए-एहतियाज बैठी। बर्क़ उसके साथ आया था और घात में था कि उसको बेहोश करूँ पस एक औरत कि क़ता बन के जहाँ वो बैठी थी ये भी गया और जब तक वो उठे उठे उसने कमंद मारी वो औरत दरियाए नूर की रहने वाली कनीज़े शाहे जादुआन अय्यारों की मक्कारी क्या जाने कमंद में उलझ कर गिरी, अय्यारे मज़कूर ने ख़ूब उसको बेहोश करके पैरहन और ज़ेवर उसके जिस्म से उतार लिया और उसको वहीं मिटटी में दबा दिया फिर आप आईना सामने रखकर उसी के जैसी सूरत बना, क्या क़ुदरते नक़्क़ाशे अज़लो मुसव्विर ए आफ़रीनश ने उस सूरते निगारे नैरंगो अय्यारी को अता फरमाई थी कि "पल मारने की हुई न देरी, सुबहान अल्लाह शान तेरी" हवा ही गोया फिर गई। वो बर्क़ ही न था, वही नाज़नीन ख़वास अफ़रासियाब कि थी, ज़ुल्फ़े चलीपा उस सब्ज़ा रंग की थी या किश्ते-हुस्न पर घटा काली छाई थी,सब्ज़ा रंगाने-दहर के ज़ुल्फ़ को देखकर रश्क़ से रुख़सारों पर तीरगी आई थी, गेसू का पेशानी पर अक्स पड़ा था, वाक़ई परी का साया हुआ था।

बला वो शोखी कि चाल भी है, वबाले काकुल का जाल भी है
अदा से दिले पायमाल भी है, क़लक़ से आशुफ्ता हाल भी है
हरन है सय्यादे चश्मे जादू, क़ज़ा के फंदे हैं दाम-ए-गेसू
शिकार गह आईना को कर तू, कमंद भी है ग़ज़ाल भी है
न क्यूँ हो हर बात में दोरंगी, दिमाग़ रहता है आसमां पर
वो शोख मस्ते शबाब भी है, गुरुर-ए-हुस्नो जमाल भी है
वो गोरा गोरा है मुँह तुम्हारा, हर एक है गाल, माहपारा
क़मर कि पुतली का है वो तारा, सियह जो रुख़ पे ख़ाल भी है

इस सूरते-दिलफरेब से दुरुस्त होकर जब बन सँवर चुका, इठलाता हुआ पानी से लोटे के खेलता हुआ चला और दर-ए-बारगाह पर उसी गिरोहे-हसीनान में आ मिला जो तख़्ते-शाही लिए खड़ी थीं और गोया हुआ के बूआ, जो तुम मेरे साथ न गई तो मेरा क्या हुआ के मुझे कोई खा न गया! ये कह के हँसता हुआ अन्दर बारगाह के चला के जा के देखूँ के शहंशाह के चलने में कितना अरसा है। ग़रज़ के अन्दर जाके एक कनीजे बादशाह के बराबर खड़ा हुआ। बादशाह अहले-दरबार से बातें करता था। जब उसने निगाह उधर से फेरी, उस पर नज़र पड़ी। ऐसा हुस्न उसका अच्छा मालूम दिया कि फ़रेफ़्ता हो गया। मगर बक़ौल इस मसल के कि :

अनहोनी की होन को ताकत है सब कोए! अनहोनी होनी नहीं होनी होए सो होए!!

अज़बस के ये औरतें ख़ास तिलिस्म की रहने वाली हैं। जब बर्क़ ने उस नाज़नीन को बेहोश करके सहरा में छोड़ा, फ़ौरन एक पंजा पैदा होकर उठाकर उसको ले गया और दरियाए नूर पर उसको पहुँचाकर बादशाहे-तिलिस्म को भी इसकी इत्तेला दी कि अय्यार बर्क़ फ़िरंगी नाम इस तरह कनीज़ बनकर आता है बस इस वक़्त बादशाह ने जो उसके परी हुस्न पर निगाह की, आगाह तो हो ही चुका था, देखते ही पहचान गया, बहोत हँसा। बर्क़ समझा कि ये तुझ पर माईल हुआ है, इस वजह से हँसता है ये समझकर उसने और ज़्यादा तनकर अपनी गात को दिखाया और बनाज़ो अदा मुस्कुराया, बादशाह ने इशारा किया के आगे आओ! ये इठलाता हुआ सामने आया। शाह ने बसबब इसके कि फ़रार न हो जाए, भुलावा दिया, हँस कर इस्तफ़सार किया, तू क्या काम करती है? उसने आँखें झुकाकर, कुछ शरमाकर जवाब दिया कि लौंडी सवारी में हुज़ूर के हाज़िर रहती है, मोरछल हिलाती है और जो कुछ हुकुम होता है वो बजा लाती है! शाहे जादुआन ने कहा, हमने तेरी नौकरी माफ़ की, सिर्फ़ पाँव रात को दबाना और कोई काम न करना। उसने सर झुका लिया और कुछ जवाब न दिया।

बादशाह उसकी एक-एक अदा पर लोटा जाता है और दिल से अपने कहता है कि कम्बख़्त अय्यार क्या बला के हैं, माशूकों के नाज़ को भी उन्होंने गर्द कर दिया, रंडी क्या अदाएँ करेंगी जैसी ये कर रहा है। फ़िल जुमला बादशाह ने बज़ेरे लब कुछ अफसूं पढ़ा कि एक चौकी संगेमरमर की हश्त पहल तर्शी हुई, मखमल-ए-सुर्ख से मढ़ी हुई, फ़लक पर से उतर आई। बादशाह ने बर्क़ से कहा "लो चौकी पर बैठो" ये बहुत ख़ुश हुआ कि अब ये बादशाह मसख़रा मेरे जाल में फँसा, आज रात को बाग़ ए सेब में ले जा के अपने साथ सुलाएगा, मैं बेहोश करके उसको राहे-फ़ना दिखाऊँगा। बस ख़ुशी-ख़ुशी कमर को तीन बल देकर, तेवरी नज़ाकत से चढ़ाकर चौकी पर बैठा।

शाह ने हँस कर कहा कि "ए जानी अब तुम कहीं न जाना, हम तुम्हारे आशिक़ हैं, बर्क़ अय्यार इस कलमे से कुछ खटका, और ग़ौर जो किया तो चूतड़ चौकी में जम गए हैं। और ज़मीन से चौकी ऊँची होती जाती है। बर्क़ ये हाल देख कर घबराया!

बादशाहे-तिलिस्म जस्त करके तख़्त पर से चौकी पर आया और कहा "मियाँ बर्क़! अच्छी तरह रहे?"

बर्क़ ने कहा "मैं आदाब अर्ज़ करता हूँ"...

ये कहकर बहुत झुककर तस्लीम की ...। शाहे जादुआन क़हक़हा मारकर हँसा।

बर्क़ ने कहा "आप हँसते क्या हैं, इस वक़्त न हम अय्यारी को आए थे न लड़ने को आए थे, बस तुमको देखने चले आए थे। हमारी आदत कम्बख़त ऐसी बुरी और निकम्मी है कि जहाँ किसी को दो तीन मर्तबा देखा, बस मुहब्बत हो गई। चुनाँचे तुम्हें अर्से से न देखा था आज सुना कि तुम आए हो हम भी चले आए, क्या जानते थे कि

तुम ये सुलूक हमारे साथ करोगे।

"अरे तूने मेरी लौंडी को ग़ारत किया होता कि ख़ाक में दबा दिया था...वो तो मेरे सहर का पंजा उसको दरियाए नूर पर ले गया, अब मुझे फ़िक़रा देता है? मैं बग़ैर क़त्ल किए तुझे ज़िन्दा न छोड़ूँगा।

बर्क़ ने कहा कि तुम्हारा फ़रमाना सच है लेकिन ऐ बादशाह जो लौंडी को बेहोश न करता तो आप तक क्योंकर पहुँचता। और यूँ मार डालने का तुमको अख़्तियार है। मैं जानता हूँ कि तुम ज़बरदस्त हो शहंशाह हो मालिक हो कोई तुम्हारा सामना नहीं कर सकता है। जिसको चाहो मार डालो, मुझे क़त्ल करोगे तो क्या पाओगे और छोड़ दोगे तो तुम्हारा नाम होगा।

शाहे जादुआन ये तक़रीर उसकी सुनकर बरसरे रहम आया और चाहा के रिहा कर दूँ, मगर मलका हैरत ने तेवर बादशाह के पहचानकर कहा—

"ए शहंशाह ये मुआ दम देता है। भला उसकी और आपकी उल्फ़त। अये ये सरासर झूठा है, फ़ीलबाज़ और मक्कार है, ये अगर छूटा तो आपके पीर भाई के नाक में दम करेगा, इसको रेहा करना हरगिज़ न चाहिए...बमूजिब ए इस बैत के,

"नेकी करना बदों से ऐसी है जैसे नेकों से की बदी तूने"

"ए मलका तुम सच कहती हो, मैं इसको दुश्मन समझकर इस तरह हलाक़ करता हूँ कि बे आबोदाना तड़प-तड़प कर हलाक़ हो जाए" ये कहकर एक दाना माश का चौकी पर सहर पढ़कर मारा कि चौकी उड़कर जानिबे फलक गई और बर्रूए-हवा दूर आसमान में जाकर मुअल्लक़ क़ायम हो गई।

अब जो बर्क़ ने देखा तो यारे न मददगारे, न आबोदाना मिलने का ठिकाना, कहीं जाना न आना, जीते जी आलम बरज़ख़ में आ गया, धूप की शिद्दत दिलसोज़ी के लिए, आफताब सर पर फ़लक दुश्मनी से बनिगाहे करम दीदए महर से घूरता। ये बेचारा बे ईं आफतो ख़राबी बहज़ार नाचारिये मह्व ख़ामोशी बर लबे शुक्रे ख़ुदावंदे आलम करता चौकी पर बैठा था। सारा तिलिस्म पेशनिगाहे ईमारतक़िला ए जाते तिलिस्म दिखाई देती थी। ज़मीन की तरफ़ देखने से रूह निकली जाती शरीके हाल बेकसी और तन्हाई थी। तालये पस्त ने ये बुलंदी दिखाई थी। ख़याल अपने दोस्तों का आता तो आह की नय बजाता, और ये अशआर हस्बे हाल जुबान पर लाता—

मैं वो सोख़्ता दिल हूँ कि मर गए पर, मेरी ख़ाक से दाना शजर न हुआ
हुआ भी तो हो के वो जल ही गया, कभी क़ाबिले बर्ग ओ समर न हुआ
कहूँ किससे मलाल का अपने सबब, वही ग़म है सदा वही रंज ओ त'अब
गए पार फ़लक के नालये शब, तेरे दिल में ज़रा भी असर न हुआ

ये तो इसी तरह गिरिफ़्तार बसद आहो बुका बर्रूए-हवा है मगर अब हाल ताक़चश्म

मक्कार का बयां होता है कि वो मर्ज़ ए बातिल परस्ती का बीमार, परदए ज़ुल्मात ए तिलिस्म में एक मुल्क का मालिक है, अपने मुक़ाम पर के नाम उस मक़ाम का कोहे लाजवरदीया है, सालिक है। जब नामए बादशाह तिलिस्म, अव्वल मरतबा उसको पहुँचा, नामा को पढ़कर ख़ामोश हो रहा, मगर फ़िक्र करता था कि क्या उज़्र करूँ और जंग पर जाने से बाज़ रहूँ। इसी फ़िक्र में था कि बीमार हो गया। हस्बे इत्तेफ़ाक़ उसका उस्ताद हुस्साम जादू उसके देखने को एक दिन आया उसने इसतकबाल कराकर बड़ी इज़्जतो–तौक़ीर से बुलवाया और मुक़ामे सदर पर बिठाया। उसी हंगामये निशात में दूसरा नामा अफ़रासियाब का जो बयाबाने–नर्गिस से भेजा गया था उसके पास पहुँचा। नामा पढ़कर अफ़सोस करने लगा कि शहंशाहे साहिरान मुझको तलब फ़रमाते हैं, दो नामे आ चुके हैं मगर मैं क्या करूँ, नाचार हूँ साहिबे आज़ार हूँ, कुछ बन नहीं आता है क्या जवाब नामे का लिखूँ, न रूए रफ़तन न पाए मानदन, सख़्त मजबूरी।

उस्ताद जी ने ये सुनकर कहा ''ए फ़र्ज़न्द तुम मुझको कैसा साहिर जानते हो ?''

उसने कहा, ''ए उस्ताद आप ये क्या पूछते हैं, भला आपके फरमाने की बात हैं। अब आपका सानी इस तिलिस्म में तो क्या पूरे आलम में नहीं है। आप ही की किताब अफ़रासियाब पढ़कर शाहे जादुआन हुआ।

आपका अदना ग़ुलाम एक मैं हूँ कि कोई मेरा हमसर नहीं। हुज़ूर ने ख़ूब बात कही कि मैं कैसा हूँ, वाह वाह। अय मैं कहता हूँ कि ख़ुदावंदे सामरी भी होंगे तो इतने ही होंगे जैसे आप हैं अब आगे और मैं क्या कहूँ।''

मसल मशहूर है कि शामतें कह के थोड़े ही आती हैं, उस्ताद जी अपनी तारीफ़ पे बहुत ख़ुश हुए और फूल गए और बेइख़्तियार खिलखिलाकर हँसे और कहा ''ऐ बेटा तू मुझको अपने एवज़ शाहे तिलिस्म पास भेज दे, मै आप चाहता तो चला जाता लेकिन उस नालायक़ ने आज तलक मुझको पूछा नहीं है, मैं उससे नाराज़ था, अब तेरे सबब से बनाचारी जाऊँगा।''

ये सुनते ही ताक़चश्म ने जान कि अमान पाई और बग़ैर एक पल कि मोहलत दिए उसी वक़्त अपने यहाँ के अफ़सरान–ए–लश्कर को बुलाया, हुक्म कूच का दिया।

फिर तो नफ़ीरे सैर बजी, साहिरों में कमरबंदी हुई, तख़्ते सेहर पर हुस्साम सवार हुआ, मिनक़ले आतिशनाक को सामने रख लिया, हार जवाहिर के, गेंडो के गले में पहनाया, सारे जिस्म पर भभूत मला, सिन्दूर से बदन रँगा, तख़्त के कोने पर तिरसूल गड़ा हुआ, झोला सहर का गले में पड़ा हुआ, सबके आगे–आगे चला, पसे–पुश्त दो लाख साहिरों का परा। डंके और घंटे बजते हैं, नाक़ूस की सदा से दिल लरज़ते हैं।

चली इस तरह फ़ौज ये बेशुमार,
कि चलती है जिस तरहा कव्वा गुहार।
बरसने लगी आग शोले उठे,
तो गरदूँ को अंदेशे पैदा हुए।

कहा महर ने दिल से मैं जाऊँ भाग
कि सक़्फ़े फ़लक में न लग जाए आग

इसी तरह जब चंद मंज़िल ये बादे-हवाई उड़ता हुआ चला, एक मक़ाम पर उतरकर शाहे-जादुआन को नामा लिख भेजा। मज़मून ये था कि "नामा तुम्हारा बिना बरतलबे ताक़चश्म आया, उसने वो ख़त मुझको दिखाया, और कहा कि मैं निहायत रंजूर हूँ, जाने से मजबूर हूँ, मुझे उसके हाल पर तरस आया और ख़ुद तकलीफे सफ़र मैंने गवारा की, उसकी एवज़ में मैं आता हूँ," ये लिखकर अपना नामोनिशान लिखा और पंजए-सेहर को देकर कहा कि जहाँ अफ़रासियाब हो वहाँ ले जा। पंजा नामा लेकर बारगाहे हैरत में आया क्यूँकि शाहे तिलिस्म बयाबाने नरगिस से यहाँ आया था और इन्तज़ारे आमद ए ताक़चश्म कर रहा था कि नामा पंजे ने दिया, पढ़कर निहायत ख़ुश हुआ और अहले-दरबार से कहा—"क्यूँ साहिबो हुस्साम जादू को जानते हो कि कौन है? अबरीक़ वज़ीर हाज़िर था, उसने अर्ज़ किया कि हुज़ूर ने भी कुछ किताबें उस से पढ़ी हैं। मय जनाबे शहंशाह हम सब के वो उस्ताद है, और कौन हैं। शाह ने फ़रमाया कि वही तशरीफ़ लाते हैं।

यहाँ बादशाह ने हैरत से कहा, ए मलका उस बैज़ा तोड़ने से हुस्साम को मंज़ूरी शर्त की ख़बर हो गई। ऐसा ज़बरदस्त वो साहिर है कि ए मलका उसका सेहर आब है कि छह महीने आतिशपरस्ती करता है और छह महीने आबपरस्ती करता है, मैं उसके सिफ़ात बयान नहीं कर सकता, इस मरतबे का वो साहिर है कि वो अकेला एक तरफ़ हो और तमाम तिलिस्म के साहिर एक तरफ़ हों जब भी वो ही सब पर ग़ालिब आए, मेरे दादा की तलवार उसके पास है, किसी को वो देता नहीं है, आख़िर को मैं ही जाकर लाऊँगा।

गरज़ ये बातें करके बादशाह बाग़े-सेब की तरफ़ रवाना हुआ। यहाँ हुस्साम बदअंजाम दरियाए सेहर को पार करके लश्करे हैरत पास उतरा, हैरत ने उसका इस्तक़बाल किया। हुस्साम बारगाह में मलका के हमराह आया और शराबख़ोरी में मसरूफ़ हुआ और सारा हाल बग़ियों का पूछकर कहा, "मैं अभी जाकर सबको ग़ारत किए देता हूँ।

मलका ने कहा आपके मुक़द्दमे में कोई दख़ल दे ये मजाल नहीं, लेकिन आज तबले जंग बजवाकर शब भर आराम भी फ़रमाइए और दुश्मनों को मोहलत भी दीजिए कि उजरे ग़फ़लत उन्हें बाक़ी न रहे। सुबह सबको शामे-फ़ना दिखाइएगा। उसने ये तक़रीर सुनकर तवक़्क़ुफ़ किया। और बहरे-आराम अपने ख़ेमे में आया। शाम होते ही नफ़ीरे सेहर बजी मल्काये मेहरुख को तायराने सहर ने ख़बर दी और भी नक़्क़ारे बाला ए हवा, जादू के लड़ने मरने वाले आगाह हुए। नामर्दो बुज़दिल घबराए।

दरबार बरख़ास्त हुआ। सरदारो साहिरान ज़ीवेक़ार खेमो में आकर दुरुस्तीए आलाते कारज़ार में मसरूफ़ हुए। मंतर हरेक ज़बान पर जारी करता, दिल से यादे-बारी करता कि खुदावंद तू मुश्किल आसान करनेवाला है, तेरे बहरे-करम से हमारा बेड़ा उस शोरिशे

क़ुलज़ुमे फ़ौज के पार उतरने वाला है। ग़रज़ हर सिम्त सहर साज़ी थी, सबको फिकरे-जानबाज़ी थी। रात वो ऐसी तारीक थी कि ख़ौफ़ से दिल हिलते थे। बहादुर तेग़ के गले मिलते थे। हंगामे सेहर उस्तादे अफ़रासियाब उठकर रज़मगाह को चला, दो लाख जादूगरों का परा हमराह हुआ, हैरत भी बड़े करोंफ़र से सेहर के बंगले में सवार होकर चली, फ़ौजे क़ाहिरा हमराह हुई, एक तरफ़ से महरुख ने रुख़ अपना जानिबे-मैदान किया, फ़ौजे जफरमौज को हमराह लिया।

सफें वग़ैरा आरास्ता हुईं, नक़ीब कड़कैत चावुश निकलकर पुकारे कि—कहाँ हैं साहिराने काशग़रो कशमीर और किधर गए बंगाले और कामरू देस के नामी जादूगर, अब न दम्मामा है न शमामा है, न साहिरे मशम्मश है ना नमरूद है न फ़िरऔन है, न हज़ार शक़्ल चर्ख़ गरदाँ हैं, न किसी का कुछ पता है न निशान है। आज कौन ऐसा जादूगर है जो जमशेद और सामरी का नाम लेकर इस मारकए जद्दाल ओ क़त्ताल में क़दम आगे बढ़ाए और जो करतब अपनी सेहरो-साहिरी का दिखलाकर नाम अपना कर जाए के इस खाकदाने आलम में वही ग़ार ए तारीकलहद आख़िर ठिकाना है।

इस ललकार को सुनते ही हुस्साम बद अंजाम फ़ौज के परे से अलग हुआ इजाज़त लेने के एवज़ उसने हैरत की जानिब तनकर देखा। हैरत ने पुकार कर कहा—बोल हुस्साम उस्ताद तेरी सदा जै!

सारे लश्कर में जै जै का ग़ुल हुआ हुस्साम फ़ौज कि तरफ़ महरुख के बनिगाहे तेज़ो गरम देख के पुकारा—''ए फ़िरक़ए नमकहरामान तुम सब मुझको जानते हो कि मैं कौन हूँ और किस मरतबे का साहिर हूँ, अब भी कुछ नहीं गया है, इताअते अहले इसलाम छोड़कर, हाज़िरे-ख़िदमते शहंशाह आली मुक़ाम हो...वरना सब सर अपने-अपने कनार में देखोगे।

> —जवाबे जाहिलां बाशद ख़मोशी। किसी ने उसकी गुफ़तुगू-ए-बेमानी और लायानी का जवाब न दिया।

उसने ग़ुस्से में आकर दो नारियल अपने झोले से निकाले और लश्करियों को दिखाए उन नारियलों को देखकर बहार ने महरुख से आहिस्ते से कहा के ये नारियल जो उसने निकाले हैं ख़ास सामरी के बनाए हुए हैं, इस सेहर का रद किसी से न होगा मुनासिब है कि लश्कर से निकल चलो ताकि उसके शर से महफ़ूज़ रहो। महरुख़ ने कहा लश्कर को अपने आफ़तो-मुसीबत में छोड़कर जाना अफ़सरी से बईद नज़र आता है

> ''हर चे बादाबाद देखें खुदाए तआला हमको क्या दिखाता है।
> बेबीनम कि ता, किरदिगारे जहाँ, दरीं आशकारा, चे दारद निहां''

बहार हनूज़ कुछ जवाब न देने पाई थी कि हुस्साम ने नेयामे सेहर से तेग़े इन्तक़ाम को खींचा यानी उन नारियलों में से एक को ज़मीन पर मारा और दूसरे को

जानिबे-आसमान उछाला। ये करिश्मा करते ही मआज़अल्लाह एक आवाज़ ऐसी हौलनाक आई कि, महरे-फ़लक थर्राने लगा, फ़रते-ख़ौफ़ से बुख़ार चढ़ आया, गवे ज़मीन को ग़श आने लगा, साहिरए चरख़ घबराकर चरख़ खाने लगा, जहाँ तक कि लश्करे मुतिआने इस्लाम था, वहाँ तक की ज़मीन शक होकर *नशेबे अदम और ग़ार ए क़ब्र ए तीर ओ तार* बन गई। साहिर धँसने लगे मेहरुख रोने लगी। साहिराने-दुश्मन हँसने लगे।

आसमान की तरफ़ नारियल उछालने से ये तासीर ज़ाहिर हुई के ज़ुल्मत कद ए दहर तरीक हो गया, और एक चादरे सियह बतौरे अब्र के लश्करे महरुख पर आकर छा गई, उसमें से सयाही काजल की तरह गिरकर फैलती थी दीदए दहर से उस काजल ने रौशनी खो दी थी। शामत हरेक की आ गई तीरगी-ए-बख़्त, तीराबख़्तान सब उसी जगह इकट्ठा होकर आई थी, नूरो ज़ियाये महरे अनवर का नूरे इक़बाले हुमा की तरह रौशनी। दौरे खानए आलम में अँधेरा मच गया था कि चशमे नूरआगीं अहले दुनिया को कुछ सुझाई न देता था। बूम-ए-शूम का सायाए नहूसत उस लश्कर पर पड़ा था कि अँधेरे में चार सिम्त से घेर लिया था, हर तरफ़ भगदड़ पड़ी हलचल हुई थी लेकिन सूझता कुछ ख़ाक न था। सवादे शहरे नूर मंज़िलों दूर था आलम आलम में तारीकी का ज़हूर था, भागकर ये सब कहाँ जाते किधर ठोकरें खाते और सर टकराते, जो भागे वो ज़मीन के फटने से गढ़े में गिरे, अंधे राह कहाँ पाते।

साहिर जो नामियो नामवर थे सहर पढ़ कर दस्तक देते और दम करते, मगर कुछ असर न होता था और वो चादरे सियाह बढ़ते बढ़ते गिर्दे लश्कर हल्क़ाज़न हुई और जुमला सिपाह मय बादशाह, ज़मीन जो शक हुई उसके नशेब में आ गई, गोया ज़िन्दा दरगोर हुई, सब ज़ेबो ज़ीनत ख़ाक में मिल गई। उस वक़्त की आफ़त, कहाँ क़लम ए सीन ए चाक की ताक़त, जो रक़म करे।

आख़िरुल अम्र जब इस लश्कर में ये आफ़त बरपा हुई हुस्साम ने पुकार कर कहा कि ए गिरोहे गुमराहान अब तुम्हारा मार डालना कुछ बात नहीं मगर इब्तिदा से मिज़ाजे हुमायूं शहंशाहे जादुआन का हाल मैंने सुना है कि तुम्हारी परवरिश पर माइल है बदीन सबब आज का इतना दिन और ये रात तुमको इस आलम में छोड़ता हूँ, अगर तुमने एता'अते बादशाह न की तो जिस तरह नशेबे ज़मीन में समा गए हो, उसी तरह ज़मीन को हुक्म दूँगा कि तुम्हारे सर पर दौड़ आएगी और बराबर हो जावेगी, ज़िन्दा बन्द होकर रह जाओगे और ये सयाही ये ज़ुल्मते अदम में फसाएगी, आग तुम पर बरसाएगी नामोनिशान तुम्हारा ख़ाक में मिलाएगी। ये कहकर, तबले बाज़गश्त बजवाकर, लश्कर उसका फिरा। हर तरफ़ जय जयकार हुस्साम की बुलंद हुई। हैरत उस पर ज़रनिसार करती बारगाह में वापस लाई। पहर रात तक जलसए इशरतो इम्बसात बरपा रहा।

उधर हुस्साम दिन-भर का थका माँदा था, अपनी बारगाह में आया। सरायचे बारगाह के उठवा दिए, सहने ख़ैरगाह में पलंगड़ी बिछवा कर लेट गया। लुत्फ़े शबे

माह देखता जाता था, सामने जंगल का सब्ज़ा ख़ूब ही कैफ़ियत दिखाता था, इस ख़ुशी में था कि नींद आती थी।

उसी तरफ़ अहले इस्लाम की दुआ *बसद नालओ आह ता ब अर्शे किब्रिया* जाती थी, जब वो ज़ार-ज़ार अश्कबार होते थे, इशरत पज़ीराने आलम के होश खोते थे, बिलबिलाकर ये कहते थे।

> या रब है करीम नाम तेरा, सत्तारो रहीम नाम तेरा
> कुफ्फार लईन और तीरा ईमान हैं तिश्नए खूने दुश्मने जान
> ग़ालिब हुआ कुफ्र, आजिज़ इस्लाम, या रब हो हमारा नेक अंजाम
> अपनी वहदानियत का सदक़ा दे हमको नजात अब खुदाया

ये दुआ उनकी दरगाहे किब्रिया में क़ुबूल हुई, मुरादे-दिले हुसूल हुई। उस्ताद शाहे तिलिस्म ज़मीन की सैर देखते-देखते आसमान की तरफ़ देखने लगा, फ़लके पीर को उसकी उस्तादी पर रश्क़ आया कि मुझसे बढ़कर ये सितमगर पैदा हुआ है, जिसने चश्मे-ज़दन में जाहो-जलाले-लश्करे इस्लाम मिटाया बस गरदूने दून दुश्मन उसका हुआ और उसने बरुए हवा एक सितारा चमकता हुआ देखा, जैसे साकिनाने फलक ने सक़फ़े सिपहिर में क़िन्दील लटकाई है, या सितारा टूटकर कुर्रए ज़महर पर जम गया है, हैरान था कि ये क्या माजरा हैं। आख़िर उस कोतहबीं ने दूरबीने-सेहर लगाकर देखा तो एक चौकी बल्लोर की नज़र आई के माहताब के अक्स पड़ने से वो मिस्ले कौकब दरख्शां नज़र आती है। ये देखकर उसको और ज़्यादा हैरत हुई और सहर पढ़कर दस्तक दी, गो वो सहर शाहे तिलिस्म का था जो किसी से रद न हो सकता था, लेकिन ये उस्तादे-बादशाह है उसने रद कर दिया। वो चौकी चक्कर खाती हुई सिम्ते ज़मीन चली।

बर्क़ फ़िरंगी उस पर दो रोज़ का भूखा प्यासा अपने हाल पर रोता हुआ चुप बैठा था और लश्कर के हाले जुबूं को भी उसने उसो बुलंदी पर से देखा था, दिल से कहता था अब रिहाई न होगी क्यूँकि हमराही भी अपने सब ख़ाक में मिल गए।

इसी फ़िक्र में था कि चौकी नीचे उतरने लगी उसने झुककर देखा कि नीचे बारगाह में एक साहिर बैठा है, उसके पास ये चौकी चली जाती है। ये देखते ही गो दो रोज़ में बावजहे गुरुसनगी और तिशनगी परेशान हाल था, और सूरत जो कनीज़े बादशाह के ऐसी बनाए था, उसमें भी कुछ तग़य्युर हो गई थी। बहुत जल्द उतरते-उतरते दुरुस्त हो गया।

वो चौकी जब ज़मीन पर आई उस्ताद जी ने कुछ और ही सूरत मुलाहिज़ा फ़रमाई। देखा कि एक औरत क़ुबूल सूरत, बमुशाबहे शक्ले हूर, सरापा बुक़्क़ये नूर, लिबासो ज़ेवर से आरास्ता उस चौकी पर बैठी है, माथे पे हीरे का तमग़ा है, उस पर खुदा है कनीज़-ए-अफ़रासियाब जादू। मुँह उसका तमतमाया है, नुचा खुचा मुखड़ा है,

ब–सरे उरियां और मुंए परेशान है, बालों के घन में चेहरए ताबां उसका यूँ नज़र आता है, जैसे बदली से चाँद चमक जाता है...युसुफ़ ने तो ख़ाब में भी ये सूरत न पाई होगी वो कौन–सी तबीयत है जो जुलैख़ा उसके इश्क़ में न बन आई होगी।

नागहे एक चाँद के टुकड़े पर पड़ी मेरी निगाह
हो गईं जलवए रुख़सार से, आँखें रौशन
महवशि इश्वगरी आफ़तजाने शोख़ी
गुलरुख़े, सर्वक़दे, नोश लबे, ग़ुन्चा दहन
साँप बैठा शबे तारीक में है डाल के फन
निस्फ़े ख़ुर्शीद दरख़्शाँ है, जबींने रौशन

हुस्साम उसकी सूरत देखते ही दीवाना हुआ सारी उस्तादी उस पुरफ़न ने भुला दी, घबराकर पूछा—

''ए महपारा तुझको किसने ये काहिश दी है? ए परी, तू क्यूँ उड़ रही थी? माथे पे तमग़ा लगा है, तू शायद कनीज़ बादशाहे तिलिस्म की है।''

बर्क़ ने शरमा के मुस्कुरा के कहा कि ए जादूगर तू क्यूँ दीवाना हुआ है, मेरे साथ अपनी भी जान खोएगा मुझको शहंशाह ने क़ैद किया है, अगर तू मोअज़ज़ साहिर है तो मेरी ख़ता बादशाह से माफ़ करा दे नहीं तो मुझे फिर उड़ा दे।

''ए जानी, ए माये ज़िन्दगानी, तुझसे क्या ख़ता ऐसी हुई, जो ज़ोहरा मनिश होकर, हारूतवार चाहे अज़ाब में लटकी? या शम–ए–क़ंदील है कि तू बग़ैर लटके हुस्न नहीं देती।

उसने जवाब दिया कि मरदुए बातें न बना जल्दी मुझको बरुए हवा पहोंचा अरे आफ़त आ जाएगी अभी तो मैं क़ैद हूँ फिर क़त्ल की जाऊँगी, जिस बादशाह ने इतने से क़ुसूर पर कि मैं जामे शराब लिए आती थी ठोकर लगी मैं गिरी जाम छूटकर जो गिरा टूट गया ये हाल मेरा किया कि बेदाना–ओ–आब क़ैद किया, अब ग़ैर मर्द से हँसते सुनेगा तो मार ही डालेगा।

''अरे शाह को उस वक़्त नशा शराब का होगा जो क़ैद किया वर्ना ये कोई ऐसा जुर्म नहीं। मैं तेरी सज़ा माफ़ करवा दूँगा। ये कहकर अपने दिल से कहा कि ए हुस्साम तूने इतना काम किया है, क्या बादशाह इस क़नीज़ को तुझे न देगा, नहीं ज़रूर देगा। ये सोचकर उस ग़ारतगरे जान से पूछा—ए नाज़नीन सच बतला, अफ़रासियाब ने कभी तुझको हाथ तो नहीं लगाया है।

उसने कहा क़सम है सामरी और जमशेद की कभी आँख भरकर देखा भी नहीं और क्यूँकर देखते मैं मर्द से ख़ौफ़ खाती हूँ, मेरा कलेजा हाथों मर्दों की सूरत देखकर उछलने लगता है। ये कहकर इस तरह अँगड़ाई ली कि बग़लें और सीना और पेट खुल गया, उस्ताद जी का तो जी लोट गया के

अँगड़ाई लेके अपना, मुझ पर ख़ुमार डाला
काफ़िर की इस अदा ने, मुझको तो मार डाला
बस शेफ्ता होकर पुकारा
जान क्या तुमको कहूँ मैं, जान है जाने के लिए
दिल समझता हूँ कि दिल होता है आने के लिए

ये सुनकर उस गुलबदन ने हँसकर कहा कि मैं सच कहूँ मुझको मर्द के नाम से नफ़रत है पर तुझको देखकर मेरे दिल का हाल और हो गया है। यूँ तो हज़ारों लाखों जवान परीज़ाद हूर के बच्चे मैंने देख डाले पर तुझको न मालूम क्या सबब जो देखते ही दिल बेचैन हो गया।

रुसवा हुआ ख़राब हुआ मुब्तिला हुआ
क्या जानिए कि देखते ही तुझको क्या हुआ।

हुस्साम ये प्यारी प्यारी बातें उस सितमगर की सुनकर बहोत ख़ुश हुआ और सेहर पढ़के उसको चौकी से निजात दिला दी, ये उठकर बनाज़ो तबखतुर उसके पास आया। हुस्साम ने अफ़रासियाब को एक रुक़्क़ा लिखा "ए शाहे जादुआन मैंने तुम्हारी कनीज़े मातूब को चौकी से छुड़ा लिया और अपनी ख़िदमत में उसको लाया, इत्तेला'अन तुम्हें लिख भेजा।" ये तहरीर उस चौकी पर रखकर सेहर पढ़ के उड़ा दिया और कहा— ए चौकी, जहाँ बादशाह है वहीं जा।

चौकी उड़कर चली बर्क़ ने ये माजरा देखा तो दिल से सोचा कि ये चौकी बादशाह के पास कोई दम में जाएगी, वो मेरे हाल से वाक़िफ़ है, फ़ौरन मेरा रेहा सुनकर दौड़ा आएगा पस जल्दी कोई तदबीर करूँ। ये सोच पास उसके बैठ गया और वो उस पर दस्तनदाज़ हुआ, उसने और तो कुछ नाज़ो-अदा न किया मगर सिसकी भरकर कहा—ठहरो मैं बेक़रीने हुए जाती हूँ, छोटे कपड़े खुले जाते हैं, तुम्हारे नौकर-चाकर सब देख रहे हैं, सरायचे बारगाह के उठे हैं क्या मुझको निगोड़ी किसी ख़ानगी से भी बदतर तुमने समझा है, कसबियां भी बीच बाज़ार में मरदुए को लेकर नहीं पड़तीं। ये सुनकर उसने सरायचे गिरा दिए और ख़ादिमों खिदमतगार सबको बाहर बारगाह के निकाल दिया, उस अस्ना में अय्यार मज़कूर ने अंगिया में से एक गेंदा निकाला और कहा देखो ये क्या है उस्ताद जी ने उसकी भोली बातें सुनकर उसे गले लगाया और कहा—

गेंदा है और क्या है।

उस गुलबदन ने कहा वाह यही पहचानते हो ये बाग़े ख़ुदावन्दे जमशेद का गुलाब है, शहनशाह गए थे तो कई लाए थे, एक मुझे भी दिया था, देखो सूँघकर गुलाब की बू आती है न? उसने ताअज्जुब करके गेंदा उससे लिया और सूँघा और सूँघते ही बेहोश हो गया। उसने फ़ौरन खंजर खींचकर सर उसका काट डाला। शोरे

क़यामतख़ेज़ और आफ़त-ए-महशर अंगेज़ बरपा हुई। आग बरसने लगी, आवाज़ें मुहीब आने लगीं, अरे ज़ालिम ग़ज़ब किया तूने उस्तादे साहिरान को मारा। साहिर ग़ुल सुनकर दौड़े बर्क़ नारा करके उसी हंगामये गीरो दार में जस्त-ओ-ख़ेज़ करता निकल गया।

तो यहाँ तमाम होती है दास्तान हुस्साम जादू और बर्क़ फ़िरंगी की।

दास्ताने-सेडिशन

कहाँ तो तय था चिरागां हर एक घर के लिए
कहाँ चिराग़ मयस्सर नहीं शहर के लिए
यहाँ दरख़्तों के साये में धूप लगती है
चलो यहाँ से चलें और उम्र भर के लिए
न हो कमीज़, तो पाँवों से पेट ढंक लेंगे
ये लोग कितने मुनासिब हैं इस सफ़र के लिए
ख़ुदा नहीं, न सही, आदमी का ख़्वाब सही
कोई हसीन नज़ारा तो है नज़र के लिए
वो मुतमईन है के पत्थर पिघल नहीं सकता
मैं बेक़रार हूँ, आवाज़ में असर के लिए
तेरा निज़ाम है, सिल दे ज़बान शायर की
ये एहतियात ज़रूरी है इस बहर के लिए
कहाँ तो तय था चिरागां हर एक घर के लिए
कहाँ चिराग़ मयस्सर नहीं शहर के लिए

तो गुल्गूना कशाने आरिज़े शाहिदे बयान इस तरह फरमाते हैं के तिलिस्म-ए-कोहिस्तान नाम है उस तिल्सिम का के जिसका बादशाह है अफ़रासियाब जिसकी अमलदारी में साठ हज़ार मुल्क जादूगर और जादूगरनियों के आबाद हैं, के बादशाह उन मुल्कों के सब अफ़रासियाब के मुतीअ और मिन्क़ाद हैं। और सहर किया ऐसा अफ़रासियाब ने के उन साठ हज़ार मुल्कों के बाशिंदे अपनो-अपनी मुल्कियत भूलकर ख़ुद को सिर्फ़ तिलिस्म-ए-कोहिस्तान का बासी समझते हैं, सुबह शाम उसके झंडे को सलामी देते हैं, उसके तराने गाते हैं, और हर वक़्त उसकी तारीफ़-ओ-सना में मसरूफ़ रहते हैं।

और उस तिलिस्म-ए-कोहिस्तान के तीन हिस्से और मक़ाम हैं।

पहला हिस्सा उस तिलिस्म-ए-कोहिस्तान का है पर्दा-ए-ज़ुल्मात यानी अँधेरे का पर्दा, पर सहर किया ऐसा के वहाँ न अँधेरा है न पर्दा, के वहाँ बड़े-बड़े चोर, लुटेरे,

डाकू, मुजरिम, सब के सब उच्च वर्ग के लोग, हर वक़्त तरक़्क़ी और जम्हूरियत का विर्द करते रहते हैं।

दूसरा हिस्सा इस तिलिस्म का है, तिल्सिम-ए-बातिन, यानी नज़रों से छुपा हुआ तिलिस्म के जहाँ मुतवस्सत तबक़े के लोग रहते हैं। तिल्सिम-ए-अमरीका के सहर में मसरूर रहते हैं, और एक घर से दूसरा, एक डिग्री से दूसरी, और एक तख़्त से दूसरा जमा करने की फिराक़ में चोला और चैनल बदलते रहते हैं। शहरियों के हुक़ूक़ की बात करते रहते हैं और हर वक़्त बिजली, सड़क और पानी के इन्तेज़ामात की शिकायत में मसरूफ़ रहते हैं। बाज़े उनमें से ऐसे हैं जो दरसगाहों में आल इज़ वैल का दरस करते हैं। कुछ हैं जो अदालत की महिमा गुणगान करते हैं, और कुछ हैं जो सहाफ़त की परस्तिश करते हैं। ठंडे ठंडे कमरों में सोते हैं और इज़हार-ए-राय के सहर से मुतमईन रहते हैं। कुछ उनमें से ऐसे भी हैं जो हर दो महीने में झंडा उठाकर या क़लम चलाकर अपनी सियासतदानी पे ख़ुद फ़िदा होते रहते हैं। बज़ाहिर ये सब पर्दा-ए-ज़ुल्मात की मुखालफ़त करते हैं, पर पसे-पर्दा, पर्दा ओढ़ने के मुतमन्नी रहते हैं।

तीसरा हिस्सा उस तिलिस्मे-कोहिस्तान का है तिलिस्मे ज़ाहिर के जहाँ रिआया बराया किसान, मज़दूर, आम आदमी, अनुसूचित जाती जन जाती वगैरह के लोग रहते हैं। गिलाज़त में घर, नालियों में बसेरे, ना आराम शब को, न राहत सवेरे। सुबह से शाम मशक्कत करते हैं और ज़ुल्मात के पहरेदार उन्हें एक जगह से दूसरी जगह खदेड़ते रहते हैं, ताकि वो अपने घरों और जंगलों और आबाई वतन से हिजरत करें और हज़ारों कोस दूर जाकर पुल, सड़क, शाहराहें और आहनी बाँध बनाएँ के जिन पर ज़ुल्मात और बातिन के बाशिंदे सफ़र कर सकें। कुछ जो कोही हैं—उनकी सोना उगले, हीरे मोती उगले ज़मीन को ज़ुल्मात के बाशिंदों ने तिजारत के बहाने हथिया रखा है। अफ़रासियाब और उसके साथी, जिनके बनवाए हुए सैरगाहें, इमारतें और मकान जा बजा उस तिलिस्म में तामीर हैं, हवा के तख़्त पे सवार सबकी सैर करते फिरते हैं। और मुल्क-ए-कोहिस्तान की ख़ुशहाली पर डाक्यूमेंट्री बनाया करते हैं।

तो जब अफ़रासियाब के बनवाए हुए उस तिलिस्म में अय्यारे-बेनज़ीर, वाला तदबीर, हुनर परवर, ख्वाजा अमर और चार उनके चेले दाख़िल हुए तो शक्ल अपनी साहिरों की बनाकर चारों तरफ़ तिलिस्म में फिरना शुरू किया। कहीं सेहरा-ए-खौफ़नाक नज़र आया, तो कहीं दश्त-ए-हैबतनाक सामने दिखा, इस्पात की चट्टानें, उन चट्टानों के पहाड़, उन पहाड़ों से निकलते धुएँ, साहिर सहर करते, आग और पत्थर आसमान से बरसते, ग़रज़, ये सब कैफ़ियत देखते हुए, अय्यार, अलहदा अलहदा चले जाते थे, कि एक मक़ाम पर, अमर जो पहुँचा, सहराए अजीब देखा। देखा कि सारा जंगल चाँदी का है, कोसों तक घास की जगह मुक़ैश उगी हुई है। अमर हाज़रीन लालची बहुत है। अब जो उसने ये माजरा देखा तो तसव्वुर किया कि हाय! मुमकिन होता तो ये सारा जंगल अपनी ज़ंबील में रख लेता। क्या करूँ? कुछ बस नहीं। तभी ख़याल

किया कि हँसिया निकालूँ और जहाँ तक हो सके यहाँ कि घास काट लूँ और ज़ंबील में रख लूँ। बस यही सोचकर लगा घास काटने। अभी थोड़ी ही घास काटी थी कि अमर को एक दिल दहला देने वाली सदा सुनाई दी। अब जो उसने गर्दन उठाकर सामने नज़र डाली तो जंगल के बाहर खुले मैदानों में हज़ारों कोही त्राहि त्राहि करते, लुटे पिटे, चले आते हैं। कोही जब हरकत करते हैं, तो आवाज़ आती है जुडुम जुडुम, जुडुम जुडुम, जुडुम जुडुम। अमर ने जो ये माजरा देखा, शक्ल अपनी एक कोही की बनायी, क़द पस्ता किया, जिस्म काला किया, नाक चपटी की, और उस मैदान में दाख़िल हुआ। लश्कर में जो दाख़िल हुआ, तो एक बच्चा जो कि रोता फिरता था, उसे गोद में लिया, पुचकारने लगा। अजीब माजरा देखा कि हर तरफ़ साहिर हवा के तख़्त पे सवार सैर करते फिरते हैं, हर साहिर के साथ चार चार कोही जुड़े खड़े पहरा दे रहे हैं, और लश्कर के इर्द-गिर्द जितने भी मर्द हैं—सब बूढ़े, बच्चे, लड़के, हथियार उठाए। जवान नदारद। अपने आप को अकेला जवान पाकर अमर ने सोचा कि आफ़ियत इसी में है के यहाँ से निकल जाओ। बस, बच्चे के सीने में मुँह छिपाया, पुचकारता हुआ वहाँ से निकला। कुछ दूर आगे बढ़ा, प्यास का ग़लबा बढ़ा। सोचा कि पानी पियूँ, डोर ली कुएँ में डाली, पानी तो नज़र नहीं आया, चार कोही—मुँह पर डाटा बँधा हुआ, हाथ पैर रस्सी से पीछे बँधे, आसमान की तरफ़ टकटकी लगाए नज़र आए। अमर दूसरे कुएँ में पहुँचा, वहाँ भी पानी नज़र नहीं आया, वहाँ भी चार कोही बँधे हुए, आसमान की तरफ़ नज़र लगाए आए। अब अमर जिस कुएँ में जाता है, वहाँ पानी तो नहीं मिलता, सिर्फ़ कोही क़ैदी बने नज़र आते हैं। नाचार एक जगह थककर, जंबील से थोड़ा पानी निकाला कि पियूँ, पर पानी पीते ही प्यास का ग़लबा बढ़ गया। हैरान हुआ, ये कौन-सी जगह है जहाँ ज़म्बील की तासीर भी उलट गई। फिर दूर कहीं चटियल मैदान में एक अकेला बड़ का पेड़ नज़र आया। सोचा, कि चलो थोड़ी देर उस पेड़ की छाँव में जाकर सुस्ताऊँ। पेड़ के क़रीब पहुँचा, अभी बैठा भी नहीं था यकायक बड़ की जड़ में एक खौफ़नाक शक्ल नज़र आई। फिर देखा तो शक्ल ग़ायब। अमर जब बरगद के पेड़ के नीचे बैठा तो आसपास की जड़ें जितनी थीं, सब झूलने लगीं और हर जड़ में एक बूढ़े कोही की शक्ल नज़र आई। उल्टा लटका हुआ सिन रसीदा लुंड मुंड सूखा डंडा हड्डियों का ढांचा, दाढ़ी बढ़ी हुई। वाकई अमर ने जब देखा तो बरगद की हर शाख़, शाख़ न थी, बल्कि उल्टा लटका हुआ बूढ़ा कोही था। पर कोई अमर से आँख न मिलाता था, बल्कि आँख यूँ मिचकाता था, जैसे आँख हो ही न।

हवा जो सरसराई, तो अमर को सनसनाती हुई आवाज़ सुनाई दी :

किससे कहें कि हम पे जो सदमा गुज़र गया
ख़ाली हुआ अज़ीज़ों से घर, दश्त भर गया
दुनिया से दो पहर में मेरा घर का घर गया
बेटा जवान क़त्ल हुआ, भाई मर गया

ये सदा जो अमर अय्यार के कानों में गूँजी, वो तिलिस्म में दाख़िल हुआ, अन्दर आया ही था के वहाँ तैनात पहरेदारों ने उसका रास्ता रोका और पूछा,

अबे ए, कहाँ जाता है?

भैया अपने घर को जा रहा हूँ।

घर? कौन-सा घर?

भई, अपने गाँव, कोहियों के गाँव में।

अबे तुझे इतना भी नहीं मालूम के कोहियों के घर नहीं होते। कोही यहाँ तो लश्कर में रहते हैं, या शहर में या क़ैदख़ाने में। लश्कर में रहता है और इतना भी नहीं जानता?

भैया, मैं तो परदेस गया था, अभी लौटा हूँ, यहाँ तो हाल ही अब्तर देख रहा हूँ। समझ ही में नहीं आता। ये तो हमारा घर था, हमारे गाँव थे, गाँव पे गाँव थे, चश्मों पे चश्मे थे, नहरों पे नहरें थीं, कहाँ गए वो सब? यहाँ तो हमारी हुकूमत थी।

अबे किस बाबा आदम के ज़माने की बात कर रहा है? वो हुकूमत भी कोई हुकूमत थी? वो हथियार भी कोई हथियार थे? वो पत्ते बीनना, वो लकड़ियाँ बटोरना, वो जंगल के सहारे अपनी भूख मिटाना, वो ज़िन्दगी भी कोई ज़िन्दगी थी? अब हम पे साहिरों की हुकूमत है। हम तारीख़ के दायरे में आ गए हैं। हमारी तरक़्क़ी हो गई है। तरक़्क़ी समझता है के नहीं? कहाँ से आया है?

भैया इतनी तरक़्क़ी हो गई है, तो आप हथियार लिए यहाँ पहरा काहे दे रहे हो? लोग आहो बुका क्यूँ कर रहे हैं? यहाँ अमन चैन क्यूँ नहीं है?

अबे बड़ा अमन चैन की बातें करता है। लगता है ये भी बाग़ी ना-अय्यारों में शामिल हो गया है। साफ़-साफ़ बयान कर तू अय्यार है या ना-अय्यार?

भैया मैं तो कोही हूँ।

अरे कोही तो हम हैं। तभी तो देख एक-दूसरे से जुड़े हुए हैं। उन्होंने हरकत की। आवाज़ आई। जुडुम जुडुम, जुडुम जुडुम, जुडुम जुडुम।

अमर ने देखा मामला गर्माता है, कुछ तदबीर की, अय्यारी करने की फिराक़ में, कहने लगा "भाई, अगर आप मुझे यहाँ से जाने दें तो ऐसी नायाब चीज़ आपको तोहफ़े में दूँगा कि आप ता-ज़िन्दगी मुझे दुआएँ देंगे।"

ये कहकर एक मोती, बराबर मुर्गी के अंडे के नाप का जेब से निकालकर, उस पहरेदार को दिखाया। वो तो देखते ही फ़रेफ्ता हुआ और बोला, "भाई ये तो परदेस से बड़ी कमाल की चीज़ लाए हो, हैं? ज़रा क़रीब से दिखाओ।"

हुज़ूर ये तो कुछ नहीं, ज़रा इस मोती को अपने दहन के क़रीब लाइए और इसे अपने मुँह की भाप दीजिए, फिर इसकी चमक और आबोताब देखिए।

उस पहरेदार ने मोती हाथ में लिया, उसे अपने दहन के क़रीब लाकर मुँह की भाप जो दी, यकायक मोती फटा, उसमें से फुलझड़ी की तरह धुआँ निकला, धुआँ

मुँह और नाक के रास्ते से पहरेदार के दिमाग़ में जाकर पेचीदा हुआ, और वो चक्कर खाके ज़मीन पर गिर गया और बेहोश हो गया।

बस फिर क्या था, अमर कुलांचे मारता हुआ वहाँ से निकला, भागता जाता है, भागता जाता है। अजीब नज़ारा देखता है। मुल्क-ए-कोहिस्तान की फ़िज़ा एकदम पलट गई है। जंगल बियाबान में तब्दील हो चुके हैं, खेत खलियान सूने पड़े हैं, गाँव वीरान हैं, जहाँ पहाड़ थे वहाँ पहाड़ों के बराबर खाइयाँ हो गई हैं, पूरा मुल्क खुदा पड़ा है, धुएँ के मरग़ुले उड़ते हैं, खदानें हर तरफ़ रवां हैं, न आदमी, न आदम ज़ात, न चरिंद, न परिन्द, अजीबो-ग़रीब आवाज़ें आती हैं, ज़मीन मातमी रंग ओढ़े है।

चटियल मैदान पेड़ सूखे, फिरते थे परिन्दे प्यासे भूखे
जलते ऐसे थे वहाँ के कंकर, चिंगारियाँ थीं क़दम क़दम पर
जो घास ज़मीं में वहाँ थी, सूखी किसी प्यासे की ज़बां थी
चलती थी ऐसी हवा-ए-वहशत, फिरता था वो मुब्तला-ए-वहशत

अमर पसीने में गर्क़ था, के तभी इस ज़ोर का धमाका हुआ के लगा पहाड़ टूट कर गिर पड़ा। ज़मीन के थर्राने से अमर ज़मीन पर गिर पड़ा। ढेरों दरख़्त ज़मीन पर गिरके ढेर हो गए और अर्ज़ो समा शोलाखेज़ बन गया। जो चरिंद ओ परिन्द उन पेड़ों पर थे—बन्दर, लंगूर, तोता, मैना, फाख़्ता, हिरण, साँप, बिच्छू, गिलहरी, चमगादड़, पिस्सू, गौरैया, कौए, खरगोश, साही, नेवला, चींटी, खटमल, दीमक, रुपहली, बादली, सामरा, कनारा, गोरी, नीली, पीली, धानी, बैंगनी, जामनी, सियाह, सफ़ेद, सुर्ख़, सुनहरी यूँ सब के सब यकबारगी जले बुझे ओलों की तरह पट पट करके ज़मीन पे आ गिरे। अमर ने विर्दे इस्मे आज़म जो किया, एक शाख पैदा हुई, उसे पकड़ा, और जस्त करता हुआ, वहाँ से जान बचा दूर जंगल में जा निकला। थोड़ा आगे बढ़ा, एक जगह आफ़ियत की जो पाई तो सेहरा में जाकर ज़फ़ील-ए-अय्यारी बजाई, अय्यार जो जा बजा मुन्तशिर थे उनमें से शागिर्द बर्क़ फ़िरंगी ने सदा सुनी, अपने आप को पास उस्ताद के पहुँचाया।

उस्ताद सब ख़ैरियत?

बेटा, यहाँ तो बड़ा गड़बड़ मामला दिख रिया है, तुम क्या ख़बर लाए हो।

उस्ताद कोहिस्तान की फ़िज़ा पलट गई है। इन साहिरों ने कोहिस्तान पे हमला कर दिया है और इनका मुल्क छीन लिया है। कुछ कोही बाग़ी हो गए हैं, और अय्यारों के साथ मिलकर उनसे जंग करते हैं। ये जादूगर बड़े चालाक हैं। कोहियों को हथियार थमा दिए हैं—कोही से कोही को लड़वाते हैं, कोही से कोही को मरवाते हैं। छोटे-छोटे बच्चों को फ़ौजी कमान दे दी है। ऐसा निज़ाम ख़ल्क किया है के अमन-चैन कोई ज़बान पे ले आए या आज़ादी कोई ख़याल में भी ले आए तो मुँह पे डाटा बाँध के कुएँ में फेंक देते हैं।

और वो अमीर ने जो एक हकीम यहाँ भेजा था, कोहियों की मदद के लिए, उसका क्या हुआ?

उस्ताद उस हकीम ने सालहा साल बड़ी ख़िदमत की, बच्चों का इलाज किया, बूढ़ों को शिफ़ा बख़्शी, कोहियों को तालीम दी, हिकमत सिखाई, पर जादूगरों ने उसे गिरफ़्तार किया, और न सिर्फ़ कोहियों का बल्के मुल्क का दुश्मन क़रार दिया। ख़ता उसकी ये ठहराई के एक बीमार सज़ायाफ़्ता नाअय्यार को मिलने जाता था, मगर दरवाज़े पे खड़ा होकर जादूगर ज़िन्दाबाद, जादूगर पाइन्दाबाद चापलूसी नहीं करता था, बस जलके क़ैदख़ाने में डाल दिया।

ये तो वही बात हो गई बेटा के

निसार मैं तेरी गलियों के ऐ वतन कि जहाँ,
चली है रस्म के कोई न सर उठा के चले
जो कोई चाहनेवाला तवाफ़ को निकले,
नज़र चुरा के चले, जिस्मो जां बचा के चले

बेटा बर्क़ कोई लम्बी अय्यारी सोचनी पड़ेगी।

उस्ताद कल एक साहिर बेअदील जादू की अदालत में उस हकीम पर मुक़दमा चलाया जाएगा। इन कमबख़्त जादूगरों ने ऐसा सहर ईजाद किया है जिसका तोड़ ही नहीं है। उस सहर को क़ानून कहते हैं। और क़ानून का तोड़ सिर्फ़ क़ानून से ही हो सकता है। इसी क़ानून के तहत हकीम पर मुक़दमा चलाया जाएगा। आप मेरे साथ चलिए।

क्या हम इस हुलिए में जा सकते हैं।

उस्ताद मैं तो फ़िरंगी हूँ, मुझे ख़ुश करने के लिए तो कभी-कभी जादूगरों का अमला अन्दर की बात भी बता देता है। मुझे तो कोई रोकेगा नहीं। आप ये ख़ाकी वर्दी पहन लीजिये। आजकल ख़ाकी वर्दी वालों का बड़ा बोलबाला है। आप पर चोबदार का धोखा होगा, फिर कोई नहीं रोकेगा।

ठीक है बेटा, सुबह हम लोग चलेंगे, पर इस वक़्त तुम अपनी राह लो, मैं अपनी राह लेता हूँ, अलग-अलग रहना ही बेहतर है। ख़ुदा हाफ़िज़।

इस अरसे में रात तमाम हुई और साहिरे मशरिक़ झोली ज़र्रारे शुआअ के लिए चर्खे शोबदाबाज़ पर आया, यानी दिन निकल आया। अमर और बर्क़ भेस बदलकर मिले, अदालत की तरफ़ चलने लगे, तो रास्ते में अमर बर्क़ से कहने लगा : बेटा, आज के इस दौर में :

चश्मे नम जाने शोरीदा काफ़ी नहीं
तोहमते इश्क़ पोशीदा काफ़ी नहीं
आज बाज़ार में पाबजौंला चलो
दस्त अफशां चलो मस्तो रक्सां चलो
खाक बर सर चलो, खूँ बदामां चलो

रख़्त-ए-दिल बाँध लो, दिल्फिगारों चलो
फिर हमीं क़त्ल हो आएँ यारों चलो

उस चारदीवारी में जो पहुँचे, अदालत में क़दम रखा ही था के देखा, हकीम एक कटघरे में खड़ा है, एक तरफ़ सरकारी अमला खड़ा है, कुछ साहिर काले लिबास में आगे बैठे हैं। उनके पीछे एक भीड़। तभी एक साहिर खड़े होकर बुलंद आवाज़ में अजीबोग़रीब ज़बान में कुछ पढ़ने लगता है।

क्या दिनांक 6.5.7 अथवा उसके पूर्व रेलवे स्टेशन रोड रायपुर, या केन्द्रीय जेल रायपुर या केंद्रीय जेल बिलासपुर या कटोरा तालाब रायपुर या होटल महेंद्र रायपुर या होटल गीतांजलि बिलासपुर में अभियुक्तगण ने आतंकी एवं नक्सली गतिविधियों की विध्वंसक कार्रवाइयों को अंजाम देने वाले नक्सली साहित्य, समाचार पत्र-पत्रिकाएँ सीडी कैसेट कम्प्यूटर सीपीयू इत्यादि लेखों एवं दुष्पपरण सामग्रियों द्वारा भारत सरकार अथवा राज्य सरकार के विरुद्ध युद्ध किया या युद्ध करने का प्रयत्न किया अथवा युद्ध करने का दुष्प्रेरण किया।

अथवा भारत में विधि द्वारा स्थापित सरकार के विरुद्ध साधनों संकेतों द्वारा घृणा या अवमान या अप्रीति प्रदीप्त करने या उसका प्रयत्न करके राजद्रोह करने का आपराधिक षड्यंत्र कारित किया। या विधि विरुद्ध संगठन के प्रयोजन के लिए अभिदाय प्राप्त किया। या प्रदान किया। या अभिदाय की याचना की या कुछ भी किया।

अमर ने जो ये सुना तो बर्क़ से कहा—बेटा बर्क़ ये कौन-सी ज़बान है जो हजरत ख़िज्र ने मुझे न सिखाई। है तो मानूस पर बड़े सारे बिदेसी अलफ़ाज़ हैं।

उस्ताद ये आधुनिक संवैधानिक हिन्दी है।

अबे तो वो कौन-सी हिन्दी थी जिसमें हमारे जद्दे अमजद मीर ओ ग़ालिब वगैरह शायरी करते थे।

उस्ताद वो घुसपैठिया हिन्दी थी, ये साहिरों ने पाक साफ़ और नफ़ीस हिन्दी दी है।

अच्छा बेटा बर्क़ ये भारत सरकार क्या बला है?

आजकल उस्ताद हिन्दुस्तान को भारत सरकार कहते हैं।

अच्छा तो कोहिस्तान पे हिन्दुस्तान का कब्ज़ा हो गया है?

नहीं नहीं उस्ताद कोहिस्तान पे भारत सरकार का कब्ज़ा हो गया है।

अथवा

विधि विरुद्ध संगठन के सदस्य होते हुए, उक्त विधि विरुद्ध संगठन के प्रयोजन के लिए सम्मलेन एवं क्रियाकलापों में भाग लिया या संगठन के किसी सदस्य को संश्रय प्रदान किया या उसके लिए याचना करने का आपराधिक षड्यंत्र किया। या संगठन का प्रबन्धन किया या प्रबन्धन में सहयोग प्रदान किया या उक्त संगठन की किसी बैठक या सदस्यों को बढ़ावा दिया या किसी ढंग से उक्त संगठन के साथ अपने आपको जोड़ा।

अमर ने जब ये सुना तो बर्क़ से कहा : बेटा बर्क़ ये क्या हो रहा है? किसने क्या किया? इसे कोई रोकता क्यूँ नहीं?

उस्ताद इसे जो रोक सकते हैं वो ये ज़बान ही नहीं जानते। यहाँ जितने भी हैं ये सब बेज़बान हैं। सिर्फ़ फ़िरंगी गिडमिड जानते हैं।

ख़ामोश अदालत अभी जारी है

सारे इल्ज़ामात सुनने के बाद कोई शक नहीं रह जाता कि ये मुजरिम है, पर चूँकि हम एक इन्साफ़परस्त निज़ाम हैं इसलिए मुक़दमे की पूरी कार्रवाई होगी...तो अब मैं निहायत ही काबिल सरकारी वकील साहब से गुजारिश करूँगा के अदालत की कार्यवाही शुरू कीजिए।

हुज़ूर ज़रा इससे पूछिए कि इसने दाढ़ी क्यूँ रखी है और रखी ही थी तो बाद में मुडाई क्यूँ?

हाँ जी, बयान दीजिए, दाढ़ी क्यूँ?

दाढ़ी रखना कोई जुर्म है?

जुर्म नहीं है लेकिन जुर्म का परिचायक तो हो सकता है।

एक्सेक्ट्ली मीलोर्ड। ये न मुसलमंडे हैं न सरदार न कोई गंजेड़ी साधू फिर दाढ़ी कैसे और क्यूँकर? हुज़ूर सर्वविदित है कि दाढ़ी रखने वाले एक ख़ास तबक़े के एक ख़ास मानसिकता रखने वाले तत्व होते हैं जिनमें से ज़्यादातर विधि द्वारा स्थापित सरकार के विरुद्ध घृणा या अवमान या अप्रीति प्रदीप्त करते हैं। आप अपने इर्द-गिर्द देख लीजिये। किस तरह के लोगों ने दाढ़ी रखी हुई है। क्या कोई अशिक्षित, राष्ट्रवादी, संस्कारयुक्त, ग्रामीण हिन्दू, बिना बात के दाढ़ी रखता है। हुज़ूर एक आम हिन्दू तभी दाढ़ी रखता है जब वो अपनी सरकार से, अपने समाज से, अपने देश से असन्तुष्ट होता है। दाढ़ी रखने का मतलब समाज से असन्तुष्ट होना है। मैं पूछता हूँ कि नौ परसेंट ग्रोथ रेट रखने वाले समाज से दुखी या असन्तुष्ट होने का क्या मतलब है। जो आज असन्तुष्ट है वो कल अराजक होगा, परसों राजद्रोही होगा, तरसो देशद्रोही होगा और नर्सो माओवादी हो जाएगा। तो हुज़ूर दाढ़ी ही पहचान है, दाढ़ी ही निशान है, दाढ़ी ही सबूत है, दाढ़ी ही अभियोग है।

मैं आपको बताता हूँ मैंने दाढ़ी क्यूँ रखी। मैंने एक किताब पढ़ी थी जिसमें एक गोरा आदमी मुह पे कालिख पोतकर पूरे अमरीका का भ्रमण करता है, सिर्फ़ ये जानने के लिए के नस्लवाद के साथ जीना क्या होता है। उसी तरह सन 92 में हमारे मुल्क में बाबरी मस्जिद काण्ड के दौरान जो हाल था, जिस तरह से एक सम्प्रदाय के लोग आतंकित थे, उसे देख कर मैंने दाढ़ी बढ़ाने का फ़ैसला किया ताकि महसूस करूँ कि लोग इस शक के दायरे में कैसे जीते हैं?

देख रहे हैं हुज़ूर ये मंशा अगर शरारती नहीं तो और क्या है? कहाँ अमरीका और वहाँ का नस्लवाद और कहाँ हमारे देश की मिली-जुली तहज़ीब। हिन्दू मुस्लिम सिख

ईसाई, आपस में हैं भाई भाई...ये जानते हुए हिन्दू होकर मुसलमान होने का ढोंग करना पुराने ज़ख्मों को कुरेदना, ये झूठी हमदर्दी नहीं तो और क्या है...पाखंड है नैतिकता विरोधी है, मैं कहता हूँ तुष्टिकरण का इससे बड़ा तुष्टिकरण कहीं हो सकता है? वो सब छोड़िये हुज़ूर ये पूछिए अगर रखी ही थी तो मुँड़वाई क्यों?

है कोई जवाब?

नहीं है मीलोर्ड और हो भी कैसे? ये ख़ामोशी, ये चुप्पी, ये निरुत्तरता इसे गुनाहगार साबित करने के लिए काफ़ी है।

बेशक बेशक काफ़ी तो है पर अदालत बेगुनाही की कोई गुंजाइश नहीं छोड़ना चाहती...इसलिए मैं आपसे ये सवाल करता हूँ कि अदालत की नज़र में ये कौन है?

एक कुख्यात आतंकी और साज़िशी है हुज़ूर।

क्या जुर्म है इसका?

हुज़ूर कहता है हकीम हूँ और कोहियों के नाअय्यार सरदार से मिलने जेल जाता है अहवालपुरसी के बहाने पर असल में उसके ख़ुतूत और पैग़ाम बागी कोहियों को पहुँचते हैं।

ये किस बिना पर कहा जा सकता है?

है हुज़ूर, बिना है। पहली बात तो ये कि उस बागी न अय्यार सरदार से इनके अलावा और कोई मिलने ही नहीं जाता था, दूसरी ये कि भद्र लोक नगरी में एक ताजिर के पास से उस न अय्यार सरदार के तीन ख़ुतूत बरामद हुए। इसी ने दिए थे।

ये कैसे मालूम? कोई गवाह?

हुज़ूर मोतबर ख़बर है। एक राहगीर इसकी गिरफ़्तारी के वक़्त वहाँ से गुज़र रहा था, उसने उड़ती हुई बात पकड़ी थी और आप तो जानते हैं कि शहंशाहे तिलिस्म को उड़ती हुई बातों पर कितना भरोसा है। जगह-जगह जाल बिछाए हुए हैं उड़ती बातों को पकड़ने के लिए।

बेशक बेशक। शहंशाह अफ़रासियाब को तो बस उड़ती हुई बातों पर ही भरोसा है।

बात उड़ती है तो फिर दूर तलक जाती है

इनका अपनी सफ़ाई में क्या कहना है।?

हुज़ूर इनका ये कहना है, ये जब भी उस न अय्यार सरदार से मिलने गए तो क़ैदख़ाने में जो पहरेदार हैं, सारा अमला है, उसी की निगरानी में इनकी मुलाक़ात होती थी तो ये कैसे मुमकिन है कि इन्होंने कोई चीज़ ली हो या दी हो। हुज़ूर इसमें एक बात ये और है कि उस अमले के अफ़सर हैं उन्होंने भी ये बयान दिया है कि जेल में दाख़िल होते वक़्त और बाहर निकलते वक़्त पूरी छानबीन होती थी तो ये मुमकिन ही नहीं कि उनकी निगरानी में कुछ लिया या दिया गया हो...पर हुज़ूर इसमें मेरा कहना ये है कि ये क़ैदख़ाने के अमले वाले लोग तो सरकारी नौकर हैं न...सरकारी तनख़ाह लेते हैं, हम भी सरकारी लोग हैं। तो ये हमारे बजाये मुजरिम का साथ कैसे दे सकते

हैं। आप ये ऐलान कर दीजिए कि जो कोई मुजरिम के हक़ में बयान देगा उसे होस्टाइल डिक्लियर कर दिया जाएगा।

अदालत ये ऐलान करती है कि जो कोई शख़्स मुजरिम की तरफ़दारी करेगा उसे होस्टाइल क़रार दे दिया जाएगा। वैसे भी वकील साहब आपकी दलील में दम है, जब उस बाग़ी न अय्यार सरदार से इनके अलावा और कोई मिलने ही नहीं जाता था और ताजिर भी इसी के शहर से गिरफ़्तार हुआ तो लाज़िम है कि ख़त इसी नक्सली डाकिये ने दिए होंगे। वैसे भी ये तिलिस्म है मेरी जान यहाँ ख़त देने के लिए मिलने की क्या ज़रूरत। दूसरा सबूत पेश किया जाए।

हुज़ूर मुजरिम एक विधि विरुद्ध संगठन का सदस्य मतलब है या हो सकता है या मतलब उसकी मानसिकता तो वही है। या अगर मानसिकता नहीं भी है तो हमदर्दी तो ज़रूर रखते हैं क्यूँकि इन्होंने खुले दिल से कभी उनकी मज़म्मत नहीं की। जब भी भर्त्सना की है ऊपर ऊपर से की है। जो कोई ऊपर ऊपर से भर्त्सना करता है वो दिल में तो हमदर्दी लिये हुए ही होता है। तो ये तय हुआ हुज़ूर कि ये ज़रूर उनके साथ हैं। और बाक़ी इनकी सदस्यता का आईकार्ड वगैरह हम बनवा रहे हैं।

इनका अपनी सफ़ाई में क्या कहना है?

हुज़ूर ये बड़ी दूर की कौड़ी लाए हैं। कहते हैं कि मान लीजिए कि मैं किसी विधि विरुद्ध संगठन का सदस्य हूँ भी, तो भी हाल में अदालत ए आलिया ने ये कहा है कि महज़ ऐसे किसी संगठन का सदस्य होना कोई जुर्म नहीं।

ज़्यादा हमें क़ानून न समझाइए। अदालत-ए-आलिया यहाँ से दस किलोमीटर दूर बैठी है उसे क्या मालूम ग्राउंड रियलिटीज क्या हैं? और वैसे भी टेढ़े क़ानून के तीसरे हिस्से की पाँचवीं आयत के तहत एक विधि विरुद्ध संगठन का सदस्य होना क़ानूनन जुर्म है। पर वकील साहब एहतियातन कोई ठोस सबूत पेश कीजिए।

हुज़ूर इनके घर से उसी विधि विरुद्ध तंज़ीम के एक बाग़ी कोही का एक ख़त इन्हें शुक्रिया कहता हुआ इनके घर के एक आले में मुँह छुपाए बैठा था। हमने सहर से काग़ज़ पे उतार लिया

तो इन्होंने क्या कहा?

हुज़ूर ये कहते हैं कि सरकारी मालख़ाने में ये ख़त इनके घर से मिले दस्तावेजों के साथ तो जमा नहीं किया गया। अगर किया गया होता तो उस पर इनके दस्तख़त होते...हुज़ूर मेरा उसपे ये कहना है कि ये तो एक तिलिस्म है न...यहाँ कोही से कोही जुड़ा है तो काग़ज़ से काग़ज़ जुड़ गया होगा, कौन-सी बड़ी बात है।

नेचुरली...स्वाभाविक है...और वैसे भी आग बिन धुआँ नहीं होता...धुआँ है तो आग है, आग है तो निज़ाम के ख़िलाफ़ है। निज़ाम के ख़िलाफ़ है तो इनकी नीयत में खोट है। पर वकील साहब मीडिया वाले आजकल बहुत इलज़ाम लगाते हैं उनकी तसल्ली के लिए एक आध ठोस सबूत और पेश कर दीजिए।

हुज़ूर हमें इनके घर से दो दस्तावेज़ मिले। पहला तो एक रिसाला है अवामी मोर्चा नाम से उसका एक शुमारा मिला है...अवामी मोर्चा...समझ रहे हैं न हुज़ूर...पीपल्स फ्रंट। कितना तख़्रीबी काम कर रहे हैं ये लोग। और दूसरी चीज़ जो मिली है वो है जुडूम जुडूम क़ानून के ख़िलाफ़ एक पैम्फलेट

पैम्फलेट ?

जी हुज़ूर पैम्फलेट...आप तो जानते हैं पिछले दो सौ साल की इंसानी तारीख़ में ये पैम्फलेट नाम की चीज़ जहाँ कहीं भी पाई गई है फ़ितना ओ फ़साद का बायस रही है।

अब जबके ये बेढब फँसे तो इन्होंने क्या कहा ?

हुज़ूर ये कहते हैं कि ये दोनों चीज़ें तो आम तौर पे दस्तयाब हैं पर हुज़ूर मैं ये कहता हूँ कि जब आम तौर पर मिलने वाली चीज़ें मुजरिम के घर से बरामद होती हैं तो वो खास हो जाती हैं। अब चूँकि इनके घर से मशकूक चीज़ें बरामद हो रही हैं तो ये मुजरिम हैं और चूँकि ये मुजरिम हैं इसलिए इनके घर से बरामद होने वाली हर चीज़ मशकूक है। और मैं कहता हूँ इन्हीं के घर से क्यूँ ?

ज़ाहिर-सी बात है आख़िर भक्तगण के घर से ही तो गीता मिलेगी। इनकी नीयत ज़ाहिर हुई और कुछ इनके रवैये के बारे में बताइए ?

रवैय्ये के बारे में तो हुज़ूर पूछिए ही मत। इतनी सीनाजोरी दिखाते हैं। जब हमारी सरकार के अफ़सरान, सरकार और अवाम के बीच मोहब्बत और प्रीति क़ायम करने की कोशिश करते हैं तो ये लोग बीच में आकर अप्रीति प्रदीप्त कर देते हैं। झंडे उठा लेते हैं जुलूस निकालते हैं तरह-तरह की बातें करते हैं...अवाम को वरग़लाते हैं। इनकी इन्ही सब हरकतों से तंग आकर जब हमारी सरकार के एक आला अफ़सर ने इनकी तंज़ीम की रहनुमा से बड़ी नर्मदिली से कहा कि देखिए अगर आप ये सब बन्द नहीं करेंगे तो हम आपको देख लेंगे तो जानते हैं हुज़ूर इन्होंने क्या कहा ? आँखें निकालकर हमें जवाब दिया...कि लाज़िम है कि हम भी देखेंगे...बताइए हुज़ूर हम दुनिया को देखें और अब ये हमें देखेंगे।

अपने आपको शहंशाहे अफ़रासियाब समझते हैं। के हमें बनिगाहे क़हर घूरेंगे और हम भस्म हो जाएँगे। नीची कीजिए निगाह। पर वकील साहब दिल्ली और बम्बई में रहने वाले कुछ उच्च वर्ग के लोगों के लिए एक आध और ठोस सबूत पेश कीजिए।

हुज़ूर इनकी बेगम ने आई एस आई के हौल्टर लेद्रान्दिस को ख़त लिखा था।

आइएसआई में इसाई ? हौसला है मिशनरियों का...यहाँ भी घुस गए

हुज़ूर ये वो आइएसआई नहीं, दूसरा है समाजी इक़्दार वाला।

हाँ हाँ जो कोई भी हो जब उलेमा ये कह गए हैं कि अगर आप किसी चीज़ को शराब की मुशाबेहत देकर भी पिएँ तो भी हराम है तो मैं कहता हूँ कि मिलते-जुलते नाम वाले इदारे को ख़त लिखने की ज़रूरत क्या है ? इनके मुजरिम होने में कोई कसर

बाक़ी नहीं लेकिन इन्साफ़ का तकाज़ा है के मुजरिम को एक बार अपनी दिफ़ा में बोलने का मौक़ा देना चाहिए। तुम्हें कुछ कहना है?

मुझे अपनी दिफ़ा में कुछ नहीं कहना...पर मुझे एक बयान दोहराना है जो आज से नब्बे बरस पहले इसी तरह की एक अदालत में इसी तरह के एक इलज़ाम के जवाब में दिया गया था।

देखिए हमें किसी और के बयान में दिलचस्पी नहीं...किसका बयान है।

हुज़ूर वो हम सबके बाप थे।

हम सब के बाप? वज़ाहत कीजिए।

बापू हुज़ूर...वो मुँडे सर वाला आदमी जिसकी तस्वीर हर जगह लगी रहती है।

अरे तो बापू कहिये न...हम सबके बाप कहके अदालत को गुमराह क्यूँ कर रहे हैं? चलिए बयान दीजिए।

जिस क़ानून के तहत मुझ पर ये इलज़ाम लगाए गए हैं वो ताज़ीराते हिन्द के सियासी पाबंदियों और जब्र के क़ानूनों का सरताज है और शहरियों की आज़ादी को कुचलने के लिए वजूद में आया है। खैरख़्वाही और खैरंदेशी किसी सरकार के लिए क़ानून का सहारा लेकर ज़बरदस्ती नहीं पैदा की जा सकती। अगर कोई किसी फ़र्द से या निज़ाम से बद्ज़न है तो उसे बद्ज़नी के इज़हार का हक़ है जब तक कि वो तशद्दुद का मशवरा नहीं देता। पर इस क़ानून के तहत बद्ज़नी का इज़हार जुर्म है। मैंने इस क़ानून का मुताला किया है और हिन्दुस्तान की चंद अज़ीमतरीन हस्तियों को इसके तहत सज़ा दी गई है। उस फ़ेहरिस्त में आज मेरा नाम भी लिखा जा रहा है। इसलिए मैं ख़ुद को ख़ुशकिस्मत समझता हूँ। मैं समझता हूँ की मौजूदा सरकार बुनियादी तौर पर हिन्दुस्तान और हिन्दुस्तानियों को नुक़सान पहुँचा रही है। इससे बद्ज़न होना कार-ए-ख़ैर है। बल्के ऐसी सरकार के लिए ख़ैरख़्वाही रखना अपने आप में जुर्म और गुनाह होगा।

डूब मरो इस इन्साफ़ पर...आँसू बहाओ इस क़ानून पर जो कमज़ोरों के लिए तलवार की धार है और ज़बरदस्त के लिए बाग़ो-बहार है, जो अपने लिए नग़मा ए साज़ है और हमारे लिए मौत की आवाज़ है। तुम्हारे लिए ही पैदा हुए हैं दुनिया के नज़्ज़ारे, चमकते हैं तुम्हारी ही रौशनी से चाँद और तारे। तुम्हारा ग़म है ग़म औरों का ग़म-ख़्वाबो कहानी है, तुम्हारा ख़ून है ख़ून हमारा ख़ून पानी है...

हुज़ूर ये सोहराब मोदी के फ़िल्मी डायलॉग बोल कर अदालत का वक़्त ज़ाया कर रहे हैं। क़ानून जज़्बातियत की रौ में नहीं बहेगा। क़ानून अंधा होता है। और हमारे मुल्क में क़ानून कुछ ज़्यादा ही अंधा होता है।

यक़ीनन! अदालत जज़्बात की रौ में आकर फ़ैसला नहीं सुनाएगी। इनका गुनाह साबित हुआ हमारे यहाँ ज़ात से अफ़ज़ल निज़ाम है निज़ाम से अफ़ज़ल अमल है अमल से अफ़ज़ल नीयत है और इनकी नीयत में खोट है। अदालत इनकी अर्ज़ी

ख़ारिज करती है...और पेशकार साहब ये बापू की फ़ाइल खोलिए इनका मामला भी मशकूक लगता है...

अमर ने जो ये सुना तो बर्क़ को इशारा किया बेटा निकलो यहाँ से, यहाँ ठहरने की जा नहीं। हमारी नीयत में भी खोट है। बाहर निकल के अमर बर्क़ से बोला भाई मैं तो तिलिस्म-ए-जमशेदी गया, तिलिस्म-ए-होशरुबा गया, तिलिस्म-ए-नूर अफ़शां गया पर ऐसा तिलिस्म कहीं न देखा। अब इस हकीम को तो मैं कुछ अय्यारी करके छुड़ा लूँगा लेकिन इसके जैसे हज़ारों लाखों होंगे जिन्हें बन्द कर रखा होगा, जिनकी कोई समाअत तक नहीं। उन सबको बचाने के लिए कोई लम्बी अय्यारी करनी पड़ेगी। पर एक बात बताऊँ, मैं तो पहले से ही जानता था कि सरज़मीने-हिन्दुस्तान पे एक दिन ऐसा दिन आएगा ही आएगा। पूछो कैसे?

वो कैसे उस्ताद?

जब हज़रत आदम को खुल्द से निकाला गया तो ज़मीन पे कहाँ गिरे? हिन्दुस्तान में। तो जब उनकी तख़लीक़ के लिए जब रब्बुल आलमीन ने जिब्रील अ.स. को हुक्म दिया कि मुश्त-ए-खाक ज़मीन पर से लाओ तो वोह बुलंदी आसमान की तय करके फ़ौरन ज़मीन पे आए के जहाँ अब खाना-ए-काबा है। चाहा कि एक मुश्त-ए-खाक लें उस वक़्त ज़मीन ने उनको क़सम दी कि ए जिब्रील ख़ुदा के लिए मुझसे खाक न ले। उससे एक ख़लीफ़ा पैदा होगा जिसकी औलाद बहुत आसी और गुनाहगार और मुस्तोजिबे अज़ाब होगी। मैं मिस्कीं की खाक के पा हूँ ताक़त तहम्मुल ओ अज़ाब की नहीं रखती हूँ। इस बात को सुनकर जिब्रील बाज आए तब हज़रात इज़राइल को ज़मीन पे भेजा गया। और ज़मीन ने जब उनको भी मना किया तो वो बोले के तू जिसकी कसम देती है मैं उसी के हुक्म से आया हूँ, उसकी नाफ़रमानी नहीं करूँगा...तुझको ले ही जाऊँगा। इज़राइल ने हाथ निकाल कर एक मुट्ठी खाक-रू-ए-ज़मीन से लेकर आलमे बाला पे चले गए। तो जिस ज़बरदस्ती की ली हुई मिट्टी से आदम और उसकी औलादें बनीं उससे उसके ख़मीर में खोट पड़ गया। जब तक ज़मीन पे रहेंगी ऐसे ही सरकशी करती रहेंगी हत्ता के ज़मीन से उठा न ली जाएँ। तो एक फ़रज़ंद इस इन्कलाब पे हैरानी क्यूँ? इस ज़माने का यही दस्तूर है, जंगल कटते हैं, शहर बसते हैं। जो शहर वीरान हो गए, उन्हें सब रोते हैं, पर अज़ीज़ों ज़रा उन जंगलों को भी तो याद करो जिन्हें इन बस्तियों ने वीरान कर दिया। इस ख़ित्ता-ए-अर्ज़ के वो बुलंदो बाला शजर, के हर शजर इक शहर था, हर पत्ता इक कूचा और हर कली इक गली। कहाँ गए?

कैसे मंज़र सामने आने लगे हैं?
गाते गाते लोग चिल्लाने लगे हैं
अब तो इस तालाब का पानी बदल दो
ये कमल के फूल कुम्हलाने लगे हैं

एक क़ब्रिस्तान में घर मिल रहा है
जिसमें तहख़ानों से तहख़ाने लगे हैं
मछलियों में खलबली है, अब सफ़ीने
उस तरफ़ जाने से कतराने लगे हैं
वो सलीबों के क़रीब आए तो हमको
क़ायदे-क़ानून समझाने लगे हैं
मौलवी से डाँट खाकर अहल-ए-मकतब
फिर उसी आयत को दोहराने लगे हैं
अब नई तहज़ीब के पेशेनज़र हम
आदमी को भून कर खाने लगे हैं
कैसे मंज़र सामने आने लगे हैं?
गाते-गाते लोग चिल्लाने लगे हैं

दास्ताने-घरे-बाएरे

इब्तिदा में लफ़्ज़ था और लफ़्ज ही ख़ुदा है बिइस्मे सुब्हाना कि सब तारीफ़ें उसी के लिए हैं कि जिसने एक लफ़्ज़ कुन कह कर ये कौनो-मकां पैदा किए और ज़मीनो आस्मां बनाए और क्या ख़ूब बनाए कि आसमान के फैलाव में सितारे भर दिए, बीच में उनके चाँद सूरज रख दिए और गोद ज़मीन की नदियों, नहरों और ताल-तलैयों से भर दीं कि फ़ैज़ से उनके बाग़-बग़ीचे फूलें और खेत लहलहाएँ और बाग़ों को रंग रंग के फूलों से सजाया।

करूँ पहले तौहीदे यज़्दां रक़म
झुका जिसके सजदे में अव्वल क़लम
सरे लौह पर रख बयाज़े जबीं
कहा दूसरा कोई तुझ सा नहीं
सभों का वहीं दीनो-ईमान है
ये दिल हैं तमाम और वही जान है
किसी से बर आवे न कुछ कामे जां
जो वो मेहरबां हो तो कुल मेहरबां
अगरचे यहाँ क्या है और क्या नहीं
पर उस बिन तो कोई किसी का नहीं
क़लम गो ज़बां अपनी लावे हज़ार
लिखे किस तरह हम्दे परवरदिगार
कि आजिज़ है यां अंबिया की ज़बां
ज़बाने-क़लम को ये क़ुदरत कहाँ
वो माबूद यकता ख़ुदाए जहाँ
कि जिसने किया कुन में कौनो-मकां
दिया अक़्लो-इदराक उसने हमें
किया ख़ाक से पाक उसने हमें

तो हाज़रीन गुलगुना कशाने आरिज़े शाहिदे बयान इस तरह फ़रमाते हैं कि जब महात्मा बुद्ध उर्फ़ तथागत इस दुनिया से सिधारे तो उनके छोड़े हुए संघ में बड़ी उथल-

पुथल मची और भिक्षु उनके पथ से भटकने लगे तो उनके एक चेले सुन्दर समुद्र ने विद्यासागर से जाकर कहा कि हे विद्यासागर भिक्षु सतपथ से फिर गए हैं। तथागत के बनाए हुए नियमों का पालन नहीं करते, पेड़ की छाँव छोड़ी, छतों तले ऊँची खाटों पर आराम करते हैं, एक संघ के अन्दर कितने संघ बन गए और कितनी मंडलियाँ पैदा हो गईं, हर मंडली दूसरी मंडली की जान की बैरी है, तू पलट चल और उन्हें शिक्षा दे कि तू हमारे बीच गुनी और ज्ञानी है। विद्यासागर बोला कि 'हे सुन्दर समुद्र तूने मैना की जातक सुनी है—'नहीं','तो सुन, अगले जन्म की बात है कि बनारस में राजा ब्रहमदत्त विराजता था और हमारे बौद्ध जी मैना के जनम में जंगल में वास करते थे, एक पेड़ की घनी टहनी में एक सुन्दर घोंसला बनाया और उसमें रहने लगे। एक बार बहुत वर्षा हुई। एक बन्दर कहीं से भीगता हुआ आया और उसी पेड़ पर मैना के घोंसले के बराबर बैठ गया। पर यहाँ भी वो बूँदों से भीग रहा था, मैना बोली कि हे मन्नू वैसे तो तू आदमी की बहुत नक़्क़ाली करता है मगर घर बनाने में उसकी नक़ल क्यूँ नहीं करता, आज तेरा घर होता तो वर्षा से ये तेरी दुर्दशा क्यूँ होती, बन्दर बोला कि मैना री मैना, मैं नक़ल करता हूँ पर अक़ल नहीं, मगर फिर बन्दर ने ये कहने के बाद सोचा कि मैना अपने घर में बैठी बातें बना रही हैं, इसका घर न हो और मेरी तरह भीगे फिर देखो कैसी बातें बनाती है। ये सोच कर उसने मैना के घोंसले को खसोट डाला। बोधिसत्व जी उस मूसलाधार मेंह में घर से बेघर हो गए, उन्होंने एक गाथा पढ़ी जिसका तत्त्व ये है कि हर ऐरे-ग़ैरे को नसीहत करना मुफ़्त में मुसीबत मोल लेना है। ये गाथा पढ़ते हुए वो इस जंगल से भीगते हुए दूसरे जंगल की ओर उड़ गए।'

तो हाज़रीन, ये बात है उस वक़्त की कि जब बूढ़े हिन्दुस्तान पे छाई नई जवानी थी और हर हिन्दुस्तानी ने अंग्रेज़ों से लड़ने की ठानी थी, हिन्दुस्तान जन्नत निशान पर अंग्रेजों की हुकूमत थी, काबुल से लेकर बंगाल/बर्मा तक उनका तसल्लुत था, कश्मीर से कन्याकुमारी तक उनकी तूती बोलती थी, अंग्रेज़ की मर्ज़ी के बग़ैर चिड़ियाँ चूँ नहीं बोलती थीं, परिंदा पर नहीं मारता था, एक पत्ता अपनी जगह से नहीं हिलता था, नक़्क़ारे की एक चोब पर बड़े से बड़ा शातिर मुजरिम हथियार डाल देता था, हरकारे पुकारते फिरते थे कि ये वो हुकूमत है जिसकी अमलदारी में कभी सूरज नहीं डूबता, ये वो सल्तनत है जिसका उरूज ही उरूज है—

नहीं आज दारा का नामो निशाँ
सिकंदर की बाक़ी नहीं इज़्ज़ों शाँ

बड़े-बड़े राजा, रईस, सेठ, साहूकार, ज़मींदार, उमराँ, रऊसाँ दिन-रात अंग्रेज की तारीफ़ करते थकते न थे।

फिरंगी तेरो राज सुन्दर सहा रहयौ
तैने रुपया चलाया चेहरा शाही

फिरंगी तेरा राज...।
तैने सड़क पे रेल चलाई
फिरंगी तेरा राज...।
तैने धुआँ का शब्द उड़ाई
फिरंगी तेरो राज...।
तैने नैनू चलाया बूटेदार
फिरंगी तेरो राज...
तैने पैसा चलाया डबल शाही
फिरंगी तेरो राज...।
तेरी रैयत ने सुख पाई...।

अंग्रेज़ी अमन, अंग्रेजी इंसाफ़, अंग्रेज़ी जम्हूरियत, अंग्रेज़ी तारीख़, अंग्रेज़ी आज़ादी, अंग्रेज़ी अदब, अंग्रेज़ी शायरी, अंग्रेज़ी तालीम, अंग्रेज़ी अख़बार, अंग्रेज़ी मेज़, अंग्रेज़ी कुर्सी, अंग्रेज़ी खाने, अंग्रेज़ी गाने, अंग्रेज़ी कपड़े, अंग्रेज़ी कुरते, अंग्रेज़ी जूते, अंग्रेज़ी माचिस, अंग्रेज़ी पख़ाने...हर तरफ़ अंग्रेज़ियत का बोलबाला था, हिन्दुस्तान जहाँ का कपड़ा, ढाकाई मलमल, सूरती कपास पूरी दुनिया में मशहूर था, आज कपड़े तल्ले को मुहताज हो गया था, उसके लहलहाते खेत सिर्फ़ भूक उगाने पे रह गए थे। फिर क्या हुआ कि अंग्रेज़ी तालीम हासिल करने के बाद कुछ लोगों को लगा कि ये अंग्रेज़ तो करते कुछ हैं कहते कुछ हैं, लिखते कुछ हैं पढ़ते कुछ हैं, सुनाते कुछ हैं और समझते कुछ हैं, अंग्रेज़ हुकूमत बंगाल में शुरू हुई और सबसे ज़्यादा अंग्रेज़ियत बंगाल में फैली तो एहतेजाज भी यहीं से शुरू हुआ कि—

हा हा भारत दुर्दशा न देखी जाई
अंग्रेज राज सुख साज सजै सब भारी
पै धन विदेश चलि जाय इहै इत ख़्वारी
ताहू पै महँगी काल रोग विस्तारी
दिन-दिन दूने दुःख ईश देत हा-हा री
सबके ऊपर टिक्कस की आफ़त आई
हा हा भारत दुर्दशा न देखि जाई

बंगाली बाबुओं की चीं चाँ और फूं फाँ और चिल्ला पों और शूँ शाँ से तंग आ के अंग्रेज़ ने सोचा कि क्यूँ न कोई ऐसी तरक़ीब लड़ाई जाए कि साँप भी मर जाए और लाठी भी न टूटे तो उन्होंने तय किया कि बंगाल को बाँट दो, आधा इधर, आधा उधर, मुसलमान उधर, हिन्दू इधर, बंगाल बँटेगा तो टूटेगा, टूटेगा तो कमज़ोर पड़ेगा, सन् 1905 मुताबिक़ सन् 1323 हिजरी में कर्ज़न लाट साहेब ने फ़ैसला किया और हुक्म सुनाया। आमार सोनार बांग्ला बिभाजित होइच्चे...।

तो उसके जवाब में शुरू हुआ स्वदेशी आन्दोलन, लाल-बाल-पाल, तिलक ने मुल्क को एक नया पैग़ाम सुनाया और उसी ज़माने का क़िस्सा लिखा गुरुदेव रबिंद्रनाथ टैगोर ने घरे-बाएरे के नाम से और उठाया सवाल कि घर क्या है और संसार क्या है, अन्दर क्या है और बाहर क्या है, स्त्री क्या है और पुरुष क्या है, दिल क्या है और दिमाग़ क्या है, देश क्या है और माँ क्या है, प्रेम क्या है और दोस्ती क्या है, और भारत क्या है और माता क्या है, वंदे क्या है और मातरम क्या है, तो ये कहानी है तीन दोस्तों की, एक बहुत बड़े और रोशन ख़याल ज़मींदार निखिल की उसकी मासूम बीवी बिमला की और उसके इंक़लाबी दोस्त संदीप की। बिमला, निखिल और संदीप—तीन दोस्त, तीन इंसान, तीन क़िस्मतें और एक आन्दोलन-

कुनूं बाज़ गोयम यके दास्तां
कि शादां शवद जां दिले दोस्तां

तो पेश है दास्ताने घरे-बाएरे—

वंदे मातरम
शुजलाम सुफलाम
मलयजाशीतलम
शस्य श्यामलम
मातरम, बंदे मातरम
शुभ्र ज्योत्सना
पुलकित यामिनीम
फुल कुसुमित
द्रुमदुल शोभिनीम
सुहासिनीम
सुमधुरा भाषिनीम
सुखदाम वरदाम
मातरम
वंदे मातरम

बिमला की दास्तान

हमारे मुल्क में ख़ूबसूरत उसी को कहते हैं जिसका रंग गोरा हो हालाँकि हमें रोशनी देनेवाला आस्मान ख़ुद नीला है, सब यही कहते हैं कि मैं एकदम माँ की तरह दिखती हूँ। बचपन में इस पर मुझे बहुत ग़ुस्सा आता था जैसे मेरा जिस्म भी मेरा अपना न

हो, किसी और का हो। राजा के यहाँ मेरी शादी हुई, बादशाह के ज़माने से उनकी अज़मत थी। हमारा ससुराल बहुत सारे क़ायदे-क़ानून-उसूलों से भरा हुआ था। यहाँ कितने ही रिवाज मुग़लों और पठानों के थे और कितने ही रस्में मनु और पराशर के दौर की थीं। लेकिन मेरे शौहर एकदम निराले थे। अपने ख़ानदान में MA की पढ़ाई करने वाले वो अकेले आदमी हैं, उनके दो बड़े भाइयों का कमसिनी में इंतक़ाल हो गया था। सास ससुर की मौत पहले ही हो चुकी थी, ददिया सास ही घर की मालकिन थीं और मेरे शौहर उनकी आँखों के तारे थे इसलिए वो ख़ानदान के सारे क़ानूनों को तोड़ने की हिम्मत रखते थे। जब मेरे शौहर ने एक अंग्रेज़ ख़ातून को मेरी गवर्नेस बना कर घर में रखा कि वो मुझे अंग्रेज़ी तालीम और तौर-तरीक़े सिखाएँ तो कोई उनकी मुख़ालफ़त न कर सका। मेरे शौहर को मेरा उनकी पूजा करना और उनका पाँव छूना हर्गिज़ पसन्द न था। "इस दुनिया में जो बुज़दिल मर्द हैं वही औरतों से पूजा कराते हैं, इससे पूजने वाला और पूजा करवाने वाला, दोनों की ख़्वारी है" मेरे शौहर कहते हैं कि मर्द और औरत दोनों बिल्कुल बराबर हैं, दोनों के हक़ बराबर हैं इसलिए मियाँ-बीवी में दोस्त का रिश्ता होना चाहिए। हमारे ख़ानदान में मर्दों से उम्मीद की जाती थी कि वो शराब-शबाब पे अपनी दौलत लुटा दें। इस ख़ानदान की ज़्यादातर औरतों की ज़िन्दगी शराब के प्यालों की झाग और घुँघरुओं की झंकार में स्वाहा हो गई थी। मेरे शौहर न तो शराब छूते थे न शबाब के पीछे भागते थे। इसमें मेरी कोई ख़ूबी न थी, सिर्फ़ क़िस्मत मेरे साथ थी। मेरी दोनों बेवा जेठानियाँ अक्सर मेरे ऊपर तंज़ करती थीं मगर जब मैं अपने शौहर से शिकायत करती कि "औरतों का दिल कितना छोटा होता है तो वो कहते कि देखो जैसे चीन में औरतों के पाँव को बाँध कर उन्हें ज़बर्दस्ती छोटा किया जाता है वैसे ही हमारे समाज ने औरतों के मन को चारों तरफ़ से दबा कर टेढ़ा और छोटा कर दिया है। क़िस्मत उनकी ज़िन्दगी के साथ जुआ और चोरी का खेल खेलती है, उनका अपना हक़ किस चीज़ पर है, न जायदाद पर, न ज़मींदारी पर, न जीवन साथी चुनने पर"—"तो वो इसके लिए ऊपर वाले से नालिश करें—मुझ से क्यों उलझती हैं"—"ऊपर वाला किस को मिलता है।"

ऐसी बातें करते वक़्त मुझे कभी-कभी लगता कि मैं छोटी हो गई हूँ तो कभी-कभी मैं चाहती थी कि वो मेरे सामने छोटे हो जाएँ। मेरी ददिया सास मुझे बहुत चाहती थीं, उन्हें लगता था कि मेरी ही वजह से मेरे शौहर इतने नेक और शरीफ़ साबित हुए हैं, बाक़ी बहुएँ मुझसे कहीं ज़्यादा ख़ूबसूरत थीं मगर फिर भी उनके शौहर कम उम्री में चल बसे। हालाँकि उन्हें ये पसन्द नहीं था कि मैं नए-नए फ़ैशन के कपड़े पहनूँ और अंग्रेज़ी गाने गाऊँ और अंग्रेज़ी किताब पढ़ूँ। लेकिन वो कुछ कहती नहीं थी।

मेरे शौहर चाहते थे कि मैं घर से बाहर निकलूँ। मैं उनसे कहती, मुझे बाहर से क्या लेना-देना है,

– हो सकता है बाहर को तुमसे कुछ लेना हो।

– अगर इतने दिनों तक बाहर की दुनिया के बग़ैर मेरा गुज़ारा चल गया तो अब भी चल ही जाएगा।

– मैं बाहरी दुनिया के बारे में नहीं सोचता, मुझे तो अपनी ही फ़िक्र है...मैं बाहरी दुनिया में तुम्हें पाना चाहता हूँ, मेरी ख़्वाहिश है कि तुम भी मुझे वहाँ पाओ, वहाँ हमारा लेना-देना अभी बाक़ी है।

– क्यूँ घर के बीच पाने में क्या बाक़ी है।

– यहाँ तो मुझे देकर तुम्हारे आँख, कान और नाक बन्द कर दिए गए हैं। तुम न तो अपनी जानती हो और न ही ये जानती हो कि तुमने क्या पाया है।

– मैं सब जानती हूँ कि मैंने क्या पाया है।

– ये महज़ तुम्हारा ख़्याल है, शायद तुम्हें पता भी नहीं कि जानती भी हो या नहीं।

– मुझे इस तरह की बातें पसन्द नहीं।

– तभी तो मैं चुप रहता हूँ।

– लेकिन तुम्हारी चुप्पी और खलती है।

– यही तो मैं चाहता हूँ कि तुमसे कुछ भी न कहूँ और चुप भी न रहूँ। एक बार तुम ख़ुद ही दुनिया देख लो। मैंने गृहस्थी चलाने के लिए तुम से शादी नहीं की है, सच्चा प्यार तभी होगा जब हम बाहरी दुनिया में एक-दूसरे को चाहें।

मेरे शौहर मेरे साथ ज़बर्दस्ती नहीं करना चाहते थे। उनके पास ताक़त थी मगर वो ताक़त इस्तेमाल नहीं करना चाहते—औरत होने की वजह से तुम्हें मेरी बात माननी पड़े ये मैं नहीं चाहता। मैं इन्तज़ार करूँगा जब तक तुम मन से मेरी बात न मानो।

एक दिन बंगाल में स्वदेशी का दौर आया। ये कैसे आया ये तो मैं नहीं जानती, हाँ इतना ज़रूर था कि इसका पुराने दौर से कोई मेल नहीं था। बाँध तोड़ कर आने वाले तूफ़ान की तरह इस युग ने ख़ौफ़ के जज़्बे को ही ख़त्म कर दिया था। औरतें उस जज़्बे से अछूती कैसे रह सकती थीं।

उसी ज़माने में संदीप बाबू यहाँ तशरीफ़ लाए। संदीप बाबू को मैं पहले से जानती थी। उन्होंने वतन की ख़िदमत करने के नाम पर मेरे शौहर को ख़ूब लूटा था। कभी अख़बार निकाल के, कभी स्वेदशी के नाम पे। कभी सेहतयाबी के सफ़र के नाम पर, पहले मुझे ये बहुत खलता था मगर मेरे शौहर मेरी बात नहीं सुनते थे। पर अब की संदीप बाबू अपने पूरे दल-बल के साथ आए थे। हमारी ही हवेली के नाचघर में उनका जलसा था। हम सब औरतें दालान की चिक के पीछे बैठीं थी। धीरे-धीरे वंदे मातरम की दहाड़ क़रीब आती गई। अचानक बड़ी-सी भीड़ हरहराती हुई हमारे घर में दाख़िल हुई, दस-बारह नौजवानों ने एक चौकी उठा रखी थी जिस पर संदीप बाबू विराजमान थे। वंदे मातरम की गूँज चारों तरफ़ लहरा रही थी। मैने संदीप बाबू की तस्वीर देख रखी थी, चेहरा-मोहरा तो ठीक ही था लेकिन आँखों और होठों से कुछ बदनीयती

झलकती थी। जब-जब मेरे शौहर उनकी बेतुकी फ़रमाइशों को पूरा करते तो मेरा जी जल उठता, ऐसा लगता कि वो दोस्त बन कर मेरे शौहर को ठग रहे हैं। चेहरे पर बाबूपना छाया हुआ था। ऐसा आरामतलब आदमी आसानी से ठग सकता है, यही मुझे ख़्याल आता, लेकिन उस दिन तो उनका नया ही रूप देखने को मिला। उनकी जोशीली तक़रीर से पूरी मज़लिस फ़िदा हो गई जब डूबते सूरज की किरनें उनके चेहरे पे पड़ी तो लगा कोई देवदूत आसमान से उतर आया है। मैं जान ही न पाई कि कब मैंने चिक की आड़ से चेहरा निकाला और उन्हें देखने लगी। बाक़ी मजलिस ने तो ध्यान नहीं दिया मगर हाँ संदीप बाबू की नज़रें मेरे चेहरे पे गड़ गईं, मैं अपने ख़ानदान की बहू नहीं बल्कि पूरे बंगाल की औरत ज़ात का नुमाइंदा बन गई। मुझे लगा कि जैसे मुझसे नज़रें मिलाने के बाद उनकी आवाज़ में और असर पैदा हो गया। मानो इंद्र का घोड़ा बेक़ाबू हो चला है। मुझे लगा ये आग मेरी ही नज़रों ने लगाई है कि जैसे मैं माँ भारत हूँ। उस दिन मैं ऐसे जोश और ख़ुशी से भरी हुई अन्दर लौटी कि मेरा मन बल्लियों उछल रहा था। दिल किया कि यूनान की बहादुर औरतों की तरह अपने बाल काट के उस बहादुर को दे दूँ ताकि वो उससे कमान की डोरी बना ले। शाम को जब शौहर घर के अन्दर आए तो डर था कि कहीं कोई गुस्ताख़ी न कर बैठूँ। मगर वो ख़ामोश थे, उन्होंने एक लफ़्ज़ भी तक़रीर की तारीफ़ में न कहा—उनकी ख़ामोशी मुझे बहुत गिराँ गुज़र रही थी। हारकर मैंने ही पूछा—

- संदीप बाबू यहाँ कब तक रहेंगे।
- वो तो कल सुबह ही रंगपुर लौट जाएँगे।
- क्या वो किसी तरह कल तक रुक नहीं सकते।
- क्यों?
- मैं अपने हाथों से उन्हें खाना खिलाना चाहती हूँ।

सुनकर वो चौंक गए। इससे पहले वो कई दफ़ा मुझे अपने दोस्तों से मिलवाने की कोशिश कर चुके थे मगर मैं हर बार टाल जाती। वो कुछ देर मुझे देखते रहे, मैं उनकी नज़रों का सामना नहीं कर पाई और कहा, ''रहने दो, फिर कभी''...नहीं, कल ही क्यूँ नहीं, मुमकिन हुआ तो संदीप कल रुक जाएगा। संदीप बाबू ने मेरे शौहर की फ़रमाइश का पास रखा, मुझे उस दिन अपनी बदसूरती पर बहुत ग़ुस्सा आया। उस दिन मैंने लम्बे बालों को धोकर लाल रेशमी फ़ीते से बाँध दिया और ज़री के चौड़े पाड़ की सफ़ेद साड़ी बाँधी, तभी जेठानी आ पहुँची और मुँह छिपा कर हँसते हुए बोलीं, ''अरी एक लो कट जैकेट भी पहन लेतीं जो जँच जाती।'' जी में तो आया कि सब उतार फेकूँ और सफ़ेद मोटी धोती पहन लूँ पर जाने क्यों ऐसा नहीं कर पाई। मेहमान को किस रूप में लुभाना चाहती थी मैं। शौहर के बुलाने पर जब मैं पहली बार ड्योढ़ी लाँघ के बाहर पहुँची तो अचानक क़दम और जबान दोनों जाम हो गए। मुश्किल से बोल पाई कि आज आपको खाने में देर हो गई, संदीप बाबू बेहिचक मेरे साथ वाली

चौकी पर बैठ गए। शर्म तो जैसे उन्हें छू कर भी नहीं गई थी और मुँह से कुछ फूट ही नहीं रहा था। किसी तरह खाना खिलाकर लौटने लगी तो वो बोले कि देखिए शादी के बाद नौ साल लगे हैं आपको मेरे सामने आने में, खाना खा के जल्दी लौट आइए और तब तक अपने शौहर को अपना ज़ामिन बना के जाइए वरना शायद आपसे मुलाक़ात नहीं हो पाएगी।

– आप ऐसा क्यूँ कहते हैं?

– क्यूँ कि मेरी जन्मपत्री में मेरी उम्र बहुत कम लिखी हैं, मैंने बरजस्ता जवाब दिया कि देस की दुआ से आपकी सारी तकलीफ़ें मिट जाएँगी। वो बोले, देस की दुआ तो देस की मल्का के मुँह से ही ज़ेब देती है।

मैं लौटी तो संदीप बाबू ने मेरे शौहर से बहस छेड़ दी, शायद वो जानते थे कि बहस में उनका कोई सानी नहीं है। कहने लगे,

– मुल्क के काम में तख़य्युल का भी दख़ल होता है, क्यों!

– नहीं हर जगह तख़य्युल से काम नहीं चलता, मुल्क की ज़ात का और उसके सच-झूठ का मुकम्मल ऐतराफ़ करना चाहिए, इतने बड़े मुल्क को ख़्यालों में सजाने-सँवारने से सबका नुक़सान हो सकता है।

– मैं तो मुल्क को ख़ुदा मान के उसकी इबादत करता हूँ। जिस तरह हम इंसानों में ख़ुदा का रूप ढूँढ़ते हैं उसी तरह मुल्क में भी ख़ुदाई का जुज़ होता है।

– अगर ये सही है तो इंसान इंसान और मुल्क-मुल्क में कोई फ़र्क़ नहीं होना चाहिए।

– हाँ ये सही है लेकिन मैं सिर्फ़ अपने मुल्क की इबादत पर क़ुदरत रखता हूँ।

– इबादत में कोई हर्ज़ नहीं है लेकिन दूसरे मुल्कों से बैरियत का जज़्बा क्यों हो।

– ये दुश्मनी भी इबादत का ही हिस्सा है।

– अच्छा तब तो मुल्क को नुक़सान पहुँचाने वाले और उसकी इबादत करने वाले दोनों ही बराबर हैं।

– अपने मुल्क के लिए ख़ास अक़ीदत चाहिए।

– अपने ही मुल्क के लिए क्यूँ

– अपने लिए एक अलग अपनाइयत होती है—क्यूँ क्या तुम्हारे पास दिल नहीं?

– दिल मेरे पास भी है और जज़्बा भी है मगर जब तुम मुल्क को ख़ुदा बना कर भलाई की जगह नाइंसाफ़ी और ख़ैर के बजाय शर करते हो तो मैं तनतना जाता हूँ, मैं कहता हूँ मुल्क से पहले मज़हब को मानो।

मैं अन्दर ही अन्दर ग़ुस्से से उबल रही थी और बोल उठी, "ऐसे बहुत से मुहज़्ज़ब और तरक़्क़ीयाफ़्ता मुल्क हैं जिनके गुनाहों की कोई जवाबदेही नहीं है।"

– हाँ पर उन्हें उन गुनाहों की जवाबदेही करनी पड़ेगी और वो कर रहे हैं।

– पहले चोरी के असबाब से घर भर लें फ़िर जवाबदेही भी कर लेंगे।

संदीप बाबू मुझसे पूछ बैठे—

– आपकी क्या राय है

– मैं ज़्यादा बारीकी में नहीं जाऊँगी, मैं इंसान हूँ, मुझमें लालच है, मैं मुल्क के लिए लालच करूँगी, मुझमें ग़ुस्सा है, मैं मुल्क के लिए ग़ुस्सा करूँगी, मैं चाहती हूँ किसी को काट–कूट के अपनी तौहीन का बदला लूँ। मुझमें मोह है मैं मुल्क के लिए फ़रेफ़्ता होना चाहती हूँ, मैं मुल्क का एक ऐसा ज़ाहिरी रूप चाहती हूँ जिसे मैं माँ कहूँ, देवी कहूँ, दुर्गा कहूँ, जिसके सामने क़ुर्बानी देकर उसे ख़ून से शराबोर कर सकूँ, मैं इंसान हूँ, ख़ुदा नहीं...

संदीप बाबू चिल्ला उठे, हुर्रे, हुर्रे, फिर फ़ौरन उन्होंने अपनी ग़लती सुधारी, वंदे मातरम...वंदे मातरम...

मेरे शौहर के मुँह से एक कर्ब–भरी आह निकली और वो बोल उठे—"मैं भी ख़ुदा नहीं, इंसान हूँ, इसीलिए तो कहता हूँ कि मेरे अन्दर जो बुरा है, पस्त है, जवाल आमादा है उसे अपने मुल्क को कभी नहीं दूँगा, नहीं दूँगा, कभी नहीं दूँगा।"

संदीप बाबू बोले, "देखो निखिल, मर्दों के पास सिर्फ़ मंतिक़ है, अक़्ल है मगर औरतें कितनी आसानी से सच्चाई तक पहुँच जाती हैं, क्यूँकि उनके पास दिल है, एहसास है, जज़्बा है, इसीलिए मैं कहता हूँ कि आज औरतें ही मुल्क को बचा सकती हैं,

आओ पाप, आओ सुन्दरी
अपने चुंबन की अग्नि मदिरा
मेरे रक्त में करो प्रवाहित
अकल्याण का शंख बजा दो
करो मस्तक पर लेप कलंक का
हे प्रलयंकारी, लज्जाहीन कालिमा का कीचड़
मल दो मेरी छाती पर।"

जो आतिश घर के अन्दर रोशनी देती है, वही घर के बाहर भी जले। मैं साफ़ देख रहा हूँ कि तुम्हीं वो आतिशी देवी हो, आज तुम हमें बर्बाद हो जाने की ताक़त दो और हमारे ज़ुल्म/ग़लतियों को हसीन बना दो...

पता नहीं ये आख़िरी बात उन्होंने किससे कही थी, जिसकी उन्होंने वंदे मातरम करके इबादत की थी या उस वक़्त मुल्क की तमाम औरतों की तरजुमानी कर रही देस लक्ष्मी से...

संदीप बाबू की बात–बर्ताव में ऐसी बेतकल्लुफ़ी है कि वो किसी लिहाज़ में नहीं बँधते। जो बात दूसरों के मुँह से निकलते वक़्त मायूब लगे वो उनके मुँह से क़ाबिले–क़ुबूल लगती है। अभी वो कुछ और कहना चाहते थे कि मेरे शौहर ने कहा,

"संदीप, चंद्रनाथ बाबू आए हैं..."

मैंने दरवाज़े की तरफ़ देखा, एक बूढ़े से आदमी खड़े थे। मेरे पति बोले—"ये वही मास्टर जी हैं जिनके बारे में तुम्हें पहले बता चुका हूँ।"

मैंने उनके पैर छू कर धूल माथे से लगाई तो वो बोले, "ख़ुदा ख़ैर करे..."

मुझे उस वक़्त उस दुआ की सख़्त ज़रूरत थी।

निखिल की कहानी

मुझे ज़ोम था कि मैं सब कुछ बर्दाश्त कर सकता हूँ, अभी तक इस यक़ीन का इम्तेहान नहीं हुआ था, लेकिन मालूम होता है कि इम्तेहान की घड़ी आ पहुँची है, मैं दिल ही दिल में अज़िय्यतों का तसव्वुर करता था, कभी ग़रीबी, कभी तौहीन और यहाँ तक कि प्यारी बिमला की मौत तक के बारे में सोच डालता। ख़ैर ख़ामख़ाह का ग़ुरूर क्यूँ करूँ, क्यूँ न क़ुबूल कर लूँ कि मुझमें ख़ूबियों की कमी है, औरतें मर्दों से जो चाहती हैं वो शायद मेरे मिज़ाज में ही नहीं है, क्या रोब और जलाल का मतलब सिर्फ़ ख़याली पुलाव पकाना है, ख़ैर दलीलों से तो मैं क़ाबिल नहीं हो सकता, नाकाम, नाकाम, क़ाबिल लोगों के लिए इस दुनिया में इनामों की कमी नहीं मगर नाकाम लोगों के लिए क़ुदरत ने बस एक ही ईनाम रखा है, और वो है मुहब्बत।

ये तब नहीं सोचा था कि किसी को मुकम्मल तौर से पाने के लिए उस पर से अपना दावा हटाना पड़ता है। ये मुझे क्यूँ नहीं सूझा। क्या बीवी पर शौहर के दायमी हक़ के ज़ोम की वजह से? नहीं ये बात नहीं, मुझे अपनी मुहब्बत पर भरोसा था।

एक बात बिमला मुझे आज तक नहीं समझ पाई। मैं ज़ोर-ज़बर्दस्ती को हमेशा कमज़ोरी मानता आया हूँ। ऐसा आदमी कभी इंसाफ़पसन्द नहीं बन पाता। वो ज़िम्मेदारी से आज़ाद हो के सिर्फ़ फल खाना चाहता है, ये बात बिमला आज तक नहीं समझ पाई, वो मर्द के सख़्त, जाबिराना पुर जलाल रूप पर फ़रेफ़्ता हो उठती है। अक़ीदत के साथ-साथ ख़ौफ़ खाने की ख़्वाहिश भी उसके दिल में कहीं बसी है, मैंने सोचा था कि बड़ी जगह आ के उसकी ये गिरह खुल जाएगी मगर ये तो उसके मिज़ाज का ख़ासा जान पड़ता है।

दूसरी तरफ़ मेरा ये रुख़ है कि मैं किसी भी तरह के ज़ोश में आ के मुल्क की ख़िदमत नहीं करूँगा। मेरा यही अज़्म मेरी कमज़ोरी कहलाता है, शायद इसीलिए बिमला के दिल में नाफ़रमाबरदारी का जज़्बा सर उठाने लगा है, जब वो देखती है कि मैं बंदे मातरम के नाम पर मतवाला होने को तैयार नहीं हूँ तो वो दिल ही दिल में मुझसे ग़ुस्सा होने लगती है।

पूरे मुल्क में कुहराम मचा हुआ है, मेरे ही हाथ में जाम नहीं इसलिए सब मुझसे नाराज हैं, वो सोचते हैं कि मैं या तो सरकार से ईनाम चाहता हूँ या पुलिस से डरता हूँ।

मैं समझता हूँ कि जो लोग सादगी और इंकसारी से मुल्क को मुल्क समझकर, इंसान पर इंसान की तरह अक़ीदत रख के सदाक़त से काम नहीं कर पाते और हल्ला गुल्ला मचा कर माँ या देवी के ख़िताब पर ही झूमते हैं उनके दिल में सच्ची वतनदोस्ती के बजाय नशा छाया रहता है। सदाक़त को इस मोह की क्या ज़रूरत। हम अपने क़ल्ब को आज़ाद रखना ही नहीं चाहते। चाहे कोई इंसान हो या कोई जज़्बा या ख़्याल, हम उसे मोह में लपेट कर अंधे बने रहते हैं। हम जिस दिन इस सेहर से निकलेंगे तभी हम मुल्क को पाने के मुस्तहक़ होंगे।

मैंने बहुत पहले जान लिया था कि संदीप की फ़ितरत में हिरस बहुत है इसीलिए वो मज़हब में भी हिरस बरतता है, जैसे वो रुपए-पैसे के लिए लालची है वैसे ही मुल्क को ले के भी है। ये बात मैं बिमला को कैसे समझाऊँ। वो दिल ही दिल में उसकी परस्तिश करने लगी है।

परस्तिश कि याँ तक कि ऐ बुत तुझे
सभों की नज़र में ख़ुदा कर चले

मैं जान कर उसके सामने संदीप की चरचा नहीं करता, हो सकता है मेरे मुँह से कुछ ग़लत निकल जाए।

अपने मास्टर चंद्रनाथ बाबू को मैं पिछले तीस बरस से जानता हूँ, वो ग़ीबत, नुक़सान, मौत किसी चीज़ से नहीं डरते, एक दिन उन्होंने पूछा "क्या संदीप का यहाँ और रुकना ज़रूरी है।"

वो मेरे किसी भी ज़ियाँ के अंदेशे से बेचैन हो उठते हैं। चाय पीते वक़्त तो उसका चेहरा अचानक कुम्हला गया, उसने कनखियों से संदीप की तरफ़ देखा,

"जगह-जगह घूम कर स्वदेसी को फ़रोग़ देने से ताक़त ज़ाया होती है, बेहतर यही है कि किसी जगह टिक कर काम किया जाए। अपने को ऐसा लगता है," उसने बिमला से पूछा, वो बोली :

"दोनों तरीक़ों से काम किया जा सकता है, जो आपके मिज़ाज के मुताबिक़ हो आप वही करें।"

"सच तो ये है कि मैं आज तक यही सोचता था कि पूरे मुल्क का दौरा करके मुल्क को जगाना ही मेरा फ़र्ज़ है लेकिन मैं कितना ग़लत था। अब आप ही मेरे लिए मुल्क की आवाज़ हैं, आज तक मैंने किसी आदमी में इतना रोब और जलाल नहीं देखा। मुझे अपनी लियाक़त पर गुमान था लेकिन वो आज ख़ुद ही मिट गया है, अब मैं देश का नेता नहीं रहा। आप शरमाइये मत, आप तो शर्म, लिहाज़, इंकसारी, इन

जज़्बों से बहुत ऊपर हैं, आप हमारे शहद के छत्ते की रानी मक्खी हैं, हम आप को अपने बीचोंबीच रख कर काम करेंगे लेकिन आप ही हमारी ताक़त होंगी, आप लिहाज़ छोड़ें और हमारी परस्तिश क़बूल करें।

मैं ऐतेमाद बनाए रखूँगा और इन्तज़ार करूँगा, छोटी जगह से बड़ी जगह जाने की राह में काँटे बिखरे रहते हैं, जिस महदूद चहारदीवारी में बिमला की ज़िन्दगी बिखरी थी वो उससे बाहर निकल के उलझ गई थी और हरासां हो उठी थी। जब वो उस नई और नामानूस दुनिया से वाक़फ़ियत हासिल कर लेगी तब मैं देखूँगा कि मेरी कोई जगह है या नहीं। अगर मैंने पाया कि उस ज़िन्दगी में मेरी कोई ज़रूरत नहीं रही तब समझ लूँगा कि इतने दिनों तक जिसे एक साथ लेकर जिया वो धोखा ही था। मुझे वो धोखा नहीं चाहिए सच में, अगर ऐसी घड़ी आन पड़ी तो मैं चुपचाप विदा हो जाऊँगा। ज़ोर-ज़बर्दस्ती, आख़िर क्यूँ, सच्ची मुहब्बत पे भी किसी का बस चलता है?

संदीप की कहानी

जो मेरी क़िस्मत में है बस वही मेरा है ये बात कमज़ोरों के कहने-सुनने में अच्छी लगती है, दुनिया हमें सिखाती है कि जितना हम छीन लें वही हमारा हो जाता है, यानी जिसकी लाठी हो, भैंस भी उसी की होती है। सिर्फ़ पैदा होने-भर से ये मुल्क हमारा नहीं है, मैं अपनी ताक़त के ज़ोर पे इसे अपना बनाऊँगा जो छीनना नहीं जानते, पकड़ नहीं पाते, जिनकी मुट्ठी में कुछ नहीं समाता ऐसे ही अधमरे लोगों से ये दुनिया भरी पड़ी है। वो ही अख़लाक़ियात का दरस देते हैं लेकिन जो पूरी शिद्दत से चाहते हैं, जिनमें हिचक, लिहाज़, शर्म नहीं वो ही क़ुदरत की सच्ची औलादें हैं, वो ही तैर कर नदियाँ पार करेंगे, वो ही दीवारें फाँद ले जाएँगे, वो ही अपनी लातों से दरवाज़े तोड़ेंगे और मनचाही चीज़ छीन ले जाएँगे—शर्म, न मैं शर्म से वाक़िफ़ नहीं हूँ, जो मुझे चाहिए वो माँग लेता हूँ, जिस ज़मीन पे हम पैदा हुए वो हक़ीक़तों की ज़मीन है। बड़ी-बड़ी बातों से जो आदमी ख़ुद को बहला कर ख़ाली हाथ लौट जाता है वो इस ज़मीन पे पैदा ही क्यूँ हुआ। मैं जो जाहता हूँ उसे दोनों हाथों से तोड़ डालूँगा। दोनों पैरों से कुचलूँगा, जिस्म में मलूँगा, पेट भरकर उसे खाऊँगा, मुझे न माँगने में लिहाज़ है न पाने में, कुछ लोग इस दुनिया में ऐसे भी हैं जो यहाँ सिर्फ़ मरने आए हैं। निखिल भी उनमें से एक है, उसे अगर मुरदा कहें तो भी ग़लत न होगा, वो नहीं समझना चाहता तो न समझे। हम तो इस ज़मीन के हाड़-माँस के हैवान हैं, हमारे पास दाँत है, नाख़ून हैं, हम दौड़ सकते हैं, पकड़ सकते हैं, चीर फाड़ कर सकते हैं। हम सुबह से शाम तक जुगाली नहीं कर सकते इसलिए चोरी करके हम अपना हक़ पा लेंगे।

मेरी बातें सुन कर लोग कहेंगे कि तुम्हारी ही राय सबसे निराली है जब कि हक़ीक़त ये है कि दुनिया में सभी यही करते हैं। औरतों का दिल जीतने में मुझे ज़रा देर नहीं लगती, वही तो इस दुनिया की रूह हैं, वो मर्दों की तरह बादलों में नहीं रहतीं, वो मेरे चेहरे, आँखों, दिल और बातों और जज़्बों में जोश और जलाल और ज़िन्दादिली देखती हैं, ये तो भरपूर ख़्वाहिश है, तमन्ना से लबालब, औरतें जानती हैं कि यही ख़्वाहिश इस दुनिया की रूह है, जिस ताक़त से इन औरतों को पाया जाता है वही तो दुनिया फ़तेह करने की ताक़त है।

बिमला की कहानी

अब सोचती हूँ तो हैरान रह जाती हूँ कि तब मेरी लाज शर्म कहाँ चली गई थी। शायद ख़ुद के बारे में सोचने का वक़्त ही नहीं था। एक दिन मँझली जेठानी ने मेरे सामने ही मेरे शौहर से कहा—"देवर जी, इस ख़ानदान में आज तक औरतों ने ही आँसू बहाए हैं, लेकिन अब ऐसा जान पड़ता है कि मर्दों की बारी आ गई है, क्यूँ छोटी रानी, तुम्हारा क्या ख़्याल है, जिरहबख़्तर तो पहन ही चुकी हो, अब सिर्फ़ वार करने की देर है। उन दिनों मैं बहुत जतन से तैयार हो के बनाव सिंगार करती, संदीप बाबू अपनी पसन्दीदगी का फ़ौरन इज़हार कर देते : "यही ख़ूबसूरत शोला तो हमें चाहिए, रानी मक्खी, इसी तेज से आतिश निकलेगी" मेरे अन्दर ये हुस्न कैसे पैदा हो गया, संदीप बाबू की दो प्यासी आँखों ने ही मुझे बताया कि मैं हुस्न और ताक़त में अनोखी हूँ और उनकी सदा ने दुनिया की बाक़ी आवाज़ों को दबा दिया मानो अब तक की मेरी कमतरी का हिसाब चुक गया हो।

संदीप बाबू ने मुझे एहसास दिलाया कि मुल्क को मेरी ज़रूरत है। मैं ने आसानी से यक़ीन भी कर लिया कि मेरे अन्दर एक रूहानी ताक़त आ गई है, हर छोटी बड़ी बात में संदीप बाबू मुझ से मश्विरा लेते, मेरी छोटी से छोटी सलाह पे तारीफ़ों के पुल बाँध देते। उनके बर्ताव ने मुझे ये मानने पे मजबूर कर दिया कि मेरे पास एक क़ुव्वत, एक ख़ुदादाद ख़ूबी है जिससे मैं अब तक अनजान थी धीरे-धीरे मुझे यक़ीन हो चला कि सारे मुल्क की ज़िम्मेदारी संदीप बाबू पर है और उनके पीछे मैं हूँ। इस ख़्याल से मेरा सर फ़ख़्र से ऊँचा हो जाता, इन महफ़िलों में मेरे शौहर शरीक नहीं होते थे। संदीप बाबू कहते : "निखिल बच्चों की तरह भोला है और अपनी ही दुनिया में मगन है। उसे वहीं रहने दिया जाए तो बेहतर है।"

क़ुदरत के दवाख़ाने में दर्द कम करने की बहुत-सी दवाइयाँ हैं। जब किसी रिश्ते की डोर कटती है तो दर्द का एहसास भी नहीं होता। औरतों की फ़ितरत ही ऐसी है, वो चुटकियों में क़यामत बरपा कर सकती हैं। जब वो कनारा तोड़ती हैं तो किसी बाँध से नहीं रुकतीं।

संदीप की कहानी

धीरे–धीरे मैं जान गया कि कुछ न कुछ गड़बड़ होने वाला है। निखिल की बैठक के क़ायदे मानो बदल से गए थे, बैठक पे तो मेरा हक़ है लेकिन शायद अन्दर के हक़ पे भी रानी मक्खी को ऐतराज़ नहीं, बैठक में दाख़िल होते वक़्त जाने क्यों वो दरवाज़ा ज़रा ज़ोर से खोलती, फिर चूड़ियों की झंकार और एक तेज़ आवाज़। मैं फ़ौरन बैठक का रुख़ करता, फिर हल्की–फ़ुल्की बातों का दौर चल निकलता।

उस दिन जब मक्खी की जेठानी के उकसाने पर दरबान ने मेरा रास्ता रोका, तो वो इतनी ग़ुस्से मैं थी कि क्या ख़ूब ही लग रही थी। वो डाँट पिलाई थी उसने दरबान को कि क्या कहने...।

बात छोटी–सी थी लेकिन इसके बाद सब कुछ बदल गया था, बस निखिल के रवैये पे हैरानी होती थी, कैसा आदमी था वो, एकदम निराला, सारी दुनिया से अलग। अब रानी मक्खी और मेरी मुलाक़ात में कोई बंदिश न रही थी, वो अक्सर मुझे बैठक में बुलवा लेती, देर तक गप–शप होती। अब किसी बहाने की ज़रूरत न थी। मेरी रानी मक्खी अभी तक ख़्वाब में है—है ख़्वाब में हनोज़ कि जागे हैं ख़्वाब से...मैं उसकी नींद तोड़ना नहीं चाहता, मैं तो यही मानता हूँ कि मैं कुछ जानता ही नहीं। उस दिन जब मैं खाना खा रहा था तो वो मेरे चेहरे को एकटक घूर रही थी। वो भूल गई थी कि एक पराये मर्द को एकटक देखने का क्या मतलब होता है।

एक दिन मैं उससे मर्द औरत के जिन्सी तअल्लुक़ात की बात कर रहा था : ''मैं इंसानी रिश्तों में आज़ादी चाहता हूँ, मुल्क मेरे लिए एक ठोस हक़ीक़त है इसलिए मैं उसकी शबीह पे किसी तरह की मैल नहीं चाहता।''

मैं जानता था कि किसी को एकदम जगा देना ठीक नहीं लेकिन मैं अपने मिज़ाज का क्या करूँ? जिस सुर में मैंने उस दिन बातचीत की उसके लिए बहुत हिम्मत चाहिए थी लेकिन हिम्मत वाले मर्द ही तो औरतों के दिलों पे राज करते हैं, वो ताक़तवर मर्दों की ही तो पूजा करती हैं। बातों की गर्मी बढ़ रही थी तभी कमरे में चंद्रनाथ बाबू दाख़िल हुए, यूँ तो ये दुनिया बुरी नहीं पर इन स्कूल मास्टरों ने जीना दूभर कर रखा है। इतनी उम्र बीत जाने पर भी स्कूल को पूँछ की तरह लटका रखा है। इनकी घर–गृहस्थी में स्कूल हमेशा साथ लगा रहता है। शायद मरने के बाद भी वो स्कूल मास्टर जी का साथ ले के जाएँगे। उस दिन बात की गाड़ी पटरी पर आई ही थी कि मास्टर साहेब आ टपके।

चंद्रनाथ बाबू स्वदेशी की चर्चा ले बैठे, मन हुआ कि उन्हें बोलने दूँ, बातचीत में हिस्सा न लूँ। बूढ़े जब बोलते हैं तो ऐसा लगता है कि पूरी दुनिया शायद उन्हीं के इशारों पर चल रही है जब कि वो ये नहीं जानते कि दुनिया उनसे बहुत आगे निकल गई है पर बक–बक को सुन के संदीप बाबू चुप रहे। ऐसा तो सात जनमों में भी नामुमकिन है, जब मास्टर जी बोले...

''अभी तो तुमने बीज बोया ही नहीं खेतों से फ़सल पाने की उम्मीद''...। तो मुझसे रहा न गया और मैं बोल उठा कि ''हम तो फ़सल या फल चाहते ही नहीं, हमें फल की ख़्वाहिश नहीं।''

''हम तो काँटों की खेती करेंगे जो बेमोल उगती है।''

''काँटे तो उगाने और चलने वालों, दोनों के पैर में छेद कर देते हैं।''

''ये बातें तो सिर्फ़ ब्लैक बोर्ड पर ज़ेब देती हैं, हमारे दिलों में आग जल रही है, फ़िलहाल हम दूसरों के तलवे छेदने की तैयारी में हैं, बाद में अगर वही काँटे हमारे पैरों में चुभने लगेंगे तो देखा जाएगा, मरते वक़्त हम भी मर लेंगे लेकिन तड़पने की उम्र में तो तड़पना ही अच्छा लगता है।

मास्टर जी मुस्कुरा कर बोले—

''तड़पने में कोई बुराई नहीं लेकिन इस तड़प को अपनी बुराई न कहें, आप जिन लोगों की बदौलत जिन्दा हैं उन्होंने तड़प के ही नाम नहीं कमाया बल्कि घोर कड़ी मेहनत की है। जो लोग मेहनत से कतराते हैं वही अपनी लालसा के भरोसे पर कामयाबी हासिल करना चाहते हैं। तभी निखिल वहाँ आ पहुँचा, चंद्रनाथ बाबू ने विदा ली। दुनिया में ज़्यादातर लोगों को झूठ से ठगा जा सकता है मगर कुछ ऐसी भी शख़्सियतें हैं जिन्हें सच्चाई के ज़रिए वरग़लाया जा सकता है, उनसे आँखों से आँखें मिला कर ढिठाई की जाए तभी उनसे पार पाया जा सकता है।

ये निखिल भी अजीब आदमी है, सब कुछ जान-बूझकर भी अनजान बना बैठा है, जानता है कि मैं उसके घर पर तबाही के बादल की तरह मँडरा रहा हूँ फिर भी मुझे निकाल बाहर क्यूँ नहीं करता, शायद वो विमला के जवाब का इन्तजार कर रहा है। अगर विमला कह दे कि मेरा तुम्हारा मेल मुमकिन नहीं तो वो धीमी आवाज़ में जवाब देगा, 'ओह! ये तो बड़ी भूल हुई'। सच यही बात उसे समझ में नहीं आती कि भूल को भूल मान लेना ही ग़लत है।

और रही बात रानी मक्खी की! शायद वो भी आज जान गई है कि या तो उसे वापस लौटना है या फिर बेधड़क आगे बढ़ना है, अब वो जो भी फ़ैसला लेगी, सोच समझकर लेगी। औरतों के मिज़ाज को मैं अच्छी तरह जानता हूँ—ग़ुस्सा-शर्म, ख़ौफ़, नफ़रत ये जज़्बे उनके दिल की आग को भड़का कर ख़ुद ही जल कर राख हो जाते हैं। ख़ैर चाहे जो हो इस नाटक का अंजाम तो देखना होगा, और ऐसा भी नहीं कि मैं सिर्फ़ नाज़रीन की तरह ऊपर वाली सफ़ में बैठा ताली बजा रहा हूँ। मेरे कलेजे में भी रह-रह कर टीस उठती है। रात में जब अँधेरा होता है तो वही छोटी-छोटी बातें, वही ज़रा-ज़रा-सी छुअन मेरे दिल को बेचैन कर देती है, उनका अंदाज़ उसकी अदाएँ मेरी रूह को गुनगुना जाते हैं, ऐसा लगता है मेरे चारों तरफ़ ''नक़रई घंटियाँ-सी बजती हैं, धीमी आवाज़ मेरे कानों में दूर से आ रही है, तुम शायद भूले-बिसरे किसी ज़माने में अपनी मेरी शिकायतें शिकवे याद करके हँस रही हो कहीं।

निखिल की कहानी

पहले मैंने कभी अपने बारे में नहीं सोचा था, अब अक्सर अपने जज़्बात को विमला की नज़र से देखने की कोशिश करता हूँ, हर बात पर संजीदगी से ग़ौर करना मेरी आदत है।

मेरी बीवी सिर्फ़ मेरी है, अगर वो कहे कि मैं तो मैं हूँ, मेरी अपनी भी एक ज़ात है, तब मैं कहूँगा कि ये कैसे मुमकिन है, तू तो मेरी बीवी है, मानो इस एक लफ़्ज़ से सबको क़ैदी बना लेंगे। ये क्या, मैं कितना संजीदा हो गया—ये सब तुम्हारे नहीं है तो नहीं है, तुम जितनी खींचतान करोगे वो बाद में उतने ही बड़े रूप में तुम्हें दुख देगी, पर सीना जो फट रहा है तो फटने दो। उससे किसी का कोई नुक़सान नहीं होगा, ज़िन्दगी में आदमी जो कुछ भी खोता है वो उन सब से बहुत बड़ा है, बहुत ऊपर है। मैं अपने लिए रोता हूँ, समाज के लिए नहीं। अगर विमला कहे कि वो मेरी बीवी नहीं है तो सामाजिक बीवी हो कर वो जहाँ चाहे रहे, मैं उससे विदा ले लूँगा। मैं माज़ूर नहीं, मुफ़लिस नहीं, बीमार नहीं, मुझे ख़ालिक़ ने सख़्त हाथों से गढ़ा है, उसका क्या अफ़सोस।

ये लिख कर सोने जा ही रहा था कि अचानक खिड़की की ओट से एक तारा चमचमा उठा, वो मानो मुझसे कह रहा था कि कितने ही नाते बनें या बिगड़ें, मैं अपनी जगह क़ायम हूँ, मैं सुहागरात का पहला बोसा हूँ। मिलन की रात का दीपक हूँ उस वक़्त मेरे दिल में ख़्याल उमड़ा कि कायनात के इस पर्दे की ओट में मेरी अज़ली-अबदी महबूब साकिन बैठी है, मैंने कितने आइनों में उसकी शबीह को देखा है, ज्यों ही आइने को अपना बनाना चाहता हूँ, शबीह ग़ायब हो जाती है।

विमला की कहानी

पहले-पहल मुझे कोई अंदेशा न था, समझती थी कि मुल्क के लिए सब-कुछ क़ुर्बान कर रही हूँ। मुकम्मल क़ुर्बानी में कितना नशा होता है, उस दिन जाना कि तबाही का भी एक नशा होता है। हो सकता है नशा अपने आप उतर जाता मगर संदीप बाबू ने अपने जज़्बात का इज़हार कर दिया, उनका लहजा मुझे छू छू जाता। उनकी मिन्नत-भरी नज़रें मेरे पैरों में लोटने लगतीं लेकिन इसमें एक हौलनाक ख़्वाहिश और लज़्ज़त थी जो एक डकैत की तरह मुझे जबरन घसीटना चाहती थी, सच कहूँ यही हौलनाक ख़्वाहिश मुझे अपनी मक़नातीसी कशिश में बाँधे रखती थी, ऐसा लगता था कि ख़ुद को मिटा देना ही सब कुछ है। उस वक़्त मैं सारे ताने-तिशनों और उलझनों से बेनियाज़ थी। मुझे लगता था कि ये अनपढ़ औरतें मेरी ये जेठानियाँ मेरी इस पाकीज़ा क़ुर्बानी और बलिदान को क्या जानें ? मुझे लगता ये मेरी तमाम काविशें सिर्फ़ मुल्क के लिए

हैं, इसलिए इसमें शर्मिंदगी की कोई वजह नहीं। लेकिन कुछ दिनों के बाद बेचारा मुल्क भी कोने में जा पड़ा। अब सिर्फ़ जदीद दौर में मर्द-औरत के रिश्तों के बारे में बातें होने लगीं, अंग्रेज़ी और वैष्णव शायरी का लुत्फ़ उठाया जाने लगा। इस शायरी में अक्सर मुझे मर्दाना हवस की बू भी आती। अब कोई आड़ भी नहीं रह गई थी। संदीप बाबू क्यूँ टिके हैं, मैं बिना किसी वजह उनसे बात क्यूँ करती हूँ? एक दिन मैंने ख़ुद ही ग़ुस्से में कह दिया—''ठीक है मैं आज से बैठक में नहीं जाऊँगी, चाहे कुछ भी हो जाए?''—तब मैं ने जाना कि मेरी ज़िन्दगी बिल्कुल बे-लज़्ज़त हो गई है, नीरस, बेज़ायक़ा। अगले दिन मैं किसी तरह घर के काम में मसरूफ़ रखने की नाकाम कोशिश कर रही थी कि नौकर एक ख़त ले के आया—''संदीप बाबू ने दिया है'' बाप रे कैसा आदमी है ये—किसी भी क़ायदे-क़ानून को नहीं मानता—मेरा दिल काँप रहा था, ख़त में लिखा था—

''ज़रूरी काम देश के लिए''

संदीप की कहानी

ये मुझे अच्छी तरह मालूम है कि जो ज़ोरआवर है वो ज़ालिम भी होता है, ज़ुल्म और नाइंसाफ़ी की इंतेहा को पहुँचने वाला मर्द ही ज़ी हैसियत होता है। मैं भी ज़ुल्म और नाइंसाफ़ी का तपस्वी हूँ, जब्र ही असली आज़ादी की राह हमवार करता है, ज़ुल्म करने से क़ासिर क़ौमें तारीख़ की ग़ुलामी में दब जाती हैं।

मुल्क और दीन, देश और धर्म दोनों एक-दूसरे से जुड़ गए हैं, इसलिए अजीब तमाशा-सा हो रहा है, हमें भगवद्गीता और वंदे मातरम दोनों ही चाहिए, फिर भी माँ शक्ति ने जो अलम मुझे थमाया है मैं उसे मरते दम तक हाथ से गिरने नहीं दूँगा, कई दिनों से ये सोच कर परेशान हूँ कि मैंने विमला को अपनी ज़िन्दगी से क्यूँ जोड़ लिया है, ये कहने में मुझे कोई हिचक नहीं कि विमला मेरी हवस का मरकज़ बन गई है, ज़ाहिर है वो भी मुझे चाहती है, पका हुआ फल टपका ही चाहता है, पर दुश्वारी ये है कि मैं बिमला की कशिश मे बँधा जा रहा हूँ। मैं इस दुनिया में बड़े बड़े काम करने के लिए पैदा हुआ हूँ, मैं अपनी तक़रीर और अपने अमल से दूसरों को राह दिखाता हूँ, अवाम की भीड़ मेरी जंग का घोड़ा है, उन्हीं की पीठ पे मैं सवारी करता हूँ और उसकी लगाम भी मेरे हाथ में है, वो अपनी राह नहीं पहचानते, न अपना फ़र्ज़ जानते हैं, सिर्फ़ मुझे पता है कि उसे कहाँ पहुँचाना है, मैं उसे सोचने का मौक़ा दिए बग़ैर हाँकता लिए जाऊँगा, चाहे वो काँटों से लहुलुहान हो जाए, कीचड़ से लथपथ हो जाए मगर मैं उसे रोकूँगा नहीं, वो घोड़ा हिनहिना रहा है मगर मैं कुछ कर नहीं पा रहा हूँ और वक़्त निकलता जा रहा है, देखता हूँ कि विमला जाल मे फँसी परिंदे की मानिंद

फड़फड़ा रही है, उसकी नज़रों में ख़ौफ़ और दहशत की परछाइयाँ हैं, वो जाल से निकलने की कोशिश में ज़ख़्मी हो गई, एक अच्छे शिकारी के लिए ये ख़ुशी की बात है, ख़ुश तो मैं हूँ मगर अन्दर ही अन्दर जाने कैसी कमज़ोरी है जो मेरे मन को...कुछ लम्हे ऐसे ज़रूर आए हैं जब मैं चाहता तो विमला का हाथ पकड़ के उसे सीने से लगा सकता था, शायद मिज़ाज़ में कोई कमज़ोरी है।

रामायण का बद क़िरदार रावण भी इसी तरह की शराफ़त में मारा गया, अगर अपने अंदर का लिहाज़ तर्क करके सीता को सीधा अपने महल में ले गया होता तो शायद लंका कांड ही नहीं होता, सीता अपना सतीत्व भूल कर उसे ही पूजती, इसी लिहाज़ की वजह से रावण विभीषण को नहीं मार पाया, उस पे तरस खाया और जान गँवाई।

हम दोनों इतनी दूर आ गए हैं कि वापस जाना मुश्किल है मैं बिमला को नहीं छोड़ सकता मगर...।

ज़िन्दगी का मक़सद भी तो नहीं छोड़ सकता, मंज़िल तो इंसानों की भीड़ है, मैं बिमला को ही मुल्क में मिला लूँगा, तब कोई उसपे ताना नहीं कसेगा, चारों तरफ़ एक बेपनाह भीड़ होगी और शोर होगा बंदे मातरम...बंदे मातरम...

निखिल की कहानी

भादों की बाढ़ चारों तरफ़ फैल गई है...मैं सिर्फ़ लेना ही जानता हूँ, किसी को कुछ दे नहीं सकता, बिमला के लिए मेरी मौसीक़ी एक सज़ा से ज़्यादा कुछ नहीं—

भरा बादर माह बादर
शून्य मन्दिर मोर

मेरा मन्दिर इसीलिए बना है कि ख़ाली रहे, उसमें दाख़िल होने का दरवाज़ा नहीं।

शून्य मन्दिर मोर
शून्य मन्दिर मोर

भादों के शुक्ल पक्ष की यादें भुलाई नहीं जातीं, तीन दिन तो गुज़र गए। पता नहीं बिमला को याद आया कि नहीं कि हर साल हम इस मौसम में नाव पे झील घूमने जाते थे, उसने मुझसे कोई बात नहीं की—

भरा बादर माह बादर
शून्य मन्दिर मोर

कालिदास की ऋतुसंहार मुझे कोई ख़ास पसन्द नहीं पर वो कैसी शराब थी जिसे पी कर शायर झूम उठा था? मैंने जो शराब पी थी उसका नशा भी कम गहरा न था, तभी तो सुबह से गा रहा हूँ।

भरा बादर माह बादर
शून्य मन्दिर मोर

मैंने भी चाहा था कि बिमला और मैं अपनी ज़िन्दगी मुल्क के दुख-दर्द मिटाने में लगा देंगे, वो बोली थी—

'राजकुमार सिद्धार्थ मुझे छोड़कर मत चले जाना।'

सिद्धार्थ की तपस्या में उनकी बीवी उनके साथ नहीं थी मगर मैं तुम्हें अपना साथी बनाना चाहता हूँ। बात आई-गई हो गई थी, असल में बिमला मिज़ाजन एक औरत ही है, ग़रीब घर से होने के बावजूद उसका बर्ताव रानियों की तरह ही है, मैं अपने से नीचे लोगों को अपने ज़्यादा क़रीब पाता हूँ मगर बिमला इस जद्दोजहद में मेरे साथ नहीं। मैंने ही उसे इतना बड़ा बना दिया था कि उसे न पाने से मेरी साधना ज़ाया हो गई। आज सुबह बहुत दिनों बाद अपने कमरे में दाख़िल हुआ तो वहाँ बिमला को देखकर उल्टे क़दम उठ गए—'Asians Journal' लेने आया था? इस सफ़ाई की क्या ज़रूरत थी, मैं क्या किसी पराए के घर जा घुसा था।

भरा बादर माह बादर
शून्य मन्दिर मोर

मगर जब मास्टर जी के नज़रिए से देखता हूँ तो गाने का मतलब बिल्कुल बदल जाता है।

विधापति कह कैसे गुजारवि
हरि बिना दिन रतियाँ

सच को तो कुबूल करना ही होगा—पर अब और सहन कर पाना मुश्किल है—तुम्हीं मेरे शून्य मन्दिर को भर दो।

बिमला की कहानी

उन दिनों बंगाल में एक ऐसी आग की लपटें उठ रही थीं जिन्हें रोक पाना असम्भव हो गया था। सिर्फ़ हमारे ही इलाक़े में ये लहर धीमी थी क्योंकि मेरे शौहर ज़बरदस्ती के ख़िलाफ़ थे। संदीप बाबू जब से यहाँ आए हैं उनकी तक़रीरों की तेज़ आँच चारों तरफ़ फैलने लगी है, उन्होंने हर तरफ़ से बिलायती माल पे रोक लगा दी है मगर वो

लोग जान गए हैं कि हमारे घर में अब भी विलायती कपड़े, नमक और चीनी की बिक्री होती है, वैसे ये अलग बात है कि जब वतन की मुहब्बत इतनी आम नहीं होती थी, तब भी मेरे शौहर, उसी वक़्त से स्वदेसी की मुहिम चला रहे थे। स्वदेसी साबुन, स्वदेसी बैंक, स्वदेसी जूट, स्वदेसी कपड़ा, मुश्किल ये थी कि स्वदेसी चीज़ें इतनी महँगी थीं कि सिर्फ़ खास लोग उन्हें इस्तिमाल कर सकते थे। पर मेरे शौहर तो स्वदेसी क़लम, देसी पीतल का फूलदान, देसी साबुन सब कुछ ही देसी इस्तेमाल करते थे। हमारे घर में ज़बरदस्त ख़रीदो-फ़रोख़्त होती थी लेकिन स्वदेसी की बाढ़ में हमने तय किया कि हम विलायती सामान नहीं बिकने देंगे, मैंने आँख बंद करके संदीप की हिमायत की। संदीप के साथ मेरे शौहर की भी बहस हुई तो वो बोले "तक़रीरबाज़ी तक तो ठीक है लेकिन ज़ोर नहीं चलने दूँगा।"

मैंने घमंड में आकर कहा, "अच्छा ऐसा है मैं देखती हूँ।"

मैं जानती थी कि वो मुझे कितना चाहते हैं, अगर मेरी अक़्ल ठिकाने पर होती तो इस तरह उनके प्रेम का दावा नहीं करती। मुझे तो संदीप को अपनी ताक़त दिखानी थी, उसके चापलूसी-भरे अल्फ़ाज़ ने मुझ पर जादू का-सा काम किया था, मुझे लगने लगा था। मैं ही माँ शक्ति हूँ और अपनी मोजज़ाती कुदरत से किसी को कुछ भी दे सकती हूँ। संदीप बाबू के साथ इनका एक चेला अमूल्य भी आया था, मुझे देखते ही उसकी आँखें चमक उठीं, अगले दिन संदीप ने कहा कि तुमने तो इस नौजवान की दुनिया ही बदल दी। अपनी इसी सना को सुन कर और सोलह सिंगार कर, नए तरह का जूड़ा बनाकर मैं अपने आप पे फ़िदा हो गई और मैंने अपने शौहर को अपने बस में करने की ठानी।

निखिल की कहानी

स्वदेसी की लहर फैली तो छुट्टियों में घर आए लड़के ने संदीप को अपना ख़लीफ़ा बना लिया। इसमें से बहुत से तालिब-इल्म थे जिन्होंने हमारे ही स्कूल में वज़ीफ़ा लेकर तालीम पाई थी वो एक दिन आकर बोले—

"अपनी हाट में बिलायती सूत का कारोबार बन्द करें

– वो मैं नहीं कर सकता।

– क्यूँ नुक़सान से डरते हैं?

मैं जवाब दूँ इसके पहले मास्टर जी बोल पड़े—

– हाँ नुक़सान तो होगा ही मगर तुम्हें उससे क्या!

– मुल्क के लिए अगर...

– मुल्क का मतलब मुल्क की ज़मीन नहीं है, मुल्क का मतलब है मुल्क में रहने वाले लोग। हिन्दू-मुसलमान, पंडित-अछूत, अंग्रेज़, इसाई सब तरह के लोग, बोलो,

तुम्हारा उन ग़रीब किसानों से क्या रिश्ता है ? है कोई ताल्लुक़ उनसे ? आज अचानक तुम हुक्म जारी करने आए हो कि वो क्या खाएँ, क्या पिएँ, कौन-सा नमक खाएँ और कौन-सा कपड़ा पहनें ? वो लोग जुल्म क्यूँ सहेंगे।

– हम भी तो स्वदेसी चीज़ें इस्तेमाल कर रहे हैं।

– वो तुम्हारी अपनी ख़ुशी, अपनी ज़िद। तुम्हारी जेब में पैसे हैं। तुम कोई भी स्वदेसी चीज़ चार पैसे ज़्यादा देकर भी ख़रीद सकते हो, तुम्हें कोई नहीं रोकने आएगा, लेकिन तुम दूसरों पर क्यूँ ताक़त आज़मा रहे हो ? जिन्हें पेट-भर रोटी नहीं मिलती उन पर ये दबाव कैसा। आज तक तो तुमने उनकी सुध न ली, आज अचानक उन्हें ज़िन्दगी का सबक़ सिखाने आ गए।

– एक लड़का मुझ से बोला, आप मुल्क की ख़िदमत की राह में रोड़ा बनते हैं।

– नहीं मैं तो वतन की ख़िदमत में लगा हुआ हूँ।

– साफ़-साफ़ कहिए कि हाट से विलायती माल हटवाएँगे या नहीं।

– नहीं हटवाऊँगा क्यूँकि वो माल मेरा नहीं है

– हमने आपको आगाह कर दिया, आगे के आप ज़िम्मेदार हैं। ये कह कर बंदे मातरम का नारा लगाते हुए वो चले गए।

मैं कई दिनों बाहर के कामों में मसरूफ़ रहा। एक दिन अन्दर से बुलावा आया, मैंने पूछा किसने बुलाया है "रानी माँ" ने "बड़ी रानी माँ ने" नहीं "छोटी रानी माँ बुलाती हैं।"

छोटी रानी यानी बिमला—ऐसा लगा सदियाँ बीत गईं, पहले तो छोटी-छोटी बातों के बहाने बुलाया जाता था पर अब...

मैं कमरे में पहुँचा तो कुछ ख़ास सजावट दिखाई पड़ी, बिमला भी काफ़ी सजी-धजी थी, मुझे देख कर बोली...

सारे बंगाल में हमारे ही हाट में बिलायती माल बिकता है, ये कोई अच्छी बात नहीं है, बिलायती चीज़ें हटवा लो ना !

लेकिन वो सामान मेरा नहीं है।

हाट तो तुम्हारी ही है।

हाट उनकी है जो वहाँ माल बेचते-ख़रीदते हैं।

– वो देसी चीज़ें क्यूँ नहीं ख़रीदते ?

– उनकी मर्ज़ी

– मैं ज़बरदस्ती नहीं कर सकता, मेरे पास ऐसी बातों के लिए वक़्त नहीं है लेकिन ये ज़बरदस्ती तो मुल्क के...

– मुल्क के लिए ज़बरदस्ती का मतलब है, मुल्क के ऊपर ज़बरदस्ती करना, कह कर मैं दनदनाता लौट आया। ऐसा लगा कि सर से भारी बोझ उतर गया, अन्दर ही अन्दर ख़ुशी की लहर दौड़ गई। मुझसे काम निकलवाने के लिए बिमला ने सोलह

सिंगार किया था, उसकी वही ज़ुल्फ़ें जो मुझे शायर बना देती थीं, आज ऐसी लगी मानो सस्ते दामों में बाज़ार में बिकने आई हों।

संदीप की कहानी

स्वदेसी बेचने की राह में बड़ी अड़चनें आ रही हैं। मारवाड़ी बिलायती माल बेचना छोड़ना नहीं चाहते, मुसलमान कुछ सुनने को तैयार नहीं हैं। हर काम के लिए पैसा दरकार है। बिलायती कपड़े जलाते-जलाते और देसी कपड़े ख़रीदते-ख़रीदते कहीं हम दीवालिया न हो जाएँ। शाम को मैंने बिमला से कहा—

– कामयाबी तो हमारी मुहिम को मिल रही है, लेकिन हमें रुपए का इंतिज़ाम करना पड़ेगा।

– कितने रुपए चाहिए?—पचास हज़ार।

– ठीक है मैं पचास हज़ार ले आऊँगी।

– देखो गहने बेचने की ज़रूरत नहीं होती, उन्हें आड़े वक़्तों के लिए सँभाल कर रख लो।

– ये पैसे तुम्हारे शौहर के ख़ज़ाने में से लिये जाएँगे

– नहीं, नहीं ये मैं कैसे कर सकती हूँ?

– क्यों उन रुपयों पर तुम्हारा हक़ नहीं।

– नहीं कोई हक़ नहीं।

– तो निखिल का भी कोई हक़ नहीं है, ये रुपए मुल्क के हैं, मुल्क को इनकी ज़रूरत है और निखिल ने इन्हें अलग उठा रखा है।

– मुझे वो रुपए कैसे मिलेंगे?

– ये तुम जानो, ये तुम ही कर सकती हो, तुम्हें रुपए के असली हक़दारों तक उन्हें पहुँचाना होगा। बंदे मातरम के मंत्र से लोहे के दरवाज़े खुल जाएँगे, जो मज़हब की ताक़त नहीं मानते उनके सीने फट जाएँगे, रानी मक्खी मेरे साथ बोलो बंदे मातरम...। बंदे मातरम...

असल में मेरे मन की उधेड़बुन पैसे को लेकर थी, बात ये है कि मुझे बहुत अमीर होना चाहिए लेकिन पैसे की क़िल्लत से मेरी ख़्वाहिशें दबी की दबी रह गईं, मुझे ये सब अच्छा नहीं लगता। मेरे जैसे अज़ीम रहनुमा और वतनपरस्त को गाड़ी में सफ़र करने से पहले टिकट के लिए जेब टटोलनी पड़े, ये बहुत नाइंसाफ़ी है। दूसरी तरफ़ निखिल जैसे आदमी को इतनी जायदाद की क्या ज़रूरत है, वो अगर ग़रीब होता तो आसानी से अपने मास्टरजी का साथी बन जाता। मैं ज़िन्दगी में कम से कम दो बार पचास हज़ार की रक़म उड़ा देना चाहता हूँ। एक बार मुल्क की ख़िदमत में, दूसरी

बार अपनी ख़िदमत में, तभी तो मैं निखिल से कहता हूँ कि जो सूफ़ी साफ़ी हैं उन्हें हिर्स दबाने की ज़रूरत नहीं लेकिन जो लालची हैं उन्हें हर क़दम पे अपनी ख़्वाहिशों को दबाना पड़ता है। पचास हज़ार की कुर्बानी तो मुझे ही देनी है। मास्टर जी तो वो कुर्बानी देने से रहे।

इधर हमारा काम भी तेज़ी से बढ़ रहा है, हमारी तंज़ीम हर तरफ़ फैल गई है। बिरादर-बिरादर कह के मैं थक गया हूँ और जान गया हूँ कि लाख चाहने पर भी मुसलमान हमारी तंज़ीम में नहीं शामिल होंगे। उन्हें तो ज़ोर लगा कर दबाना ही होगा।

निखिल कहता है, "अगर तुम पूरे हिन्दुस्तान का भला चाहते हो तो मुसलमानों को भी साथ ले चलो।"

मैं कहता हूँ, उन्हें उतना दो जिसके वो हक़दार हैं।

इसका मतलब तुम मुख़ालिफ़त को मुख़ालिफ़त से ख़त्म करोगे?

निखिल की नसीहतें इतनी कोरी हैं कि उनके लिए हक़ीक़ी दुनिया में कोई जगह नहीं, पहले से चली आ रही माँ दुर्गा की मूर्ति को हम मुल्क की मूरत बना देंगे। स्वदेसी मूरत, लेकिन उसके लिए भी पैसे की ज़रूरत है, बंदे मातरम के लिए भी पैसे की ज़रूरत है, पुलिस को घूस देने के लिए पैसे की ज़रूरत है, बिलायती कपड़े को जलाने के लिए पैसे की ज़रूरत है ...उस दिन बिमला उठ के जाने लगी तो मैंने फिर कहा, "रानी वो पैसे?" उसका चेहरा पीला पड़ गया, फिलहाल तो तीन हज़ार में भी काम चल जाएगा।"

– ठीक है कल तक ला दूँगी।

निखिल की कहानी

मेरे बारे में अख़बारों में शिकायतें और ख़बरें छप रही हैं कि मेरे ख़ौफ़ की वजह से लोग स्वदेसी नहीं अपना पा रहे हैं। जिन लोगों ने स्वदेसी चलाने की कोशिश की उन्हें मैंने ज़मींदारी के फंदे में फाँस दिया, पुलिस और मजिस्ट्रेट दोनों मेरी मुट्ठी में हैं। मैं अंग्रेज सरकार से ख़िताब लेना चाहता हूँ।

मेरे नाम एक धमकी-भरा ख़त आया है, लाल रोशनाई में। सब जानता हूँ ये किसकी करतूत है, मैं ने एक लड़के को बुला कर वो ख़त दिखाया। कहने लगा : हाँ हम में एक ग्रुप है जो स्वदेसी की राह में पड़ने वाली हर अड़चन को मिटाना चाहता है।

– अगर उनके डर से एक आदमी भी झुक गया तो वो मुल्क की हार होगी।

– मैं समझा नहीं।

– ये मुल्क, ये हिन्दुस्तान जन्नतनिशान, देवता से लेकर सिपाही और सीआईडी से डरते डरते अधमरा हो गया है। आज अगर आज़ादी या मुल्क के नाम पर लोगों को ज़ुल्म और ताक़त से दबा कर, बुज़दिली के कंधे पर मुल्क का झंडा फहराना चाहते

हो तो सच्चे वतनपरस्त तुम्हारा साथ न देंगे। अगर डर की हुकूमत नाइंसाफ़ी और चोरी चकारी के ख़िलाफ़ हो तो चलता है लेकिन एक फ़र्द, एक आदमी क्या पहनेगा, क्या खाएगा, किसके साथ उठेगा–बैठेगा, किस तरह नमाज़ पढ़ेगा, कौन ज़बान बोलेगा, कहाँ रहेगा, क्या पहनेगा, लड़कियाँ कैसे रहेंगी, कैसे उठे–बैठेंगी, ये सब भी ख़ौफ़ और नफ़रत की वजह से तय होगा तो फिर इंसान की आज़ादी कहाँ बची। इसमें तो मुल्क की हार है? ये तो दहशत है, दहशतपसन्दी और दहशतगर्दी, ये कैसा जिहाद है?

"आपके पल्ले कुछ नहीं आएगा, आज़ादी का मतलब है जबरन छीनना और हासिल करना।"

"दूसरों पे ज़बरदस्ती करके अपनी बात मनवाना, ये कहाँ की अज़ादी है। अगर यही बात है तो मैं तुम सब के हाथों से इस मुल्क को बचाऊँगा"

उस दिन शाम का नशा जब गहरा उठा तो मैं बाग़ में जा पहुँचा, चाँद अभी निकला ही था, तभी लगा कि घास पर कोई लेटा है, मैं चौंक बैठा, अचानक आहट सुनते ही वो साया भी उठ बैठा, वो बिमला ही थी, अब क्या करूँ, रुकूँ या लौट जाऊँ, बिमला भी कुछ परेशान जान पड़ी, वहाँ रुकने के बजाय लौटना और भी ख़तरनाक था। इस से पहले कि मैं कुछ सोचता, बिमला उठ के जाने लगी, उसी लम्हे मुझे उसकी अज़ियत का अंदाज़ा हुआ, मेरा ज़ाती कर्ब न जाने कहाँ खो गया, मैंने पुकारा—बिमला!

वो रुक गई मगर मुड़ी नहीं, मैं उसके सामने खड़ा हुआ तो उसने अपनी आँखें हथेलियों से ढक लीं। मैंने कहा, "बिमला मेरे क़ैदख़ाने में तो सलाख़ें ही सलाख़ें हैं, मैं तुम्हें इसमें क्यूँ बन्द करूँ, ऐसे तो तुम न बचो।" वो चुप खड़ी रही और आँखें भी न खोली। मैंने कहा, "अगर मैं तुम्हें इसी तरह जबरन बाँधे रहा तो मेरी ज़िन्दगी भी बेड़ियों में जकड़ जाएगी। उस में मुझे कोई ख़ुशी नहीं मिलेगी।"

बिमला तब भी चुप रही। मैंने कहा "सच कहता हूँ मेरी तरफ़ से तुम आज़ाद हो, मैं तुम्हारे लिए चाहे कुछ करूँ या न करूँ, तुम्हारे हाथ की हथकड़ी नहीं बनूँगा।"

ये कह कर मैं लौट आया, ये न तो मेरी फ़राख़दिली थी न मेरी ग़ैर–वाबस्तगी, अगर उसे आज़ाद नहीं करूँगा तो ख़ुद कैसे आज़ाद होऊँगा, जिसे गले का हार बनाना था, उसे गले का भार कैसे बना सकता था, ख़ुदा से यही दुआ है कि चाहे सुख की जगह दुख ही पाऊँ मगर मुझे बंधन में मत बाँधो जो फ़र्ज़ी है, उसे सच मान लेने की कोशिश अपना ही गला दबाने के बराबर है, मुझे इस ख़ुदकुशी से बचा ले मेरे मौला?

बिमला की कहानी

एक जनम में कितना कुछ घट सकता है इसका तसव्वुर करना भी मुश्किल है, ऐसा लगता है मेरे सात जनम गुज़र गए है, इन चंद महीनों में हज़ार बरस गुज़र गए, इतनी

तेज़ी से गुज़रे कि मैं कुछ समझ नहीं पाई, अचानक ठोकर खा के मुँह के बल गिरी तो आँख खुली।

बाज़ार में बिलायती माल बन्द करने की माँग लेके जब उनके पास गई थी तो एहसास था कि कुछ बहस-वहस होगी, दलीलें रखी जाएँगी लेकिन अपने ऊपर भरोसा था, संदीप ने यक़ीन दिलाया था कि मेरे अन्दर जादू है, मगर इन नौ बरसों में मैंने उनकी इतनी उदास नज़रें नहीं देखीं, वो एकटक ख़ला में देखते रहे, इसकी जगह ग़ुस्सा हो जाते तो बेहतर होता मगर मैं उन के मन को छू तक नहीं पाई, ऐसा लगा कि जैसे मैं एक ख़्वाब हूँ जो टूट चुका है।

उस दिन वो बाग़ में बोले "जाओ तुम्हें आज़ाद किया" आज़ाद करना क्या इतना आसान है? जानती थी कि मैं बहुत ख़ूबसूरत नहीं मगर पति की मुहब्बत ही मेरी ताक़त है। अब अचानक प्याला छूट गया। मैं मछली की तरह उनकी मुहब्बत के दरिया में तैरती रही, अब मुझे आसमान की तरफ़ उठा के कह दिया, लो तुम्हें छुट्टी दी, तब मैं पाती हूँ कि न मैं चल सकती हूँ और न ही बच सकती हूँ।

आज़ादी महज़ आज़ादी, एक ख़ला, झरना सूख गया सिर्फ़ कंकर पत्थर बच गए।

संदीप ने पचास हज़ार रुपए माँगे, मैंने इतरा के कहा ज़रूर ले आऊँगी, कहाँ से लाऊँगी, कौन देगा, रुपया है कहाँ? खड़े-खड़े ख़ज़ाने के पहरे को बदलती देखती रहती हूँ। मैंने उस मासूम अमूल्य को बुलाया जो मुझे देवी माँ मान बैठा था और पूछा—

"मुल्क के लिए रुपिया चाहिए, ख़जांची से लेकर आओगे?"

वो सीना तान कर बोला "ज़रूर आऊँग"

यही तो मैंने भी कहा था "कैसे लाओगे?"

जवाब में उसने जो बातें कहीं वो सुन के दिल लरज़ गया, संदीप की बातें और उसके ख़्यालात उस मासूम के मुँह से रट्टू तोते की तरह बहने लगे। जिस लड़के को एक बूढ़े ज़ईफ़ ख़ज़ानची के ख़ून में कुछ नाहक़ न लगे उसे तो बचाना ही होगा, मेरी मादरे हिंद एक माँ बन के उसकी हिफ़ाज़त नहीं करेगी क्या?

मैं ने कहा आज दूज है, मैं तुम्हारी बहन हूँ, लाओ अपनी पिस्तौल मुझे दो, सलामी के बदले...।

अगले दिन संदीप मिला तो वही भूत सर पे सवार हो गया, "मैं ही संदीप हूँ, मैं ही तुम्हारा मुल्क हूँ, मुझ से बड़ा कोई नहीं।"

मैंने हाथ जोड़ कर कहा, "तुम्हीं मेरे दोनों मज़हब हो, तुम्हीं मेरी जन्नत हो, सब कुछ तुम्हारे लिए ही न्यौछावर कर दूँगी।"

"पाँच हज़ार रुपए चाहिए, हाँ मैं ला दूँगी, कब, कल चाहिए, कल ही ला दूँगी," रुपए कहाँ से आएँगे, इस सवाल का जवाब नहीं मिल रहा था, लेकिन अचानक उस दिन रास्ता दिख गया।

हर साल मेरे शौहर दोनों जेठानियों को तीन-तीन हज़ार रुपया ईनाम में देते हैं, वो रुपया फिर बैंक में जमा हो जाता है, वो रुपया अभी उनकी तिजोरी में रखा था, किसे पता था कि चोरी मुझे ही करनी पड़ेगी। मैं जो अपनी जेठानियों पर चोरी का इल्ज़ाम रखा करती थी, आज मुझे उन्हीं की चोरी करनी पड़ रही थी। संदूक़ की चाभी उनके कुर्ते से निकाल के मैं ने काँपते हाथों से ताला खोला, संदूक़ में रुपए की जगह पुड़ियों में मुहरें बँधी रखी थीं, मैंने बिना गिने सब अपने आँचल में भर लीं।

आज मैंने मुल्क के नाम पर अपने घर ही को लूट लिया, मुल्क तो पता नहीं मेरा होगा कि नहीं मगर अपने जुनून में मैं घर गँवा बैठी, अगर भीख माँग के रुपया जोड़ती तो इतना बुरा नहीं लगता मगर चोरी? पाँच हज़ार रुपए, क्या यही मेरी क़ीमत है, मुझे गंध में डुबो कर उन्हें क्या मिला, मैं क्या उनके लिए कोई मायने नहीं रखती?

बैठक में पहुँची तो अमूल्य भी वहाँ मौजूद था, संदीप ने कहा, ''रानी पैसे चाहिए'' ग़ुस्से ओर ख़जालत से मेरा मुँह लाल हो गया। जब मोहरें मेज़ पर रखीं तो संदीप बाबू का चेहरा उतर आया, शायद उन्होंने सोचा कि पुड़ियों में रेज़गारी थी।

''बस यही।''

अमूल्य ने मेरा चेहरा देख के मेरी कैफ़ियत समझ ली, बोला, ''ये तो काफ़ी हैं, हमारा काम आसानी से चल जाएगा,'' ये कह कर उसने एक पुड़िया खोली तो चमचम करती मोहरें मेज़ पर जा गिरीं। संदीप बाबू इतने ख़ुश हुए कि अचानक मेरी तरफ़ लपके, लेकिन मैंने ऐसा धक्का मारा कि चारों ख़ाने चित्त जा गिरे। अमूल्य ने जब मेरे पैर छुए तो जाने क्यूँ मैं फफक के रो पड़ी। उसने मोहरें गिन के कहा—पूरे छः हज़ार हैं, अभी तो हमारा काम साढ़े तीन हज़ार में चल जाएगा।''

संदीप बोले, ''चाहे अभी ज़रूरत न हो पर आगे तो ज़रूरत पड़ सकती है।''

''देखा, औरतों का दिल कितना बड़ा है, वो ख़ुद को कुर्बान कर देती हैं, रानी मक्खी आज तुमने जो दिया है वो रुपए नहीं, जान से भी बढ़ के है,'' मेरे मन के दो हिस्से हो गए, एक संदीप बाबू की बातों में बहक के ख़ुश हो रहा था, दूसरा बख़ूबी समझ रहा था कि उसे दग़ा जा रहा है। संदीप आला क़िरदार न सही पर उसमें ग़ज़ब की ख़ुदऐतमादी है। रुमाल में मोहरें बाँध के वो बोला, ''मैं तुम्हें शामिल करना चाह रहा था मगर तुमने धक्का देकर गिरा दिया।'' ज़ाहिर था वो झूठ बोल रहे हैं मगर हम चाह कर भी उन्हें झुठला नहीं सकते थे। धक्के से लगी उसकी चोट उल्टे मुझे दुःख देने लगी। संदीप की तारीफ़ ने मुझे फिर वरग़ला दिया। उस की सलामी ने चोरी का कलंक भी धो दिया। पर तारीफ़ कब तक कान में गूँजती है। घर के अन्दर पहुँची तो लोहे का संदूक़ मुझे घूरने लगा। मैं अपनी ही नज़रों में गिर गई हूँ, हर तरफ़ एक ख़ला है, मुझे दिन-रात तारीफ़ का जाम चाहिए, अगर सुरूर कम हो तो जीना दूभर हो जाता है। ऊपर से मेरी जेठानियाँ, उनके फ़िक़रे, चोरी का डर, ताने, तिश्ने...एक-एक लम्हा

एक पत्थर की सिल मेरे सीने में गड़ती जा रही थी। अगले रोज़ बैठक में जा के मैं ने अमूल्य को बुलवाया तो संदीप आ पहुँचे मैंने कहा, ''मुझे अमूल्य से अकेले में कुछ बात करनी है, अगर आप...''

''अमूल्य क्या मुझ से अलग है...उससे बात करके मुझ से भी बात करनी होगी वरना मैं इसे अपनी हार मानूँगा और संदीप हारना नहीं जानता।''

मैंने अमूल्य को अपने गहने देकर कहा कि चाहे जहाँ से हो पर इन्हें बेच कर मुझे छः हज़ार रुपए ला दो, मैं जानती हूँ इनकी क़ीमत पचास हज़ार से ज़्यादा है पर फ़िलहाल मुझे छः ही हज़ार चाहिए। अमूल्य बोला, ''दीदी तुम्हारे रुपयों के लिए मैंने संदीप बाबू से झगड़ा किया है। मैं बहुत शर्मिंदा हूँ पर संदीप बाबू कहते हैं, मुल्क के लिए शरम को भुलाना होगा...यही असली बंदे मातरम हैं कि पैसे जिसके पास हैं, उसी का उन पर हक़ है...'' जब वो हू-ब-हू संदीप के अल्फ़ाज़ दुहराने लगा तो मुझे फिर बहुत शर्मिंदगी हुई, मेरा मन काँपने लगा। मैंने उससे वादा लिया कि रुपयों की बात किसी को नहीं बताएगा। वो निकला तो संदीप अन्दर आ गए, आते ही पूछा—

''संदूक में क्या था?''

''अगर बताना होता तो आपको बाहर क्यूँ भेजती?''

''तुम क्या सोचती हो, अमूल्य मुझे नहीं बताएगा!''

''नहीं कभी नहीं बाताएगा।''

वो ग़ुस्से से आग हो गया और बोला,''मैं चाहूँ तो अमूल्य को चुटकियों में मसल सकता हूँ, मेरे रहते तुम उसे अपने बस में नहीं कर सकतीं।'' बस अब संदीप जान गया है कि मेरे सामने उसकी औक़ात क्या है, तभी तो इतना उछल रहा है, उसे मेरी ताक़त का अदांज़ा हो गया है, आज कितने दिनों बाद उससे एक सीढ़ी ऊपर खड़ी हुई हूँ, जिस दिन मैंने संदीप को रुपए चुरा के दिए थे उस दिन हमारे अन्दर का सोता सूख गया था, मैं अपनी ही नज़रों में कानी कौड़ी की तरह हो गई थी, इसलिए अब मुहब्बत-भरी चितवन की जगह क़लह और पस्ती ही बची है।

संदीप की आँखें भरी दुपहरी की तरह जलने लगीं। उसकी आँखें ऐसे मचल रही थीं कि मानो मुझे दबोच ही लेगा। मैं किसी तरह ठेलकर खड़ी हुई और अन्दर के लिए चली तो वो मुझे पकड़ने के लिए लपका।'कहाँ चली रानी?' कि तभी जूतों की आवाज़ आई और मेरे शौहर अन्दर दाख़िल हुए। फ़ौरन संदीप बोला,''निखिल तुम्हारी किताबों में Browning नहीं है क्या? मैं मक्खी को College Club के क़िस्से सुना रहा था।''

She should never have looked at me
If she meant I should not love her
There are plenty...men you call such
I suppose...she may discover

All her souls to if she pleases
And yet leave much as she found them.
But I am not so, and she knew it,

''याद है तुम्हें।''

मेरे पति ने कहा, ''संदीप मैं तुम्हें ख़बरदार करने आया हूँ, सँभल के रहना।''

''किससे, शायरी के नाज़ुक असरात से।''

''ये मज़ाक का वक़्त नहीं है, ढाका से मुसलमान मौलवी इधर आ रहे हैं, वो इलाक़े के मुसलमानों को भड़का रहे हैं, तुमसे भी उन्हें काफ़ी नाराज़गी है, हो सकता है तुम्हें नुक़सान पहुँचाने की कोशिश करें।''

''भागने का मश्विरा दे रहे हो।''

''नहीं, तुम्हें चेताने आया था।''

''निखिल अगर मैं यहाँ का ज़मींदार होता तो मेरे बजाय मुसलमान परेशान होते, मुझे डराने के बजाय अगर तुम उन्हें धमकाते तो हम दोनों के लिए अच्छा होता। तुम्हारी बुज़दिली आसपास के ज़मींदारों को कमज़ोर कर रही है।''

''संदीप मैंने तुम्हें इत्तेला दी है, मश्विरा नहीं। तुम भी मुझे कोई राय मत दो और हाँ, पिछले कुछ दिनों से तुम और तुम्हारा गिरोह मेरी प्रजा को सता रहे हो, ये और बर्दाश्त नहीं किया जाएगा। तुम ये इलाक़ा छोड़ कर चले जाओ।''

''क्या मुसलमानों के अलावा मेरे यहाँ रहने से किसी और बात का भी डर है।''

''मुझे जिस बात का अंदेशा है उससे न डरना बुज़दिली होगी। पाँच दिन बाद मुझे कलकत्ता जाना है, तुम भी मेरे साथ चलना। वहाँ मेरे मकान में तुम्हें कोई तकलीफ़ नहीं होगी।''

संदीप बोला, ''रानी मक्खी, पाँच दिन का वक़्त मिला है। फिर तुम्हारे छत्ते से विदा लूँगा, तब तक कुछ गाना-वाना गा लूँ,'' ये कहकर उसने बेसुरी आवाज़ में गाना शुरू किया। उसकी हिम्मत की तो कोई हद नहीं है। उसे रोकना मुश्किल है। पत्थर की तरह कड़ा और आम की तरह नंगा। क्या बादल की गरज और बिजली की चमक किसी के रोके रुकी है?

निखिल की कहानी

पता चल गया है कि संदीप का गिरोह ही इलाक़े में दंगे करता रहा है अगर मैं मुतमइन होता तो बेहिचक उससे कह देना, ''संदीप यहाँ से भाग जाओ'' मगर अब मेरा रास्ता काँटों से घिर गया है। अगर उसे जाने को कहता हूँ तो मुझे शर्म आती है, उसके साथ

मेरी ज़िन्दगी का एक और बाब जो जुड़ गया है। अपने अजीब मिज़ाज की वजह से मैं ठगा गया, लेकिन बाहर की चीज़ बचाते-बचाते अन्दर से कैसे ठगा गया। संदीप सच में अल्फाज़ और तख़य्युल का जादूगर है, उसका काम है सब को वरग़लाना और ख़ुद भी धोका खाना। पर कुछ भी हो जाए, मैं इस मुल्क में इस फ़रेब को नहीं फैलने दूँगा।

ढाका से तब्लीग़ी मौलाना आने लगे हैं, पहले यहाँ के मुसलमान भी गऊकशी को गुनाह मानते थे लेकिन इधर कुछ दिनों से गऊकशी की ख़बरें भी आने लगी हैं। मुसलमान प्रजा ने ही मुझे बताया है। लेकिन अब लगता है कि इस आँधी को रोक पाना मुश्किल है, ज़ोर-जबर्दस्ती का उल्टा असर पड़ेगा। मैंने हिन्दुओं को समझाया, ''आप अपने मज़हब पे चलिए लेकिन दूसरों को मत रोकिए टोकिए। मेरे वैष्णव हो जाने से क्या जो शाक्य हिन्दू हैं वो जानवरों की क़ुर्बानी बन्द कर देंगे। और कोई तदबीर नहीं है, हमें मुसलमानों के मज़हब में मुदाख़लत छोड़नी होगी। आप लोग अमन बनाए रखें, बस।''

''हुज़ूर आज से पहले गऊकशी नहीं हुई, अब क्यूँ होने लगी।''

''अगर होती है तो लड़ाई-झगड़े से उसे नहीं रोक सकते, हमें प्यार से मामले को सुलझाना होगा।''

''जी नहीं, लातों के भूत बातों से नहीं मानते।''

''पर ऐसा करने से क़त्ले-आम का अंदेशा है।''

अख़बारों में रोज़ मेरे ख़िलाफ़ बयान आ रहे हैं, जी में आता है उन्हें बताऊँ कि मैंने स्वदेसी के लिए क्या-क्या नहीं किया। उस वक़्त तो बंदे मातरम का पता तक न था। ये वतनपरस्त भी इक्का-दुक्का दिखते थे। अब तो मानो बाढ़-सी आ गई है।

हमारी चकुआ वाली कचहरी में डाका पड़ा है। आधी रात को हमला हुआ। वहाँ साढ़े सात हज़ार रुपए थे मगर डाकुओं ने सिर्फ़ हज़ार रुपए लिये। पुलिस को वहाँ के चौकीदार क़ासिम सरदार पे शक है, मगर मुझे उसकी ईमानदारी पे पूरा भरोसा है।

उधर मँझली भाभी परेशान हैं कि उनके प्रणमी के रुपए न ग़ुम हो जाएँ। मास्टरजी कहते हैं कि अब हमारी ख़ैर नहीं, हमने मुल्क की जगह मज़हब को बिठा दिया है।

सारा दिन छानबीन में बीता, सोचा कि भाभी के रुपए कल सुबह संदूक से निकालूँगा, रात को अचानक नींद टूटी, जाने कैसी घबराहट हो रही थी। बरामदे में आया तो देखा बिमला मुँह के बल ज़मीन पर पड़ी थी। क्या लिखूँ? उस वक़्त की तड़प को वही जान सकता है जो सबके दिलों में बैठा है। सोचा लौट जाऊँ पर जा न सका। बिमला के सर पर हाथ फिराने लगा, पहले तो उसका जिस्म काठ की तरह सख़्त हो गया लेकिन फिर वो बिलक-बिलक के रोने लगी। जाने ऊपर वाला एक ही सीने में इतनी रुलाई कैसे भर देता है।

बिमला ने हाथ बढ़ा कर मेरे दोनों पाँव खींच लिये और उन्हें अपने सीने से चिपका लिया। ऐसा लगता था कि अन्दर का तूफ़ान बाहर आना चाहता है जिसे वो अपनी जान लगा के रोके हुए थी।

बिमला की कहानी

आज सुबह अमूल्य को लौटना था। बेचैनी और घबराहट छाई हुई है कि कहीं उसे कुछ हो न जाए। बैठक में जाने लगी तो संदीप बाबू वहाँ दाख़िल हो गए। मैंने कहा—

''मेहरबानी करके आप यहाँ से चले जाइए।''

''रानी मक्खी मैं किसी भीड़ का हिस्सा नहीं, लाखों में भी मुझ-सा नहीं मिलेगा।''

''आप फिर कभी आइएगा, मैं इस वक़्त..''

''अमूल्य का इन्तज़ार कर रही हैं...'' कहकर संदीप ने अपने कपड़ों से गहने का संदूक़चा निकाला और मेज़ पे रख दिया।

कि तभी अमूल्य अन्दर आ गया, बाल बिखरे हुए—चेहरे पे दहशत, एक दिन में उसकी जवानी मुरझा गई थी। आते ही संदीप से बोला—

''क्या आपने मेरे संदूक से गहने निकाले?''

''क्या वो गहने तुम्हारे थे?''

अमूल्य मुझसे मुख़ातिब हो कर कहने लगा—

''मैं चाहता था कि वो गहने तुम्हें अपने हाथों से लौटाऊँ मगर संदीप बाबू ने पहले ही...।''

''छोड़ो भी, गहने की बात जाने दो।''

''वो गहने मुझे रानी मक्खी ने दिए।''

''नहीं कभी नहीं, वो गहने दीदी के ही पास रहेंगे।''

''भाई जिसे वो गहने प्यारे हैं उसे इन्हें ले जाने दो।''

''रानी मक्खी, मैं ये गहने लेने नहीं, देने आया था, ये रखो और इस बच्चे से तुम निपटो,'' कह के वो चले गए।

उनके जाते ही अमूल्य ने पैसे निकाले और कहा,

''दीदी ये...। हज़ार रुपए रख लो।''

''तुम्हें कहाँ से मिले मैं तो तुम्हारे लिए संदीप बाबू से...। कहीं ये चोरी के हैं? मैं तो उसके लिए संदीप से भी ज़्यादा मुज़िर साबित हुई।''

''उनका नाम मत लो दीदी, तुम्हारे चलते ही उनको पहचान पाया हूँ कि मोहरें भी रखना चाहता था और गहने भी, वो तो मैंने उससे दो टूक बात की तो वो संदूक ले के यहाँ आया, उसका जादू मेरे सर से उतर गया है।''

मैंने कहा,''तुम ये रुपए वापस रख आओ।''

''कहाँ?''

''जहाँ से लिए हैं।''

''ठीक है दीदी, शाम को आके तुम्हारा आशीर्वाद लूँगा...''

वो निकला तो जी धक-धक करने लगा। दरबान को उसे बुलाने भेजा तो संदीप बाबू अन्दर आ गए।

''देखा रानी मक्खी, मैं जानता था तुम मुझे ज़रूर बुलाओगी, दरबान को देखते ही मैंने कहा, हाँ-हाँ चलो मैं आता हूँ। इस दुनिया में तुम ही हो जो मुझे उँगलियों पे नचा सकती हो, बताओ भाई क्या करना है मेरा।''

संदीप को अपनी शिकस्त का कुछ एहसास हो चला है, शायद इसीलिए वो अनाप शनाप बक रहा है। अब मैं जीत हासिल करके ही रहूँगी। मैंने कहा, ''आप इतनी ऊटपटाँग बातें कैसे कर लेते हैं? क्या घर से तैयारी करके आते हैं?'' एक लहज़े के लिए वो तमतमा गया, ''दास्तानगो जब चाहते हैं पत्ते खोल के लम्बी-लम्बी दास्तानें सुनाने लगते हैं, क्या आपके पास भी ऐसी कोई पोथी है?''

वो दाँत पीस के बोला—

''औरतों के छल-कपट की कोई हद नहीं, सिंगार, गहने, दर्ज़ी पर...सब...।''

''जाइए पोथी से पढ़ कर आइए। बिना तैयारी के बोलने से कैसी गड़बड़ हो जाती है, सब उलट-पुलट जाता है...''

''तुम मेरी बेइज्ज़ती करोगी, ऐसी हिमाक़त। मैं तुम्हारी असलियत से वाफिक़ नहीं क्या?''

वो जितना बक रहा था, मुझे उतनी ही ख़ुशी मिल रही थी। ऐसा लग रहा था कि किसी ने कूड़े के ढेर से रेशमी गिलाफ़ हटा के उसे बेलिबास कर दिया हो। मैं उसके मोहपाश से आज़ाद हो गई। अब चाहे मेरी बेइज़्ज़ती करो। वो सच हैं। अगर मेरी तारीफ़ करोगे तो झूठ होगा।

हम ऐसे ही खड़े थे कि अचानक वो अन्दर आ गए और आते ही बोले, ''संदीप मैं कल कलकत्ता जा रहा हूँ, मेरे साथ चलो।''

''मैं क्या तुम्हारा साया हूँ।''

''अच्छा भई, तुम आगे चलना, मैं तुम्हारा साया रहूँगा।''

''मैं नहीं जाऊँगा।''

''शायद जबरन ले जाना पड़े।''

''ज़बर्दस्ती करोगे।''

''करनी पड़ेगी।''

''ठीक है चला जाता हूँ, पर दुनिया में तुम्हारी ज़मींदारी और कलकत्ता के अलावा बहुत से ठिकाने हैं...''

''तुम्हारी करतूतें देख के तो यही लगता है कि मेरी ज़मींदारी के अलावा दुनिया में कोई जगह नहीं बची है...।''

अचानक संदीप खड़ा हो गया और बोला—

''कभी-कभी ऐसा भी होता है कि आदमी की पूरी दुनिया एक छोटी-सी जगह पे आ के सिमट जाती है...रानी मक्खी तुम्हारी इस बैठक ने भी मुझपे यही असर किया है। मुझे कोई नहीं समझ सकता, शायद तुम भी नहीं। मैं तुम्हारी ही परस्तिश करता हूँ, तुम्हारे नग़मे गाता हुआ यहाँ से लौट जाऊँगा। तुम्हें देखने के बाद वंदे मातरम वंदे प्रियाम और वंदे मोहिनीम हो गया है। माँ हिफ़ाज़त करती है मगर महबूबा सिर्फ़ तबाही मचाती है। प्रिये तुमने बहिश्त, मज़हब, दीन, हक़ सब को पस्त कर दिया है, सच ये है कि मैं तुम्हारी परस्तिश करता हूँ। तुम्हारे लिए मेरी अक़ीदत मेरे लिए क़यामत की आग बन गई। मैं भला नहीं, दहरिया हूँ, मुलहिद हूँ। मुझे इस दुनिया में किसी पर भरोसा नहीं, मेरा ईमान बस तुम हो...।''

ताज्जुब, ताज्जुब। कुछ देर पहले तक मैं जिससे नफ़रत कर रही थी। सोच रही थी कि जिस आदमी को मैंने राजा समझा था वो तो नाटक का नक़ली राजा है लेकिन नहीं, कभी-कभी नाटकीय लिबास में भी असली राजा छिपा रहता है। जो राख हो गया या उसमें से चिंगारियाँ निकलने लगीं।

''देवी, तुमसे दूर जाने की घड़ी आ गई है, जिस काम के लिए आया था, वो तो हो ही गया है, अगर अब एक पल भी रुका तो सब बर्बाद हो जाएगा। दुनिया में जो सबसे अज़ीमतर है उसे लालच की ख़ातिर छोटा नहीं कर सकते...।''

ये रात उस दर्द का शजर है,
जो मुझसे तुमसे अज़ीमतर है।
अज़ीमतर है कि...

''देवी, आज तुम आज़ाद हुई, मेरे मिट्टी के बने मन्दिर में तुम कैसे समातीं, वो तो गिर ही जाता। तुम से दूर जाकर ही हक़ीक़त में तुम्हें पा सकूँगा, यहाँ तुमने सहारा दिया था। वहाँ तुम्हें हासिल करूँगा।''

ये कहकर संदीप चला गया...।

घर के अन्दर गई तो हर लहज़े अमूल्य का डर सताता रहा। कहीं किसी मुसीबत में न पड़ जाए। कैसी बहन हूँ कि भाई को इस ख़तरे में धकेल दिया, चारों तरफ़ अजीब तरह की बातें फैल रही है...। पुलिस की आवाजाही हर तरफ़ लगी हुई है, नौकर चाकर, चोरी-डकैती के डर से घबरा रहे हैं। नौकरानियाँ मेरे पास अपना क़ीमती सामान रख रही हैं, जब मेरे ही कमरे से संदूक़ की मोहरें ग़ायब मिलेंगी तो ये लोग...अंदेशों, वसवसों से घिरी हुई, एक बार तो मैंने अमूल्य की पिस्तौल कनपटी से लगा ली कि तभी ठाकुरघर से आरती का घंटा बजा, रात हुई तो बाहर बरामदे में सेमल के पेड़ के नीचे जा के बैठ गई। ऐसा लगता था कि तारे भी मुझ से सहमे खड़े हैं, सोचती हूँ ख़ुदकुशी कर लूँ लेकिन इससे तो जान ही जाएगी। दिल फिर भी जिन्दा रहेगा, जो भी क़र्ज चुका है, वो तो जिन्दा रह के ही चुकाना, कहीं मुँह के बल लेट कर रोने लगीं। क्या मेरे लिए ज़रा-सा रहम, ज़रा-सी तरस, ज़रा-सी शफ़क़त नहीं बची तभी पाँव की आहट

सुनाई दी। लगा कि कोई आ रहा है, कौन... ? मेरे पति हैं मैंने उनके पाँव को ज़ोर से पकड़ लिया, अगर उस वक़्त सब कुछ खोल कर कह देती तो ठीक था...लेकिन ऐसे में क्या मुँह से बोल फूटते हैं, क्या नौ बरस पहले की शहनाई फिर दोबारा नहीं सुनाई देगी। देवता नई तख़लीक़ तो करते हैं...। क्या टूटे हुए दिल को जोड़ पाना उन के लिए मुमकिन है।

निखिल की कहानी

रात साढ़े ग्यारह बजे हम कलकत्ता निकल रहे हैं। मेरी बहन समान बेवा भाभी भी साथ जाएगी। संदूक़ से 6 हज़ार रुपया ग़ायब हुआ, फिर बिमला बोली कि उसने निकाले थे, ख़र्च कर दिए—कहाँ ख़र्च कर लिए इतने क्या ? नहा के निकला तो बाहर से बुलावा आ गया कि दरोग़ा जी बैठे हैं—

बैठक में आया तो दरोग़ा के साथ अमूल्य को देख कर चौंक गया। दरोग़ा ने कहा, पहले तो चोर पकड़ने में मसरूफ़ था, अब चोरी के रुपए भी ले आया हूँ—ये कहाँ से मिले—अमूल्य बाबू के पास थे, इनका कहना है कि इन्हें झाड़ी मे पड़े मिले। साफ़ है कि ये झूठ बोल रहे हैं, चोर का नाम बताना नहीं चाहते, सुबह से इनसे ही माथा खपा रहा हूँ।

मैंने कहा—''दरोग़ा जी, क्यूँ भले घर के लड़के को परेशान कर रहे हैं। मैं तो इनके बाप को भी जानता हूँ। दरअसल वंदे मातरम गिरोह में से किसी ने पैसे चुराए हैं और ये उसका नाम छिपा रहे हैं...।''

ख़ैर दरोग़ा जी को किसी तरह विदा किया और अमूल्य से पूछा तो उसने अजीब-सी कहानी कही कि उसने अकेले ये काम किया था, ''तो तुमने ऐसा क्यूँ किया ?''

''एक ख़ास बात थी,''

''तौ लौटाने क्यूँ आए ?''

''पहले रानी दीदी को बुलवाइए।''

विमला आई, इतनी सादगी में भी साहिबा की तरह लग रही थी। पैर में चप्पल तक न थी। लग रहा था कि सुबह के चाँद ने ख़ुद को सुबह की रोशनी में छिपा दिया। अमूल्य ने बिमला के पैर छू कर कहा—''दीदी मैंने हुक्म की तामील की, पैसे लौटा दिए...''

''भइया तुमने मेरी इज्ज़त मिट्टी होने से बचा ली।''

मुझे लगा मेरा काम ख़त्म हुआ, मन ही मन सोचा मैं तो कहता रह गया पर किसी ने न सुनी, मेरा पुतला जलाया गया, मुझसे तो एक आदमी भी सुधारा या वापस नहीं लाया गया लेकिन करने वाली ने एक इशारे से इसे कर दिखाया। हममें तपिश नहीं, हम तो अंगारे हैं। हम तो बुझ चुके हैं।

छः हज़ार की डकैती और संदूक़ के रुपए में कोई तालमेल ज़रूर है, ये तो मैं अच्छी तरह जान गया था, मगर ये ताल्लुक़ कैसा था, ये मुझे नहीं जानना।

अब मुझे लगता है कि मैं बिमला पे ज़ुल्म ढा रहा था। मैं अपने और बिमला के ताल्लुक़ात को एक साँचे में ढाल रहा था मगर ज़िन्दगी भी कोई साँचे में ढालने की चीज़ है? मेरे इस रवैये की वजह से ज़िन्दगी में ख़ालीपन-सा आ गया। इसे मैं पहले नहीं समझ पाया। बिमला जो ख़ुद थी वो उभर कर सामने नहीं आ सकी। उसे ये छोटी-सी रक़म भी चोरी करनी पड़ी। उसने मुझे अपने से अलग समझा।

क्या सब कुछ नए सिरे शुरू नहीं हो सकता? अब मैं उसे किसी बंधन से नहीं बाँधूँगा, सिर्फ़ प्रेम की बाँसुरी बजा के कहूँगा, "मुझे प्रेम करो, इस प्रेम के ख़ालिस आसमान में तुम जो भी हो, काफ़ी हो...आवाज़-सी हुई, मुड़ के देखा दरवाज़े पे बिमला खड़ी थी, मैं उसे हाथ पकड़ के अन्दर ले आया। वो फ़र्श पर बैठ गई और तकिए में मुँह गड़ा के रोने लगी। मैं बिना कुछ कहे उसका हाथ पकड़ के बैठा रहा। उसका रोना थमा तो मैंने उसको बाँहों में लेना चाहा लेकिन वो मेरे घुटनों पर अपना माथा पटकने लगी। मैंने पाँव हटाए तो वो बोली, "न, पाँव मत हटाओ, मुझे पूजने दो..."

मैं उसकी पूजा में कैसे दख़ल दे सकता था। उसकी पूजा और उसका देवता, दोनों सच्चे थे और फिर मैं देवता भी तो नहीं था।

बिमला की कहानी

कलकत्ता निकलने के लिए सामान तक़रीबन बँध चुका था कि ख़बर आई, संदीप बाबू आए हैं। वो इसरार करके मुझे साथ ले गए। बैठक में संदीप एक तस्वीर निहार रहा था, देखते ही बोला—"तुम भी हैरान होगे कि मैं कैसे लौट आया।" ये कह कर उसने पोटली से मोहरें निकाल कर मेज़ पे रख दीं और बोला, "निखिल ये मत सोचना कि मैं ज़िन्दगी को त्याग कर साधु हो गया हूँ, जज़्बाती हो कर पैसे लौटाने वाला मैं नहीं हूँ लेकिन...रानी मक्खी कुछ दिनों से मेरी ज़िन्दगी में यही लेकिन आ गया है। लगातार तीन दिनों से इस लेकिन से जूझ रहा हूँ। आख़िरकार मैंने पाया कि यह तुम्हें सौंप कर ही मैं निखिल हो सकता हूँ, कह कर उसने गहनों का संदूक़ भी मेज़ पर रख दिया..."मेरे पास वक़्त नहीं है, मुसलमानों का एक गिरोह मुझे क़ब्रिस्तान पहुँचाने को तैयार है पर मैं अभी ज़िन्दा हूँ, ज़िन्दगी रही तो फ़ुरसत से बात करेंगे...।

ये कह के वो ये जा और वो जा...

उन्होंने कहा, बिमला जल्दी करो, तभी मास्टर जी कमरे में दाख़िल हुए...। "निखिल, जल्दी करो, मुसलमानों ने हरीश कुंडु की कचहरी लूट ली...।"

"मैं भी चलता हूँ।"

मैंने हाथ पकड़ लिया, "मास्टरजी इन्हें जाने से रोकिए," वो बोले, "अब रुकने का वक़्त नहीं है।"

"घबराओ मत बिमला, मुझे कुछ नहीं होगा।"

कुछ देर में मंझली भाभी भागती हुई आईं और बोलीं, "अभागी ये क्या किया, देवर जी को जाने से रोका क्यूँ नहीं?"

फिर दरबान से बोलीं—"दीवान जी को जल्दी बुला ला।"

दीवान जी से कहा गया कि वो घुड़सवार भेज के उन्हें वापिस बुला लाएँ, उनके जाने के बाद वो मुझे गालियाँ देने लगीं, "कलमुँही इससे तो अच्छा था कि आप मर जाती, मेरे भाई को मौत के मुँह में भेज दिया..."

दिन बीत गया, मन्दिर से घंटे की आवाज़ आने लगी। मंझली रानी सुबह से देवता के सामने हाथ जोड़े बैठी थी पर मैं तो जैसे रास्ते की खिड़की से हट नहीं पा रही थी। अँधेरे में हर चीज़ कितने-कितने रूप बदल के आती है, कभी कुछ नज़र आता था तो अँधेरे की चादर उसे ढक लेती थी।

बार-बार यही ख़्याल आता था कि मेरे मरने पर ही इस घर की तकलीफ़ें दूर होंगी, तभी अमूल्य की पिस्तौल याद आई, पर इस खिड़की से पाँव हटने को राज़ी नहीं थे।

देर रात गए घंटाघर की घड़ी ने दस बजाय, दूर से ही लोगों की आवाज़ सुनाई दी। दरबान जी फाटक की तरफ़ दौड़े और पूछा, "घंटाघर क्या ख़बर है...।"

"ख़बर तो कुछ अच्छी नहीं है," फिर कुछ सुनाई नहीं दिया। फिर एक पालकी दरवाज़े से दाख़िल हुई। डॉ माथुर भी थे। दीवान जी ने पूछा—

"डॉक्टर साहब आप क्या कहते हैं?"

डॉक्टर ने कहा, "अभी कुछ कह नहीं सकते क्योंकि सर की चोट बहुत गहरी है।"

"और अमूल्य बाबू?"

"उनकी तो सीने पे गोली थी, वो तो गोली लगते ही ख़त्म हो गए।"

बंदे मातरम...।

दास्ताने-चौबोली

करूँ पहले तौहीदे-यज़्दां रक़म
झुका जिसके सजदे में अव्वल क़लम
सरे-लौह पर रख बयाज़े-जबीं
कहा दूसरा कोई तुझ-सा नहीं
सभों का वही दीन-ओ-ईमान है
ये दिल है तमाम और वही जान है
किसी से बरावे न कुछ कामे जाँ
जो वो मेहरबाँ हो तो कुल मेहरबाँ
अगरचे यहाँ क्या है और क्या नहीं
पर उस बिन तो कोई किसी का नहीं
क़लम गो ज़बां अपनी लावें हज़ार
लिखे किस तरह हम्द-ए-परवरदिगार
कि आजिज़ हैं याँ, अम्बियाँ की ज़बाँ
ज़बाने क़लम को ये क़ुदरत कहाँ
वो माबूद यक्ताँ ख़ुदाय जहाँ
जिसने किया कुन में कौनों-मकां
दिया अक़्लो-इदराक़ उसने हमें
किया ख़ाक से पाक उसने हमें

तो हाज़रीन गुलगुना कशाने आरिज़े शाहिदे बयान कुछ इस तरह फ़रमाते हैं कि भगवान राम की कृपा बनी रहे ताकि चौबोली की ये दास्तान बारम्बार सुनाई जाती रहे और हर युग और हर ख़ित्ते और हर क़ौम और हर ज़मान-ओ-मकान और हर आसमान तले इस दास्तान को सुनने वाले और सुनाने वाले पैदा होते रहें।

तो दास्तान शुरू होती है राजस्थान के एक बहुत बड़े ठिकाणे के एक बहुत बड़े ठाकुर से, जिनकी अपने ठिकाणे पे बहुत बड़ी हुकूमत थी। ठाकुर सां अपने ज़माने के बहुत बड़े तीरंदाज़, निशानेबाज़, योद्धा, पराक्रमी मशहूर थे और जाड़ा गर्मी बरसात

बिला नागा अपनी तीरंदाज़ी की मश्क करते थे और वो किस तरह ? के हर सुबह नहा-धोकर अपनी बीवी का हाथ पकड़ कर ठकुराइन को ले जाते छत पर खड़ा करते थे फिर 108 क़दम दूर गिन कर जाते थे और कमान से तीर जो छोड़ते थे तो तीर ज़न-ज़न, दन-दन करता हुआ ठकुराइन की नथ के आर-पार निकल जाते थे। एक दो नहीं पूरे 108 तीर ज़न-ज़न, दन-दन ठकुराइन की नथ के आर-पार निकलते। हर तीर के साथ ठकुराइन मौत को आते और गुज़रते, आते और गुज़रते देखा करती।

तो साहब डर और चिन्ता, ग़म और परेशानी सब अनाजों पे भारी है। ठकुराइन बेचारी दिन-ब-दिन घुलती जाती, गोरा रंग झुलस के काला पड़ गया। दाना-पानी जिस्म को लगना बन्द हो गया। हर वक़्त ज़न-ज़न, दन-दन तीरों की आवाज़ कानों में गूँजती रहती के

हमें क्या बुरा था मरना अगर एक बार होता।

लेकिन ये रोज़ का 108 बार मरना कौन बरदाश्त कर सकता था भला!

ऐसा नहीं कि ठकुराइन सा ने ठाकुर सां से अपनी बात कही नहीं। ठाकुर सां का क़द इतना बुलंद-ओ-बाला था कि ठकुराइन को बात उनके कान तक पहुँच ही नहीं पाती थी। अच्छा एक आध बार अगर उनके कान तक बात पहुँच भी जाती तो कहते, क्या बात कर रही हो। तुम्हारे कहने पे रोज़ की मश्क छोड़ दूँ। अरे वो आदमी ही क्या जो बीवी के कहने पे चले। वो मर्द नहीं वो मयों के बैंगन का भर्ता है। इस पर ठकुराइन कहतीं, सच है मैं आपकी रोज़ की मश्क के क़ाबिल नहीं। उस पर वो चमक कर कहते,

हम इत्ते बड़े ठिकाणे के ठाकुर हैं और तुम हमारी ठकुराइन हो तो तुम अदना कैसे हो सकती हो। और ये कहकर ज़ोर से ठहाका लगाते और देर तक अपनी ही ख़ुशी की आवाज़ सुनकर हँसते रहते।

सच है ठकुराइन ने ठाकुर सां के साथ अग्नि के सात फेरे जो लगा लिये थे अब ज़िन्दगी-भर अपने शौहर का हुक्म मानना उसकी ज़िन्दगी हो गई थी।

पर साहब, एक दिन ये हुआ कि ठिकाणे के मैनेजर की भतीजी ठकुराइन से मुलाक़ात करने आई। अब जो उसने ठकुराइन सां का ये चेहरा कुम्हलाया हुआ देखा तो कहने लगी,

जीजी तुम्हारा ये रंग कैसे काला हो गया। दुबली हो गई, आख़िर कुछ तो मुँह से फूटो। ठकुराइन सां ने कुछ देर उसकी बात को नज़रअंदाज़ किया। पर भतीजी का इसरार बरक़रार रहा। तो ठकुराइन सां ने अपनी नथ से 108 तीर निकलने की सारी रूदाद उस भतीजी को बयान की। अब जो भतीजी ने तीर निकलने वाली बात सुनी तो चमक के बोली,

जीजी अगर मेरा शौहर मेरी नथ से 108 बार तीर निकाले तो मैं तो उसे घोड़े का चारा खिलवाऊँ, अपने पैर का धोवन पानी पिलवाऊँ और उसकी मुश्कें कसवा कर उस पे सवारी कर मसहरी के इर्द-गिर्द सात चक्कर लगवाऊँ।

अजी ये बात ठकुराइन सां के दिल में तीर की तरह जाकर लगी। पर साहब उनकी क्या मजाल कि ठाकुर सां के सामने ये बात कहे। उनकी क़िस्मत में तो अब यही है कि घूँघट काढ़ के चुपचाप अपने शौहर के पीछे चले।

एक दिन हुआ यूँ कि पूस का महीना था, जाड़े की कड़कड़ाती ठंड थी और पूर्णिमा का चाँद अपने पूरे आब-ओ-ताब के साथ जलवागर था। ठाकुर सां अपने रंगमहल में दाख़िल हुए, निखरी-निखरी चाँदनी देख के उनके दिल में ये मासूम-सा ख़्याल कौंधा कि हाय इस चाँदनी रात में नथ से तीर निकाले जाएँ तो क्या ही अच्छा हो। ख़्याल आ ही गया था तो ठहरना कैसा। लपक के नीचे गए और ठकुराइन से अपने दिल की मंशा ज़ाहिर की, वो अपने लिहाफ़ में दुबकी हुई थी और अन्दर दुबक गई। कहने लगे कि तुम क्या बात कर रही हो, एहतजाज दिखा रही हो। ठकुराइन के दिल में ख़्याल आया कि माना कि दिन की रोशनी में कभी इनका निशाना नहीं चूका पर अभी तो रात है न, भले ही वो चाँदनी रात हो पर है तो रात ही न। और चाँदनी रात क्या इसलिए होती है कि नथ से तीर निकाले जाएँ। चाँदनी रात होती है कि दिल-दिल से गुफ़्तगु करे, नज़रें नज़रों का शिकार करें और ये मरदुआ चाँदनी रात में नथ से तीर निकालना चाह रहा था। अब उनसे रहा न गया, बमक के बोली, मेरी मानो तो तुम अपना निशाना रोज़ चूक जाते हो, जिस दिन तुम्हारा तीर मेरे जिगर के पार होवे तो अपनी मंज़िल को पहुँचे।

पर हमेशा की तरह ठकुराइन का ये व्यंग्य-बाण ठाकुर के सर के ऊपर से निकल गया। कहने लगे : क्या बात कर रही हो, एक राजपूतानी होके ख़ौफ़ दिखा रही हो, ठाकुर की ठकुराइन होके। चलो उठो। लपक के उसे छत पे ले गए वहाँ पे उसे खड़ा किया, अपने निशान पे गए और तीर जो छोड़ा तो ...

ज़न करके आर-पार हो गया। एक नहीं दो नहीं 108 तीर उस चाँदनी रात में ठाकुर सां ने ठकुराइन की नथ से आर-पार किए। आसमान में सितारे और चाँद ठकुराइन की बदक़िस्मती का मज़ाक उड़ा रहे और कह रहे कि कैसी बदबख़्त औरत है, इसकी समझ में नहीं आ रहा कि कितना बड़ा योद्धा शूरवीर उसका शौहर है।

पर साहब दिल का बोझ कौन कितने दिन तक अपने सीने पर रख सकता है। आख़िर एक दिन तो उसको हल्का करना ही होता है। एक दिन ठकुराइन सां से रहा न गया, जैसे ही ठाकुर सां आए, उसने कहा अजी सुनो वो ठिकाणे के मैनेजर की भतीजी आई थी, कह रही थी कि कोई मेरी नथ से 108 तीर निकाले तो मैं अपने शौहर को घोड़े का चारा खिलवाऊँ, अपने पैरों के धोवन का पानी पिलवाऊँ और मुश्कें कसवाकर मसहरी के सात फेरे लगवाऊँ, मैं नहीं वो कह रही थी।

अब जो ठाकुर सां ने सुना कि कोई उनकी इतनी मासूम हरकत को इतना बुरा मान सकता है, फौरन वो बिस्तर से नीचे उतरे और कहने लगे, कहाँ है वो बदक़म्माश औरत, अभी जाएँगे और उससे ब्याह करेंगे और उसकी नथ से 1008 तीर अभी निकालेंगे। अब साहब दिल में बात आ गई तो देर किस बात की, फ़ौरन उन्होंने मरक़ब

बुलवाया उस पर सवार हुए, टग-बग, टग-बग सीधे सेठजी की कोठी पर पहुँचे, सेठजी को मालूम हुआ कि आधी रात गए ख़ुद ठाकुर सां ठिकाणे के मालिक उनके दरवाज़े पे आए हैं, पत्ते की तरह लरज़ते हुए बाहर आए, और कहने लगे : हुज़ूर क्या ग़ुस्ताख़ी हुई। ठाकुर सां ने पहले कुछ जवाब न दिया, ग़ुस्से में इधर-उधर चहलक़दमी करते रहे। एक मुसाहिब ने सेठजी के कंधे पर हाथ रखा, किनारे ले गया और सारी रूदाद भतीजी की बयां की। सेठजी का चेहरा तो फ़क़ हो गया। फ़ौरन भतीजी को तलब किया और कहा अरे बावली हो गई है बड़े लोगन के यहाँ जाकर ऐसे ऊल-जूलूल तरह की बात करती है। अच्छा भतीजी भी कमाल, कहने लगी : सच ही तो है, इसमें ग़लत क्या है। आप मेरा ब्याह इनसे अभी करवा दीजिए, मैं अपनी बात अभी सच करके दिखा दूँ।

अजी साहब वो मैनेजर हाथ जोड़ के माफ़ी माँगता रह गया। पूरे ख़ानदान ने हाथ जोड़ के माफ़ी माँगी। पर जो बड़े लोग हैं वो छोटे लोगों की ग़लतियों को माफ़ कर दें ऐसी दुनिया तो ऊपर वाले ने बनाई नहीं। अब साहब जब मैनेजर को कुछ न सूझा तो उसने कहा अन्नदाता इसके घरवाले तीरथ-यात्रा को गए हैं, दो-तीन दिन में आ जाएँगे उनसे पूछकर आपको बता दूँगा। अरे साहब ठाकुर सां तो ये सुनकर लाल-पीले हो गए, कहने लगे :

क्या बात कर रहे हो, बताओ कि हम तुम्हारे क्या लगते हैं। जी माई-बाप, हम इस रियासत के क्या लगते हैं, जी आप इसके माई-बाप लगते हैं, हम इस लड़की के क्या लगते हैं, जी आप इसके माई-बाप लगते हैं। अरे जब हम इसके बाप होते हुए ये कह रहे हैं कि इससे हमारी शादी करवा दो तो तुम बीच में बोलने वाले कौन होते हो।

साहब पंडित बुलवाया गया, उसी वक़्त फेरे पूरे हुए, जैसे ही फेरे ख़त्म हुए, ठाकुर सां ने अपनी नई-नवेली दुल्हन को घोड़े पर बिठाया और निकले। चाँदनी रात ख़त्म होने में थोड़ी ही देर बाक़ी थी, बेचारे चाँदनी रात को ज़ाया नहीं करना चाहते थे, उसे लेके आए अपने रंगमहल में खड़ा किया और कहने लगे कि अब मैं तेरी नथ से 208 तीर निकाल कर दिखाऊँगा।

उस पर उनकी नई-नवेली दुल्हन खिल-खिलाकर हँसी और कहने लगी क्या बात कर रहे हो, तुम यहाँ आकर खड़े हो जाओ मैं तुम्हारी नथ से 1008 तीर निकाल के दिखा दूँगी।

ठाकुर सां ने बगलें झाँकी, दाएँ देखा-बाएँ देखा, उनकी समझ में नहीं आया कि उनकी इतनी बड़ी मश्क, उनकी इतनी बड़ी महारत को वह इतने हल्के से ले रही है। कहने लगे : अच्छा तो हम खड़े होते हैं, फिर उनके दिल में वसवसा पैदा हुआ कि कहीं इसका निशाना चूक गया या जान-बूझ के इसने तीर इधर का उधर चला दिया तो मेरी तो जान ही चली जाएगी। कहने लगे, नहीं। तीर चलाना मरदों का काम है, तीर हम चलाएँगे, तुम वहाँ खड़ी हो।

उस पर वो नई-नवेली दुल्हन और ज़ोर से हँसी और कहने लगी : ठाकुर सां, कोई बहादुरी का काम करना चाहते हो तो जाओ पहले शहज़ादी चौबोली का हाथ जीत के दिखाओ। शहज़ादी चौबोली ने क़सम खाई है के जो मर्द एक रात में चार बार उसे बुलवा लेगा वो उससे शादी करेगी। और नहीं बुलवा पाया तो क़ैदख़ाने में उकड़ूँ बैठा घोड़े के चारे के लिए चक्की पिसेगा। अगर तुम बड़े सूरमा-ज़ियाले हो तो चौबोली को जीत के लाओ तो मैं मानूँ।

अब साहब ठाकुर सां को जो पता चला कि पड़ोसी मुल्क में इतनी बड़ी चुनौती और उन्हें कानों-कान ख़बर नहीं, उन्होंने कहा, लानत है ज़िन्दगी पे। फ़ौरन तीर-कमान फैंका, और साहब काल करे सो आज, आज करे सो अब में आस्था रखने वाले वो ठाकुर, फ़ौरन अपने मुसाहिबों को हुक्म दिया कि घोड़ा लाओ और ज़री-बख़्तर, खोट-तलवार लगाके जैसा लग रहा है कि जंग पे जा रहे हैं, तैयार हुए, घोड़े पे सवार हुए, और अपने मुसाहिबों से कहा कि सुनो हम इसी रास्ते चौबोली के मुल्क जा रहे हैं, सात दिन में उसका हाथ जीतकर यहाँ वापस आएँगे, अगर सात दिन के बाद तुम्हें वहाँ पर एक मरग़ूला धूल का उड़ता हुआ उफ़क पर नज़र आए तो समझ जाना कि हम आ रहे हैं, हमारे इस्तक़बाल की तैयारियाँ शुरू कर देना।

मुसाहिबों ने कहा मरहबा-मरहबा। हुज़ूर, जब से दुनिया पैदा हुई है आप से बड़ा तीरंदाज़ तो हुआ ही नहीं है। अजी करण और अर्जुन आपके सामने पानी भरते हैं, क्या उन्होंने द्रोपदी की नथ से 108 बार तीर रोज़ निकाला था। ठाकुर सां बहुत ख़ुश हुए मूँछों पर ताव दिया, घोड़े को एड़ लगाई और सरपट चौबोली के नगर निकल गए।

वहाँ पहुँचे, सराय में डेरा किया, पीताम्बरी कुर्ता पहना, पीताम्बरी धोती पहनी, दो हाथ का साफ़ा सर पर बाँधा, माथे पर तिलक लगाया, कानों में कुंडल पहने, तलवार हाथ में ली और चौबोली के महल जाके पहुँचे। दो बड़े-बड़े नगाड़े रखे हुए थे, उम्मीदवारी का ऐलान करने के लिए। नगाड़े को उन्होंने चोब दी, पूरे शहर को पता चल गया कि ऐ कोई बहुत बड़ा सूरमा जियाला आया है इस बार चौबोली का हाथ जीतने। अजी नगाड़े तो बहुतों ने बजाए थे पर वो चिकने चेहरे नाज़ुक हाथों वाले राजकुमार शहज़ादे चौबोली का हाथ जीतने आए थे, चौबोली से चार बार तो क्या एक बार भी न बुलवा पाए थे, और तहख़ाने में उकड़ूँ बैठे घोड़े के चारे के लिए चक्की पीस रहे थे। उस तहख़ाने में इतने शहज़ादे बन्द थे और इतना चारा पीस रहे थे कि उस शहर में कोई मुफ़्त में भी घोड़े का चारा लेने को तैयार नहीं था।

पर इस दफ़ा इस ज़ोर से नगाड़े बजे थे कि सब की उम्मीद की किरण जागी थी। ख़ैर शाम हुई, चोबदार आया, ठाकुर सां को बहुत ही इज़्ज़त-ओ-एहतराम के साथ उस महल की तरफ़ ले गया जो चौबोली का महल था। ठाकुर सां वहाँ पहुँचे, देखा एक बारादरी है, परदे ज़रदोज़ी के लटके हैं, हर तरफ़ पील-जोत के दीए जलते हैं,

कमरे में क़ालीन बिछा है, एक मुरब्बा मसहरी है, जवाहिर की जड़ी हुई उस पर राजकुमारी चौबोली बुक़्क़ा-ए-नूर बनी बैठी है...

जो ठाकुर सां की नज़रें चौबोली के चेहरे पर पड़ी तो उन्हें एहसास हुआ, कि ये जो रोज़ सुबह सूरज निकलता है, दरअसल इसी रंगमहल से निकलता है।

वो ज़ालिम के मस्सी-आलूदा दनदान,
झलक में मोतियों से थे दो चंदान
पड़े होठों पे वो ऐसे दमकते,
कि हों ज्यूँ रात को जूगनू चमकते

ठाकुर सां ने जो चौबोली का हुस्न देखा तो क़रीब था कि ग़श खाके बेहोश हो जाए कि तलवार के सहारे अपने को सँभाला, और उसे देखा तो देखते ही रह गए।

अब जब सुबह हुई, तो चोबदार आया, उसने शाना हिलाया, तब इन्हें कुछ दुनिया समझ में आई, चमके बमके और बोले अरे जो एक दिन में एक सौ आठ तीर निकालता हो, रात में चार बार क्यों नहीं बुलवा सकता है।

पर साहब चोबदार कहाँ सुनने वाला था, धक्का मार कर उन्हें तहख़ाने में ले गया, उसे चक्की के सामने पटका, बोरियाँ रखी और कहा पीसो। उधर जो बाक़ी उम्मीदवार तहख़ाने में थे वो ठाकुर की हालत देखके मज़ाक उड़ाने लगे, कि दुनिया में बेवक़ूफ़ों की कमी नहीं है, ढूँढ़ने निकलो एक तो मिलते हैं हज़ार।

उधर ठाकुर सां के नगर में जो मुसाहिब उनका इन्तज़ार कर रहे थे, सात दिन गए आठ दिन गए, नौ दिन गए...अजी धूल का मरग़ुला क्या उड़ना, एक ज़र्रा भी उड़ता नज़र नहीं आया। दसवें दिन ख़बर आई कि ठाकुर सां जो इतनी शान से चौबोली को बुलवाने गए थे उनकी ख़ुद की बोलती बन्द हो गई है। और तहख़ाने में उकड़ूँ बैठे घोड़े का चारा पीस रहे हैं।

ख़बर ये भी आई कि घोड़े का चारा पीसने में तीरंदाज़ी जैसी महारत नहीं है उनकी, पर जताया जा रहा है कि इतना चारा पीसने को है और इतना वक़्त है कि कभी न कभी वो इस फ़न में भी महारत हासिल कर ही लेंगे।

साहब जब ठाकुर सां की गिरफ़्तारी की ख़बर आ चुकी तो उनकी जो नई-नवेली दुल्हन छोटी ठकुराइन थी जिसने उन्हें वहाँ भेजा था, उन्होंने सबसे कहा कि वो तीर्थ यात्रा को जा रही हैं, और सीधे चौबोली के नगर पहुँची और एक सराय में डेरा किया, वहाँ पहुँच कर मर्दाना लिबास ज़ेब-ए-तन किया, कुर्ता पहना, धोती बाँधी, नक़ली मूँछें लगाईं, ठाकुर सां की तलवार हाथ में ली, तिलक माथे पे देके वहाँ पहुँची जहाँ नगाड़े रखे थे, चोब देने वाली थी कि वहाँ तैनात पहरेदार ने रास्ता रोका और कहा,

अबे लड़ के आया है क्या घर से, अबे 17 गुणी 20 धाकड़ पहलवान वहाँ उकड़ूँ बैठे चारा पीस रहे हैं, दूध के दाँत नहीं टूटे हैं तेरे, चल भाग यहाँ से। पर

उसने कोई जवाब न दिया और नगाड़े पे चोब दी, पूरे नगर में ख़बर फैल गई कि हाय ऐसा कमसिन नौजवान जिसकी अभी मसें भी नहीं भीगी हैं, चौबोली का हाथ जीतने आया है, हाय उसकी ज़िन्दगी का सूरज अभी उग ही रहा था कि गुल हुआ चाहता है।

ख़ैर शाम हुई, चोबदार आया, छोटी ठकुराइन को वहाँ ले गया जहाँ राजकुमारी चौबोली बैठी थी, वो पहुँची, देखा, वही बारादरी है, ज़रदोज़ी के परदे लटकते हैं, दीये पील-जोत के जलते हैं, के बीच में चौबोली बैठी है।

उन्होंने जो चौबोली को देखा तो कहने लगी, अरे यहाँ तो ये फ़र्क़ करना मुश्किल है कि ये पील जोत के दीये चौबोली के हुस्न से शमा-अफ़रोज़ हैं या चौबोली उनके हुस्न में जगमगा रही है। छोटी ठकुराइन के दिल में ख़्याल आया, वाक़ई चौबोली ऐसे हुस्न की मल्लिका थी कि उस पे ऐसी प्रतिज्ञा बनती थी। चौबोली के हुस्न के एक दीदार के लिए सारी ज़िन्दगी क़ैदख़ाने में चक्की पीसना रवा था। उसके हुस्न की एक झलक पाने के लिए आदमी पूरी ज़िन्दगी क़ैदख़ाने में बिता दे तो सस्ता सौदा था।

तो अब वो नौजवान यानी छोटी ठकुराइन, उस मसहरी के सामने आई कि जहाँ पर चौबोली जलवा-अफ़रोज़ थीं, छोटी ठकुराइन ने ठाकुर सां की तलवार पे हाथ रखा, तलवार को उठाया और बमक के बोली, भई मैं तो एक क़िस्सागो हूँ और मैं जो कहानी सुनाने जा रहा हूँ उस पे चौबोली न तो हूँ करेगी न हाँ करेगी, न तो मेरे किसी सवाल का जवाब देगी तो मेरी कहानी में हुँकारा कौन भरेगा, क्योंकि हुँकारा बिन कहानी जैसे नमक बिन खाना, जैसे शक्कर बिन शरबत जैसे शीरां बिन शीरीनी।

हर तरफ़ एक सूकूत का आलम छाया हुआ, कि तभी वो मसहरी कि जिस पर चौबोली बैठी हुई थी, वो मसहरी बोली अरे मैं हुँकारा भरूँगी। अब जो मसहरी ने वादा किया, क़िस्सागो ने अपना बयान शुरू किया कि गुलगुना कशाने आरिज़े शाहिदे बयान इस तरह फ़रमाते हैं कि एक बार एक गाँव में एक आश्रम था, आश्रम के एक गुरू थे, बड़े ज्ञानी गुरू, ज्ञानी, महाज्ञानी, भीषोण ज्ञानी। एक दिन उन्होंने अपने चेले को प्रवचन दिया कि बेटा इस दुनिया में एक से एक अजूबा, एक से एक नायाब आदमी घूम रहा है, अरे इंतख़ाब की नज़र चाहिए, जो अपना बिगुल बजाता अपना झंडा लहराता, दूर से नज़र आता है पास जाओ और टटोलो तो खोखला नज़र आता है। लेकिन जो देखने में बिल्कुल मामूली साधारण है, क़रीब जाओ तो मालूम होता है कि वही असल अजूबा है। चेले ने दिल में कहा कि इनका क्या, ये तो रोज़ ऐसे ही हाँकते रहते हैं, हम लोग मिल गए हैं इनको। लेकिन आज इनकी बात को आज़माना चाहिए। चेला दिल में ये ख़्याल करके आश्रम से बाहर निकला। देखिए विधि का विधान कि मुश्किल से दो-चार गाँव गया होगा कि उसको एक शख़्स मिला जो आसमान की तरफ़ टकटकी लगाए देख रहा है, चेले ने उससे पूछा, भई क्या है ऊपर!

अरे क्या बताऊँ यार, एक तीर छोड़ा था मैंने आसमान में तीन महीने हो गए, नीचे ही नहीं आ रहा।

तीन महीने से तीर नीचे नहीं आया, अजी अभी ये बात ही कर रहे थे कि एक तीर ज़न करता हुआ आया और ज़मीन के अन्दर दाख़िल हो गया।

हाय तेरी, 200 ग़ज़ अन्दर चला गया।

अब जो ये सुना, उसने कहा अच्छा, उसने अपना एक और तीर लगाया और जो छोड़ा सुर्रर करते हुए दो तीर आए और आसमान में ग़ायब हो गए।

चेले की तो साहब हैरत की इंतहा नहीं रही। सारी रूदाद उसको सुनाई, हाथ जोड़ कर कहा, अरे साहब अभी तो मैं निकला ही था कि इतना बड़ा अजूबा मिल गया। उसको अपने साथ शामिल किया और आगे बढ़ा।

देखा कि पहाड़ पर एक आदमी कुछ मंज़र देख के ज़ोर-ज़ोर से ताली बजा रहा है और चिल्ला रहा है। अरे काली वाली लाल से आगे भागी, लाल वाली पीली से आगे भागी।

इन्होंने आगे देखा, कुछ नज़र नहीं आ रहा है। क़रीब गए और पूछा : भाईसाहब क्या बोल रहे हो, क्या पीली, क्या नीली, काली।

वो कहने लगा अरे भई कुझ-बुझ में घुड़दौड़ हो रही है वो देख रहा हूँ।

अच्छा...कुझ-बुझ यहाँ से कितना दूर है, उसने कहा 5-7 सौ कोस। आपको 5-7 सौ कोस दूर की चीज़ नज़र आ जाती है। अजी ये तो पास में है 15-17 सौ कोस की बात करो।

इसने कहा कि भई ये भी बहुत बड़े अजूबे हैं, तीन महीने तक तीर नहीं आता इनका नीचे, चलिए साथ चलिए। दोनों को शामिल किया।

अब जो आगे बढ़े तो देखा एक आदमी धौंकनी की तरह फूँक मार रहा और रास्ते में जो नदी-नाला, पहाड़-कंकड़ टीला जो आता है समतल हो जाता है और एक साफ़-सुथरी सड़क बन जाती है। बड़ा हैरान हुआ, इसे भी सारी रूदाद सुनाई और उसको भी शामिल किया। अब जो ये चारों के चारों आगे बढ़े तो देखा कि एक आदमी तेज़ जंगल में भाग रहा है, हिरनों से ज़्यादा तेज़ भागता है, जो हिरन मिलता है उसे पकड़ता है, उसके गले में घंटी बाँधता है। उसे बड़ा ताज्जुब हुआ, क़रीब गया और कहा कि भई घंटी क्यों बाँध रहे हो, अरे राजा कुझ-बुझ की फ़ौज आने वाली है न, फ़ौज आएगी वो ख़ामख़्वाह हिरनों का शिकार करेगी। तो मैं हिरणों के गले में घंटी बाँध रहा हूँ, जिस हिरण के गले में घंटी होगी वो बच जाएगा।

अब जो उसने देखा कि ऐसे बड़े-बड़े नायाब अजूबे यहाँ घूम रहे हैं तो उसने फ़ौरन हाथ जोड़ा और कहा, अरे मेरी अक़्ल मारी गई थी कि मैं अपने गुरू का इम्तेहान लेने चला था। अभी निकला ही नहीं कि ऐसे वड़े-बड़े चार नायाब अजूबे मिले। ये कहके उनके सामने सर अपना ख़म किया।

अजी साहब चेले ने उन सब अजूबों को जमा किया और कहने लगा कि देखिए अगर ऐसे बड़े-बड़े अजूबे मिल जाएँ तो क्या नहीं कर सकते, दुनिया फ़तह कर सकते हैं। पर यही तो विडम्बना है कि जो असली गुणवान हैं, जो असली अजूबे हैं, जो असली विलक्षण हैं, उनको दुनिया फ़तह करने से कोई मतलब नहीं। बड़े-बड़े व्यभिचारी, अत्याचारी, भ्रष्टाचारी, बलात्कारी बैठे दुनिया पे राज कर रहे हैं। चेले ने ख़ूब उनकी ख़ुशामद की। तो साहब ख़ुशामद का तो आप जानते हैं कि

जो ख़ुशामद करे ख़ल्क उससे सदा राज़ी है
सच तो ये है कि ख़ुशामद से ख़ुदा राज़ी है।
ऐश करते हैं वही जिनका ख़ुशामद है मिज़ाज
जो नहीं करते वो रहते हैं हमेशा मोहताज
हाथ आता है ख़ुशामद से मकां, मुल्क और ताज
क्या दी तासीर की इस नुस्ख़े ने पाया है रिवाज
जो ख़ुशामद करे ख़ल्क उससे सदा राज़ी है
सच तो ये है कि ख़ुशामद से ख़ुदा राज़ी है।

साहब ख़ुशामद करके उनको ले के चला। वहाँ जो उस राज के राजा थे उनके दरबार में पहुँचा, कहने लगा :

महाराज देखो कैसे-कैसे बड़े गुणी-ज्ञानी लेके आया हूँ, तुम्हारे लिए। और ये कहके उन सबकी सिफ़्तें बयान की। उनसे कहा, इनको नौकर रख लो, पाँच-पाँच लाख रुपया महीना तनख़्वाह देना, उससे कम न देना। राजा जी ने सोचा भई राज करने में विघ्न तो पड़ते रहते हैं, ये अजूबे किसी दिन काम आएँगे, ये सोचकर उनको नौकर रख लिया। अब वो चारों अजूबे और चेला राजा के दरबार में रहने लगे, कोई काम तो उनके शायाने-शान तो था नहीं तो दिन-भर पलंग तोड़ना, रोटी तोड़ना यही सब करते थे।

एक दिन एक ऐसी समस्या पैदा हुई कि जिसकी पूर्ति सिर्फ़ अजूबे कर सकते थे। हुआ यूँ कि उस राज्य के राज-पुरोहित ने बैठकर अपना ग्रह-नक्षत्र देख के कोई फ़ाल वग़ैरह फेंक के कहा : महाराज, ऐसी शुभ घड़ी की उत्पत्ति हुई है कि त्रेता युग के बाद ऐसी घड़ी नहीं आई है। महाराज यदि कोई अभी कुझ-बुझ जाए और सवा घंटे में वो ज़ीन ले आए, उनके ख़ज़ाने से जिस पर हीरे-जवाहिर जड़े हुए हैं, और घोड़े पे कस के उस पर युवराज की सवारी करवा दी जाए तो छत्रपति महाराज हो जाएँगे महाराज।

अब साहब सवा घंटे में कोई सात सौ कोस दूर कुझबुझ जाए और वो ज़ीन लेकर वापस आए, भई ये बड़ा मुश्किल है।

मुश्किल क्या है साहब नामुमकिन है नामुमकिन

अजी नामुमकिन क्या साहब, हो ही नहीं सकता।

अजी हो ही नहीं सकता, अजी अकल्पनीय है जी।

अजी गप्प है जी बंगालियों की फैलाई हुई। कोरी गप्प है।

पर साहब चक्रवती राजा महाराजाधिराज बनने का नशा, मार्शल लॉ लगाने से ज़्यादा होता है। अब साहब ये हुआ, कि राजा ने सारे दरबारियों को इकट्ठा किया, और सबके सामने ये मुद्दा रखा और कहा कि कौन ऐसा जियाला है, जो सवा घंटे में यहाँ से कुझ-बुझ जावेगा और ज़ीन लेके यहाँ वापिस आएगा। जब दरबारियों ने ये सुना तो हाथ जोड़कर बड़ी मुलायमियत से बादशाह से कहा :

महाराज देखिए ऐसा है कि हमें तो इतनी तनख़्वाह ही नहीं मिलती है कि हम इतना बड़ा काम कर सकें। आपने इन मुसटंडों को पाँच-पाँच लाख रुपए की नौकरी पर रखा है आप इनसे क्यों नहीं काम लेते।

बादशाह को ये ख़्याल अच्छा लगा और उन्होंने चारों अजूबों को बुलाया और ये सारा मसला उन चारों के सामने रखा।

भागने वाला अजूबा था, उसने कहा, महाराज इसमें कौन-सी बड़ी बात है, सवा घंटे में तो मैं तीन बार दौड़कर चला जाऊँगा और वापस आ जाऊँगा।

इस पे दूर देखने वाले अजूबे ने कहा, महाराज ज़ीन तो मुझे यहाँ से दिखाई दे रही है, माशाल्लाह क्या चमक रही है।

इसके ऊपर वो जो सड़क बनाने वाला था, उसने कहा, महाराज मैं यहीं से धौंकनी की तरह फूँक मारूँगा कि यहीं से साफ़-सुथरी सड़क बन जाएगी, आप चहलक़दमी करते हुए जाइएगा और ले आइएगा।

इस के ऊपर तीरंदाज़ ने कहा, रास्ते में किसी ने हमला किया, यहीं से तीर दागूँगा और उसको हलाक़ कर दूँगा।

अजी अभी उसकी बात ख़त्म भी न हुई धी कि वो भागने वाला अजूबा वहाँ से ग़ायब हो गया जैसे वहाँ था ही नहीं। दूरदर्शी अजूबा था वो आँखों-देखा हाल बताने लगा, महाराज वो तो पहुँच गया कुझ-बुझ, देखिए अरे ख़ज़ाने में दाख़िल हो गया, अरे वहाँ तो कोई पहरेदार ही नहीं थे, ज़ीन निकाल ली उन्होंने, वापस इसी तरफ़ लौट रहे हैं, आधे रास्ते पहुँच गए, ओहो पेड़ के नीच बैठ गए, अच्छा सुस्ता रहे हैं, अरे महाराज उनकी तो आँख लग गई, ओ तेरी महाराज, वहाँ एक काला साँप निकला है वो उन्हें काटने जा रहा है, अब तो हमारा सारा खेल बिगड़ जाएगा।

इस पर तीरंदाज़ ने कहा, आप मुझे बताइये क्रि वो साँप कहाँ है, मैं यहीं से उसे हलाक़ करता हूँ।

उस दूरदर्शी अजूबे ने कहा कि अगर आप पाँच डिग्री का कोण बनाएँगे शुमाल की तरफ़, दो डिग्री जूनूब की तरफ़ और फिर एक डिग्री मग़रिब की तरफ़, और तीर छोड़ेंगे तो साँप को लगेगा। उसने तीर लगाया, चूँ टूँ यूँ करके जो छोड़ा तो सीधा जाके साँप के फन पे लगा। साँप तेवराके ज़मीन पे गिरा, और गिरते वक़्त हाथ पे उसके

टकराया, वो उठके बैठ गया और सोचने लगा, अरे भई मैं यहाँ सो क्यों रहा हूँ। मुझे तो अभी दरबार में होना चाहिए था।

अभी उसका ये ख़्याल ख़त्म भी नहीं हो पाया था कि वो भागता हुआ दरबार में पहुँच गया। हाय साहब वो ज़ीन देखके सारे दरबारी अश-अश कर उठे। बाक़ी लोग जलन के मारे मर उठे। राजा ने मुस्कुरा के और इतराके रानी की तरफ़ देखा, रानी ने तारीफ़ी नज़रों से राजा की तरफ़ देखा और मासूम-सा सवाल किया, कि महाराज अजूबे तो बड़े अच्छे हैं आपके, पर चारों अजूबों में से सबसे बड़ा अजूबा कौन है? महाराज सोच में पड़ गए। पूरा दरबार सोच में पड़ गया, पूरा ब्रह्मांड सोच में पड़ गया कि उन चारों अजूबों में से सबसे बड़ा अजूबा कौन है।

उस क़िस्सा गो ने अपना बयान यहीं पे रोका और वो मसहरी जो हुँकारा भर रही थी उससे कहा, बोल, बोल मेरी मसहरी इन चार अजूबों में से सबसे बड़ा अजूबा कौन है।

मसहरी बोली, अरे इसमें क्या है वो भागने वाला अजूबा सबसे बड़ा है, अगर वो इतनी तेज़ नहीं भागता, तो कैसे आता।

सड़क बनाने वाला सबसे बड़ा था। सड़क बनाने वाला, क्या मतलब है वो तो ऐसे ही भाग जाता। अरे भई अगर सड़क नहीं होगी तो भागेगा कहाँ पे।

अरे नहीं वो भागने वाला अजूबा सबसे बड़ा था।

सड़क बनाने वाला अजूबा बड़ा था।

अब साहब दोनों में इतनी घमासान लड़ाई होने लगी, कि चौबोली से बरदाश्त न हुई उनकी बेवक़ूफ़ी और फट के बोल पड़ी। अरे बन्द करो अपनी बकबक तुम दोनों, अरे तीरंदाज़ अजूबा है, वो सबसे बड़ा अजूबा है, अगर वो सही वक़्त पर तीर न चलाता तो सबकी मेहनत बेकार जाती।

पर जैसे ही वो बोली उस क़िस्सागो ने कहा, अरे उसे क्या मतलब था कि सबसे बड़ा अजूबा कौन है, तलवार की मूठ पे हाथ रखके बोला, बजाओ नगाड़े अबोल चौबोली पहली बार बोली है।

अब नगाड़े पे जो चोट पड़ी, राजा-रानी को तो यक़ीन ही नहीं आया कि हम लोग सो रहे हैं कि जाग रहे हैं। ये कहाँ से नगाड़े की आवाज़ आ रही है। और जितने उम्मीदवार क़ैदख़ाने में बैठे थे, बरसाहा-बरस गुज़र गए थे साहब, कोई एक बार न बुलवा पाया था, उन्होंने नगाड़े की जो चोट सुनी, अरे दिल में ख़ुश हुए अब हमें इस क़ैदख़ाने से रिहाई मिलेगी। यहाँ से बाहर निकलेंगे तो उगते हुए सूरज का नज़ारा देखेंगे।

चाँदनी रातों को देखेंगे।
फ़सलों को लहलहाते देखेंगे।
फूलों को खिलते देखेंगे।
नदियों को कल-कल करते देखेंगे
अरे पानी को बहते देखेंगे।

अरे हमें आज़ादी इस अँधियारे से मिलेगी।
अरे हमें इस क़ैदख़ाने से आज़ादी मिलेगी।
अरे हमें चौबोली की प्रतिज्ञा से आज़ादी मिलेगी। आज़ादी।

तो हाज़रीन जैसे हुँकारा बिन कहानी, उसी तरह जैसे बिंदिया बिन पेशानी, जैसे लाली बिन लब, जैसे काजल बिन आँखें उसी तरह हुँकारा बिन कहानी। तो अब ये एक बार तो बोल चुकी है, तो आगे क्या होगा। अब इतराकर उस क़िस्सागो नौजवान ने अपना बयान शुरू किया कि आगे कोई हुँकारा भरे तो मैं दूसरी कहानी सुनाऊँ।

उस पे चौबोली के गले में जो जड़ाऊ हार था वो बोल पड़ा कि मैं भरूँगा हुँकारा। चौबोली ये सुनकर इतना ग़ुस्सा हुई कि उसने वो हार खींचके ज़मीन पे फैंक दिया। उस हार ने कहा, अरे मुझे चौबोली जैसा गला, सच्चा और अद्वितीय कब मिलेगा, पर मैंने एक बार कह दिया है कि हुँकारा मैं भरूँगा, अब मैं कहके फिर गया तो लोग कहेंगे कि देखो चौबोली का हार अपने वचन से फिर गया। बदनामी तो चौबोली की ही होगी। मैंने जो वचन दिया है उसे मैं पूरा करूँगा।

तो जैसे ही हार ने हुँकारा भरने का वादा किया उस क़िस्सा गो ने अपना बयान शुरू किया कि आरिज़े शाहिदे बयान इस तरह फ़रमाते हैं कि एक बार एक नगर में एक सेठ थे, अरे लखपति करोड़पति, अरबपति हीरा सेठ, धन्ना सेठ, नगर सेठ, जगत सेठ। उन्होंने शादी की और अपनी नई-नवेली दुल्हन को लेकर अपने महल की तरफ़ वापस आ रहे थे कि तभी पंडित जी ने ड्योड़ी पे खड़े होके कहा, अरे हुज़ूर ऐसी शुभ घड़ी आई है कि द्वापर युग के बाद नहीं आई थी, अगर आप इस वक़्त किसी भी चीज़ का भोग न करें और तुरन्त व्यापार के लिए दूसरे नगर निकल जाएँ तो आपके हाथ क़ारूँ का ख़ज़ाना लग जाएगा। अब जो ये सुना तो सेठजी दिल में बहुत ख़ुश हुए, कि नई-नवेली दुल्हन साक्षात लक्ष्मी बनकर मेरे घर उतर रही है, बिल्कुल ड्योढ़ी पे आके तन कर उन्होंने बाँके बनके कहा, मैं सुहागरात भी न मनाऊँगा, इसी वक़्त दूसरे नगर तिजारत के लिए जाऊँगा।

अब जो नई-नवेली दुल्हन ने ये सुना तो उसको तो ये लगा कि उसके अरमानों पर हज़ारों हाथी धम-धम, धम-धम करते गुज़र गए। उसने हाथ जोड़के कहा, सेठजी आपके पास तो इतनी दौलत है कि सात पुश्ते बैठ के खा सकती हैं, अभी इसी वक़्त जाने की क्या ज़रूरत है, कम से कम सुहागरात तो मना के जाइए। तो इन्होंने कहा कि ऐ बेवकूफ़ तुम्हें क्या मालूम कि दौलत की चमक सूरज की आतिश से ज़्यादा होती है, अरे आदमी क्यों कमाता है, इसलिए कमाता है कि घरवाले ख़ुश रहें। बस उन्होंने बन सँवर के ऐलान किया, मैं इसी वक़्त जा रहा हूँ और सामान लेके रुख़सत हुए।

साहब, उनकी नई-नवेली दुल्हन उदास सूनी आँखों से उन्हें जाते देखती रही। शुरू-शुरू में तो उसे लगा कि उसके साथ मज़ाक किया गया है, पर जब कई महीने गुज़र गए तो उसे यक़ीन आया कि वाक़ई उसे सारी ज़िन्दगी ऐसे ही गुज़ारनी है।

...सच्चाई यही है कि दुनिया, इस दुनिया में कोई रिश्ता-नाता, कोई बंधन, कोई मोह-माया उतनी बड़ी नहीं है जितना कि पैसा...

पैसा ही रंग-रूप है, पैसा ही माल है
पैसा न हो तो आदमी चरख़े की माल है
पैसे ही का अमीर के दिल में ख़्याल है
पैसे ही का फ़क़ीर भी करता सवाल है
पैसा ही फ़ौज पैसा ही जाहो-जलाल है
पैसे का ही तमाम ये रंग-ओ-जमाल है
पैसा ही रंग-रूप है पैसा ही माल है
पैसा न हो तो आदमी चरख़े की माल है

धीरे-धीरे कुछ महीने गुज़रे, वो अपने पति की ग़ैर-मौजूदगी की आदी हो गई।

अब क्या था इत्तेफ़ाक की बात, ऊपर जहाँ छत पे सेठानी का कमरा था, उसके ठीक सामने उस रियासत के ठाकुर की अटारी थी। एक दिन सेठानी नहा-धोके अपने गीले बालों को सँवारते हुए छत पे खड़ी थी, एकदम सामने से ठाकुर निकल आए। ठाकुर ने सेठानी को देखा, सेठानी ने ठाकुर को देखा। दोनों एक-दूसरे को देखते रह गए, देर तक अपलक जड़वत। अगले दिन फिर वहीं आके खड़े हो गए और एक-दूसरे को देखने लगे। जब ऐसे दस-पंद्रह दिन गुज़र गए और उनका रोज़ का मामूल बन गया (कि उसी वक़्त दोनों आके खड़े हो जाते और एक-दूसरे को देर तक निहारते रहते।) तो एक दिन ठाकुर साहब बोले :

अरे हम कब तक इस तरह जुदा रहेंगे। आख़िर कभी तो हमारा मिलन होना चाहिए।

इस पे सेठानी ने कहा, न बाबा न, साँस लेती हूँ तो सास को पता लग जाता है। देवरानी-जेठानी-ननद सब की सब मेरी फ़िराक़ में रहती हैं। तुम्हीं कोई तदबीर करो।

ठाकुर सां ने कहा, प्रिय तुम घबराओ नहीं, हम अपनी हवेली से तुम्हारी कोठी तक एक सुरंग खुदवाएँगे। जब वो सुरंग तैयार हो जाएगी, तुम तैयार हो कर दुनिया से बचते-बचाते ख़ामोशी से हमारी हवेली आना, फिर हमारा मिलन हो जाएगा। बस कुछ देर तुमको इन्तज़ार करना पड़ेगा। ये कहके उन्होंने बड़ी ख़ामोशी से सुरंग का काम शुरू करवाया।

लेकिन उस शहर के सबसे बड़े चोर खपड़ियाउ को ख़बर हो गई कि सुरंग ख़ुद रही है। उसने कहा, ओह हो, लगता है सेठानी अपने यार से रंगरेलियाँ मनाने जा रही है, जब रंगरलियाँ मनाकर सुरंग में दाख़िल होगी, मैं कूद के सामने आऊँगा और उसके सारे ज़ेवर लूट लूँगा और दुनिया में बदनामी के डर से वो किसी से कुछ कह भी न पाएगी।

साहब वो दिन आया जब सुरंग मुकम्मल हुई, सेठानी ने सोलह श्रृंगार किए, हाथ-पाँव महावर से रँगे, पोर-पोर छल्ले पहने, लहँगा गिंगाम का पहना, चुनरी सुर्ख़ रंगी ओढ़ी, चली गोरी पी के मिलन को चली। वो सुरंग में दाख़िल हुई, उस वक़्त वो अँधेरी

सुरंग उसे तारों-भरे आसमान से ज़्यादा रोशन नज़र आ रही थी, दिल उसका पुलकित था, आत्मा तल्लीन थी, चिर उल्लसित था। सुरंग का रास्ता तय करके वो ठाकुर के कमरे में पहुँची, देखा ठाकुर सां आँख बन्द किए लेटे हैं, एक दासी उनके पैर दबाती है, दासी ने सेठानी को देखा, मफ़हूम समझ के उठी और चुपचाप कमरे से चली गई। सेठानी उसकी जगह आके बैठी, ठाकुर जग न जाएँ तो वो उनके पैर दबाने लगी, कुछ देर बाद अचानक ठाकुर बोले : जा बेटी सो जा

सेठानी ने जो बेटी लफ़्ज़ सुना तो हाथ उनके जहाँ थे वहीं जमे रह गए, कुछ देर बाद सेठजी ने पैर खींचे और कहने लगे :

अरे बेटी सुन न रही जा सो जा।

अब जो उन्होंने पैर खींचे और उसके कंगन खनखनाए, उनकी आँख खुली और देखा सामने सेठानी बैठी है, कहने लगे :

ये क्या ग़ज़ब किया मैं, तुम्हें बेटी बोल गया।

पर बेटी कहते ही उनकी आत्मा का मैल, नज़र का फ़ितूर, मन की बदी सब छूमंतर हो गई। बिल्कुल पवित्र हो के वो बोले :

शायद भगवान की यही इच्छा थी। सेठानी आज से मैंने तुम्हें अपनी मुँहबोली बेटी बनाया और ये कहके अपने गले से एक हार शगुन के तौर पर अपनी मुँहबोली बेटी को दिया और कहा कि जा बेटी अब तू घर जा, वरना ये दासियाँ व्यर्थ में तेरे बारे मे उल-जूलूल बातें करेंगी।

सेठानी को तो यक़ीन ही नहीं आया, क्या सोच के आई थी और क्या हो गया। सारा उम्मीदों का आसमान बिखरकर क़दमों में नज़र आ रहा था। बड़े भारी मन के साथ उस हार को हाथ में लिये सुरंग में दाख़िल हुई। जैसे ही सुरंग में दाख़िल हुई खपड़ियाउ चोर कूद के सामने आया, और बोला :

क्यों मना लीं यार के साथ रंगरलियाँ!

इस पे सेठानी बिल्कुल बमक के बोली : क्या बकते हो, तुम एक बाप-बेटी के पवित्र रिश्ते पे लांछन लगा रहे हो।

—बाप-बेटी ?

—"हाँ बाप बेटी। मैं स्वीकारती हूँ कि विधाता को कुछ और मंज़ूर था, और मैं किसी और नीयत से गई थी," ये कहकर उसने सारी रूदाद सुनाई।

खपड़ियाऊ को कुल बात पे यक़ीन आ गया। उसने हाथ जोड़के कहा, सेठानी आज से मैंने तुम्हें अपनी मुँह-बोली बहन बनाया। और ये कहके अपने ख़ीसे से दो-चार सिक्के निकाले और शगुन के तौर पर अपनी बहन को दिये और कहा जा बहन, तेरा ये भाई ता-क़यामत तेरी हिफ़ाज़त करेगा।

सेठानी भारी क़दमों से अपने कमरे में दाख़िल हुई और कुदरत का करिश्मा देखिए कि सामने किसे पाया, सेठजी को। जो बिना बताये वापस आ गए थे। सेठानी के मन

में ख़्याल आया कि बात को छुपा दूँ। फिर उन्हें लगा कि एक-न-एक दिन तो राज़ खुलेगा। कुकर्म तो कर ही चुकी हूँ, कलमूँही कहलाऊँगी, उस पर झूठी क्यों बनूँ, ये सोच के उन्होंने सारी रूदाद सेठजी को सच-सच बता दी। पहले तो सुनकर सेठजी को लगा कि जैसे साँप सूँघ गया हो, फिर उनके मन में ख़्याल आया, ग़लती तो इसमें तुम्हारी ही है, अगर तुम सुहागरात पे इसे छोड़ के न जाते तो ये दिन न देखना पड़ता। अब भरा बादल कहीं तो बरसेगा। बारिश इसलिए तो होती है कि ज़मीन में जज़्ब हो सके। और ये सोच के कि दरअसल कुछ हुआ भी नहीं था, उन्होंने सेठानी को माफ़ किया, और दोनों एक-दूसरे के आलिंगन में बँध गए।

तो वहीं पर कहानी को रोककर क़िस्सागो ने कहा कि बोल, बोल मेरे हार कि इन चारों में से सेठ, सेठानी, खपड़ियाऊ चोर और ठाकुर में सबसे ईमानदार कौन है।

इनमें सबसे सच्चे और ईमानदार वो सेठजी हैं जिन्होंने बीवी को माफ़ कर दिया।

नहीं, नहीं खपड़ियाऊ चोर है।

खपड़ियाऊ चोर, अरे सेठजी की बीवी ठाकुर के पास गई, सेठ ने सच्चाई दिखाई ये चोर कहाँ से बीच में आ गया।

अरे भई कमाल है एक आदमी जन्मजात से चोर-लफंगा है अगर वो ईमानदारी दिखाये तो वो सच्चा हुआ न।

अरे कोई मतलब ही नहीं है सेठजी हैं सबसे ईमानदार।

अरे सेठजी तो वरिष्ठ नागरिक हैं वो तो ईमानदार होते ही हैं।

सेठजी

खपड़ियाउ

सेठजी

खपड़ियाउ

अब देर तक उनकी बहस चलती रही, तो एकदम चौबोली फट पड़ी कि बन्द करो अपनी बक-बक। अरे सबसे सच्ची और ईमानदार वो सेठानी है जिसने सारी सच-सच बातें अपने शौहर से कह दीं। वो चाहती तो झूठ बोल सकती थी पर उसने ऐसा नहीं किया।

साहब उस क़िस्सागो को इससे क्या मतलब था कि कौन सबसे ज़्यादा ईमानदार था, उसने तलवार की मूठ पर हाथ रखा और कहा बजाओ नगाड़े, अबोल चौबोली दूसरी बार बोल उठी।

अब जो नगाड़े पे चोट हुई तो राजा-रानी ख़ुशी के मारे लगे ज़मीन में लोटने, उन्हें यक़ीन ही नहीं आया कि दो बार बुलवा दिया किसी ने। साहब वहाँ जितने उम्मीदवार क़ैदख़ाने में थे उनको लगा कि आहा हा...अरे रिहाई का आफ़ताब निकलने ही वाला है, निकल आया मशरिक़ से आफ़ताब, हुआ फिर से रोशन जहाने-ख़राब।

चौबोली की चिड़चिड़ाहट की कोई इंतहा न थी। वो मुआ क़िस्सागो क्या क़िस्से सुनाता था, सहर का दाम बिछा देता था। पर अब वो कुछ भी कर दे, चाहे अब वो महाभारत पुराण बाँच दे, रामायण सुना दे, तिलिस्म-ए-होशरुबा का दफ़्तर खोल दे, चौबोली अपने मुँह से एक लफ़्ज़ न बोलेगी उन नौजवान क़िस्सागो ने कहा : अरे भई तालाब तभी अच्छे लगते हैं जब पानी से भरे हों, पेड़ तभी मन भाते हैं जब उनपे पत्ते लहलहाते हों, और क़िस्से तभी लुभाते हैं जब कोई हुँकारा भरने को तैयार हो। अब कोई हुँकारा भरने को राज़ी हो तो मैं एक ऐसी कहानी सुनाऊँ जो किसी ने आज तक सुनी न हो।

तो उसके ऊपर चुनरी जो चौबोली के सिर की ज़ीनत थी, उसने लहरा के कहा मैं हुँकारा भरूँगी। अब जो उसने ये कहा, चौबोली इतना ग़ुस्सा हुई कि चौबोली ने चुनरी अपने सिर से उठाकर ज़मीन पे फेंकी।

अरे उसके सर से चुनरी क्या हटी, ऐसा लगा कि चौदहवीं का चाँद बादलों को चीर कर अपने पूरे आब-ओ-ताब से जलवागर हो गया।

...गई आँखों के नीचे बर्क़ एक कौंध

छोटी ठकुराइन ने चौबोली का ये हुस्न देखा, दिल से ये ख़्याल किया वाक़ई चौबोली इतनी सुन्दर और इतनी सच्ची थी कि उसकी प्रतिज्ञा को तो पूरा होना ही चाहिए था। सच में दुनिया का कोई मर्द इस क़ाबिल नहीं था कि चौबोली का हाथ जीत सके। चौबोली पूरी औरत-ज़ात का नुमायंदा थी। चौबोली को तो इस जन्म में सुर्ख़-रू होना ही था। उसका तो ख़ुद ही दिल कर रहा था कि वो उससे शादी कर ले। ख़ैर शादी करने ही तो वो आई थी। तलवार की मूठ पे हाथ रखा और कहा :

पहलवानाने-क़लम अपना ज़ोर-ए-क़लम यूँ आज़माते हैं...के एक बार एक गाँव में पाँच दोस्त रहा करते थे। हर एक अपने-अपने फ़न में माहिर था, एक उसमें से बढ़ई था, एक उसमें से दर्ज़ी था, एक उसमें से सुनार था, एक उसमें से लख़ारा था और एक उसमें से पंडित था। पर हाज़रीन आप मुझसे ज़्यादा क़ाबिल हैं, जानते हैं कि घर में बैठा साधू, रसोई में पड़ी सौंठ और दिल्ली के दास्तानगो की कोई इज्ज़त नहीं है। तो उन पाँचों ने आपस में तय किया कि जब तक यहाँ गाँव में रहेंगे हमारी कोई इज़्ज़त न होगी, तो नगर की तरफ़ चलो और शहर में जाके अपना डंका बजाओ। तो पाँचों दोस्त अपना सब असबाब बाँध कर शहर की तरफ़ रवाना हुए। रास्ते में रात हुई, एक बावली पड़ी। सबने इरादा किया, आज रात इसी बावली किनारे रहेंगे लेकिन चोर डाकू उचक्कों से बचने के लिए एक दोस्त पहरे पे बैठा रहेगा।

तो साहब बाक़ी दोस्त सो गए। सबसे पहले पहरा देने की बारी बढ़ई की आई, अब बढ़ई नींद से बचने के लिए इधर-उधर टहल रहा था कि उसने लकड़ी का एक बड़ा-सा टुकड़ा वहाँ पड़ा हुआ देखा, हाथ में उसके खुजली होने लगी, उसने अपने

औज़ार निकाले, और उसे तराशना शुरू किया, देखते–ही–देखते उस लकड़ी के फट्टे की जगह क़द्दे–आदम औरत का मुजस्समा खड़ा कर दिया।

अब वो सोया तो दर्ज़ी की बारी आई, दर्ज़ी ने देखा अरे वाह, बड़ा अच्छा मुजस्समा है, उसने फ़ौरन कपड़े निकाले और चोली–घाघरा सिल के उसे पहना दिया और चुनरी से सर ढक दिया।

वो सोया तो सुनार की बारी आई, सुनार ने देखा, वाह बड़ी ख़ूबसूरत औरत है, पर ज़ेवर नहीं है। उसने हाला–बाला पहना कर पायल वग़ैरह सब पहनाकर ज़ेवर से लाद दिया।

वो सोया तो लखारे की बारी आई, लखारे ने कहा : वाह मेरे दोस्तों ने क्या प्रतिमा बनाई है, ऐसा लग रहा है कि मोहन–जो–दाड़ो का बुत आ गया है। पर उसके हाथ में कंगने नहीं है, ऐसा कैसे। उसने लाख के कंगने बनाए और उसके हाथ में पहना दिये।

वो सोया तो पंडित की बारी आई, अब पंडित का हुनर ये था कि वो मंत्र पढ़के बेजान चीज़ में जान फूँक देता था। उसने देखा कहा कि मेरे दोस्तों ने ऐसा मुजस्समा बनाया है जिसे देखकर ऐसा लगता है कि इन्द्र की अप्सरा ज़मीन पर उतर आई है,

सुहाना था कुछ ऐसा रूप उसका,
कि साया माँगती थी धूप उसका।

ऐसा लाजवाब बुत कि जिसको देखकर सिपाही अपनी तलवार, शहंशाह अपना ताज और इंसान अपना दिल निकाल कर रख दे। पर बेजान है। मन्त्र पढ़के जो फूँका, वो ज़िन्दा हुई।

वो मुखड़ा जिसे देख मह दाग़ खाये
वो नक़्शा कि तस्वीर को हैरत आए
जो कुछ चाहिए ठीक नख–सिख से अंग
नज़ाकत भरा सेवती का–सा रंग
कुछ एक तमकीनत कुछ एक बाँकपन
ग़रज़ हर तरह से अनूठी फबन
तबस्सुम तकल्लुम तरह्हुम सितम
मवाफ़िक हर एक हौसले के करम

ज़िन्दा होते ही पाँचों को कामदेव ने सताया, और पाँचों उसे अपनी–अपनी मिल्कियत बता के लड़ने लगे।

तो कहाँ तो साहब, जीने–मरने के क़समे–वादे हो रहे थे और कहाँ तलवार निकल आई। पाँचों एक–दूसरे की जान के दुश्मन हुए।

उस क़िस्से को रोक कर उस क़िस्सागो ने कहा, बोल री मेरी चुनरी इन पाँचों में से उसका असली शौहर कौन है।

अरे उसका असली शौहर तो वो बढ़ई है जिसने लकड़ी के टुकड़े को काटकर उसका बुत बना दिया।

चौबोली सुन रही थी चुप, होंट भींचे हुए, दिल में उसके ख़्याल आया कि क्या बकवास है, अरे वो तो उसकी माँ की जगह है, जैसे माँ जन्म देती है, उसने उसे जन्म दिया तो क्या माँ से शादी करवा देंगे।

इसके ऊपर उस क़िस्सागो ने कहा, नहीं-नहीं भई, पंडित है उसका असली शौहर।

फिर चौबोली को बहुत ग़ुस्सा आया, अरे उसने तो उसमें जान फूँकी, वो उसके बाप की जगह है तो क्या बाप से शादी करवा देंगे।

साहब यहाँ वो चुनरी और क़िस्सागो आपस में लड़ाई करने लगे।

वो कहता बढ़ई, वो कहती पंडित, पंडित, बढ़ई, बढई पंडित।

तो चौबोली से रहा न गया, उसने कहा : चुप रहो, क्योंकि दोनों बेवक़ूफ़ हो तुम। अरे तुम्हें समाज की ऊँच-नीच की इतनी भी समझ नहीं है। अरे जो दुल्हन के हाथ में कंगन पहनाता है वो ही उसका असली शौहर होता है। इसलिए असली शौहर लखारा है।

पर क़िस्सागो को इससे क्या मतलब था कि असली शौहर कौन है उसने तलवार की मूठ पे हाथ रखा और कहा बजाओ नगाड़े—चौबोली तीसरी बार बोल उठी। अब जो नगाड़े पे चोट पड़ी तो राजा-रानी ने सोचा कहीं ऐसा न हो कि बेटी के हाथ पीले होने से पहले ही हम ख़ुशी के मारे मर जाएँ। उधर जितने लोग बैठे हुए थे क़ैदख़ाने में, उन सबको यक़ीन आ गया, जो एक रात में तीन बार बुलवा सकता है चौथी बार तो यक़ीनन बुलवा लेगा। वहाँ ख़ुशी की एक लहर दौड़ी। लेकिन साहब वो एक ग़ोशे में ठाकुर सां बैठे थे, उनके सीने में साँप लोट रहा था। बड़ी आन-बान-शान के साथ आए थे कि चौबोली का हाथ जीतेंगे और कहाँ उनकी नाक के नीचे से कोई और चौबोली का हाथ जीत के ले जा रहा था।

जैसे पर बिन पक्षी, जीभ बिन मूँह, वैसे ही हुँकारा बिन कहानी। कोई हुँकारा भरने को तैयार हो तो मैं ऐसी कहानी सुनाऊँ कि जिससे दिलों के ख़राबे हों रोशन। उस पर दिया जो चौबोली के बराबर में बैठा था वो बोला मैं हुँकारा भरूँगा। चौबोली इतना ग़ुस्सा हुई कि उसने वहीं से फूँक मारी कि वो दिया बुझ गया। जो धुआँ उसके पीछे से निकला, तो एक आवाज़ आई कि मैं अंधकार हूँ, दिए के जलने से उसके पीछे छुपा रहता हूँ। अरे अगर इतने बड़े क़िस्सागो को हुँकारा न मिले तो लानत है इस ज़िन्दगी के ऊपर।

अब जैसे ही हुँकारे का मामला तय हुआ, क़िस्सा गो ने अपना बयान शुरू किया। गुलगुना कशाने-आरिज़े शाहिदे-बयान इस तरह फ़रमाते हैं कि एक बार एक गाँव

में दो दोस्त थे, एक राजपूत, एक जाट, दोनों में इतनी गहरी दोस्ती थी कि दोनों के ऊपर जुड़वा भाई होने का शक होता था। दोनों साथ-साथ उठते-बैठते, साथ खेत पे जाते, साथ-साथ बाटी खाते, साथ-साथ हाट पे जाते। अरे साहब दोनों कभी एक-दूसरे से जुदा ही नहीं होते थे।

एक दिन यूँ हुआ कि जाट का गौना करने के लिए उसके ससुराल वाले आए। तो जाट ने कहा कि मैं सिर्फ़ और सिर्फ़ अपने दोस्त राजपूत को ले जाऊँगा। वो अपने दोस्त राजपूत को ले गया। अब साहब जो ससुराल पहुँचे तो ससुराल वालों ने वो ख़ातिर-मदारत, वो इज़्ज़त की कि दुल्हे से ज़्यादा दोस्त को समझते रहे। लेने-देने में, उठने-बैठने में, तोहफ़ा-तहायफ़ में दूल्हे से ज़्यादा दोस्त की इज़्ज़त। राजपूत बड़ा ख़ुश हुआ दिल में। उसने कहा कि जब मेरा गौना मेरे ससुराल वाले लेके आएँगे तो मैं भी सिर्फ़ और सिर्फ़ अपने दोस्त जाट को ले जाऊँगा।

तो साहब वो दिन आया, जब राजपूत का गौना होना था। उसने भी अपने इकलौते दोस्त जाट को साथ लिया। पर मन में उसके वस्वसा पैदा हुआ, अगर मेरे दोस्त के साथ वो बर्ताव न किया गया जो मेरे साथ किया गया था, तो मैं क्या करूँगा। अगर मेरे दोस्त के साथ अच्छे से पेश नहीं आए वो तो मैं क्या करूँगा, यही सवाल उमड़-घुमड़, उमड़-घुमड़ करके उसके दिल में चल रहा है। जाट तो ख़ैर जाट था, इन बातों से बेनियाज़ था, मगर राजपूत इसी बात से परेशान था कि अगर ऐसा हुआ तो मैं क्या करूँगा, वैसा नहीं हुआ तो मैं क्या करूँगा। ये सोचते-सोचते चलते चले जाते थे कि रास्ते में शंकर भगवान का मन्दिर पड़ा। शंकर भगवान उसके इष्टदेव थे, उसने दोस्त से कहा कि ठहरो मैं अन्दर जाता हूँ, अन्दर गया, महादेव की आराधना की और कहा :

> महादेव, देवन पते, पार्वती पते इश्वरेश,
> नीलकंठ, पंचानन, दुख हरण
> वामदेव महादेव गंगा शिखर
> जटाजूट डमरू डम डम डम डम डम बाजे, सुख करण...

महादेव...तुम तो दिलों के राज़ जानते हो। अगर मेरे दोस्त जाट की मेरे ससुराल में वैसी ही आवभगत हुई जैसे मेरी हुई थी तो सवा ग्यारह रुपए का चढ़ावा चढ़ाऊँगा, और अगर ऐसा न हुआ, और कोई भी ऊँच-नीच या भेद-भाव हुआ तो यहीं क़सम खाता हूँ के तुम्हारी आँखों के सामने अपने प्राणों की आहूति दे दूँगा। ये कहके चला।

वहाँ दोस्त के साथ ससुराल पहुँचा। अब साहब पता नहीं उस वक़्त महादेव भंग के नशे में थे या कि उन्होंने धतूरा चढ़ा रखा था, कि उसकी प्रतिज्ञा का रत्ती भर असर न हुआ। उसके ससुराल वालों ने उसके दोस्त के साथ ऐसा बर्ताव किया जैसे वो दोस्त न हो, नौकर हो। खाने-पीने में पहने-ओढ़ने में, लेने-देने में उसके साथ भेद-भाव बरता। राजपूत का दिल ये देखके बुझता चला गया, बुझता चला गया। अपने ससुराल

वालों से तो वो नाराज़ था ही, पर उसे ज़्यादा ग़ुस्सा आ रहा था अपने इष्टदेव भोलेनाथ पर। ख़ैर उसने ससुराल वालों से कहा :

अब मैं यहाँ एक पल नहीं रूकूँगा। सास ने, ससुर ने, साले साढू ने, सबने हाथ जोड़कर कहा, कुछ दिन और मौक़ा देते ख़िदमत का। उसने कहा : नहीं मैं इसी वक़्त अपने गाँव जाऊँगा। साहब बहुली तैयार की गई, उसके ऊपर जहेज़ का सामान रखा गया, उसके ऊपर दोनों दोस्त और नई-नवेली दुल्हन बैठे और रुख़स्त हुए।

अब रास्ते में वही मन्दिर पड़ा कि जहाँ से वो ये प्रतिज्ञा करके चला था। जैसे ही मन्दिर आया उसने बहुली रुकवाई और कहा, भई मैं ज़रा अन्दर से आता हूँ, अन्दर गया, अन्दर पहुँचते ही शिवजी की मूर्ति के सामने खड़े होकर, तलवार खींचकर निकाली अपनी गर्दन पर रखी और कहा : महादेव, तुमने मेरी प्रतिज्ञा का आदर नहीं किया, पर मैं तुम्हारी महिमा का अनादर नहीं करूँगा। मैंने एक राजपूतानी का दूध पिया है वचन से न फिरूँगा। ये कहकर तलवार जो मारी, तो शक्क करके उसका सर तन से अलग हो गया। ख़ून का एक फव्वारा निकला जो सीधे शिवजी के क़दमों में जा के गिरा।

अब बाहर दोस्त जाट बैठा सोच रहा है कि क्या हुआ कि ये अन्दर गया अब तक बाहर नहीं आया। ये पहुँचा, अन्दर जो पहुँचा तो ख़ुदारा दुश्मन को भी वो नज़ारा न दिखाये जो एक दोस्त को देखने को मिला। उसने जो अपने दोस्त का कटा हुआ सर देखा, दिल में कहा कि जब दोस्त ही ज़िन्दा नहीं तो मैं जी के क्या करूँगा। तलवार उठाई अपनी गर्दन पर जो रखी और शक्क करके जो चलाई, सर उसका तन से जुदा हुआ। ख़ून का एक फव्वारा निकला, वो नीचे जाकर दोस्त के ख़ून में विलीन हुआ। ...ज़िन्दगी में भी दोनों दोस्त साथ रहे, मौत में भी दोनों दोस्त साथ रहे।

अब बाहर नई-नवेली दुल्हन सोच रही थी कि भई ऐसी क्या गुफ़्तगू कर रहे हैं दोनों दोस्त भूल गए कि दुल्हन भी बाहर बैठी है। वो बहुली से उतरी, मन्दिर में दाख़िल हुई, ख़ुदारा, किसी राक्षस दिल को भी ये नज़ारा न दिखाये जो एक दुल्हन को देखने को मिला। अब जो उसने दो कटे हुए सर देखे, ग़श खाके गिरी बेहोश हो गई। जब होश आया तो दिल में ख़्याल आया अब ससुराल जाके क्या करूँगी, सब यही कहेंगे, कलमुही खा आई शौहर को। इससे बेहतर है कि मैं भी अपनी जान दूँ। ये सोचकर उसने तलवार उठाई, गर्दन पर रखी, अभी चलाने ही वाली थी कि...

माँ पार्वती प्रकट हुईं, कहने लगीं कि रुक जा बेटी, रुक जा। अरे भोलेनाथ धतूरे के नशे में ऐसे धुत्त थे कि उन्हें पता ही नहीं चला कि क्या अनर्थ हो गया है। तू घबरा मत, उनके सर उनके धड़ों से मिला दे वो दोनों ज़िन्दा हो उठेंगे। बस कहके वो गई। उस दुल्हन ने काँपते बदहवास हाथों से सर उठाके धड़ से लगाए। वो दोनों ऐसे आँख मलते हुए उठे कि जैसे कुछ हुआ ही नहीं था। पर जब दुल्हन ने ग़ौर से देखा तो अपनी बदहवासी में राजपूत का सर जाट के धड़ से और जाट का सर राजपूत के धड़ से लगा दिया था।

अब यहाँ कहानी को रोककर क़िस्सागो ने कहा, बोल मेरे अंधकार, ज़रा इस पे डाल रोशनी की फुहार। कि इन दोनों में से उसका असली शौहर कौन है।

अँधेरे ने जवाब दिया, इसमें कौन-सी मुश्किल है धड़ सर के मुक़ाबले 20 गुना बड़ा होता है, धड़ ही में ही वो लिंग होता है, जिससे पति स्वामी बनता है। तो जो उसका धड़ है वही उसका असली वर है।

अब चौबोली से बरदाश्त न हुआ, उसने कहा, ख़ामोश रहो तुम दोनों। शास्त्रों में लिखा हुआ है कि पेड़ों में सबसे बेहतर कल्पवृक्ष है। पहाड़ में सबसे अच्छा सुमेर है। नदियों में सबसे उत्तम गंगा है और आदमी में सबसे उत्तम उसका मस्तिष्क होता है। सर ही में चार इंद्रियाँ होती हैं, अरे जिसका सर राजपूत है वही उसका असली शौहर है।

पर साहब इससे क्या मतलब था कि उसका असली शौहर कौन है, उसने तलवार की मूठ पे हाथ रखा और तलवार म्यान से निकाली और लहराते हुए कहा, बजाओ नगाड़े और बजाते ही रहो कि एक रात में चौबोली चार बार बोल उठी। अब जो नगाड़े पे चोब हुई, राजा-रानी को यक़ीन हो गया कि अब हम मर चुके हैं और जन्नत में पहले ही पहुँच चुके हैं। क़ैदख़ाने में जितने भी उम्मीदवार मौजूद थे, वो सब चौबोली की जय-जयकार करने लगे। सच है चौबोली की क़सम टूटी है, सच है चौबोली की हार हुई है क्योंकि उसकी क़सम इतनी सच्ची थी कि इस हार में भी चौबोली की जीत हुई है।

तो साहब बड़े धूमधाम से चौबोली की शादी उस क़िस्सागो से करवाई गई। सत्तर-सत्तर कोस तक पीले चावल का न्यौता दिया गया। सब उम्मीदवार जो क़ैदख़ाने में थे, रिहा हुए। सुहागरात का वक़्त आया, छोटी ठकुराइन ठाकुर की तलवार लिये कमरे में दाख़िल हुईं, फिर उनको लगा कि इस राज़ से अब पर्दा उठा देना चाहिए। उन्होंने सारी रूदाद, ठाकुर की नथ से तीर निकालने की आदत, उनका ठाकुर को चुनौती देना, ठाकुर का यहाँ आना, क़ैदख़ाने जाना और फिर उसका ख़ुद क़िस्सागो बनके आना, बयान की। पूरी रूदाद सुनके चौबोली बोली :

बहन, मुझे एक बात समझ में नहीं आई, कि मेरा ब्याह तुम्हारे साथ हुआ है कि ठाकुर के साथ हुआ है।

देखो बहन तुम मुझसे इतनी ज़्यादा अक़्लमंद हो कि मैं तुमसे क्या कहूँ, पर हमारे यहाँ एक रस्म है कि जब मर्द नहीं होता है तो उसकी तलवार सामने रखके शादी करते हैं। तो उस लिहाज़ से तुम्हारी शादी ठाकुर से हुई है।

हाय हाय सत्रह गुणी 20 एक से एक चिकने चेहरे नौजवान आए, उनसे मेरी शादी न हुई, शादी हुई तो इस फुसफुसे, अधेड़ उम्र के ठाकुर से।

अरे सखाबात देखो मैं तुमसे क्या कहूँ, पर दिल में बात है तो कहे देती हूँ...जहाँ हम औरतन का ताल्लुक़ है दुनिया के सारे मर्द एक ही जैसे हैं। अरे सूरत अलग-अलग हो, पर सीरत तो एक ही है न। कोई मर्द गहना लदवा के औरतों को ग़ुलाम

बनाना चाहता है, कोई खाना पकवा के, कोई बच्चे पैदा करके तो कोई दास्तान सुनाके...पर चाहते तो सब यही हैं न कि उनको अपनी मर्ज़ी पे चलावे। अब देखो मैंने अपनी प्रतिज्ञा पूरी की, ठाकुर की नथ से तीर निकालने की आदत छुड़वा दी। और ये क्या कम है कि तुमने आज के ज़माने में इतनी बड़ी क़सम खाई और उसे पूरा कर दिखाया। अब हम दोनों सखी साथ में रहेंगे, गुईंया बनकर, और उसको कव्वा-हकाऊ बनके खड़ा रखेंगे।

अब साहब रात-भर उन दोनों गुइंयों में क्या बात हुई, किसी को नहीं मालूम। पर जब सुब्ह हुई तो बड़े एहतमाम के साथ रूख़सती की तैयारी हुई। सत्तर-सत्तर बहुलियों के ऊपर ज़ेवरात और जहेज़ का सामान लदवाया गया। छोटी ठकुराइन क़िस्सागो ने कहा कि वो जो क़ैदख़ाने में ठाकुर हैं उन्हें भी जहेज़ के सामान के साथ शामिल कर दीजिए। चोबदार तहख़ाने में गया और कहा, चलो तुम्हें जहेज़ में शामिल कर दिया है। लाके उनको खड़ा कर दिया। जब क़ाफ़िला रवाना हुआ, आधे रास्ते पहुँचा तो छोटी ठकुराइन ने दिल में सोचा कि अब इस राज़ पर से पर्दा हटा देना चाहिए। तो वो छोटी ठकुराइन बनकर ठाकुर के सामने आईं, ठाकुर ने जो छोटी ठकुराइन को देखा तो ग़श खाने लगे, क़रीब था कि गिर जाएँ, उसने उन्हें सँभाला और कहा कि भई देखो ऐसा है, अगर तुम्हें कुछ हो गया तो तीन-तीन औरतें बेवा हो जाएँगी। अब जो ठाकुर ने सुना तो कहा, तीन-तीन?

कहा हाँ हाँ, तुम्हारा ब्याह चौबोली से हुआ है। चौबोली का नाम जो सुना तो ठाकुर सां का तो कुछ और ही रंग हो गया। इसपे उसने कहा कि कान खोलके सुन लो, अगर तुमने मेरी शर्त पूरी न की तो चौबोली का नाख़ून तक देखने को नहीं मिलेगा।

ठाकुर सां ने बड़ी मासूमियत के साथ कहा, कौन-सी शर्त। उसने कहा, मेरे पैर का धोवन पानी पीना, घोड़े का चारा खाना और मुश्के कसवाके मसहरी के इर्द-गिर्द सात चक्कर लगाना।

जो वापस पहुँचे तो ठाकुर सां ने लवाज़मात समझके घोड़े के चारे को गप-गप खाया, पैरों के धोवन को चरणामृत समझकर ग़ट-ग़ट पी गए। मुश्कें कसवाके दुलत्ती मार-मार के ख़ुशी-ख़ुशी मसहरी के इर्द-गिर्द सात चक्कर लगाये। और जब सब कर लिया तो हाथ जोड़ के बीवी से बोले, ख़ुदारा इस कमरे से बाहर ये बात नहीं जानी चाहिए। वर्ना मेरी मर्दानगी पर बट्टा लग जाएगा।

तो साहब छोटी ठकुराइन चौबोली और ठाकुर को लिये हुए अपने नगर को वापस पहुँची। वहाँ बड़ी ख़ुशी हुई। राजा-रानी ने चौबोली को राज-पाट सौंपा। ठाकुर सां की नथ से तीर निकालने की आदत छूटी। ठकुराइन इस पे इतनी सेहतमंद हो गईं कि कुछ ही दिनों में उन्हें दो मसहरियों की ज़रूरत पड़ने लगी। ठाकुर सां बड़े कुशाग्र बुद्धि राजा कहलाए। क्योंकि वो सारे काम छोटी ठकुराइन और चौबोली की अक़्ल और फ़हम और इदराक की मदद से ही करते थे।

हाज़रीन याद रखिएगा कि जितने भी सिकन्दर-फिकन्दर, अरस्तू-परस्तू हुए हैं, उन सबके पीछे कोई चौबोली या छोटी ठकुराइन रही है। तो हमने चौबोली के ये चार बोल, ये चार सुख़न आपको सुनाए हैं, ये चार बोल आप औरों को सुनाइए ताकि चौबोली की दास्तान चलती रहे और सुख़न का कारोबार चलता रहे।

कि पिला मुझको साक़ी शराब-ए-सुख़न
कि मफ़्तूह हो जिससे बाबे सुख़न
सुख़न की मुझे फ़िक्र दिन-रात है
सुख़न ही तो है और क्या बात है
सुख़न के तलबगार हैं अक़्लमंद
सुख़न से है नामे निकोंया बुलन्द
कहाँ रुस्तमो-गीव-ओ-अफ़रासियाब
सुख़न से रही याद ये नक़्ल-ए-ख़्वाब
सुख़न का सिला यार देते रहे
जवाहिर सदा मोल लेते रहे
सुख़न का सदा गर्म बाज़ार है
सुख़न संज उसका ख़रीदार है
रहे जब तलक दास्तान-ए-सुख़न
इलाही रहें क़द्र दान-ए-सुख़न

दास्तान जय राम जी की

रामायन सत कोटि अपारा।
सुमिर सुमिर नर उतरहिं पारा॥
सीया राम में सब जग जानी।
करूँ प्रणाम जोत जुग पानी॥

हाज़रीन शुरू करते हैं वंदना से—
उस गुले-लाला को मेरा पहला प्रणाम
रोम-रोम में बस रहा नज़रों में इलहाम
मेरा आदाब उस अविनाशी को
द्वितीय प्रणाम श्री रामचन्द्र और नीलकंठ कैलाशी को
रघुनन्दन स्वामी वन्दन घनश्याम कृष्ण बृजवाशी को
तुम्हीं पूर्ण ब्रम्हा पार करो
अहमद चर्णन के दासी को
अहमद चर्णन के दासी को
अहमद चर्णन के दासी को
राम की कथाओं का तो कोई अन्त नहीं है ना राम के अवतारों का अन्त है।
तो इस दास्तान की शुरुआत हम करें तो कहाँ से।

तो जितने राम हुए हैं, उतने ही उनके अनुज हुए हैं। और रामों के अनुजों में अनुजित है आज भी अट्ट पट्ट कृष्णा स्वामी रामानुजन।

अट्ट पट्ट कृष्णस्वामी रामानुजन ने पूरी उम्र अपने हिन्दुस्तान जन्नतनिशान के कोनों-कोनों से खुदरों-खुदरों से क़िस्से-कहानियाँ लोक कहानियाँ, रिवायतें, रामकथाएँ एवं रामकथाओं के बारे में रामकथाएँ जमा कीं और हम पर और आप पर बड़ा एहसान किया कि आज हम बैठे उसको याद कर रहे हैं। उससे लुत्फ़अंदोज़ हो रहे हैं।

तो फ़रमाया एक बार रामानुजन ने अपनी ज़िन्दगी के बारे में कि उन्होंने क्या किया? वह कहते हैं कि नौजवानी के दौर में मुझे जो कहानी, क़िस्सा जहाँ भी सुनाई देता, माँ, बाप, भाई-बहन, दोस्त, रिश्तेदार, पड़ोसी, मुहल्ला, कूचा, गली, कारीगर, राहगीर, मैं उसे क़लमबन्द कर लेता। उस वक़्त जो कहानी की किताब मेरे हाथ लगी,

जैसे : पंचतंत्र, जातक, कथा सरित्सागर आदि, मैंने सब पढ़ डालीं। उस वक़्त टेपरिकॉर्डर नहीं था। और जब ये आया तो मैंने इन कहानियों को रिकॉर्ड करना शुरू किया। मैं नहीं जानता था कि मैं क्या काम कर रहा हूँ। बाद में पता चला कि इसे Folklore कहते हैं।

हर वह शख़्स जिसके मन में राम हैं उसके पास अपनी एक रामकथा है। हर वह शख़्स जिसने रामकथा सुनी है उसके पास एक रामकथा है। पर रामकथा के मामले में सबसे अहम चीज़ जो है उसके बारे में सबसे पहले बताया हमारे एक फ़ारसी रामायणी चन्द्रमन बेदिल ने, आज से दो तीन सौ बरस पहले। मैं पूरे वसूख के साथ नहीं कह सकता कि उन्होंने कहा, पर उन्होंने किसी से कहा, किसी ने इनसे कहा, इन्होंने मुझसे कहा तो आप से कह देता हूँ, ''सचझूठ बरगर्दने रावी'' चन्द्रमन बेदिल ने एक बार रामकथा ना सुनाने पर एक रामकथा सुनाई।

एक जमाने में एक औरत थी। और उसके मन में एक रामकथा और एक राम-भजन बसता था। पर वह औरत ना किसी को रामकथा सुनाए और ना ही राम भजन गाए। अन्दर ही अन्दर उसके मन में रामभजन और रामकथा घुट-घुट कर जी रहे थे। एक रात इत्तेफ़ाक से वह औरत अपना मुँह खुला छोड़कर सो गई। अब रामकथा और रामभजन ने खुला हुआ मुँह पाया देखकर दोनों धीरे-से बाहर निकलकर आए। रामकथा तो जूता बनकर दरवाज़े पर बैठ गई और राम भजन कुर्ता बनकर खूँटी पर लटक गया। थोड़ी देर बाद उसका मर्द गली, मुहल्ला, बाज़ार घूमता-घामता घर में दाख़िल हुआ। जब उसने दरवाज़े पर जूता और खूँटी पर कुर्ता लटका हुआ देखा तो उसका माथा चकराया।

बीवी को नींद से उठाकर पूछा। इन जूते और कुर्ते के बारे में। बीवी ने कुछ नहीं बताया। बात बहसा-बहसी, हाथापाई तक पहुँच गई। आख़िर में शौहर कंबल उठाकर घर से बाहर चला गया।

कुछ देर बीवी सोचती रही कि ये जूता कहाँ से आया...जूता कहाँ से आया, कुर्ता कहाँ से आया, जब बहुत देर हो गई और उसको कुछ समझ में न आया तो उसने दिया बुझाया और सोने चली गई।

उस शहर का दस्तूर था कि जब शहर के सारे दिये बुझा दिए जाते थे तो सारी लवें एक जगह जमा होकर उस शहर के हनुमान मन्दिर में रात-भर गपशप करती थीं।

आधी रात हो गई तो सारी घर की लवें जमा हो गईं लेकिन इस घर की लौ अभी आई नहीं थी। जब ये लौ आई तो सारी लवों ने पूछा कि तू कहाँ रह गई थी री बावरी, तो इस लौ ने कहा कि अरे क्या बताऊँ, मेरे घर में बड़ा हंगामा हो गया। तो सभी ने पूछा कि क्या हो गया था। तो उसने कहा कि स्वामिनी घर में आने वाले किसी को भी रामकहानी और रामभजन सुनाती ही नहीं थी। तो दोनों जूता और कुर्ता बनकर लटक गई। अब उसका मियाँ घर पर आया। तुम तो जानते हो कि शौहर कितने बददिमाग़ होते हैं। अक़्ल तो होती नहीं है। वह लड़ पड़ा अपनी बीवी से और पूछने लगा कि ये जूता कहाँ से आया और ये कुर्ता कहाँ से आया। लड़ते-लड़ते ऐसी

बात बिगड़ी कि वह घर से बाहर निकल गया। इसी चक्कर में यहाँ आने में मुझे देर हो गई।

इत्तेफ़ाक से शौहर वहीं मंदिर के आँगन में सो रहा था। जब उसने ये बात सुनी तो फ़ौरन बिस्तर छोड़कर के भागा, कुंडी ताला तोड़ के भागा वापस अपने घर। घर आने पर उसने अपनी बीवी को जगाया और कहा अरे जल्दी सुनाओ वह रामकथा, कौन-सी थी वह, रामभजन कौन-सा था। बीवी हक्का-बक्का आँखें बड़ी करके बोली कौन-सी रामकथा? कौन-सा रामभजन? मुझे तो कुछ याद ही नहीं है।

तो अगर आपके मन में कोई रामकथा है और आपने किसी को नहीं सुनाया है तो आप इसे भूल जाएँगे। और अगर भूल जाएँगे तो बड़ा अनर्थ हो जाएगा। इसलिए जो भी रामकथा आपके मन में है उसे ज़रूर सुनाएँ।

कलप भेद हरि चरित सुहाये, भाँति अनेक मुनि सन गाये।।

तो हाज़रीन कोई पैदाइशी रामकथा तो लेकर नहीं आता है। कहीं ना कहीं से सुनता है। कहीं ना कहीं से पकड़ता है। हमने भी कुछ सुनी है और कुछ रामानुजन में पढ़ी है। तो कुछ सुनी-सुनाई और कुछ पढ़ी-पढ़ाई रामकथा आपके सामने पेश करते हैं।

तो हाज़रीन पेश है "दास्तान जय राम जी की"

फ़रमाते हैं शायरे-मशरिक़ अल्लामा इक़बाल :

लबरेज़ है शराबे-हक़ीक़त से जामे-हिन्द
सब फ़लसफ़ी है खित्ताए-मग़रिब के रामे-हिन्द
ये हिंदियों के फ़िक्रे फ़लक रस का है असर
रिफ़अत में आसमां से भी ऊँचा है बामे हिंद
इस देस में हुए हैं हज़ारों मलक सरिश्त
मशहूर जिसके दम से है दुनिया में नामे-हिंद
है राम के वजूद से हिन्दुस्तान को नाज़
अहले नज़र समझते हैं उसको इमामे हिन्द
ये हिन्दियों के फ़िकरे फ़लक रस का है असर
उल्फ़त में आसमाँ से भी ऊँचा है नामे-हिन्द
इस देश में हुए हैं हज़ारों मलक सरित
मशहूर जिसके दम से है दुनिया में नामे-हिन्द
एजाज़ उस चिरागे-हिदायत का है यही
रौशन तराज़ सेह्र है दुनिया में शामे-हिन्द
तलवार का धनी था शुजाअत में फ़र्द था
पाकीज़गी में जोशे-मुहब्बत में फ़र्द था
है राम के वजूद से हिन्दोस्ताँ को नाज़
अहले-नज़र समझते हैं उसको इनामे-हिन्द

तो गुलगुना काशाने आरिज़े शाहिद बयान इस तरह फरमाते हैं कि :

पूछा गया एक बार रामानुजन से कि असली रामायण कौन–सी है। वह जो बाल्मीकि ने सुनाई थी या वह जो तुलसी ने बाँची। तो फ़रमाया रामानुजन ने कि असली रामायण को तलाश करना उतनी ही बेवकूफ़ी और अक़लमंदी का काम है जितना असली हिन्दुस्तान को तलाश करना। और शुद्ध भारतीय संस्कृति को तलाश करना। हमने आज तक असली रामायण और असली संस्कृति की तलाश या तो संस्कृत में की है या फ़ारसी माख़ज़ो में की है। संस्कृत और फ़ारसी माखज़ो में खोज करते–करते हम ये भूल गए कि हिन्दुस्तान जन्नतनिशान तो घाट–घाट में गाँव–गाँव में जन–जन में बोलियों–ठोलियों में बसता है।

तो फ़रमाया रामानुजन ने कि सुना मैंने अपने बुज़ुर्गों से और उन्होंने अपने बुज़ुर्गों से और उन्होंने अपने बुज़ुर्गों से कि एक बार बनारस का एक पंडित, जो तुलसी और बाल्मीकि के अलावा किसी रामायण को नहीं मानता था। एक शहर से गुज़र रहा था। शाम का वक़्त था। अब उसने देखा कि वहाँ रास्ते में एक औरत खड़ी कुछ तलाश कर रही है। पूछा : पुत्री क्या तलाश कर रही हो ? उसने कहा, महाराज घर की चाबी खो गई है जिसे तलाश रही हूँ। आख़िरी बार चाबी को कहाँ देखा था ? महाराज चाबी तो घर के अँधेरे में गिरी है पर यहाँ सड़क पर तलाश कर रही हूँ। तो पंडित जी ने कहा अरे चाबी वहाँ गिरी है तो जाओ वहाँ तलाश करो, यहाँ क्या कर रही हो ? तो कहा महाराज इसलिए तो यहाँ तलाश कर रही हूँ। घर में अँधेरा है। वहाँ दिखाई नहीं देगा। इसलिए यहाँ उजाले में शायद नज़र आ जाए।

मुमकिन है वह राम ख़ुद ही हो जो उस पंडित को ये बताने आए हों कि भाई राम को कहाँ तुम खोज रहे हो ?

> पूछत हो मोही के रहूँ कहाँ मैं पूछत सकुचाऊँ
> जहाँ ना हो होऊँ तहाँ देऊँ
> तुम्हीं बताओ ठाऊँ, तुम्हीं दिखाओ ठाऊँ

कहा कि ये जो रौशनी है वह संस्कृत और फ़ारसी और तुलसीदास और राम चरितमानस की रौशनी है। जबकि हज़ारों रामायणें और रामकथाएँ वहाँ उस अँधेरे में, आपके मन के अन्दर, लोगों के दिलों में तैर रही हैं। तलाश कर रही हैं आपको

> अहे सब में ऊ सब सूँ दसता निराला,
> अँधेरे में ऊ हमेशा करे उजाला,
> हरिराम साहिब जमालहू जलालहू
> ऊ ना सब्ज़ ना सर्द ना सुर ना ताला,
> हरिराम साहिब जमालहू जलालहू।

कितनी रामायणें और कितने राम हुए। तो फ़रमाया रामानुजन ने कि एक बार

राम अपने सिंघासन पर बैठे हुए थे तभी उनकी उँगली से एक अँगूठी फिसली, ज़मीन में गिरी और समा गई। राम ने बाएँ देखा, दाएँ देखा, फिर अपने चरणों में अपने अंचल हनुमान को पाया और हनुमान से कहा, ''हनुमान मेरी अँगुठी खो गई है, जाओ उसे तलाश करके ले आओ। आप तो जानते ही हैं कि हनुमान के पास वरदान है कि वह छोटी से छोटी वस्तु से छोटे और बड़ी से बड़ी शै से भी बड़े हो सकते हैं।

तो हनुमान ने अपना सबसे अति लघु रूप धारण किया और सुराख़ में दाख़िल हो गए। चलते चले गए–चलते चले गए और पाताल लोक में जाकर धम्म से गिरे।

वहाँ पाताल लोक में हज़ारों महजबीन और नाज़नीन दुर्दरगोश मुरस्सापोश तैयार आरास्ता और पैरास्ता खड़ी थीं। जैसे ही उन्होंने हनुमान जी को आते देखा तो कहा : अरे देखो–देखो ये बन्दर कहाँ से आ गया। फिर उनके दिल में ख़याल आया कि पाताल लोक में भूतों के राजा को जीव–जन्तु खाने का बड़ा शौक़ है क्यों ना आज इसे ही पेश किया जाए। बस थाली के अन्दर खाना सजाया और हनुमान जी को बीच में रखा और भूतों के राजा को परोस दिया। उधर राम जी पृथ्वीलोक पर अपने सिंघासन पर बैठे हुए थे तभी ब्रह्मा और वशिष्ठ जी वहाँ आ गए। और राम से कहने लगे कि मुझे आप से कुछ बात करनी है, तो राम ने कहा फरमाइए। तो उन लोगों ने कहा कि अकेले में बात करनी है। तो राम ने कहा कि अकेले ही तो हैं, तो इस बात पर उन लोगों ने कहा कि आप पहले ये शर्त लगाएँ कि अगर कोई हमारी बातों में दख़ल देगा तो आप उसका सर क़लम कर देंगे। तो राम ने कहा : ठीक है। राम ने लक्ष्मण से कहा कि आप बाहर दरवाज़े पर खड़े हो जाएँ और किसी को अन्दर आने ना दें। जब ये लोग बातें करने लगें तभी बाहर विश्वामित्र पहुँचे। उन्होंने कहा कि मुझे राम से कुछ बात करनी है, इसलिए मुझे अन्दर जाना है। लक्ष्मण ने कहा : महाराज आप अभी अन्दर नहीं जा सकते। अन्दर अभी बातचीत चल रही है। विश्वामित्र ने कहा : ऐसी कौन–सी पर्देदारी बात चल रही है कि राम मुझसे छुपाएँगे। तो लक्ष्मण ने कहा कि राम ने मुझसे कहा है कि किसी को भी अन्दर आने मत देना। ठीक है अन्दर जाओ और इज़ाज़त लेकर आओ। तो लक्ष्मण ने कहा कि मैं कैसे अन्दर जा सकता हूँ। उन्होंने किसी को भी अन्दर आने से मना किया है। विश्वमित्र ने कहा : अगर मुझे अन्दर जाने की इजाज़त नहीं मिली तो मैं पूरी अयोध्या नगरी को जलाकर भस्म कर दूँगा। अब लक्ष्मण दुविधा में पड़ गए कि अगर मैं अन्दर जाता हूँ तो अपनी गर्दन कटाता हूँ, अगर यहीं रहता हूँ तो पूरी अयोध्या नगरी जलकर भस्म हो जाएगी। अब लक्ष्मण सोचने लगे कि करूँ तो क्या करूँ। उन्होंने सोचा कि अगर अयोध्या नगरी भस्म हो गई तो बहुत सारे मासूम लोग मारे जाएँगे। इससे अच्छा है कि मैं ही अन्दर जाता हूँ। अब वह अन्दर दाख़िल हुए तो राम ने कहा कि क्या बात है? तो लक्ष्मण ने कहा कि बाहर विश्वामित्र जी आए हुए हैं। तो इन्होंने कहा कि उनको भेज दो अन्दर। तब तक ब्रह्मा और वशिष्ठ जी की बात ख़तम हो चुकी थी। वह असल में राम से यह कहने आए थे कि राम तुम्हारा

इस सरज़मीन पर जो इंसान रूपी अवतार है उसका समय ख़त्म हो चुका है और अब तुम ईश्वर का रूप धारण करो।

ये बात इन लोगों के दरमियान हो चुकी थी। लेकिन लक्ष्मण ने राम से कहा कि भ्राता अब आप मेरा सर कलम कीजिए, तो राम ने कहा : क्यों भाई, बात तो हमारी ख़तम हो चुकी है। तो अब क्यों मैं तुम्हारा सर कलम करूँ?

इस पर लक्ष्मण ने कहा कि वो मर्यादा पुरुषोत्तम राम जिसने अपनी बीवी तक को नहीं बख़्शा और अगर भाई को छोड़ देगा तो पूरी दुनिया उसे कलंकित करेगी। और लक्ष्मण ये बर्दाश्त नहीं कर सकता। इजाज़त दीजिए कि मैं अपने प्राण त्याग दूँ। ये कहकर लक्ष्मण बिना कुछ सुने चले गए। आप तो जानते हैं कि वह शेषनाग के अवतार हैं। शेषनाग जिन पर विष्णु जी आराम करते हैं। लक्ष्मण सरजू नदी में गए और उसकी लहरों में समा गए। और अन्दर डूब गए। इसके बाद राम अपने महल में गए और अपने अनुयायियों को बुलाया और लव और कुश का राज्याभिषेक करवाया और ख़ुद सरजू नदी पहुँचे और उसके प्रवाह में लुप्त हो गए।

उधर पाताल लोक में जो हनुमान को खाने के लिए राजा ने हाथ में लिया तो हनुमान बोलने लगे राम-राम-राम, राम-राम राम, तो राजा ने पूछा कि तुम कौन हो? तो हनुमान ने कहा कि मैं हनुमान हूँ। तो राजा ने कहा कि यहाँ क्या कर रहे हो? तो हनुमान ने कहा कि मैं राम की अँगूठी लेने आया हूँ। तो राजा ने कहा ओ अच्छा-अच्छा, राम की अँगूठी लेने आए हो। तो राजा ने आवाज़ लगाई, ''लाना ज़रा वह थाली'' थाली आई तो राजा ने कहा कि चुन लो इसमें से। उस थाली में हज़ारों चमचमाती हुई अँगूठियाँ थी। हनुमान कहने लगे कि सब अँगूठियाँ तो राम की ही दिख रही हैं। इसमें मेरे राम की अँगूठी कौन-सी है। यह सुनकर राजा ख़ूब ज़ोर से हँसने लगा। और कहने लगा हनुमान ये सब की सब राम की अँगूठियाँ हैं। जब भी राम का अवतार इस मृत्युलोक से जाता है तो उनकी अँगूठी फिसल कर नीचे पाताल में आती है और मैं उठाकर रख लेता हूँ। अब तुम जाओ राम तुम्हें इस मृत्युलोक में नहीं मिलेंगे।

तेऊ ना जानहीं मरम तुम्हारा और तुम्हीं को जननी हारा
जे जानई वही जानई जेहु देई जनाई
जानद तुम्हईं ही तुम्हईं हो जाई।

तो बात ये है कि रामायणों की पिछले हज़ारों सालों से सुनाई जा रही इन रामायणों की कैफ़ियत और कुम्मीयत का अंदाज़ा लगाना नामुमकिन है। आप सोच भी नहीं सकते कि कितनी ज़बानों में रामकथा सुनाई जा चुकी है। जैसे : अन्नामी, बंगला, चीनी, सिंघला, कन्नड़, जपवाई, कम्बोडियाई, कश्मीरी, मलेशियाई, लाओसी, भूटानी, मराठी, प्राकृत, तमिल, तेलुगू, थाई, तिब्बती, उर्दू, फ़ारसी, और शायद अरबी भी। महज़ संस्कृत में इसके पच्चीस से ज़्यादा तर्ज़ तौर-तरीक़ों के बयानिया मुज़ाहरे हैं।

नाटक, अवामी मुज़ाहरे, नृत्य नाटिका इसके अलावा मुजस्समा साज़ी, नक़्क़ाशी, फ़ने-तामीर, मुसव्वरी, कटपुतली वग़ैरा।

> "कोई हद है इनके उरूज की वलग़ुल उला बेकमाले ही"
> तो हाज़रीन अब सुनिये रामायण की बहुतायत में एक लतीफ़ा

चौदहवीं सदी के कन्नड़ शायर कुमार व्यास ने कहा : जब से पृथ्वी का उदय हुआ है, कितनी रामायणें कही जा चुकी हैं। कितनी रामायणें लिखी जा चुकी हैं। कितनी रामायणें बाँची जा चुकी हैं। शेषनाग जिसके फ़न पर पृथ्वी ठहरी हुई है, वह इन रामायणों के बोझ से कराहने लगे हैं। तो मैं कुमार व्यास तय करता हूँ कि रामायण को तो रखूँगा ताक़ पर और मैं लिखूँगा एक नई महाभारत।

जब इतनी रामायणें सुनी-सुनाई, लिखी-रची और बाँची जा चुकी हैं। किसी में क़िस्से की अलग नौइय्यत है। किसी में बयान मुख़्तलिफ़ है। किसी में बिलकुल अलग बयानियाँ हैं। जब सब कुछ इतना अलग-अलग है तो उसमें कोई क़दरे मुश्तरक भी बाक़ी है क्या ?

एक बार हज़रत अरस्तू अलैहेस्सलाम जंगल से गुज़र रहे थे। सामने उनके एक लकड़हारा आरी से पेड़ काट रहा था। उससे उन्होंने पूछा कि ये आरी कैसी है ? हुज़ूर ये ख़ानदानी है। ये तुम्हारे पास कब से है ? उसने कहा कि ये मुझे मेरे बाप ने दी थी। उनको उनके बाप ने दी। फिर उनको उनके बाप ने दी। फिर उनको उनके बाप ने दी। अच्छा इतनी पुरानी है ? तब से वही आरी है ? अब तक खराब नहीं हुई ? वही आरी चली आ रही है ? ना, कभी हत्था बदला गया, कभी फल बदला गया, कभी धार तेज़ की गई। पर महाराज, आरी वही है। आज भी।

इधर जाइए, उधर ले जाइए, कितना भी जाइए पर रामकथा रहेंगी रामकथा ही।

> नाना भांती राम अवतारा
> रामायण सत कोटि अपारा

जो वहदतुल-वजूद है अगर मैं इसके कहने की जसारत करूँ, और इसके जो मुतनव्वअ शहूद हैं तो उसका एक ही क़िस्सा है जो वाल्मीकि की बालकांड में अलग-अलग बयान किया गया है। और 12वीं सदी तमिल कम्मन की के बालकातम में अलग बयान किया गया है। उसकी कुछ मिसाल हम पेश करेंगें आप के सामने।

तो क़िस्सा इस मुक़ाम पर है कि जब विश्वामित्र ने बुलाया राम और लक्ष्मण को राक्षसों का संहार करने के लिए जो उनकी तपस्या में भंग डाल रहे थे और उन दोनों ने उन राक्षसों का विनाश किया। फिर विश्वामित्र उन दोनों को लेकर चले जनकपुर की ओर। उसी समय जब सीता मैया का स्वयंवर होने वाला है तो रास्ते में उनको एक बहुत पुराना जीर्ण-शीर्ण आश्रम दिखा। तो दोनों ने विश्वामित्र से पूछा कि ये आश्रम किसका है ? उन्होंने कहा कि तपस्वियों में तपस्वी, ऋषियों में ऋषी, मनीषियों में मनीषि शिवभक्त महर्षि गौतम का आश्रम है, उनकी पत्नी अहिल्या थी। एक बार जब

महर्षि गौतम तप करने के लिए निकले तो इन्द्र पीछे से मौक़ा देखकर आए, महर्षि गौतम का रूप धारण किया और अहिल्या को रिझाया। अहिल्या सब जान-बूझकर इन्द्र के मायाजाल में फँस गई। इतने में महर्षि गौतम तप करके वापस आए तो इन्द्र और अहिल्या को साथ पाया।

परमदुराचारी महेन्द्र को मरी स्वरूप में तभी देखकर,
मुणीवर गौतम कुपित अति हुए,
फिर वह बोले, सदार्चायवर रखकर मेरा रूप दुर्मते पाप कर्म करने से अतिशय,
होगा विफल अंडकोशों से मुझसे शापित होकर निश्चय,
कुपित महात्मा गौतम मुख से निकले जैसे ही श्राप वचन
वैसे ही उस समय इन्द्र के हुआ अंडकोशों का पतन,
देकर श्राप इन्द्र को हुए अहिल्या पर भी प्रकुपित,
उससे बोले वर्ष सहस्रों यहीं रहेगी तू भी श्रापित,
पीकर पवन भस्म में रहकर क्षुधा तृषा के कष्ट सहेगी,
सभी प्राणियों से हो अदृश्य इस आश्रम में वास करेगी,
जब इस घोर विपिन में भार्य अति दुद्धर्श राम आवेंगे
तब हो पावेगी पवित्र पाप सब मिट जावेंगे।

तो ये था अहिल्या का क़िस्सा अब इसमें रामानुजन क्या कहते हैं?

जब कम्मन की रामायण लिखी जाती है तो इसमें अंडकोशों का विनाश नहीं होता बल्कि इन्द्र के शरीर में हज़ार योनियाँ चस्पाँ हो जाती हैं जो बहुत मुश्किल से उनसे दूर हो पाती हैं। बाल्मीकि में राम भगवान का अवतार है जी इनसान का रूप लिये हुए है। जबकि कम्मन की राम अवतारण में राम एक भगवान हैं जो तमिल भक्ति रस से मग़लूब है। क्योंकि इसमें तमिल गानों, तमिल लोकगीतों, नक़्क़ाशी, फ़ने-इबारत वग़ैरा सब का असर शामिल है। कम्मन के राम एक भगवान हैं जो दुनिया के तमाम मख़लूक़ात इनसान, हैवान, नबातात और जमुदात यहाँ तक कि घास के एक तिनके तक को निजात दिलाने के लिए दुनिया में आए हैं।

राम नाम मणि गहरे धरू जी डेहरी द्वार
तुल्सी भितर बाहरौ जो चहसी उजयार

इस तरह जितनी रामायणें रची गई हैं वह एक तरह से अपने पीछे की लिखी गई रामायणों से फ़ायदा उठाकर उससे इस्तिफ़ादा हासिल करके आगे बढ़ती हैं। तो यूँ कहा जाए तो ग़लत ना होगा कि पीछे रह गई तमाम रामायणें जो अभी तक रची गई हैं वह नातमाम हैं क्योंकि कोई ना कोई रामायण आएगी जो उनसे फ़ायदा लेकर दास्तान को और बढ़ाएगी। तो मीर साहब फ़रमाते हैं कि :

फ़ुरसते ख़ाब नहीं ज़िकरे बुताँ में हमको,
रात यूँ रामकहानी-सी बुना करते हैं।

मिसाल के तौर पर 16वीं सदी की रामायण में जब राम जी को वनवास मिल जाता है तो राम नहीं चाहते कि सीता भी इसके साथ जाए। पहले तो सीता जी सामने की दलीलें रखती हैं कि वह उनकी बीवी है। दुख-सुख की साथी है। कष्ट में उनके साथ रहेंगी। पर राम हर बात को अनसुनी कर देते हैं। आख़िर में सीता ग़ुस्से में फट पड़ती हैं और कहती हैं कि इससे पहले भी तो कितनी रामायणें लिखी जा चुकी हैं। कोई ऐसी रामकथा तुमने कहीं पढ़ी है कि राम बिना सीता के गए हों?

सीता मैया जब तमिल में पहुँचती हैं। यानी जब तमिल रामायण में पहुँचती हैं तो शतकंठ वध में राम के बजाय ख़ुद नायक हो जाती हैं। क्या होता है जब राम दस सर वाले रावण का वध करते हैं? रावन सौ सर लेकर पैदा हो जाता है। अब राम उसको मार नहीं पाते हैं। सीता आगे बढ़ती हैं और उस रावन का विनाश करती हैं। ये वही सीता मैया है जब वह मिथिला पहुँचती हैं तो आज भी यही कहती हैं कि गुरू जी

राम निरमोहया के मुँहवाँ जियत नहीं देखवई हो

हाज़रीन सीता मैया का कथा बयान किया जाए? मौक़ा आया है तो अर्ज़ करते हैं।

एक शायर ने लिखा है उनके बारे में :

"तनशरा पैरहन उरयां न दीदे, चूं जाँ अन्दर तन औ जाँ न दीदे"।

यानी सीता मैया इतनी पवित्र हैं कि जिस्म पर जो लिबास है उसने भी उन्हें उरियाँ नहीं देखा। जिस तरह जाँ जिस्म में है और जिस्म ने जाँ नहीं देखी।

इस शाएर का नाम है अब्दुल मसीह पानीपती, इनकी रामायण जहाँगीरी अहद की है। इनकी रामायण में जब सूर्पनखा रावण के पास पहुँचती है और सीता मैया का बयान करती है तो उस बयान में शीरीन का हुस्न, लैला की ख़ुशबयानी और अज़रा की जाज़बियत जवां हो जाती है।

बसद बुर्क़ा जमाल इश्क़ बेनक़ाब अस्त
ना शम्मे मेह एरे आफ़ताब अस्त
असद जारें आरजू खुर्शीदे ताबाँ
रहश मीरो अज़ जारूबे मिशकाँ

इनकी रामायण में राम एक ऐसे सूफ़ी आशिक़ बनकर उभरते हैं।

दमे होशियार बाश अए दिल ज़े मस्ती
बक़ुफ्रइश्क़ कुन यजदां परस्ती,
न फहमद राज़े वहदत ग़ैर आशिक़
गिर्दे काबा गिर्दे दैर आशिक़
ना आशिक़ काफ़िरसतो नै मुसलमाँ
दानद इश्क़ रा ख़ुद दीन-ईमाँ

हाज़रीन, लक्ष्मण की महत्ता का अगर किसी ने एतराफ़ किया है तो वह किया है जैन रामायणों ने। जैन रामायणों में वासुदेव और उनके दुश्मन प्रति वासुदेव हर बार जनम लेते हैं और एक-दूसरे के सामने आते हैं। लक्ष्मण और रावण उनके 8वें अवतार हैं। जब ये दोनों सामने आते हैं। रावण पहचान जाते हैं कि लक्ष्मण वासुदेव का रूप हैं और अपना पसन्दीदा चक्र निकालकर लक्ष्मण पर हमला कर देते हैं। पर वह चक्र लक्ष्मण को वासुदेव का रूप समझ जाता है और अपने आप को लक्ष्मण के सुपुर्द कर देता है। लक्ष्मण रावण का वध उसी के पसनदीदा चक्र से करते हैं।

हाजेरीन, रामकथाओं का जहाँ तक तआल्लुक़ है उस मामले में जैन यानी जैनी बहुत अक़लपरस्त होते हैं। उनकी रामायणों में उनके हिसाब से हिन्दुओं और ख़ासकर ब्राह्मणों ने रावण को एक बदकिरदार और खलनायक बनाकर पेश किया जबकि वह बहुत ही आला क़िरदार के हामिल थे। उनके हिसाब से रावण तपस्वी, तेजस्वी और नेक आदमी थे। इन सब सवालों का अहाता करने के लिए उठाया सवाल एक जैन मुसन्निफ़ ने अपनी एक रामायण में किया कि रावण कितना बड़ा बलशाली, पराक्रमी, शूरवीर योद्धा थे तो उनको छोटे-छोटे बन्दर कैसे हरा सकते हैं। रावन जैसे शरीफ़, पाक, मोहतरम जैन बुज़ुर्ग को हम गोश्त खाते हुए और इनसान का ख़ून पीते हुए दिखा सकते हैं। कैसे हम कह सकते हैं कि कुम्भकरण 6-6 महीने सो रहा है। उसके ऊपर से हाथी गुज़र गए, उसके कान में गरम-गरम तेल डाल दिए गए, वह जंग के मैदान में है, उसके ऊपर बिगुल वग़ैरह बज रहा है फिर भी वह नहीं जाग रहा है। उन्होंने लिखा है कि रावण इन्द्र को ऊपर से घसीटते हुए लाए और लाकर लंका में बाँध दिया। क्या ये मंतकी तौर पर मुमकिन है? इन्द्र के साथ क्या ये कोई कर सकता है? ये सब झूट इफ्तरा परवाज़ी और बोहतानपरस्ती है तो ब्राह्मण शायरों ने जालसाज़ी करके उड़ाई है और ब्राह्मण शायर कह दिया तो जालसाज़ी कहने की ज़रूरत ही क्या है।

हाज़रीन, इन सब सवालों को लेकर जैन राजा श्रेणिका पहुँचे महर्षि गौतम के पास और उनसे हक़ीक़त दरियाफ़्त की तो गौतम बोले मैं तुम्हें बताता हूँ कि जैन मुनी क्या कहते हैं? वह कहते हैं कि रावण हरगिज़ दानव नहीं था। वह एक शरीफ़, अलीमुर्त्तबा और पाकीज़ा इनसान था जिसने रेयाज़त और तपस्या से अपनी हुकूमत को हासिल किया था। रावण जैन रवायतों का अलमनाक शख़्स है। रावण ने यहाँ तक अज़्म उठाया और एक जैन गुरू के सामने क़सम खाई कि वह किसी औरत को हाथ नहीं लगाएगा अगर वह राज़ी ना होगी।

हाज़ेरीन, रावण निहायत ही शरीफ़ और बहुत ही मोहतात आदमी था। रावण को जिस बात का डर था आखिरश उसकी जान उसी चीज़ से गई। रावन एक अलमेयाँ है। एक इनसानी अलमेयाँ है। इसलिए हाज़ेरीन रावन की याद में

जटाअटवीगलज्जल प्रवाहपावितस्थले
गलेवलम्ब्य लम्बितां भुजंगतुंगभालिकम

डमड्डमड्ड मन्निना दवड्डमर्वय
चकार चंडतांडवंतनोजू नंः शिवः शिवम
जटा कटा हंसभ्रम भ्रमन्निलिपंनिर्झरी
विलोलवी चिवल्लरी विराजमानमूर्धानि
धगद्धगद्ध गज्जलल्ललाट पट्टपावके
किशोर चंद्रशेखरे रतिः प्रतिक्षणं ममं

हाज़ेरीन, ये जो रामकथा है इसके बारे में कहा गया है कि बेवक़ूफ़ से बेवक़ूफ़ आदमी अगर इसको ध्यान लगाकर सुने तो उसके दिल में असर होता है। उसकी ज़िन्दगी बदल जाती है। ये ऐसी दास्तान है जिसको सुनने वाले और इसको सुनाने वाले के दरमियान कोई तफ़रीक की रेखा नहीं होगी। ये ऐसी दास्तान है जो दिलों और दिमाग़ों और रूहों सब पे मिलकर असर करती है। बशर्ते कि आदमी ध्यान से सुने और चूँकि आप लोग ध्यान से नहीं सुन रहे हैं इसलिए अब मैं आपको उस मूर्ख गँवार की कथा सुनाता हूँ जिसको दुनिया में और ज़िन्दगी में किसी चीज़ से कोई दिलचस्पी नहीं थी। निपट गँवार काला अक्षर भैंस बराबर, लेकिन उसकी शादी हो गई बहुत पढ़ी-लिखी औरत से। उस औरत ने बहुत कोशिश की इस गँवार इनसान के अन्दर ज़ौक़, अदब, तहज़ीब वग़ैरा भरने की पर इस इनसान ने जरा भी असर नहीं लिया। एक दिन उस गाँव में एक बहुत बड़ी रामायणी आए रामकथा सुनाने। पूरा का पूरा गाँव रोज़ शाम को वहाँ पहुँचता और रामकथा सुनता। फिर सारे लोग ख़ुश-ख़ुश अपने-अपने घर वापस लौटते। इस गँवार की बीवी ने इसके वहाँ जाने के लिए बहुत कहा। कहते-कहते वह थक गई। तो एक दिन वह वहाँ पहुँचा रामकथा सुनने के लिए। पंडित जी ने रामकथा सुनानी शुरू की और इधर ये गँवार ने खर्राटा लेना शुरू किया। वह रामकथा सुना रहे हैं और ये यहाँ सो रहा है। सुबह हुई। मिठाई बँटी। किसी ने उसको वहाँ सोता देखकर उसके मुँह में मिठाई डाल दी। जब वह घर आया तो बीवी ने पूछा कैसी रही रामकथा तो इसने कहा कि बहुत मीठी थी। तो बीवी बहुत ख़ुश हुई। उसने सोचा कि किसी चीज़ का तो इस पर असर हुआ। अगले दिन फिर उसको वहाँ भेजा गया। वह वहाँ पहुँचा और अन्दर चला गया और दीवार का सहारा लेकर सो गया। वहाँ रामकथा चलती रही और ये रात-भर सोता रहा। उस दिन भीड़ बहुत ज़्यादा थी। एक लड़का उसके कंधे पर बैठकर रात-भर रामकथा सुनता रहा। जब सुबह हुई तो वह लड़का चला गया। जब ये सोकर उठा तो इसके कंधे में दर्द हो रहा था। जब वह घर आया तो बीवी ने उससे पूछा कि कैसी रही रामकथा तो उसने कहा कि सुबह होते-होते थोड़ी भारी हो गई थी। बदन में थोड़ा दर्द हो रहा है। तो बीवी ने कहा हाँ-हाँ ऐसी ही है रामकथा, कभी मधुर लगती है तो कभी कड़वी लगती है। अगले दिन शाम को फिर वह वहाँ पहुँचा। इस दिन बहुत ज़्यादा भीड़ थी। वह अन्दर नहीं जा पाया। वह बाहर झाड़ी पर ही सो गया। रात-भर सोता रहा। एक कुत्ता आया उसके मुँह में पेशाब कर

दिया। ये सो कर उठा और घर की तरफ़ चल दिया। घर पहुँचा तो बीवी ने पूछा, कैसी रही रामकथा तो इसने कहा कि कुछ कड़वी, कसैली-सी थी। ये सुनते ही बीवी का माथा ठनका कि वह रोज़ कहाँ जाता है ? और वह क्या करता है ? बीवी ने उससे पूछा कि तुम क्या सुनकर आए हो बताओ। ये कुछ बता ही नहीं पाया। बीवी ने इससे पूछा कि कथा किस बारे में थी। इसने बीवी के किसी भी सवाल का जवाब नहीं दिया। यह ऐसा मूर्ख गँवार कि इसे ये भी न पता कि रामकथा राम के बारे में होगी। अब इसकी बीवी ने इसे ख़ूब डाँट-फटकार लगाई और दूसरे दिन ख़ुद इसे अपने साथ लेकर रामकथा सुनने वहाँ पहुँची। इसे सबसे आगे वाले सफ़ में वहाँ बैठाया और कहा कि ख़ूब ध्यान से रामकथा सुनना। वह वहाँ बैठा पंडित जी की एक-एक बात को बहुत ध्यान से सुन रहा था। जब पंडित जी ने कहानी को इस मोड़ पर लाया कि हनुमान जी उड़ रहे हैं समुद्र के उस पार। राम की अँगुठी लेकर लंका जा रहे हैं। सीता को दिखाने कि मैं (राम) आने ही वाला हूँ। रास्ते में अचानक हनुमान के हाथ से अँगूठी फिसलकर बीच समुद्र में गिर गई। पंडित जी का ये कहना था कि ये गँवार खड़ा हुआ और कहने लगा कि पंडित जी हनुमान को रोको मैं जा रहा हूँ समुद्र से अँगूठी लाने। उसने छलाँग लगाई और अँगूठी लेकर वापस आ गया। आसपास बैठे लोगों को ये अन्दाजा हो गया कि रामकथा का करिश्मा इस पर हो गया है। तो हाज़रीन, रामकथा अगर कोई इनसान ढंग से सुन ले तो कोई करिश्मा उससे बईद नहीं है।

एक बार गोरखपुर में एक ठाकुर साहब के यहाँ एक पंडित जी पहुँचे रामकथा सुनाने। पंडित जी ने पूरी रामकथा ठाकुर साहब को सुना दी। पर ठाकुर साहब का दिल भरा नहीं था बोले : पंडित जी और रामकथा सुनाइए। पंडित जी बोले : हुज़ूर पूरी रामकथा मैंने आपको सुना दी। ठाकुर साहब बोले : पंडित जी और रामकथा सुनाएँ दिल अभी भरा नहीं है। तो पंडित जी बोले : महाराज अब मैं आपको एक ऐसी रामकथा सुनाता हूँ जिसका कोई अन्त नहीं है।

तो ठाकुर साहब बोले शुरू करें :

बनारस में राजा ब्रम्हदत्त विराजते थे। एक बार उन्होंने ऐलान किया कि कोई मुझे एक ऐसी रामकथा सुनाए जहाँ से हुँकारा भरते-भरते थक जाऊँ तो मैं उसे एक लाख सोने की मुद्रा ईनाम में दूँगा। अब दुनिया-भर के कथावाचक, क़िस्सागो, दास्तानगो वहाँ पहुँचे। रामकथा सुनाते-सुनाते ख़ुद थक जाते पर राजा हुँकारा भरते नहीं थकता। एक बड़े महाज्ञानी पंडित जी थे उनको ये ऐलान सुनने में आया तो उन्होंने अपने एक दोस्त को बुलाया और कहा चलो एक लाख मुहरें जीतने का इससे अच्छा अवसर नहीं मिलेगा। दोनों राजा के दरबार में पहुँचे। पहुँचते ही कहा, महाराज ऐसी रामकथा लेकर आया हूँ कि आप सुनते-सुनते थक जाएँगे, पूरा ब्रह्माण्ड थक जाएगा, जग थक जाएगा पर रामकथा नहीं ख़तम होगी। अब राजा का सर चकराया कि ये कैसा दावा लेकर आया है। तो राजा ने कहा कि शुरू करें। पंडित जी ने कहा, महाराज एक ज़माने में

अयोध्या के किनारे एक बहुत बड़ा ताल था, उस ताल के किनारे एक बहुत बड़ा बरगद का पेड़ था। उस बरगद के पेड़ के ऊपर हज़ारों गौरेया आती थीं और जाती थीं। तो हुआ यूँ के वहाँ पर एक किसान रहता था। किसान ने अपना सारा अनाज पीपे में भरकर उस बरगद के पेड़ के नीचे रख दिया। महाराज एक गौरैया बरगद के नीचे आई, पीपे पर बैठी, दाना चुगा और फुर्र से उड़ गई। तो महाराज दूसरी चिड़िया आई पीपे पर बैठी, दाना चुगा और फुर्र से उड़ गई। महाराज तीसरी चिड़िया आई, पीपे पर बैठी, दाना चुगी और फुर्र से उड़ गई। इसी तरह चौथी, पाँचवीं, छठी, सातवीं, आठवीं। तीन दिन के बाद महाराज़ बोले : कितनी चिड़ियाँ हैं पेड़ पर? पंडित जी बोले महाराज ये तो राम के अलावा कौन जान सकता है? किस समय कितनी गौरैया आ रही हैं और कितनी जा रही हैं, ये तो राम ही बता सकते हैं कि पेड़ पर कितनी गौरैया? तो महाराज एक हज़ार 33वीं चिड़िया आई पीपे पर बैठी, दाना चुगा और फुर्र से उड़ गई। इसी तरह 8,10,12,15 दिन गुज़र गए तो राजा ने कहा पंडित जी ये बताएँ कि आप की रामकथा में सिर्फगौरैया फुर्र–फुर्र करके आ रही है और जा रही है तो पंडित जी ने कहा कि क्या कह रहे हैं महाराज? जन–जन, कन–कन में राम बसे हुए हैं। अरे ताल कहाँ है? पेड़ कहाँ है? सब अयोध्या में हैं। ये अयोध्या किसका है? राम का है। कथा किस की है? राम की है। तो महाराज 33 हज़ार तीन सौ 34वीं चिड़िया आई पीपे पर बैठी और दाना चुगी और फुर्र से उड़ गई। इसी तरह 18,19,20 दिन हो गए तो राजा ने कहा पंडित जी पीपा ख़ाली हुआ कि नहीं? तो पंडित जी ने कहा, महाराज आसमान में कितने तारे हैं उससे ज़्यादा अनाज एक पीपे में होते हैं। पहले पीपे का एक चौथाई हिस्सा अभी ख़ाली हुआ है। अभी तो 19 पीपा बाक़ी है। ये सुनते ही राजा ने हाथ जोड़कर कहा धन्य हो रामकथा, हरी अनन्त हरी कथा अनन्ता।

हाज़ेरीन अब इस रामकथा को यानी दास्ताने जय राम जी को यहीं पर रोक रहा हूँ।

तो काबा फिर काशी भया और राम भया रे रहीम
मोट गूंध मैदा भया, बैठ कबीरा जीम
राम बोलावा भेजिया, दिया कबीरा रोय
जो सुख साधू संग में, सो वैकुंठ ना होय
वेद मुआ, रोगी मुआ, मुआ सकल संसार
एक कबीरा ना मुआ, जाके रामाधर
कबीरा ते नर अंध है, गुरू को कहते और
हरि रूठे गुरू ठौर हैं गुरू रूठे नहीं ठौर
कबीरा कुता राम का मोतिया मेरा नाँव
गले राम की जेवड़ी जित् खींचे तित जाँव।

दास्ताने-मंटोइयत

ये दौर जिसमें दिल का नहीं है कोई मक़ाम
पत्थर से कर रहा है जो शीशे का एहतेराम
इस दौर में बजुर्रते रिन्दाना दिल की बात
कहता रहा था कोई तो मंटो था उसका नाम
मंटो कि जिसने ज़हर पिया है ब-हर-नफ़स
और ज़िन्दगी का नाम लिया है तमाम उम्र
तहज़ीब का खुरच के हर एक गाज़ा-ए-फ़रेब
इन्सां का इन्तक़ाम लिया है तमाम उम्र

जब मैंने मंटो को देखा तो वो चौदह-पन्द्रह बरस का लड़का था, आँखों पर चौड़े शीशों का चश्मा, सियाह फ्रेम, बाल बिखरे हुए, रंग गोरा, क़द दरमियाना, दुबला-पतला, आवाज़ में कशिश, नई बात कहता, नई बात सोचता, अंग्रेज़ी फ़र्राटे से बोलता, फ़र्राटे से लिखता।

उसे बीमारियाँ पालने का शौक़ था, ज़रूरत से ज़्यादा सिगरेट पीने के बायस उसका गला अक्सर ख़राब हो जाता, अगर कभी थूक में ख़ून आ जाता तो कहता, मुझे थाईसिस है। एकाध दवा की शीशी उसके हाथ में ज़रूर होती, वो अक्सर टॉनिक भी इस्तेमाल करता था, वो फल बहुत शौक़ से खाता था, वो अपना इलाज ख़ुद कर लेता था, उसे पेनिसिलिन के इंजेक्शन लगाने का बहुत शौक़ था, ज़रा-सी तकलीफ़ होती तो ख़ुद अपने हाथ से पेनसिलिन का इंजेक्शन लगा लेता।

वो मार्लिन डीटरिच की टाँगों पर मरता था और मैं गार्बो की हुस्न-ए-उदास को देखकर आहें भरता था। उसके कमरे में सामने की दीवार पर मार्लिन डीटरिच और जोन ग्राफर्ड की तस्वीरें आवेजाँ थीं। भगत सिंह का एक मुजस्समा भी था, सआदत के वालिद का उन दिनों इन्तक़ाल हो चुका था। उनकी भी एक तस्वीर दीवार पर लटकी रहती थी।

मंटो के वालिद मुनसिफ़ थे। उन्होंने दो शादियाँ की थीं, सआदत की वाल्दा उनकी दूसरी बीवी थी। मुनसिफ़ साहब ने अपनी पहली अहलिया की औलाद की तालीम और तरबियत पर इतनी तवज्जो दी कि उनकी वफ़ात पर छोटी बेग़म और उनकी औलाद के लिए कुछ बाक़ी न बचा, सिवाए तल्ख़ यादों के।

शुरू के साल में उसे नॉवेल के मुताअले से ही फ़ुर्सत नहीं मिलती थी। वो अपनी वालिदा के पैसे चुराता और नॉवेल ख़रीदता, रिश्तेदारों और दोस्तों से क़र्ज़ लेता और नॉवेल ख़रीदता, वालिद से फ़ीस और जुर्माने और पिकनिक और मुख़्तलिफ़ तरक़ीबों से पैसे लेता और नॉवेल ख़रीदता। दोस्तों के वालदैन से दोस्ती गाँठता, रिश्ते निकालता, किसी को मामूजान कहता और किसी को चचा मियाँ, उनकी नज़र ज़रा-सी चूकती और मंटो उन्हें चचा बना कर छोड़ता। कोई किताब उड़ाई और चम्पत।

चुनाँचे एक दफ़ा, अमृतसर में रेलवे स्टेशन पर मंटो एक दोस्त के साथ व्हीलर की बुकशॉप पर पहुँचे, कोई किताब चुराई, दुकानदार ने पकड़ लिया। पुलिस बुलवा ली। अब मंटो, जैसा कि उनका मामूल था, खादी का कुरता-पजामा पहने हुए थे, और अमृतसर का सियासी माहौल हमेशा की तरह गर्म। जब पुलिस मंटो को लेकर जाने लगी, तो मंटो ने वहीं प्लेटफार्म पर ज़ोर से नारा लगाया, 'इंक़लाब ज़िन्दाबाद'। एकदम से भीड़ जमा हो गई, लोगों ने समझा कि सियासी क़ैदी है। बस ज़बरदस्ती उनको पुलिस से छुड़वा दिया। ये साहब ख़ुश-ख़ुश घर को लौटे।

वो बड़े मज़े से नॉवेल के प्लॉट सुनाता और इस तरह सुनाता जैसे ख़ुद नॉवेल का मुसन्निफ़ है। नॉवेल के सैकड़ों प्लॉट उसके ज़ेहन में उलझ कर रह गए। उसकी ज़िन्दगी बेशुमार प्लॉटों का जाल बन गई।

मंटो वकीलों के ख़ानदान से था। उसकी गली वकीलों वाली गली कहलाती थी। और उसके अब्बा मुनसिफ़ ग़ुलाम हुसैन जो बड़े सख़्त आदमी थे, चाहते थे कि मंटो वकील या बैरिस्टर बने। वो रोज़ सुबह-सुबह मेरे घर आते, चिल्लाकर मेरे अब्बा को आवाज़ देते, ख़ुदा बख्शे बड़े कड़ाके की आवाज़ थी। अब्बा बाहर आते मंटो के रोज़ाना के तालीमी हालत पे तब्सिरा होता, दोनों मिलकर कोई प्लॉट बनाते लेकिन मंटो एक जुकंद भरता और ये सारे घरौंदे अपनी जगह रह जाते और बरख़ुरदार ये जा और वो जा। वो दूर खड़ा होकर बुजुर्गों के मंसूबों पर मुस्कुराता।

एक दिन मुनसिफ़ साहब हस्ब-ए-मामूल सुबह हमारे घर आए और अब्बा से पूछा : ''फ़रमाइए क्या हाल है सआदत का, अब तो ख़ूब पढ़ता होगा, दिन-रात आपके पास रहता है।'' अब्बा बहुत चकराए, कहने लगे कि ''अरे साहेब पन्द्रह दिन से मैंने उस बदबख़्त की शक्ल नहीं देखी है,'' कुछ दिन के बाद मालूम हुआ कि मंटो बम्बई में तशरीफ़फ़र्मा हैं। बहरहाल बुलवाए गए, और जब लौटे तो मंटो ने अब्बा के ख़िलाफ़ बग़ावत का ऐलान कर दिया।

चंद गुमनाम अशख़ास के नाम से एक इश्तेहार छापा और उसे शहर के कूचा-ओ-बाज़ार में लगाया कि 'मुहम्मद उमर ख़ाँ' हेडमास्टर मुस्लिम हाई स्कूल को फ़ौरन नौकरी से अलग किया जाए, वो दिन-रात बच्चों को पढ़ाता है, इस तरह मुसलमान बच्चों की तन्दुरुस्ती ख़राब हो रही है और उनकी ज़ेहनी हालत रू-ब-ज़वाल हो रही

है। अगर मुहम्मद उमर ख़ाँ को नहीं हटाया गया तो सारे तालिबे-इल्म और उनके वालदैन बग़ावत कर देंगे।

जब सआदत पर कुछ और पाबंदियाँ आयद की गईं तो उसने अब्बा के ख़िलाफ़ 'हसन बिन सबाह' कमेटी की तशकील कर डाली। अब्बा के नाम धमकियों भरे ख़त आने लगे कि "तुम अगर अपनी हरकतों से बाज़ नहीं आए तो तुम्हें क़त्ल कर दिया जाएगा।" ज़रा क़ातिल की हिम्मत और जुर्रत देखिए कि सुबह-सुबह घर आता और ख़त डालकर चला जाता, अब्बा अपने क़ातिल से ख़ुद मिलना चाहते थे। चुनाँचे एक दिन क़ातिल उनकी गिरफ़्त में आ ही गया और बुरी तरह से मजरूह हुआ।

हसन बिन सबाह कमेटी दरहम-बरहम हो गई। उस कमेटी का दफ़्तर न जाने कहाँ था, मगर कहीं-न-कहीं था ज़रूर और इसका सबूत ये है कि एक दिन जब अब्बा मंटो की क्लास को पढ़ा रहे थे, एक सरदार साहेब आए और क्लास रूम के बाहर खड़े हो गए। सरदार साहेब फ़र्नीचर और ख़ेमे किराए पर दिया करते थे। अब्बा ने आने की वजह पूछी, कहने लगे कि वो दरी वापस नहीं मिली और न ही उसका किराया मिला। अब्बा ने पूछा, "कौन-सी दरी? और कैसा किराया?" सरदार साहब ने कहा कि "वही जो आपका छोटा बेटा मेरी दुकान से लाया था आपके बड़े बेटे की शादी पर।" अब्बा जी इस मुअम्मे पर ग़ौर कर ही रहे थे कि सरदार जी की नज़र मंटो पर जा पड़ी जो उन्हें देखकर दुबक रहा था। सरदार जी ने चिल्लाकर कहा कि "देखिए वो ही तो लाए थे," अब्बा मुस्कुरा दिए।

ये वो ज़माना था जब मैंने आवारागर्दी शुरू कर रखी थी। तबीयत हर वक़्त उचाट-उचाट-सी रहती थी। जी चाहता था कि जो चीज़ सामने आए उसे चखूँ, ख़्वाह वो इन्तेहाई कड़वी क्यूँ न हो। तकिओं में जाता था, क़ब्रिस्तानों में घूमता था, जालियाँवाला बाग़ में घंटो किसी सायादार दरख़्त के नीचे बैठकर किसी ऐसे इंक़लाब के ख़्वाब देखता जो चश्म-ए-ज़दन में अंग्रेजों की हुकूमत का तख़्ता उलट दे। स्कूलों को जाती हुई लड़कियों के झुरमुट को देखता था और उनमें से कोई अच्छी-सी एक लड़की मुन्तख़ब करके उससे इश्क लड़ाने के मंसूबे तैयार करता था। बम बनाने के नुस्ख़े हासिल करने की कोशिश करता था। बड़े-बड़े गवैयों के गाने सुनता था और क्लासिकल मौसीक़ी को समझने के लिए पेचोताब खाता था।

मैंने उस ज़माने में शेर कहने की भी कोशिश की, फ़र्ज़ी माशूक़ों के नाम इत्र लगे काग़ज़ों पर बड़े-बड़े तवील मुहब्बतनामे भी लिखे, मगर बकवास समझ कर फाड़ दिए। दोस्तों के साथ मिलकर चरस के सिगरेट पिए, कोकेन खाई, शराब पी, फज़लू कुम्हार की बैठक में घंटों जुआ खेला मगर जी की बेकली दूर न हुई।

जुए से मेरी तबीयत उकता गई और मैंने आहिस्ता-आहिस्ता बैठक में जाना छोड़ दिया। इस दौरान मेरी मुलाक़ात बारी साहब से हुई, जो रोज़नामा मसावात के एडिटर मुक़र्रर होकर अमृतसर आए थे। जीजे के होटल शीराज़ में दोनों चाय पीने आते थे और

अदब और सियासत पर बातें करते थे। उनकी संजीदगी और मतानत–भरी ज़राफ़त मुझे पसन्द आई। वो भी मेरे ज़ेहनी इंतेशार को भाँप गए और उन्होंने मुझे सहाफ़त की तरफ़ माइल किया और आहिस्ता–आहिस्ता अदब से रूशनास कराया। पहले मैं तीरथ राम फ़िरोजपुरी के नॉवेल पढ़ा करता था। अब बारी साहब की वजह से ऑस्कर वाइल्ड और विक्टर ह्यूगो मेरे ज़ेरेमुताअला रहने लगे। जो वक़्त पहले फ़्लश खेलने में कटता था, अब मसावात के दफ़्तर में कटने लगा। आहिस्ता–आहिस्ता मैंने फ़िल्मी ख़बरों का एक कॉलम सँभाल लिया। मसावात के बाद बारी साहब ने ख़ल्क़ नाम का एक रिसाला शाया किया, ये वो रिसाला है जिसमें मेरा पहला अफ़साना 'तमाशा' छपा।

आजकल मैं जो भी हूँ उसको बनाने में सबसे पहला हाथ बारी साहब का है। उनसे मुलाक़ात न होती और मुतवातिर तीन म्हीने मैंने उनकी सोहबत में न गुज़ारे होते तो यक़ीनन मैं किसी और ही रास्ते पर गामज़न होता। उनको मुझसे बहुत मुहब्बत थी, उनको मुझ पर नाज़ भी था मगर इसका इज़हार उन्होंने मेरे सामने कभी नहीं किया। और मुझे ये मालूम नहीं कि उन्होंने कभी किसी से इस अंदाज़ से कहा हो कि "मंटो मेरा बनाया हुआ है।" हालाँकि ये हक़ीक़त है कि मुझे तहरीर–ओ–तसनीफ़ के रास्ते पर डालने वाले वही थे।

बारी साहब का ज़िक्र आया है तो उनसे मुनसलिक एक लतीफ़ा सुनिए। मैं सात आठ साल के बाद बम्बई से अमृतसर पहुँचा, तो स्टेशन पर उतरते ही पुराने दोस्त हसन अब्बास से मुलाक़ात हुई। हमने ये तय किया कि भई, हम दोनों सुबह से ही शुरू हो जाएँ जिससे जज़्बात घुटे–घुटे ना रहें और सब बात खुल के हो। उस ज़माने में शराब पर पाबंदी भी नहीं थी। स्पेंसर वाले खुले आम रबर टायर गाड़ियों पर शराब बेचा करते थे। तो साहब मैंने और हसन अब्बास ने सुबह–सुबह ही अपने जज़्बात की चाबियाँ जॉनी वॉकर के हवाले कर दीं। हसन अब्बास, मैं और बारी साहब, पुरानी अनारकली के एक कमरे में सुबह से, अगर अमृतसरी ज़बान में कहा जाए तो, काफ़ी गुट थे। तभी एकदम से राजिंदर सिंह बेदी वहाँ तशरीफ़ ले आए। अब बेदी ने आते ही कुछ इस अंदाज़ से रूसी नॉवलनिगार शोलोख़ोव की नॉवल 'एंड क्वायट फ्लोज़ द डॉन' के बारे में गुफ़्तगू शुरू की, इस आलिमाना अंदाज़ से, कि मुझे ख़्वामख़्वा गुफ़्तगू में शामिल होना पड़ा और कहना पड़ा कि भई नॉवल मेरा पढ़ा हुआ है। इस पर बेदी ज़रा घबरा गया। बारी साहब मामला ताड़ गए। उन्होंने फिलब्दीह एक लेक्चर देना शुरू किया। शोलोख़ोव की नॉवेलनवीसी पर, रूसी अफ़सानानिगारी की तारीख़ पर, कि कुछ ही देर में बड़े बेंदेपन से बेदी को ये क़बूल करना पड़ा कि नॉवल उसका पढ़ा हुआ नहीं है। अब जब बेदी ने क़बूल कर लिया तो मैंने भी इक़रार किया कि नॉवल मैंने भी नहीं पढ़ा है। इस पर बारी साहब ख़ूब हँसे और बोले कि "अरे ये शोलोख़ोव किस चिड़िया का नाम है, ये तो मैंने ज़िन्दगी में पहली बार अभी बेदी के मुँह से सुना है।"

बारी साहब ने मंटो, हसन अब्बास और अबू सईद कुरैशी के साथ मिलकर फ्रीथिंकर्स नाम का एक हल्क़ा बनाया और उसके कुछ क़ायदे थे—मसलन कम से कम दो मेम्बर मिलकर दोपहर के वक़्त हॉल बाज़ार का चक्कर काटें, रास्ते में एक-दूसरे से बात न करें, ग़ैर मेम्बर से बातचीत की इजाज़त न होगी, गर्मियों में फलालीन की पतलून और खाकी कमीज़ पहने, दिन में एक बार बाज़ार में खाना खाएँ, साल में सिर्फ़ चार मर्तबा सर के बाल कटवाएँ, लस्सी न पिएँ, मगर उसमें सबसे अहम क़ायदा ये था कि महीने में एक मर्तबा किसी ग़ैर मेम्बर को बेवक़ूफ़ बनाएँ।

एक मर्तबा फ्रीथिंकर्स के सारे मेंबर अहमक़साज़ी का कोटा पूरा कर चुके थे। सआदत अपनी नाकामी पर नादिम हो रहा था कि आशिक़ फ़ोटोग्राफ़र शिराज़ में आ धमका। आशिक़ बम्बई रह के आया था और उसका स्टूडियो बहुत ग्लैमरस क़िस्म की चीज़ था। "आइए आइए, आर्टिस्ट साहब," कहते हुए सआदत ने आशिक़ का ख़ैरमकदम किया। सआदत को शरारत सूझ चुकी थी, वो इशारों ही इशारों में हम से कह गया कि हम उसकी हाँ में हाँ मिलाएँ। इधर-उधर की बातें करने के बाद सआदत लाहौर की तारीफ़ करने लगा, आशिक़ अपने अमृतसरी होने का सुबूत दे रहा था। सआदत ने मौसम का ज़िक्र छेड़ते हुए कहा कि "यार, ये बात तो लाहौर ही को नसीब हुई है कि वहाँ ट्रैफिक पुलिस वालों को बर्फ़ के कोट पहनाए जा चुके हैं।" "बकवास," आशिक़ ने कहा। "इसमें ताज्जुब की क्या बात है? साइंस का ज़माना है। अगर बर्की क़ुव्वत से पंखे चल सकते हैं तो बर्फ़ के कोट बना लेना क्या मुश्किल काम है?" सआदत ने पूरे वसूक़ और यक़ीनी अंदाज़ में जवाब दिया। आशिक़ के गहरी सोच में पड़ जाने से मौज़ू-ये-सुखन बदल दिया गया और दस-पन्द्रह मिनट के बाद हम लोग मुन्तशिर हो गए।

अगली शाम को सआदत शिराज़ में इसरार कर रहा था कि वो आशिक को अहमक़ बना चुका है लेकिन दूसरे लोगों की राय थी कि आशिक़ की ख़ामोशी को नीम रज़ामंदी से आगे नहीं बढ़ाया जा सकता। अहमक़साज़ी के उसूलों पर बातें हो रही थीं कि आशिक़ बिजली की सी तेज़ी से अन्दर दाख़िल हुआ और कफ़गीर उठा कर सआदत के सर पर दे मारी, सआदत ने चाय की प्याली से वार किया, दोनों गुत्थम-गुत्था हो गए, घूसों की लड़ाई होने लगी, फिर उन्हें छुड़ाया गया।

"क्या बात है आशिक़ साहब? क्या हुआ?"

"मुझे पागल समझ रखा है," उसने ज़रा रुक के कहा, "मैं अभी-अभी लाहौर से आ रहा हूँ, वहाँ किसी ट्रैफिक वाले के पास कोई बर्फ़ का कोट नहीं है, मैंने दोबारा पूछा तो कहने लगे अमृतसरी है क्या? क्या मैं पागल हूँ?"

"नहीं हरगिज़ नहीं, पागल तो ये सआदत है जो ऐसी फ़िज़ूल बातें करता रहता है।"

एक मर्तबा मंटो को पता चला कि आग़ा हश्र कश्मीरी अमृतसर से लाहौर जा रहे हैं, मंटो ने कोशिश करके उसी कम्पार्टमेंट का टिकट हासिल कर लिया और एक

निहायत घटिया ड्रामे की किताब लेकर आग़ा साहब के सामने बैठ गया। आग़ा साहेब ने दूर से ड्रामे का नाम पढ़ लिया, जब मंटो ने किताब से नज़र हटाकर आग़ा साहेब को देखा तो आग़ा साहेब ने पूछा, "क्या तुम ड्रामे शौक से पढ़ते हो?" मंटो ने असबात में सर हिलाया। इस पर आग़ा साहेब ने पूछा "तुम्हारे हिसाब से इस मुल्क का सबसे बड़ा ड्रामानिगार कौन होगा?" मंटो ने सारे नाम गिना दिए—अमानत, अहसन, बेताब, मास्टर रहमत, ग़ुलाम अली दीवाना, एक आग़ा साहब का नाम नहीं लिया। वो बोले "क्या तुमने आग़ा हश्र कश्मीरी का नाम नहीं सुना है?" मंटो ने कहा "नहीं, वो क्या करते हैं?" बस, फिर अल्लाह दे और बंदा ले! आग़ा साहब बरस पड़े और लाहौर तक बरसते रहे। मंटो भी कम न था। जब लाहौर आ गया तब उसने आग़ा साहब को बताया कि "आग़ासाहब, आपको कौन नहीं जानता। क़िबला आपसे तआरुफ़ हासिल करने के लिए ही मैंने ये ड्रामा खेला था।"

एक दिन अचानक बोला, आओ यार ज़रा हफ़ीज़ जालंधरी, जो शायरे इस्लाम कहे जाते थे, हालाँकि उन्होंने अभी तो मैं जवान हूँ भी रक़म फ़रमाया था, को छेड़ें।

फिर वो भरी महफ़िल में हफ़ीज़ साहब के पास गया और निहायत अदब से लेकिन ज़ोर से बोला, "हुज़ूर, शाहनामा-ए-इस्लाम के एक शेर के बारे में आपसे इस्तिफ़ादा हासिल करना है, बहुत गहरा शेर है, आपने फ़लसफ़े में कोई नुक़्ता नज़्म फ़रमाया है, मैंने हज़ार सर मारा, पढ़े-लिखे दोस्तों से भी मशविरा लिया, लेकिन वो मुझे मुतमईन न कर सके।" हफ़ीज़ साहब ने पूछा। "कौन-सा शेर है?"

तो मंटो बोला,"ये लड़का जो कि बैठा है, वो लड़की जो कि बैठी है
ये पैगम्बर का बेटा है, वो पैगम्बर की बेटी है"

सारी महफ़िल किश्त-ए-ज़ाफ़रान बन गई और हफ़ीज़ साहेब भी हँसने लगे।

हाज़रीन अमृतसर में मुस्लिम बॉयज़ हाईस्कूल और फिर M.A.O कॉलेज में मंटो साहब हाईस्कूल में तीन बार फ़ेल हुए। जब पास हुए, तो उर्दू में फ़ेल थे। फिर एफ़ ए में फ़ेल हुए। अमृतसर को ख़ैराबाद कहा और लाहौर चले आए। तब तक उनकी अदबी ज़िन्दगी शुरू हो चुकी थी। वहाँ आकर उन्होंने 'पारस' अख़बार में नौकरी शुरू कर दी, और वहाँ के कुछ रिसालों में रूसी अदब पर कुछ नम्बर निकाले जिनसे उनको ख़ासी शौहरत मिली। फिर वहाँ से वो बी. ए. करने अलीगढ़ पहुँचे, तो उनको टीबी हो गया, निकाल दिये गए। वापस अमृतसर लौटे तो बहुत अफ़सुर्दा से थे कि उन्हें बम्बई से मिस्टर नज़ीर का ख़त मिला। यहाँ से मंटो साहब की ज़िन्दगी का एक नया दौर शुरू होता है।

मेरी ज़िन्दगी के तीन बड़े हादसे हैं। एक : मेरी पैदाइश जिसकी तफ़्सीलात का मुझे कोई इल्म नहीं है, दो : मेरी शादी और तीन : मेरा अफ़सानानिगार बन जाना। जब बम्बे से हफ़्तावार 'मुसव्विर' के मालिक मिस्टर नज़ीर ने मुझे ख़त लिखा कि मैं बाम्बे आकर उनके पर्चे की इदारत सँभाल लूँ तो अपने हालात से परेशान, मैंने फ़ौरन

बोरिया-बिस्तर बाँधा और बाम्बे चला आया। मिस्टर नज़ीर ने मुझे चालीस रुपए माहवार पर नौकर रख लिया। जब मैं उनके दफ़्तर में सोने लगा तो उन्होंने किराये के तौर पर दो रुपये तनख़्वाह से काटना शुरू कर दिया। इसके बाद जब उन्होंने मुझे इम्पीरियल फ़िल्म कंपनी में बहैसियत मुकालमानिगार चालीस रुपए माहवार पर मुलाज़िम करा दिया तो मेरी तनख़्वाह आधी यानी बीस रुपये कर दी। शुरू में तो दफ़्तर में ही रहा पर कुछ महीनों बाद, एक निहायत ग़लीज़ चाल में एक खोली नौ रुपये माहवार पर ले ली। इस खोली में इस क़दर खटमल थे कि छत पर से बारिश के क़तरों की तरह गिरते थे—कुछ दिन बाद मेरी वालदा मुझसे मिलने उस ग़लीज़ खोली में आई तो वहाँ का हाल देखकर उनकी आँखों में आँसू आ गए। रोने से फ़ारिग़ होकर मेरी वालिदा ने बड़ी संजीदगी से पूछा, "सआदत, तुम ज़्यादा क्यूँ नहीं कमाते?" मैंने जवाब दिया।

"बीबीजान,ज़्यादा कमाकर क्या करूँगा? जो कुछ कमा रहा हूँ मेरे लिए काफ़ी है।"

उनहोंने मुझे ताना दिया, "नहीं बात असल में ये है कि तुम ज़्यादा कमा नहीं सकते। ज़्यादा पढ़े-लिखे नहीं हो न!"

मैंने बात को टालते हुए कहा, "बीबीजान, मैं जो कुछ भी कमाता हूँ मेरी ज़ात के लिए काफ़ी है। घर में बीवी होती तो फिर आप देखतीं, मैं कैसे कमाता हूँ।"

मेरी बात सुनकर मेरी वालिदा ने अचानक मुझसे सवाल किया, "शादी करोगे?"

मैंने ऐसे ही कह दिया, "हाँ, क्यों नहीं।"

इस पर वो बोलीं, "इस इतवार को तुम माहिम आ जाना। फुटपाथ पर खड़े रहना। तुम्हारी शादी का बंदोबस्त हो जाएगा। इंशा अल्लाह। लेकिन देखो बाल कटवा के आना।"

अगले इतवार को मैंने बाल तो न कटवाए, पर अपने कैनवस शूज़ की पॉलिश की और डबल रेट पर धुलवाई हुई सफ़ेद पतलून पहन कर माहिम पहुँच गया और उनकी बताई जगह पर खड़ा हो गया। वालिदा तीसरी मंजिल के फ़्लैट की बालकनी पर पहले से मुन्तज़िर थीं। वो नीचे आईं और साथ चलने को कहा। दूसरी मंजिल के फ़्लैट में पहुँचकर वालिदा ज़नानख़ाने में चलीं गईं। एक गोरे-चिट्टे साहब जो बड़े जोर-शोर से मेरा इस्तक़बाल कर रहे थे वो पुलिस महक़मे में फ़िंगर प्रिंट स्पेशलिस्ट थे। मैंने उन्हें सब खुल के बता दिया कि ऐसी फ़िल्म कम्पनी में मुलाजिम हूँ जहाँ तनख़्वाह नहीं मिलती लेकिन रोज़ एक बियर की बोतल ज़रूर पीता हूँ। जब उन्होंने मेरी किसी बात का बुरा न माना तो मुझे बहुत ताज्जुब हुआ। मैं फ़िक्र में पड़ गया और सोचा कि अब इस मझधार में अपनी कश्ती को डाल ही देना चाहिए। आख़िरकार, तक़रीबन एक साल बाद रुख़सती का दिन मुअय्यन हुआ। दोस्तों की मेहरबानी से एक फ़्लैट और फ़र्नीचर का इन्तज़ाम हुआ। मेरी बरात गोया एक फ़िल्मी बरात थी। मियाँ कारदार,

डायरेक्टर गुंजाल, उस ज़माने के मशहूर एक्टर इ बिलिमोरिया, नूर मोहम्मद चार्ली, मिर्ज़ा अशरफ, बाबू राव पटेल और पहली रंगीन फ़िल्म की हिरोइन पद्मा देवी—ये सब शरीक थे। रुख़सती हो गई, मैंने दोस्तों का शुक्रिया अदा किया, थक के चूर हो गया था तो सो गया। दूसरे रोज़ मैंने महसूस किया कि मेरे वजूद का एक चौथाई हिस्सा शौहर में तब्दील हो चुका है। इस एहसास से मुझे बहुत इत्मीनान हासिल हुआ।

एक दिन दफ़्तर की गर्मी से परेशान होकर मैंने सोचा कि जाकर मंटो के यहाँ आराम कर लूँ फिर वापस मलाड जाऊँ। दरवाज़ा हस्ब-ए-मामूल खुला हुआ था, जाकर देखा तो सफ़िया मुँह फुलाए लेटी है, मंटो हाथ में झाड़ू लेकर सटासट पलंग के नीचे हाथ मार रहे हैं। मैंने पूछा, "ये क्या कर रहे हैं?"

"क्रिकेट खेल रहा हूँ।"

"काहे का झगड़ा है?"

सफ़िया बोली, "कुछ नहीं इस्मत बहन, मैंने कहा खाना पकाना, गृहस्थी वगैरह मर्दों का काम नहीं, तो बस जैसे तुमसे उलझते हैं मुझसे भी उलझ पड़े कि क्यूँ नहीं है मर्दों का काम, मैं भी झाड़ू दे सकता हूँ। मैंने बहुत रोका तो और लड़े। कहने लगे कि ऐसा है तो तलाक़ ले ले।"

फिर झगड़ा टला और सफ़िया हांडी बघारने लगी तो मुझे ज़ोर की उबकाई आई, मंटो फ़ौरन ताड़ गया कि मामला क्या है और चिल्लाया, "अरे बेवक़ूफ़ इनका पैर भारी है।"

"उफ़। गन्दगी की इन्तहा है। जभी तो लोग आपको फुहशनिगार कहते हैं।"

मेरे इस बिगड़ने पर मंटो ख़ूब चहका और बड़ी-बूढ़ियों जैसे मशवरे देने लगा।

"पेट पर ज़ैतून के तेल की मालिश से खरोंचें नहीं पडेंगीं। निहार मुँह सेब का मुरब्बा खाने से उब्काईयाँ नहीं आतीं। खोपरा खाने से बच्चा गोरा होगा, और आसानी से होगा। और हाँ, जापे में बर्फ़ न चबाइएगा, नले सूख जाते हैं, क्यूँ सफ़िया?" सफ़िया खिसियाकर रह गई। हटो मंटो साहब।

पूने से आने के बाद मालूम हुआ कि मंटो के यहाँ बेटी हुई है। मैं पहुँची तो पता चला कि मंटो साहब ड्राईंग रूम की अलगनी पर पोतड़े निचोड़-निचोड़ कर फैला रहे हैं।

एक दिन मैंने पूछा, "मंटो साहब आपने कभी मोहब्बत की है?"

"मोहब्बत? वो क्या होती है। मुझे अपने ज़री के जूते से मोहब्बत है। रफीक़ गज़नवी को अपनी पाँचों बीवियों से मुहब्बत है।"

"मेरा मतलब उस इश्क़ से है जो एक नौजवान को एक दोशीज़ा से हो जाता है।"

"हाँ, मैं समझ गया, कश्मीर में एक चरवाही थी।"

"फिर?"

''फिर कुछ नहीं''

''वैसे तो आप मुझे इतनी गन्दी बातें बता देते हैं और आज शरमा रहे हैं।''

''कौन गधा शरमा रहा है? बस जब वो मवेशी हाँकने के लिए अपनी लकड़ी ऊपर उठाती थी तो उसकी सफ़ेद कुहनी दिखाई दे जाती थी। मैं कुछ बीमार था, रोज़ एक कम्बल डालकर पहाड़ी पर लेट जाया करता था। साँस रोककर उस लम्हे का इन्तज़ार करता था जब वो हाथ ऊपर करे तो उसकी आस्तीन सरक जाए और मुझे उसकी सफ़ेद कुहनी दिखाई दे जाए।''

''कुहनी?''

''हाँ, मैंने सिवाय कुहनी के उसके जिस्म का कोई और हिस्सा नहीं देखा।''

''फिर?''

''फिर एक दिन वो मेरे पास आई और एक मिसरी की डली मेरी गोद में डालकर मेरी नज़रों से ओझल हो गई। वो मिसरी की डली बहुत दिनों तक मेरी गोद में पड़ी रही, फिर मैंने उसे दराज़ में डाल दिया और कुछ दिनों के बाद उसे च्यूँटियाँ खा गईं।''

''और वो लड़की?''

''उसे मैंने फिर कभी नहीं देखा।''

पर्दा उठता है। एक मौलवी एडिटर को ख़त लिख रहा है।

''जनाब एडिटर साहब, अस्सलाम वालेकुम। अब पाकिस्तान क़ायम हो चुका है और इस्लामी शरिया नाफ़िज़ हो चुकी है। तो ज्योतिका राय का ये गाना 'घूँघट के पट खोल रे, तोहे पिया मिलेंगे' फ़ौरन ज़ब्त कर लेना चाहिए कि ये पर्देदार औरतों को बहकाने का मूजिब हो सकता है।

अपनी फ़िल्मी ज़िन्दगी के दौरान ये हक़ीक़त मुझ पर आशकारा हुई कि मेरा नाम सआदत हसन मंटो नहीं सिर्फ़ मुंशी है और मेरा काम ये है कि फ़िल्म डायरेक्टर के लिए हर पाँच मिनट के बाद बाज़ार से पान लाऊँ और चूँ न करूँ, जब उससे फ़राग़त हो तो ग़लत-सलत उर्दू में डायलॉग लिख दिया करूँ और टूँ न करूँ। उन दिनों मेरी भी ज़बान से कोई इतनी दोस्ती नहीं थी इसलिए डायरेक्टर साहेब के साथ मिलकर हर रोज़ उसकी टाँग तोड़ते वक़्त मेरे जज़्बात मजरूह नहीं होते थे। लेकिन साहब, एक रोज़ मामला बहुत संगीन हो गया जब सेठ साहेब ने डायरेक्टर साहब के साथ हाथ मिलाया और ये ख़ुशख़बरी सुनाई : दादा तेरहवीं फ़िल्म के राइट्स आज मैंने बेच दिये। डायरेक्टर साहब ने मुबारक़बाद दी और सेठ साहब से पूछा, ''नाम क्या रखा गया है?''

सेठ साहब मुस्कुराए और बोले, ''एकदम फाइन, फर्जे अदा।''

डायरेक्टर साहेब मेरी तरफ़ मुतवज्जे हुए और नाम की तस्हीह करते हुए बोले ''मुंशी साहेब। आज से 'फ़र्ज़े-अदा' की कहानी लिखना शुरू कर दीजिए, लेकिन पहले मेरे लिए एक देसी काला कांडी...''

"देसी काला कांडी, सेंकीली सुपारी, ऊँगली पर चूना और एक पासिंग सोप सिगरेट। ये सब मैं अभी हाज़िर किए देता हूँ, लेकिन फ़र्ज़े-अदा की तरक़ीब बिलकुल ग़लत है!"

सेठ साहेब ने ग़ुस्से से पूछा : "क्या बोला?"

"मैं ये बोला कि जो कुछ आप बोले, वो हमारे बोली में चलने को नहीं सकेगा।"

डायरेक्टर साहेब बोले : "कैसे चलने को नहीं सकेगा?"

"मैं बोला : ऐसे चलने को नहीं सकेगा कि ये एकदम रोंग है। अदायगी-ए-फ़र्ज़ हो सकता है...फ़र्ज़ अदायगी कह लीजिये। ज़्यादा से ज़्यादा अदा-ए-फ़र्ज़ कह लीजिए कि इसका मतलब भी वक़्त आने पर निकाल लिया जा सकता है लेकिन अज़ बरा ए ख़ुदा फ़र्ज़े अदा टाइटल फ़ौरन चेंज कीजिए..."

सेठ साहब ने मुझे घूर के देखा और कहा : "तुम्हारा भेजा फिरेला है क्या मुन्सी? टायटल चेंज होने को नहीं सकता। इस वास्ते कि हम फ़िल्म बेच चुका है।"

ये सुनकर मेरा भेजा फिर गया और इसका नतीजा ये हुआ कि मैं कंपनी के बाहर था।

दूसरी कंपनी से बाहर निकलने की दास्तान भी कुछ इसी क़िस्म की है। ताज़ा फ़िल्म का नाम "उल्लू के दो पट्ठे" तजवीज़ हुआ। मैंने ऐतराज़ किया कि उल्लू के दो पट्ठे क्या हुआ 'दो उल्लू के पट्ठे' होना चाहिए, तो जवाब मिला, "तुम कौन होते हो, माल पानी हमारा ख़र्च हो रहा है, हम चाहेगा तो 'पट्ठे के दो उल्लू' भी चलेगा!

चुनाँचे साहब उल्लू के दो पट्ठे की शूटिंग शुरू हो गई और मैं कंपनी से बाहर था...

फ़िल्मों से अब मेरा दिल टूटना और खट्टा होना शुरू हुआ और चंद बरसों में ही चूर-चूर और तुर्श होकर बिलकुल अमचूर हो गया।

बाबू गोपीनाथ से मेरी मुलाक़ात सन 40 में हुई। एक दिन दफ़्तर में अब्दुर्रहीम सैंडो एक नाटे क़द के आदमी के साथ दाख़िल हुआ। सैंडो ने अपने मख़सूस अंदाज़ में ब-आवाज़ेबुलंद मुझे आदाब किया और फिर अपने साथी से तआरुफ़ कराया : मंटो साब बाबू गोपीनाथ से मिलिए। सैंडो ने हस्बे-आदत मेरी तारीफ़ों के पुल बाँधने शुरू कर दिए। बाबू गोपीनाथ, तुम हिन्दुस्तान के नम्बर वन राइटर के साथ हाथ मिला रहे हो। लिखता है तो धड़नतख़्ता हो जाता है लोगों का। ऐसी-ऐसी कंटीन्यूटली मिलाता है कि तबीयत साफ़ हो जाती है। वो पिछले दिनों क्या चुटकुला लिखा था आपने मंटो साहब, "मिस ख़ुर्शीद ने कार ख़रीद ली। अल्लाह बड़ा कारसाज़ है।" क्यूँ बाबू गोपीनाथ है—"एंटी की पैंटी पू।"

छः साल बम्बई में रहने के बाद मंटो साहब दिल्ली आ गए। वहाँ ऑल इंडिया रेडियो का इदारा क़ायम हो चुका था। जुल्फ़िक़ार बुख़ारी डायरेक्टर थे। ज़रा-ज़रा से वक़्फ़े में इन्होंने हिन्दुस्तान के बेहतरीन अदीबों को दिल्ली में जमा किया—

उपेन्द्रनाथ अश्क, कृश्न चंदर, नून मीम राशिद, मीराजी और सआदत हसन मंटो। मंटो साहब यहाँ आकर आल इंडिया रेडियो में नौकरी करने लगे और कश्मीरी गेट पर निकल्सन रोड पर हसन बिल्डिंग में मुकीम हो गए।

आज से चौदह साल पहले मंटो और मैंने मिलकर एक फ़िल्मी कहानी लिखी थी 'बंजारा'। मंटो ने आज तक किसी दूसरे अदीब के साथ मिलकर कोई कहानी नहीं लिखी, न उससे पहले न उसके बाद। वो दिन बड़ी सख़्त सर्दियों के दिन थे और मेरा सूट फटा हुआ था और मंटो का सूट भी फटा हुआ था। मंटो मेरे पास आया और बोला,

"ए कृश्न नया सूट चाहता है?"

मैंने कहा हाँ।

"तो चल मेरे साथ।"

"कहाँ?"

"बस ज़्यादा बकवास न कर, चल मेरे साथ।"

हम लोग एक डिस्ट्रीब्यूटर के यहाँ गए, मैं अगर वहाँ कुछ कहता तो वाकई बकवास होता, इसलिए मैं ख़ामोश रहा। वो डिस्ट्रीब्यूटर फ़िल्म प्रोडक्शन के मैदान में आना चाहता था। मंटो ने पन्द्रह-बीस मिनट की ग़ुफ़्तगू में उसे कहानी बेच दी और उससे पाँच सौ रुपए नक़द ले लिये। बाहर निकलकर ढाई सौ रुपए मुझे दिए और ढाई सौ रुपए ख़ुद रख लिए। फिर हमने अपने-अपने सूट के लिए बढ़िया कपड़ा ख़रीदा और अब्दुल गनी टेलर की दुकान पर गए और उसे सूट जल्दी तैयार करने की ताकीद की।

सूट तैयार हो गए, पहन भी लिये गए। मगर सूट का कपड़ा दर्जी को देने और सूट तैयार करने में जो वक़्फ़ा आया उसमें हम बाक़ी रुपये घोल के पी गए। अब्दुल गनी टेलर का उधार रहा। कई माह तक हम लोग उसका उधार न चुका सके। एक दिन मैं और मंटो कश्मीरी गेट से गुज़र रहे थे कि मास्टर अब्दुल गनी ने हमें पकड़ लिया। मैंने सोचा आज साफ़-साफ़ बेइज़्ज़ती होगी। मास्टर अब्दुल गनी ने मंटो का गिरेबान पकड़ कर कहा,

"वो 'हतक' तुमने लिखी है?"

मंटो ने कहा, "लिखी है तो क्या हुआ? अगर तुमसे सूट उधार सिलवाया है तो इसका ये मतलब नहीं कि तुम मेरी कहानी के अच्छे नाकिद भी हो सकते हो, मेरा गिरेबान छोड़ो।

अब्दुल गनी के चेहरे पर एक अजीब मुस्कराहट आई, उसने मंटो का गिरेबान छोड़ दिया और उसकी तरफ़ अजीब-सी नज़रों से देख कर कहने लगा—

"जा तेरे उधार के पैसे माफ़ किए," और पलटकर चला गया।

चंद लम्हों के लिए मंटो बिलकुल ख़ामोश रहा। वो उस तारीफ़ से बिलकुल ख़ुश नहीं हुआ। बल्कि और मलूल, रंज़ीदा और ख़फ़ा सा नज़र आने लगा। और बोला,

"साला क्या समझता है, मुझे हिरासां करता है...मैं उसकी पाई-पाई चुका दूँगा, साला समझता है हतक मेरी अच्छी कहानी है। हतक! हतक तो मेरी सबसे बुरी कहानी है।"

मंटो जब मनों मिट्टी के नीचे पहुँचा तो ख़ुदा ने मंटो के कंधे पर हाथ रखते हुए कहा,

"वो टोबा टेक सिंह तुमने लिखा है?"

मंटो ने कहा, "लिखा है तो क्या हुआ? अगर तुमसे बयालोस साल आठ महीने और सात दिन उधार लिये हैं तो इसका मतलब ये नहीं कि तुम मेरी कहानी के अच्छे नाकिद भी हो सकते हो। हटाओ अपना हाथ!"

ख़ुदा के चेहरे पर एक अजीब-सी मुस्कराहट आई, उसने मंटो के कंधे पर से अपना हाथ हटा लिया और उसकी तरफ़ अजीब-सी नज़रों से देखकर कहने लगा :

"जा तेरे सारे गुनाह माफ़ किए," और पलटकर चला गया।

चंद लम्हों के लिए मंटो बिलकुल ख़ामोश रहा, वो उस तारीफ़ से बिलकुल ख़ुश न हुआ। बल्कि बहुत रंज़ीदा और मलूल और ख़फ़ा-ख़फ़ा सा नज़र आने लगा।

"साला, समझता क्या है? मुझे हरासां करता है। उसने तो मुझे सिर्फ़ बयालीस बरस आठ महीने और सात दिन उधार दिए थे, मैंने तो सौगंधी को सदियाँ दी हैं!"

सौगंधी
इक मौसम मेरे दिल के अन्दर
इक मौसम मेरे बाहर
इक रस्ता मेरे पीछे भागे
इक रस्ता मेरे आगे
बीच में चुप-चुप खड़ी हूँ जैसे
बूझी हुई बुझारत
किसको दोष दूँ जाने मुझको
किसने किया अकारत
इक मौसम मेरे दिल के अन्दर
इक मौसम मेरे बाहर
इक रस्ता मेरे पीछे भागे
इक रस्ता मेरे आगे
रस्ते बीच मैं खड़ी अकेली
पिया न संग सहेली
क्या जाने मुझ जनमजली ने
क्या अपराध किया है
आख़िर क्यूँ दुनिया का मैंने सारा ज़हर पिया है

सारी उम्र न जाने अपने बदन में किसे जिया है
मेरे साथ ज़माने तूने अच्छा नहीं किया है

मिज़ाज, जिस्म और रूह के हिसाब से मंटो आज भी कश्मीरी पंडित है। लम्बा, पतला, दुबला, उसमें ब्राह्मणों की वो ही हठधर्मी, ब्राह्मणों की ज़िद, उनकी ज़हानत और उनका चिड़चिड़ापन होता है, बातें भी बहुत करता है, जिसमें मज़ाह और अनोखापन भरा होता है। दुनिया के किसी मौज़ू पर उससे गुफ़्तगू कीजिए। वो उस पर एक नए अंदाज़ से पूछेगा। अगर आप दोस्तोव्स्की की तारीफ़ करें तो वो सोमरसेट मॉम के गुण गाएगा, आप बम्बई शहर की ख़ूबियाँ गिनाएँगे, तो वो अमृतसर की तारीफ़ में रत्बुल्लिसान होगा, आप जिन्नाह या गाँधी की अज़मत के क़ायल होते नज़र आएँगे, तो वो अपने मोहल्ले के मोची की अज़ीम हस्ती का मोतरिफ़ होगा। आप गोश्त और पालक पसन्द फ़रमाएँगे तो वो आपको दाल खाने की तरगीब देगा। आप शादी करना चाहेंगे तो वो आपके कुँवारा रहने के लिए मुसिर होगा। आप कुँवारेपन को बेहतर समझेंगे तो वो शादी की इफ़ादी हैसियत से बहस करके आपको शादी के लिए मजबूर करेगा। आप उसके अहसान की तारीफ़ करेंगे तो वो बुरा-भला कहेगा, आप उसे गाली देंगे तो वो आपके लिए पाँच सौ रुपए की नौकरी ढूँढ़ता फिरेगा। मंटो के मिज़ाज की तरह उसकी दोस्ती, दुश्मनी और उसका इन्तक़ाम भी अजीब है।

मंटो ने ही मुझे पहली बार शराब पिलाई थी। मुझसे कहने लगा गुनाह की लज़्ज़त शराब में है, औरत की रंगत शराब में है, अदब की चाशनी शराब में है, मकरूहाते दुनिया से नजात शराब में है, भाई कृशन चंदर तुम कब तक पंडित बने रहोगे, आख़िर तुम्हें अदब की तख़लीक़ करनी है, कोई स्कूल के बच्चों को पढ़ाना तो है नहीं, ज़िन्दगी नहीं देखोगे, गुनाह नहीं करोगे, मौत के क़रीब नहीं जाओगे, ग़म का मज़ा नहीं चखोगे, सोलन नम्बर वन व्हिस्की नहीं पियोगे, तो क्या ख़ाक लिखोगे?

मंटो के पास उर्दू का टाइपराइटर था और मंटो अपने तमाम ड्रामे इस तरह लिखता था कि काग़ज़ टाइपराइटर पर चढ़ा कर बैठ जाता था, मौज़ू मिलते ही टाइप करना शुरू कर देता था, खटखट खटाखट। दो घंटे के अन्दर एक बेहतरीन ड्रामा तैयार। साल-भर के अन्दर दिल्ली में उन्होंने सौ से ज़्यादा रेडियो ड्रामे लिखे जो सब बहुत मक़बूल हुए।

मंटो का ख़याल था कि टाईपराईटर से ज़्यादा कोई ख़यालअंगेज़ चीज़ दुनिया में है ही नहीं। अलफ़ाज़ गढ़े-गढ़ाए मोतियों की तरह जिला लिये हुए साफ़-सुथरी मशीन से निकलते आते हैं। क़लम की तरह नहीं कि निब घिसी हुई है, या रौशनाई कम है, या कभी काग़ज़ पतला है। एक अदीब के लिए टाइपराइटर इतना ही ज़रूरी है जितना एक खाविंद के लिए बीवी, और एक ये उपेंद्रनाथ अश्क हैं और एक ये कृशन चंदर कि क़लम घिस-घिस किए जा रहे हैं...मियाँ कभी अज़ीम अदब की तख़्लीक़ आठ आने के पेन होल्डर से भी हो सकती है। तुम गधे हो, निरे गधे!

मैं तो ख़ैर चुप रहा मगर दो तीन रोज़ के बाद हम लोग देखते क्या हैं कि अश्क साहब अपनी बग़ल में एक नया टाइपराइटर दबाए चले आ रहे हैं। और आपने मंटो की मेज़ के सामने अपना टाइपराइटर सजा दिया और खट-खट करने लगे।

"अरे उर्दू के टाइपराइटर से क्या होता है। अंग्रेजी का टाइपराइटर होना चाहिए। कृश्न तुमने मेरा अंग्रेज़ी का टाइपराइटर देखा है, पूरी दिल्ली में ऐसा टाइपराइटर नहीं होगा। एक रोज़ तुम्हें लाकर दिखाऊँगा।"

अश्क ने ये बात सुनी और न सिर्फ़ अंग्रेजो का बल्कि हिन्दी का टाइपराइटर भी ख़रीद लिया। अब जब वो आता तो उसके पीछे एक चपरासी एक छोड़ तीन-तीन टाइपराइटर उठाए उनके पीछे-पीछे दाख़िल होता और मंटो के सामने से गुज़र जाता। अब अश्क के पास तीन टाइपराइटर और मंटो के पास सिर्फ़ दो। आख़िर मंटो ने ग़ुस्से में आकर अपना अंग्रेजी का टाइपराइटर बेच दिया, वो उर्दू का टाइपराइटर भी बेचना चाहता था मगर उससे काम में आसानी थी इसलिए वो पहले-पहल नहीं बेचा। मगर तीन टाइपराइटर्स की मार वो कब तक खाता, आख़िर उसने उर्दू का टाइपराइटर भी बेच दिया, कहने लगा, "लाख कहो, वो बात मशीन में नहीं आ सकती जो क़लम में है, काग़ज़-क़लम और दिमाग़ का जो रिश्ता है वो टाइपराइटर से क़ायम नहीं होता। एक तो कमबख़्त खटाखट शोर किए जाता है मुसलसल, मुतावातिर और क़लम किस रवानी से चलता है, मालूम होता है रौशनाई सीधी दिमाग़ से निकलकर काग़ज़ की सतह पर बह रही है। हाय ये शैफ़र का क़लम। किस क़दर ख़ूबसूरत है। इसका नुकीला स्ट्रीमलाइन्ड हुस्न देखो, जैसे बांद्रा की क्रिस्चियन छोकरी। ए अश्क, कभी बांद्रा गए हो?"

अश्क ने जलकर कहा, "तुम्हारा भी कोई दीन-ईमान है, कल तक टाइपराइटर की तारीफ़ करते थे, आज अपने पास टाइपराइटर है तो क़लम की तारीफ़ करने लगे। वाह! ये भी कोई बात है, हमारे एक हज़ार रुपये ख़र्च हो गए!"

मंटो ने कहा, "अबे चल तू बड़ा फ्रॉड है"

मंटो की ज़बान पर फ्रॉड का लफ़्ज़ बहुत चढ़ा हुआ था। मीराजी के हाथ में लोहे के दो गोले रहते थे। मैंने उनसे पूछा इसका मसरफ़ क्या है, मंटो ने कहा फ्रॉड है! मीराजी ने सेवइयों के मुज़फ़र में सालन डालकर खाना शुरू कर दिया, मैंने कहा : ये आप क्या कर रहे हैं, मंटो ने कहा : फ्रॉड है। उपेन्द्रनाथ अश्क ने कोई चीज़ लिखी, मंटो ने कहा : फ्रॉड है। उसने कुछ चीं चीं की तो कहा : तू ख़ुद एक फ्रॉड है।

एक बार नून मीम राशिद नज़्म सुना रहे थे, उन्हें बीच में रोककर कहा, यार राशिद तेरी ये बग़ैर रदीफ़ और क़ाफिये की आज़ाद शायरी मुझे यूँ लगती है जैसे बिना मडगार्ड के साइकिल। राशिद साहब ने अपनी नज़्मों का दफाअ करते हुए रिदम और राइम पर एक लेक्चर झाड़ने के बाद अपनी नज़्म 'ए मेरी हम रक़्स मुझको थाम ले' मुझे सुनानी शुरू की और कहा ' देखिए मैंने इसमें डांस का रिदम रखा है।

मंटो ने कहा : कौन-सा डांस, वाल्त्ज़, राम्बा सम्भा, कथकली, कथक, मणिपुरी... ?? फ्रॉड कहीं का!!!

अच्छा अब उसकी अफ़सानानिगारी के बारे में सुनिए, अव्वल दर्जे का फ्रॉड है। पहला अफ़साना उसने ब उन्वान 'तमाशा' लिखा जो जालियाँवाला बाग़ के खूनी हादसे से मुताल्लिक था। ये उसने अपने नाम से न छपवाया, यही वजह है कि वो पुलिस की दस्त बुर्द से बच गया।

उसके फ्रॉड होने का मजीद सुबूत ये है कि वो अक्सर कहा करता है कि वह अफ़साना नहीं सोचता, ख़ुद अफ़साना उसे सोचता है। ये भी एक फ्रॉड है। हालाँकि मैं जानता हूँ कि जब उसे अफ़साना लिखना होता है तो उसकी वही हालत होती है जब किसी मुर्गी को अंडा देना होता है। लेकिन वो ये अंडा छुप कर नहीं देता, सबके सामने देता है, उसके दोस्त-यार बैठे होते हैं, उसकी तीन बच्चियाँ शोर मचा रही होती हैं, और वो अपनी मख़सूस कुर्सी पर उकडू बैठा अंडे दिए जाता है, जो बाद में चूं चूं करते अफ़साने बन जाते हैं...

मैं अफ़साने तो इसलिए लिखता हूँ कि अफ़सानानिगारी की मुझे शराब की तरह लत पड़ गई है। अफ़साना मेरे दिमाग़ में नहीं मेरी जेब में होता है जिसकी मुझे कोई ख़बर नहीं होती। मैं अपने दिमाग़ पर जोर देता रहता हूँ कि कोई अफ़साना निकल आए...सिगरेट पे सिगरेट फूँकता हूँ...मगर अफ़साना दिमाग़ से बाहर नहीं निकलता...आख़िर थक-हार कर बाँझ औरत की तरह बैठ जाता हूँ, अनलिखे अफ़साने की दाम पेशगी वसूल कर चुका होता हूँ इसलिए बड़ी कोफ़्त होती है...करवटें बदलता हूँ...उठकर चिड़ियों को दाने डालता हूँ...बच्चियों को झूले झुलाता हूँ...घर का कूड़ा-करकट साफ़ करता हूँ...नन्हे-मुन्ने जूते जो घर में जा-बजा बिखरे होते हैं...उठा कर एक जगह रखता हूँ...मगर कमबख़्त अफ़साना जो मेरी जेब में पड़ा होता है ज़ेहन में नहीं उतरता और मैं तिलमिलाता रहता हूँ...जब बहोत ज़्यादा कोफ़्त होती है तो बाथरूम चला जाता हूँ...मगर वहाँ भी कुछ हासिल नहीं होता...अक्सर औक़ात मैं जिच-विच हो गया हूँ तो मेरी बीवी ने मुझसे कहा है कि आप सोचिये नहीं, बस कलम उठाइए और लिखना शुरू कर दीजिए...मैं उसके कहने पर क़लम उठाता हूँ...काग़ज़ पर 786 लिखकर जो पहला फ़िक़रा दिमाग़ में आता है उससे अफ़साने का आगाज़ कर देता हूँ...बाबू गोपीनाथ, टोबा टेक सिंह, मम्मी और मोज़ेल मैंने इसी फ्रॉड तरीक़े से लिखे हैं।

वो अनपढ़ है, इस लिहाज़ से कि उसने कभी मार्क्स का मुताअला नहीं किया है...फ्रायड की कोई किताब उसकी नज़र से आज तक नहीं गुज़री...हेगेल का सिर्फ़ नाम ही जानता है...लेकिन मज़े की बात ये है कि लोग, मेरा मतलब है तनकीदनिगार ये कहते हैं कि वो इन तमाम मुफ़क्किरों से मुतास्सिर है।

जहाँ तक मैं समझता हूँ मंटो किसी दूसरे शख़्स के ख़याल से मुतास्सिर होता ही

नहीं है। वो समझता है समझाने वाले सब चुग़द हैं...दुनिया को समझाना नहीं चाहिए...उसे ख़ुद समझना चाहिए!

ज़माने के जिस दौर से हम इस वक़्त गुज़र रहे हैं अगर आप उससे नावाकिफ़ हैं तो मेरे अफ़साने पढ़िए...अगर आप उन अफ़सानों को बर्दाश्त नहीं कर सकते तो इसका मतलब है कि ये ज़माना नाकाबिले-बर्दाश्त है...मुझमे जो बुराइयाँ हैं वो इस अहद की बुराइयाँ हैं। मेरी तहरीर में कोई नुक्स नहीं। लोग मुझे सियाह कलम कहते हैं लेकिन मैं तख़्ता-ए-सियाह पर काली चाक से नहीं लिखता...सफ़ेद चाक इस्तेमाल करता हूँ ताकि तख़्ता-ए-सियाह की सियाही और ज़्यादा नुमायाँ हो जाए। ये मेरा ख़ास अंदाज़, मेरा ख़ास तर्ज़ है...जिसे तरक़्क़ीपसन्दी, फहशनिगारी, और ख़ुदा मालूम क्या-क्या कुछ कहा जाता है—लानत हो सआदत हसन मंटो पर, कमबख़्त को गाली भी सलीके से नहीं दी जाती।

तो मंटो साहब वापस बम्बई आ गए...बॉम्बे टाकीज में...

मैं बॉम्बे टाकीज़ में मुलाजिम था। एक रोज़ सुबह घर से बॉम्बे टाकीज आते हुए मैंने ट्रेन में अख़बार का स्पोर्ट्स कालम खोला। ब्रेबोर्न स्टेडियम में क्रिकेट मैच हो रहे थे। एक खिलाड़ी का नाम अजीबोग़रीब था। हिपटुल्ला। एच इ पी टी यू एल एल एच ए। हिपटुल्ला। मैंने सोचा कि आख़िर ये क्या हो सकता है, मगर कुछ समझ में न आया। शायद हैबतुल्लाह की बिगड़ी हुई शक्ल थी।

स्टूडियो पहुँचा तो कमाल की कहानी की फ़िल्मी तशकील का काम शुरू हुआ। कमाल ने अपने मख़सूस अदीबाना और असर पैदा करने वाले अंदाज़ में कहानी का एक बाब सुनाया। मुझसे अशोक ने राय तलब की, "क्यों मंटो"

मालूम नहीं क्यूँ मेरे मुँह से निकला 'ठीक है मगर हिपटुल्ला नहीं!'

बात कुछ बन गई, हिपटुल्ला मेरा मतलब बयान कर गया। मैं कहना ये चाहता था कि सीक्वेंस ज़ोरदार नहीं है।

कुछ अरसे बाद हसरत ने उसी बाब को नए तरीक़े से पेश किया। मेरी राय पूछी गई तो मैंने बेइरादी तौर पर कहा, "भई हसरत, बात नहीं बनी...कोई हिपटुल्ला चीज़ पेश करो "हिपटुल्ला— "

दूसरी मर्तबा हिपटुल्ला कह कर मैंने सबकी तरफ़ रद्दे-अमल मालूम करने के लिए देखा। ये लफ़्ज़ मानी अख़्तियार कर चुका था। चुनाँचे उस नशिस्त में मैंने ये लफ़्ज़ बिला तक़ल्लुफ़ इस्तेमाल किया। हिपटिलेटी नहीं है! हिपटोलाइज करना चाहिए वग़ैरा वग़ैरा। लेकिन अचानक एक बार अशोक मुझसे मुख़ातिब हुआ और कहा ये हिपटुल्ला का असल मतलब क्या है? किस ज़बान का लफ़्ज़ है?

श्याम उस वक़्त मौजूद था, जब अशोक ने मुझसे ये सवाल किया तो उसने ज़ोर का कहकहा लगाया। उसकी आँखें सिकुड़ गईं। ट्रेन में वो मेरे साथ था, जब मैंने उस क्रिकेट खिलाड़ी के अजीबोग़रीब नाम की तरफ़ उसको मुतवज्जे किया था। हँस-हँसके दोहरा होते हुए उसने सबको बताया : ये मंटो की नई मंटोइयत है, इसे कुछ न कुछ

करना होता है...कुछ नहीं सूझा तो हिपटुल्ला को खींचकर फ़िल्मी दुनिया में ले आया है। कहना ये है कि खींचातानी के बग़ैर ये लफ़्ज़ बम्बे के फ़िल्मी हलकों में राइज़ हो गया।

श्याम मयनोशी के मामले में एतिदालपसन्द नहीं था। वो खुल के खेलने का कायल था, मगर अपने सामने मैदान की वुसअत देख लेता था, उसकी लम्बाई-चौड़ाई अच्छी तरह से जाँच लेता था ताकि हुदूद से आगे न निकल जाए। वो मुझसे कहा करता था, ''मैं चौक्के पसन्द करता हूँ...छक्के महज़ इत्तेफाक से लग जाते हैं।''

एक छक्का मुलाहिजा हो—

तकसीम होने से चंद माह पेशतर का ज़िक्र है। श्याम, शाहिद लतीफ़ के घर से मेरे यहाँ चला आया था। बम्बई की ज़बान में कड़की यानी मुफलिसी के दिन थे। मगर मयनोशी बड़ी बाक़ायदगी से जारी थी। एक शाम बातों-बातों में ज़्यादा पी गए। राजा मेहँदी अली ख़ाँ भी इत्तेफाक से मौजूद था। कर्फ़्यू का वक़्त हुआ तो उसने जाने की इजाज़त चाही। मैंने उससे कहा, पागल हुए हो, पकड़े जाओगे।

श्याम ने उससे अज़ राहे मज़ाक कहा : यहीं सो जाओ, आजकल ताजी यहाँ नहीं है!

राजा ने मुस्कुराकर जवाब दिया : ''मुझे नींद नहीं आएगी, स्प्रिंग वाले पलंगों पर मैं क़तअन सो नहीं सकता''

श्याम ने एक गिलास में राजा के डील-डौल के मुताबिक़ ब्रांडी का एक पेग डाला और उसे दे दिया, ''ये लो इससे नींद आ जाएगी।''

राजा एक जुरए में सारा गिलास चढ़ा गया। बहुत देर तक ताजी की बातें होती रहीं। जो श्याम से नाराज़ होकर अपनी बहन के पास चली गई थी—हर आठवें दसवें रोज़ निकम्मी-निकम्मी बातों पर दोनों में चख हो जाया करती थी। मैं बिलकुल दख़ल नहीं देता था, इसलिए कि श्याम को ये बिलकुल पसन्द नहीं था। हम दोनों में गोया दिल ही दिल में ये मुआहदा हो चुका था कि एक-दूसरे के कामों में दख़लंदाज़ी नहीं करेंगे।

ताजी यूँ गई थी जैसे कभी वापस नहीं आएगी और श्याम ने भी उसे यूँ विदा किया था जैसे वो फिर कभी उसकी शक्ल तक देखने का रवादार नहीं होगा। मगर दोनों एक-दूसरे से दूर बैठे तड़पते रहते थे। शामों को तो श्याम अक्सर ताजी के मामले में जज़्बाती हो जाता था। मैं सोचता कि वो ज़रूर रात-भर उसकी याद में जागता रहेगा, मगर कमबख़्त नींद का कुछ ऐसा माता था कि पलंग पर लेटते ही सो जाता।

मेरे फ़्लैट में दो कमरे थे। एक सोने का, दूसरा बैठने का। सोने वाला कमरा मैंने श्याम और ताजी को दे दिया था, और बैठने वाले कमरे में गद्दा बिछाकर मैं ख़ुद सोता था। ताजी चूँकि मौजूद नहीं थी, इसलिए उसका पलंग राजा मेहदी अली ख़ाँ को मिल गया। रात बहुत गुज़र गई थी इसलिए हम सब अपनी-अपनी जगह पर सो गए।

हस्बे-मामूल पौने छ: बजे के क़रीब मेरी आँख खुली। नीमख़्वाबी के आलम में मुझे यूँ महसूस हुआ कि मेरे साथ कोई लेटा है। पहले मैंने ख़याल किया कि बीवी है, मगर वो तो लाहौर बैठी थी। आँखें खोल कर देखा तो मालूम हुआ कि श्याम है।

अब मैंने सोचना शुरू किया कि ये मेरे पास कैसे पहुँच गया। अभी ये सोच ही रहा था कि जले हुए कपड़े की बू नाक में घुसी। पास ही सोफा पड़ा था। अरसा हुआ सिगरेट गिरने से उसका एक हिस्सा जल गया था मगर इतनी देर के बाद अब बू आने का क्या मतलब था। आँखें ज़्यादा खुली तो मैंने धुएँ की कड़वाहट महसूस की और हलके-हलके दूधिया बादल भी देखे—उठकर मैं दूसरे कमरे में गया। देखता क्या हूँ कि वो पलंग जिस पर श्याम सोया करता था सुलग रहा है और पास ही दूसरे पलंग पर राजा मेहदी अली ख़ाँ अपनी तोंद निकाले, पड़ा खर्राटे ले रहा है।

मैंने क़रीब जाकर पलंग के जले हुए हिस्से का मुआयना किया। मेट्रेस में बड़ी रकाबी के बराबर सुराख था जिसमें से धुआँ निकल रहा था। ऐसा मालूम होता था कि किसी ने आग बुझाने की कोशिश की है, क्यूँकि पलंग पानी से तरबतर था। मगर मामला चूँकि रूई और नारियल के फूस का था, इसलिए आग पूरी तरह से बुझी नहीं थी और बराबर सुलग रही थी। मैंने राजा को जगाने की कोशिश की मगर वो करवट बदलकर और ज़ोर से खर्राटे लेने लगा। एकदम पलंग के सियाह सुराख से लाल लाल शोला बाहर लपका। मैं फ़ौरन गुसलख़ाने की तरफ़ भागा। एक बाल्टी पानी उस सुराख में डाली और जब पूरी तरह इत्मीनान हो गया कि आग बुझ गई है तो राजा को झँझोड़ झँझोड़ कर जगाया, उससे जब आतिशज़दगी की वारदात के मुताल्लिक इस्तफ़सार किया तो उसने अपने मख़सूस अंदाज़ में ख़ूब नमक-मिर्च लगाकार वाकियात बयान किए।

तुम्हारा ये श्याम हनुमान महाराज है...रात ब्रांडी के तालाब में गोते लगाते हुए मैं सो गया। दो बजे के क़रीब जब अजीब-अर्जीब आवाज़ें आईं तो मैं जाग पड़ा...क्या देखता हूँ कि श्याम एक बहुत बड़ा हनुमान है...उसकी गुफ्फेदार दुम के साथ मिट्टी के तेल में डूबी चिन्दियाँ बँधी हैं और उनमें आग लगी है...श्याम पलंग पर जोर-जोर से उछल-कूद कर रहा है और अपनी दुम से आग लगा रहा है...जब आग लग गई तो मैंने आँखें बन्द कर लीं और ब्रांडी के तालाब में गोता लगा गया...सोने ही वाला था कि तुम्हारा ख़याल आया कि ग़रीब आदमी का पलंग ऐसा न हो कि जल कर ख़ाक हो जाए। चुनाँचे उठा...श्याम ग़ायब था। दूसरे कमरे में तुम्हें हालात से आगाह करने के लिए गया तो देखता क्या हूँ कि श्याम अपने असली रूप में तुमसे चिपटा लेटा हुआ है...तुम्हें जगाने की कोशिश की...अपने फेफड़ों पर जोर लगा-लगाकर तुम्हें पुकारा...घंटे बजाए, एटम बम चलाए, मगर तुम न उठे...आख़िर मैंने हौले-हौले तुम्हारे कान में कहा "ख्वाजा उठो स्कॉच व्हिस्की की एक पूरी पेटी आई है...तुमने फ़ौरन आँखे खोल दी और पूछा, कहाँ? मैंने कहा, "होश में आओ पूरा मकान जल रहा है...आग लग गई है आग," तुमने कहा, "बकते हो..." मैंने कहा, "नहीं ख़्वाजा.. ख़्वाजा खिज्र की क़सम खाकर कहता हूँ आग लगी है।"

जब तुम्हें मेरे बयान पर यक़ीन हो गया तो तुम आराम से ये कहते हुए सो गए कि फायर ब्रिगेड को इत्तिला दे दो। तुम्हारी तरफ़ से मायूस होकर मैंने श्याम को हालात

की नज़ाकत से आगाह करने की कोशिश की। जब वो इस काबिल हुआ कि मेरी बात उसके दिमाग़ में पहुँच सके तो उसने मुझसे कहा : तुम बुझा दो न यार...क्यूँ तंग करते हो...! ये कहकर वो सो गया। अब आग आख़िर आग है और उसे बुझाना हर इंसान का फ़र्ज़ है। इसलिए मैं फ़ौरन अपनी सारी इंसानियत मुज्तामा करके फायरब्रिगेड बन गया और वो जग जो मैंने तुम्हारी सालगिरह पर तोहफ़े के तौर पर दिया था उसमें पानी भर कर आग पर डाल दिया...मेरा काम पूरा हो चुका था, नतीजा ख़ुदा के हाथ सौंप कर सो गया।

श्याम जब पूरी नींद सोकर उठा तो मैंने और राजा ने उससे पूछा कि आग कैसे लगी थी। श्याम को ये क़तअन मालूम नहीं था। बहोत देर ग़ौर-ओ-फ़िक्र करने के बाद उसने कहा "मैं आतिशज़दगी की इस वारदात पर कोई रौशनी नहीं डाल सकता।" मगर जब राजा दूसरे कमरे से श्याम की जली हुई रेशमी कमीस उठाकर लाया तो श्याम ने कहा, "अब तफ़्तीश करनी पड़ेगी।"

सबने मिलकर तफ़्तीश शुरू की तो मालूम हुआ कि श्याम साहब ने जो बनियान पहना हुआ है वो भी दो जगह से जला हुआ है...ज़्यादा गहराइयों में गए तो देखा कि उनकी छाती पर रुपए-रुपए जितने बड़े दो आबले हैं। चुनाँचे शरलाक होम्स ने अपने दोस्त वॉटसन से कहा : ये बात क़तई तौर पर पाया-ए-सुबूत को पहुँच गई है कि आग ज़रूर लगी थी। और श्याम सिर्फ़ इस गर्ज़ से कि उसके हमसाये राजा मेहदी अली ख़ाँ को तकलीफ़ न हो, चुपचाप उठकर मेरे पास चला आया था।

अर्सा हुआ जब तक़सीम पर हिन्दू-मुसलमान में खूं रेज़ जंग जारी थी और तरफ़ैन के हज़ारों आदमी रोज़ाना मरते थे। श्याम और मैं रावलपिंडी से भागे हुए एक सिख ख़ानदान के पास बैठे थे। उसके अफ़राद अपने ताज़ा ज़ख्मों की रूदाद सुना रहे थे जो बहुत दर्दनाक थी। श्याम मुतास्सिर हुए बग़ैर न रह सका। वो हलचल जो उसके दिलोदिमाग़ में मच रही थी, उसको मैं बख़ूबी जानता था। जब हम वहाँ से रुख़सत हुए तो मैंने श्याम से कहा, "मैं मुसलमान हूँ...क्या तुम्हारा जी नहीं चाहता कि मुझे क़त्ल कर दो।"

श्याम ने बड़ी संजीदगी से जवाब दिया, "इस वक़्त नहीं लेकिन उस वक़्त जब मुसलमानों के ढाये हुए मज़ालिम की दास्तान सुन रहा था, मैं तुम्हें क़त्ल कर सकता था।"

श्याम के मुँह से ये बात सुनकर मेरे दिल को ज़बरदस्त धक्का लगा। उस वक़्त शायद मैं भी उसे क़त्ल कर सकता था, मगर बाद में जब मैंने सोचा और उस वक़्त और इस वक़्त में ज़मीन-ओ-आसमान का फ़र्क़ महसूस किया तो उन तमाम-फ़सादात का नफ़सियाती पसमंज़र मेरी समझ में आ गया जिसमें रोज़ाना सैकड़ों बेगुनाह हिन्दू और मुसलमान मौत के घाट उतारे जा रहे थे।

इस वक़्त–नहीं, उस वक़्त–हाँ। क्यों ? आप सोचिये तो आपको इस क्यों के पीछे इंसान की फ़ितरत में इस सवाल का सही जवाब मिल जाएगा।

बम्बई में फिरकेवाराना कशीदगी दिन–ब–दिन बढ़ती जा रही थी। बम्बे टाकीज की उनाने–हुकूमत जब अशोक कुमार और वाचा ने संभाली तो बड़े–बड़े ओहदे इत्तेफ़ाक़ से मुसलमानों के हाथ में चले गए। इससे बम्बे टाकीज के हिन्दू स्टाफ में नफ़रत और ग़ुस्से की लहर दौड़ गई। वाचा को ग़ुमनाम ख़त मौसूल होने लगे जिसमें स्टूडियो को आग लगाने और मरने–मारने की धमकियाँ होती थीं। अशोक और वाचा, दोनों को उनकी कोई परवा नहीं थी, लेकिन कुछ ज़कीउल–हिस होने के बाइस और कुछ मुसलमान होने की वजह से मैं हालात की नजाकत को बहुत ज़्यादा अहमियत दे रहा था। कई मर्तबा मैंने अशोक और वाचा से अपनी तशवीश का इज़हार किया और उनको राय दी कि मुझे बम्बे टाकीज से अलग कर दें क्यूँकि हिन्दू ये समझते थे कि सिर्फ़ मेरी वजह से मुसलमान वहाँ दाख़िल हो रहे हैं। मगर उन्होंने कहा कि मेरा दिमाग़ ख़राब हो गया है।

दिमाग़ मेरा वाक़ई ख़राब हो रहा था। बीवी–बच्चे पाकिस्तान में थे तब से जब वो हिन्दुस्तान का एक हिस्सा था, और मैं उसे जानता था, उसमें वक़्तन फ़ वक़्तन हिन्दू–मुस्लिम फ़सादात होते रहते थे, मैं उनसे भी वाकिफ़ था।

अब कि हम आज़ाद हुए हैं, हमारा ग़ुलान कौन होगा—जब ग़ुलाम थे तो आजादी का तसव्वुर कर सकते थे, अब आज़ाद हुए हैं तो गुलामी का तसव्वुर क्या होगा। लेकिन सवाल ये है कि हम आज़ाद भी हुए हैं या नहीं!

हिन्दू–मुसलमान धड़ाधड़ मर रहे थे। कैसे मर रहे थे, क्यूँ मर रहे थे, इन सवालों के मुख़्तलिफ़ जवाब थे। हिन्दुस्तानी जवाब, पाकिस्तानी जवाब और अंग्रेजी जवाब। हर सवाल का जवाब मौजूद था, मगर उस जवाब में हक़ीक़त तलाश करने का सवाल पैदा होता तो उसका कोई जवाब न मिलता। कोई कहता इसे ग़दर के खंडहरात में तलाश करो। कोई कहता, नहीं, ये ईस्ट इंडिया कंपनी की हुकूमत में मिलेगा। कोई और पीछे हटकर इसे मुग़लिया ख़ानदान की तारीख़ में टटोलने के लिए कहता। सब पीछे ही हटते जाते थे और क़ातिल और सफ्फाक बराबर आगे बढ़ते जा रहे थे और लहू और लोहे की ऐसी तारीख़ लिख रहे थे जिसका जवाब तारीख़े–आलम में कहीं भी नहीं मिलता।

फ़सादात ज़ोरों पर थे और एक दिन मैं और अशोक बम्बे टाकीज से वापस आ रहे थे। रास्ते में उसके घर देर तक बैठे रहे। शाम को उसने कहा, चलो मैं तुम्हें घर छोड़ आऊँ। शॉर्ट कट की ख़ातिर वो मोटर को एक ख़ालिस इस्लामी मोहल्ले में ले गया...सामने से एक बरात आ रही थी। जब मैंने बैंड की आवाज़ सुनी तो मेरे औसान ख़ता हो गए। एकदम अशोक का हाथ पकड़कर मैं चिल्लाया : दादामुनि ये तुम किधर आ निकले?''

अशोक मेरा मतलब समझ गया, मुस्कुराकर उसने कहा, ''कोई फ़िक्र न करो।''

मैं क्योंकर फ़िक्र न करता। मोटर ऐसे इस्लामी मोहल्ले में थी जहाँ किसी हिन्दू का गुज़र ही नहीं हो सकता था। और अशोक को कौन नहीं पहचानता...कौन नहीं जानता कि वो हिन्दू है, एक बहुत बड़ा हिन्दू जिसका क़त्ल मार्काखेज़ होता। मुझे अरबी ज़बान में कोई दुआ याद नहीं थी क़ुरान की कोई मौजूँ व मुनासिब आयत भी नहीं आती थी। दिल ही दिल में अपने ऊपर लानतें भेज रहा था और धड़कते हुए दिल से अपनी ज़बान में बेजोड़-सी दुआ माँग रहा था कि, ऐ ख़ुदा मुझे सुर्ख़रू रखिये ऐसा न हो कि कोई मुसलमान अशोक को मार दे और मैं सारी उम्र उसका ख़ून अपनी गर्दन पर महसूस करता रहूँ—ये गर्दन क़ौम की नहीं मेरी अपनी गर्दन थी। मगर ये ऐसी ज़लील हरकत के लिए दूसरी क़ौम के सामने नदामत की वजह से झुकना नहीं चाहती थी।

जब मोटर बरात के पास पहुँची तो लोगों ने चिल्लाना शुरू कर दिया...''अशोक कुमार, अशोक कुमार,'' मैं बिलकुल यख़ हो गया। अशोक स्टीयरिंग पर हाथ रखे ख़ामोश था। मैं ख़ौफ़ो हरास की यख़्बस्तगी से निकलकर हुजूम से ये कहने वाला था कि देखो होश करो मैं मुसलमान हूँ और ये मुझे मेरे घर छोड़ने जा रहा है—कि दो नौजवानों ने आगे बढ़कर बड़े आराम से कहा : अशोक भाई, आगल रस्ता नहीं मिलेगा...इधर बाजू की गली से चले जाओ।

अशोक भाई ? अशोक उनका भाई था! और मैं कौन था ?

मैंने दफ़अतन अपने लिबास की तरफ़ देखा जो खादी का था—मालूम नहीं उन्होंने मुझे क्या समझा होगा, मगर हो सकता है कि उन्होंने अशोक की मौजूदगी में मुझे देखा ही न हो।

मोटर जब उस इस्लामी मोहल्ले से निकली तो मेरी जान में जान आई...मैंने अल्लाह का शुक्र अदा किया तो अशोक हँसा...तुम ख़ामख़्वाह घबरा गए...आर्टिस्टों को ये लोग कुछ नहीं कहा करते।

चंद रोज़ बाद बम्बे टाकीज में नज़ीर अजमेरी की कहानी पर मैंने कड़ी नुक़्ताचीनी की और उसमें कुछ तब्दीलियाँ करना चाहीं तो नज़ीर अजमेरी ने अशोक और वाचा से कहा, ''मंटो को आप ऐसे मुबाहिसों के दौरान न बिठाया करें...वो चूँकि ख़ुद अफ़साना नवीस है...इसलिए मुतास्सिब है।

मैंने बहुत ग़ौर किया कुछ समझ में न आया। आख़िर मैंने अपने आप से कहा, ''मंटो भाई आगल रस्ता नहीं मिलेगा...मोटर रोक लो। इधर बाजू की गली से चले जाओ।''

और मैं चुपचाप बाजू की गली से पाकिस्तान चला आया जहाँ मेरे अफ़साने ''ठंढा गोश्त'' पर मुक़द्दमा चलाया गया।

मैंने बम्बे टाकीज जाना छोड़ दिया। अशोक और वाचा आते तो मैं खराबीये-तबीयत का बहाना कर देता। इसी तरह कई दिन गुज़र गए। कुछ दिनों तो मैं ज़्यादा पीता रहा...फिर मैंने ये शगल भी छोड़ दिया। सारा दिन गुम-सुम सोफ़े पर लेटा रहता।

मैंने बहुत ग़ौरो-फ़िक्र किया मगर कुछ समझ में न आया। आख़िर तंग आकर मैंने कहा, हटाओ चलें यहाँ से—श्याम की नाइट शूटिंग थी। मैंने अपना असबाब वग़ैरा बाँधना शुरू किया। सारी रात इसी में गुज़र गई। सुबह हुई तो श्याम शूटिंग से फारिग़ होकर आया। उसने मेरा बँधा हुआ असबाब देखा तो सिर्फ़ इतना ही पूछा : "चले?"

मैंने भी सिर्फ़ इतना ही कहा : "हाँ!"

जब मेरे रुख़सत होने का वक़्त आया तो उसने अलमारी में से ब्रांडी की बोतल निकाली, दो पेग बनाए और एक मुझे देकर कहा : "हिपटुल्ला।"

मैंने जवाब में "हिपटुल्ला" कहा और उसने क़हक़हे लगाते हुए मुझे अपने चौड़े सीने में भींच लिया : "सूअर कहीं के..."

मैंने अपने आँसू रोके : "पाकिस्तान के..."

श्याम ने पुरख़ुलूस नारा बुलंद किया, "ज़िन्दाबाद पाकिस्तान।"

"ज़िन्दाबाद हिन्दुस्तान" और मैं नीचे चला गया, जहाँ ट्रक वाला मेरा इन्तज़ार कर रहा था।

मैं पाकिस्तान जा रहा हूँ ताकि वहाँ पर एक मंटो हो जो वहाँ की सियासी हरमज़दगियों का पर्दाफ़ाश कर सके। हिन्दुस्तान में उर्दू का मुस्तकबिल ख़राब है, अब तो हिन्दी छा रही है, मैं लिखना चाहता हूँ और उर्दू में ही लिख सकता हूँ, छपना चाहता हूँ ताकि हज़ारों तक पहुँच सकूँ, ज़बान की अपनी मंतिक होती है कई बार ज़बान ख़यालात भी देती है, उसका ताल्लुक़ लहू से है, एक मंटो बम्बई में रहा, दूसरा लाहौर में होगा।

मगर हाजरीन हक़ीक़त ये भी है कि अशोक कुमार ने कमाल अमरोही की स्टोरी 'महल' और इस्मत की स्टोरी 'ज़िद्दी' को मंटो की स्टोरी पे तरजीह दी। और वही हुआ कि 'ज़िद्दी' और 'महल' बन गई, मंटो की कहानी रह गई, मंटो को इसकी उम्मीद न थी और उसे बड़ी ज़िल्लत महसूस हुई। वो सबकुछ झेल सकता था, अपनी बेक़दरी नहीं झेल सकता था। उधर मुल्क के हालात बिलकुल ही अबतर हो गए, उसके बीवी-बच्चे उसे पाकिस्तान बुलाने लगे. मंटो ने हमको भी चलने के लिए कहा, पाकिस्तान में हसीन मुस्तक़बिल है। यहाँ से भागे हुए लोगों को कोठियाँ मिलेंगी, वहाँ हम ही हम होंगे, बहुत जल्द तरक़्क़ी कर जाएँगे, मेरे जवाब पर मंटो मुझसे वाक़ई बददिल हो गया।

बम्बई छोड़कर कराची होता हुआ ग़ालिबन सात या आठ जनवरी 1948 को यहाँ लाहौर पहुँचा। तीन महीने मेरे दिलो-दिमाग़ की अजीब हालत रही। समझ में नहीं आता था कि मैं कहाँ हूँ। बम्बई में हूँ, कराची में अपने दोस्त हसन अब्बास के घर बैठा हूँ या लाहौर में हूँ। तीन महीने तक मेरा दिमाग़ कोई फ़ैसला न कर सका। ऐसा लगता था परदे पर एक साथ कई फ़िल्में चल रही हैं, आपस में गडमड, कभी बम्बई के बाज़ार की उसकी गलियाँ, कभी कराची की छोटी-छोटी तेज़रफ़्तार ट्रामें और गधा गाड़ियाँ और कभी लाहौर के पुरशोर रेस्तोरां...समझ में नहीं आता था कि मैं कहाँ हूँ,

सारा दिन कुर्सी पर बैठा ख़यालात में खोया रहता, आख़िर एक दिन चौंका, क्यूँकि जो रुपया मैं बम्बई से लाया था, कुछ तो घर में और कुछ घर से कुछ दूर क्लिफ़्टन बार में जज़्ब हो चुका था। मुझे क़तई तौर पर मालूम हो गया कि मैं लाहौर में हूँ...जहाँ कभी-कभी मुक़दमात के सिलसिले में आया करता था और करनाल शॉप से बहुत ख़ूबसूरत चप्पल खरीद कर ले जाया करता था। मैंने सोचना शुरू किया कि अब क्या काम किया जाए, इस्तफसार के बाद मालूम हुआ कि अब फ़िल्मी कारोबार क़रीब-क़रीब मफ़्लूज हो चुका है, बहुत तशवीश हुई...अलाटमेंट का बाज़ार गर्म था, मुहाजिर और गैरमुहाजिर धड़ाधड़ अपने असरो-रसूख़ से कारख़ाने और दुकानें अलॉट करवा रहे थे, मुझे मशविरा दिया गया मगर मैंने इस लूट-खसोट में हिस्सा न लिया।

उन्हीं दिनों ख़बर मिली कि फ़ैज़ अहमद फ़ैज़ और चिराग हसन हसरत मिलकर एक अख़बार निकाल रहे हैं, इमरोज़ के नाम से। उनसे एक दो मुलाक़ातें हुईं, अख़बार का गेटअप देख कर जी बहुत ख़ुश हुआ, तबीयत में उकसाहट पैदा हुई कि लिखूँ लेकिन जब लिखने बैठा तो दिमाग़ को मुन्तशिर पाया, कोशिश के बावजूद हिन्दुस्तान को पाकिस्तान से और पाकिस्तान को हिन्दुस्तान से अलहदा न सका, बार-बार दिमाग़ में उलझन पैदा करने वाला सवाल गूँजता।

क्या पाकिस्तान का अदब हिन्दुस्तान से अलहदा होगा, अगर होगा तो कैसे होगा, वो सब कुछ जो सालिम हिन्दुस्तान में लिखा गया था, उसका मालिक कौन है, क्या उसको भी तकसीम किया जाएगा, क्या हिन्दुस्तानियों और पाकिस्तानियों के बुनियादी मसायल एक जैसे नहीं। क्या इधर उर्दू नापैद हो जाएगी, यहाँ पाकिस्तान में उर्दू क्या शक्ल अख़्तियार करेगी। क्या हमारी स्टेट मज़हबी स्टेट है। स्टेट के तो हम हर हालत में वफ़ादार होंगे मगर क्या हमें हुकूमत पर नुक़्ताचीनी की इजाज़त होगी, आज़ाद होकर क्या यहाँ हालात फ़िरंगी हुकूमत के हालात से मुख़्तलिफ़ होंगे।

गिर्दोपेश जिधर नज़र डालता था इंतेशार ही इंतेशार दिखाई देता था, बिल्डिंगों की तरफ़ देखता था तो ऐसा महसूस होता था कि सोग में हैं।

सोच-सोच के मैं आज़िज आ गया चुनाँचे आवारागर्दी शुरू कर दी। बेमतलब सारा दिन घूमता रहता, ख़ुद ख़ामोश रहता लेकिन दूसरों की सुनता रहता, बेहंगम बातें, बेजोड़ दलीलें, खा़म ख़याली मुबाहिसे, इस आवारागर्दी का ये फ़ायदा हुआ कि मेरे दिमाग़ में जो गर्दोगुबार उड़ रहा था आहिस्ता-आहिस्ता बैठ गया और मैंने सोचा कि हल्के-फुल्के मज़ामीन लिखने चाहिए, चुनाँचे मैंने 'नाक की किस्में', 'दीवारों पर लिखना' जैसे फिक़ाहिया मज़ामीन इमरोज़ के लिए लिखे जो पसन्द किए गए। आहिस्ता-आहिस्ता मज़ाह ख़ुद-ब-ख़ुद तंज़िया रंग अख़्तियार कर गया। ये तब्दीली मुझे बिलकुल महसूस न हुई, मैं लिखता गया और मेरे क़लम से ''सवाल पैदा होता है'' और ''सवेरे जो मेरी आँख खुली'' जैसे तुन्द और तेज़ मज़ामीन निकल आए।

अल्लाह का बड़ा फ़ज़्ल है साहिबान के न कोई शायर देखने में आता है ना कोई मौसीकार, कोई उनसे पूछे कि जनाब इन राग-रागिनियों से इंसानियत को क्या फ़ायदा पहुँचता है। आप कोई ऐसा काम कीजिए जिससे आपकी आकबत सँवरे, आपको कुछ सवाब पहुँचे, कब्र का अज़ाब कम हो...अल्लाह का बड़ा फ़ज़्ल है साहिबान मौसीकी के अलावा जितनी और लानतें थीं अब उनका नामो-निशान तक नहीं। और ख़ुदा ने चाहा तो आहिस्ता-आहिस्ता ज़िन्दगी की ये लानतें भी दूर हो जाएँगी। मैंने आपको बताया नहीं, शायरी के आख़िरी दौर में कुछ शायर ऐसे भी पैदा हो गए थे जो माशूकों के बजाय मज़दूरों पर शेर कहते थे, ज़ुल्फ़ों और आरिज़ों के बजाये हथौड़ों और दरातियों की तारीफ़ करते थे, अल्लाह का बड़ा फ़ज़्ल है साहिबान कि इन मरदूदों से निजात मिली, कमबख़्त इन्किलाब चाहते थे, सुना आपने तख़्ता पलटना चाहते थे हुकूमत का, निज़ामे मुआशरत का, सरमायेदारी का और नऊज़ुबिल्लाह मज़हब का, अल्लाह का बड़ा फ़ज़्ल है साहेबान कि इन शैतानों से हमको निजात मिली। अवाम बहुत गुमराह हो गए थे, अपने हुकूक का नाजायज़ मुतालबा करने लगे थे, झंडे हाथ में लेकर लादीनी हुकूमत क़ायम करना चाहते थे, ख़ुदा का शुक्र है कि अब उनमें से एक भी हमारे दरम्यान मौजूद नहीं है, और लाख लाख शुक्र है परवरदिगार का, कि हम पर मुल्लाओं की हुकूमत है और हर जुमेरात को हम हलवे से उनकी जियाफ़त करते हैं।

जब मुझे इस अम्र का अहसास हुआ कि मेरे क़लम ने गिर्दो-पेश छाई हुई धुंध में टटोल टटोल कर एक रास्ता तलाश कर लिया है तो मुझे ख़ुशी हुई, दिमाग़ का बोझ भी किसी क़दर हल्का हो गया। मैंने ज़ोर-शोर से लिखना शुरू कर दिया। तबीयत अफ़साने पर मायल नहीं होती थी, इस सिन्फ़े अदब को मैं बहुत संगीन समझता हूँ...इसलिए अफ़साना लिखने से गुरेज़ करता था, उन्हीं दिनों मेरे दोस्त अहमद नदीम कासमी ने रिसाला 'नकूश' जारी किया। उनके इसरार के बावजूद मैं ''नकूश'' के पहले चंद पर्चों के लिए कोई कहानी न लिख सका, जब वो नाराज़ हो गए तो मैंने पाकिस्तान में अपना पहला अफ़साना ''ठंडा गोश्त'' लिखा। क़ासमी साहब ने ये अफ़साना मेरे सामने पढ़ा, वो खा़मोश पढ़ते रहे मगर मुझे उनका रद्दे-अमल मालूम न हो सका, अफ़साना ख़त्म करने के बाद उन्होंने माज़रत-भरे लहजे में कहा ''मंटो साहब'' माफ़ कीजिएगा अफ़साना अच्छा है मगर नकूश के लिए बहुत गर्म है।

कासमी साहब से कभी बहस नहीं हुई थी लिहाज़ा मैंने अफ़साना वापस ले लिया और उनसे कहा 'बहुत बेहतर, मैं आपके लिए दूसरा अफ़साना लिख दूँगा। आप कल तशरीफ़ ले आइयेगा।' कासमी साहब जब दूसरे रोज़ शाम को तशरीफ़ लाए तो मैं अपने दूसरे अफ़साने 'खोल दो'' की इख़तताम्मी सुतूर लिख रहा था। मैंने कासमी साहब से कहा 'एक मिनट बैठिये मैं अफ़साना मुकम्मल करके आपको देता हूँ'। इस अफ़साने की इख़तताामी सुतूर चूँकि बहुत अहम् थी इसलिए कासमी साहब को काफ़ी देर इन्तज़ार

करना पड़ा। जब अफ़साना मुकम्मल हो गया तो मैंने मुसव्विदा उनके हवाले कर दिया ''पढ़ लीजिए, ख़ुदा करे आपको पसन्द आ जाए। कासमी साहब ने अफ़साना पढ़ना शुरू किया, इख़तताामी सुतूर पर पहुँचे तो मैंने नोट किया कि जैसे किसी ने उन्हें झिंझोड़ दिया है...अफ़साना ख़त्म करने के बाद वो कुछ न बोले, मैंने पूछा : कैसा है तो कहने लगे! 'अच्छा है मैं लिये जाता हूँ' और आप रुख़सत हो कर चले गए। 'खोल दो' नुकूश में शाया हुआ, हर एक का रद्देअमल यकसां था, आख़िरी सुतूर सबको झिंझोड़ कर रख देती थी। लेकिन एकदम हम सबको झिंझोड़ कर रख देने वाला वाकया वुकू पजीर हुआ। हुकूमत को ये अफ़साना अमने-आमा के मुफ़ाद के मुनाफ़ी नज़र आया। चुनाँचे हुक्म हुआ कि नुकूश की अशाअत छः महीने के तक बन्द रहे।

काफ़ी दिन गुजरने पर अदबे-लतीफ़ नामी पर्चे के मुदीर मेरे पास आए और 'ठंढा गोश्त' ले गए, पर वो अभी प्रेस में था कि उसकी छपाई पर पाबन्दी हो गई। फिर कराची 'मुमताज़ शीरीं' को अफ़साना भेजा, उन्होंने कह दिया कि अफ़साना पसन्द है मगर हुकूमत का डर है, आख़िरकार आरिफ़ अब्दुल मतीन ने उसे 'जावेद' में छापा—चंद दिनों के बाद प्रेस ब्रांच की मेहरबानी से मैं, नसीर अनवर और आरिफ़ अब्दुल मतीन गिरफ़्तार कर लिए गए—और फिर शुरू हुई मुक़दमेबाज़ी।

अपने अफ़सानों के सिलसिले में मुझ पर पाँच मुक़दमे चले। 'काली शलवार', 'धुआँ', 'बू', 'ठंढा गोश्त', और 'ऊपर नीचे और दरमियान'। पहले तीन अफ़सानों में तो मेरी खलासी हो गई (शायद इसलिए कि वो अँगरेज़ हुकूमत ने चलाए थे) 'काली शलवार' के सिलसिले में मुझे दो-तीन बार दिल्ली से लाहौर आना पड़ा था। 'धुआँ' और 'बू' ने मुझे बहुत तंग किया था इसलिए कि मुझे बम्बई से लाहौर आना पड़ता था। लेकिन 'ठंढा गोश्त' का मुक़दमा इन सबसे बाज़ी ले गया, इसने मेरा भुरकस निकाल दिया। गो कि ये मुक़दमा यहाँ पाकिस्तान ही में हुआ मगर अदालतों के चक्कर कुछ ऐसे थे कि मुझ जैसा हस्सास आदमी बर्दाश्त नहीं कर सकता था कि अदालत ऐसी जगह है जहाँ हर तौहीन बर्दाश्त करना ही पड़ती है। ख़ुदा करे किसी को जिसका नाम अदालत है, से पाला न पड़े—ऐसी अजीब जगह मैंने नहीं देखी।

सआदत हसन मंटो ग़लती से किसी चना बेचने वाले को मज़दूरों का नुमाइन्दा समझ लेते हैं और उसकी ज़बान से सेठ को गाली दिलवाकर समझते हैं कि उन्होंने इन्क़लाबी अदब की तख़लीक़ की है, लेकिन मज़दूर ये कहानी पढ़कर मंटो की सादगी पर हँस पड़ता है। मंटो का ये मज़दूर बुनियादी तौर से किसान है जिसने शहर में जाकर अपनी मासूमियत खो दी है। लेकिन मंटो के हाथों में पड़कर वो हतक की हीरोइन से ज़्यादा क़रीब हो गया है जो गाहक की ज़बान से अपनी बदसूरती और बुढ़ापे के बारे में एक फ़िक़रा सुनकर इंतकामन अपने खारिशज़दा कुत्ते के साथ सो जाती है।

मंटो मज़दूरों की ज़ेहनी सतह को पस्ती और हिक़ारत की नज़र से देखता है और अपने फ़न की बुलंदी को साबित करने की तरह-तरह से कोशिश करता है लेकिन

हक़ीक़तन वो ख़ुद उस ज़ेहनी सतह पर पहुँच गया है जिसकी पस्ती–गंदे नालों और चहबच्चों तक को शर्मा देती है...'बू', 'ठंडा गोश्त', 'हतक', 'पढ़िए कलमा' वग़ैरा समाज की तख़लीक़ी की क़ुव्वतों से दूरी और अवाम के साथ फ़ितरी यगानगत न होने का ही नतीजा है।

लरज़ता है मेरा दिल ज़हमत ए महरे–दरख्शां पर!
मैं हूँ वो क़तर–ए–शबनम जो हो ख़ारे बियाबां पर!!

'ठंडा गोश्त' का मुक़दमा क़रीब–क़रीब एक साल तक चला, मातहत अदालत ने मुझे तीन माह क़ैदे बा मुशक्कत और तीन सौ रुपए जुर्माने की सज़ा दी। सेशन में अपील की तो बरी हो गया। इस दौरान दिमाग़ की कुछ अजीब ही कैफ़ियत थी। समझ में नहीं आता था कि क्या करूँ, लिखना छोड़ दूँ या एहतेसाब से क़तअन बेपरवाह होकर क़लमज़नी करता रहूँ। सच पूछिए तो तबीयत इस क़दर खट्टी हो गई थी कि जी चाहता था कि कोई चीज़ अलाट हो जाए तो आराम से किसी कोने में बैठकर चंद बरस क़लम और दवात से दूर रहूँ। दिमाग़ में ख़यालात पैदा हों तो उन्हें फाँसी के फंदे पर लटका दूँ। अलाटमेंट मयस्सर न हो तो ब्लैक मार्केटिंग शुरू कर दूँ या नाजायज़ तौर पर शराब कशीद करने लगूँ, आख़िरुज्ज़िक्र ये काम मैंने इसलिए नहीं किया कि मुझे इस बात का ख़दशा था कि सारी शराब मैं ख़ुद पी जाया करूँगा, ख़र्च ही ख़र्च होगा, आमदनी एक पैसे की भी न होगी। ब्लैक मार्केटिंग इसलिए न कर सका कि सरमाया पास न था, एक सिर्फ़ अलाटमेंट ही थी जो कारआमद साबित हो सकती थी। आपको हैरत होगी मगर ये वाके है कि मैंने इसके लिए कोशिश की...पचास रुपए हुकूमत के ख़ज़ाने में जमा करा के मैंने दरख़ास्त दी कि मैं अमृतसर का मुहाजिर हूँ...बेकार हूँ...इसलिए मुझे किसी प्रेस या सिनेमा में हिस्सा अलॉट फ़रमाया जाए।

इधर ये था उधर तरक़्क़ीपसन्द मुसन्नफ़ीन ने मुझे रजअतपसन्द क़रार देकर मेरा हुक्का पानी बन्द कर दिया। ये भी ख़ूब लतीफ़ा रहा...। बहुत देर तक सोचा किया, आख़िर इस नतीजे पर पहुँचा कि "मौले ने ओड़कहट्टी बहनां " चुनाँचे क़लम उठाकर फिर लिखना शुरू कर दिया। लेकिन लिखने से पहले ये मरहला दरपेश रहा कि मौज़ू क्या हो, फ़ॉर्म कैसा हो। बहुत सोच विचार के बाद मैंने ये फ़ैसला किया कि अपने जान–पहचान के एक्टर और एक्ट्रेस पर कुछ लिखूँ। इस सिलसिले का पहला मज़मून चुनाँचे परी चेहरा नसीम बानो के उन्वान से हुआ। मैं ख़ुश था कि एक रास्ता निकल आया है जो हुकूमत के एहतेसाब से पाक–साफ़ रहेगा और तहारत पसन्द लोगों के लिए मूजिबे इत्मीनान होगा, लेकिन ये मज़मून छपते ही तूफ़ान बरपा हो गया। आफाक़ के दफ़्तर बेशुमार ख़त आने लगे जिनमें मुझे मलऊन और मतऊन गरदाना गया।

यही हाल मुरली की धुन, मीराजी और दूसरे खाकों का हुआ, मीराजी मरहूम...मंटो...और आफ़ाक़ के साथ जो ज़ुल्म होना था वो तो हो गया, इस मजमूए

की इशाअत से जो मज़ीद ज़ुल्म होगा उसका मैं गुनाहगार हूँ और ये गुनाह मैं दुनिया के सर चढ़ कर कर रहा हूँ। उसने मुझे यक़ीन दिलाया है कि दुनिया के हर मुहज़्ज़ब मुल्क और हर मुहज़्ज़ब समाज में ये उसूल मुरव्विज है कि मरने के बाद... ख़्वाह दुश्मन ही क्यूँ न हो, उसे अच्छे अलफ़ाज़ के साथ याद किया जाता है...उसके सिर्फ़ मुहासिन बयाँ किये जाते हैं और अय्यूब पर पर्दा डाला जाता है...वैसे मैं ऐसी दुनिया पर...ऐसे मुहज़्ज़ब मुल्क पर...ऐसे मुहज़्ज़ब समाज पर...हज़ार लानतें भेजता हूँ...जहाँ ये उसूल मुरव्वज हो कि मरने के बाद हर शख़्स का क़िरदार और तशख्ख़ुस लांड्री में भेज दिया जाए जहाँ से वो धुल-धुलाकर आए और रहमतुल्लाह अलैह की खूँटी पर लटका दिया जाए...

मेरे इस्लाह ख़ाने में कोई शाना नहीं, कोई शम्पू नहीं, कोई घूँघर पैदा करने वाली मशीन नहीं...मैं बनाव-सिंगार करना नहीं जानता, आगा हश्र की भैंगी आँख मुझसे सीधी नहीं हो सकी, उसके मुँह गालियों की जगह मैं फूल नहीं झड़ा सका। मीराजी की गिलाज़त (ज़लालत) पर मुझसे इस्त्री नहीं हो सकी और न मैं अपने दोस्त श्याम को मजबूर कर सका हूँ कि वो बर ख़ुद ग़लत औरतों को सालियाँ न कहे। इस किताब में जो फ़रिश्ता आया है उसका मुंडन हुआ है और ये रस्म मैंने बड़े सलीके से अदा की है।

अप्रैल की तेईस या चौबीस तारीख थी मुझे अच्छी तरह याद नहीं मैं, पागलख़ाने में शराब छोड़ने के सिलसिले में ज़ेरे इलाज था कि श्याम की मौत की ख़बर एक अख़बार में पढ़ी उन दिनों एक अजीबोग़रीब कैफ़ियत मुझ पर तारी थी...मैं होशमंदी और बेहोशी के एक चक्कर में पड़ा हुआ था।

श्याम की मौत की ख़बर चुनाँचे जब मेरी नज़रों से गुज़री तो मैंने समझा ये सब तर्के-शराब की कारस्तानी है जिसने मेरे ज़ेहन में हलचल पैदा कर रखी है...मुझे अच्छी तरह याद है, जब मैंने ये ख़बर पढ़ी तो साथ वाले कमरे के पागल से कहा 'जानते हो—मेरा एक निहायत अज़ीज़ दोस्त मर गया।'

उसने पूछा, 'कौन?'

मैंने कहा, 'श्याम।'

कहाँ यहाँ पागलख़ाने में?

मैंने कोई जवाब नहीं दिया। ऊपर-तले कई मुख़तलिफ तस्वीरें मेरे मुज़्तरिब दिमाग़ में उभरी जिनमें श्याम था—मुस्कुराता श्याम, हँसता श्याम, शोर मचाता श्याम, ज़िन्दगी से भरपूर श्याम, मौत और उसकी हौलनाकियों से क़तअन नाआश्ना श्याम।

ग़ालिबन दो बरस पीछे की बात है मैं यहाँ लाहौर के फ़िल्मी सनअत की ज़ुबूंहाली और ठंडा गोश्त के मुक़दमे की वजह से बहुत परेशान था। एक अजीबोग़रीब दौर से मेरा दिलोदिमाग़ गुज़र रहा था। बाज़ लोग समझते थे कि अफ़साने लिख कर उन पर मुक़दमा चलवाना मेरा पेशा है, बाज़ कहते कि मैं सिर्फ़ इसलिए लिखता हूँ कि सस्ती

शोहरत का दिलदादा हूँ। और लोगों के सिफ़ली जज़्बात मुश्तयिल करके अपना उल्लू सीधा करता हूँ... । माली हालात पहले से ही कमज़ोर थे...उस ज़माने में मेरी किसी से ख़तो-किताबत नहीं थी...दरअसल मेरा दिल बिलकुल उचाट हो चुका था...अक्सर घर से बाहर रहता...और अपने शराबी दोस्तों के घर पड़ा रहता जिनका अदब से दूर-दूर का वास्ता भी नहीं था। उनकी सोहबत में रहकर मैं जिस्मानी-ओ-रूहानी ख़ुदकुशी की कोशिश में मसरूफ़ था।

एक दिन मुझे किसी और के घर के पते से एक ख़त मिला, जो तहसीन पिक्चर्स के मालिक की तरफ़ से था, लिखा था फ़ौरन मिलूँ। बम्बे से मेरे बारे में उन्हें कोई हिदायत मौसूल हुई थी। सिर्फ़ ये मालूम करने के लिए कि ये हिदायत भेजने वाला कौन है, मैं तहसीन पिक्चर्स वालों से मिला। मालूम हुआ कि बम्बई से श्याम के पै-दर-पै उन्हें कई तार मिले हैं कि मुझे ढूँढ़कर पाँच सौ रुपए दे दिए जाएँ।

मैंने पाँच सौ रुपए ले लिए और मेरी मख़मूर आँखों में आँसू आ गए!

और वो उसका ख़त।

यहाँ तुम्हें सब लोग याद करते हैं तुम्हारी और तुम्हारी बजलासंजी की ग़ैर- मौजूदगी को महसूस करते हैं जो तुम बड़ी फराख़दिली से उन पर ज़ाया करते थे। वाचा अभी तक इस बात पर मुसिर है कि तुम कन्नी कतरा गए, अबकी दफ़ा उसको बिना इत्तेला किए पाकिस्तान भागकर। अजीब मुतनाक़िज़ बात है कि वो जो बम्बे टाकीज में मुसलमानों की मुख़ालफ़त में सबसे आगे था, सबसे पहला आदमी था जो पाकिस्तान भाग कर चला गया, ख़ुद को अपने नज़रिए का शहीद बनाते हुए, ये वाचा का अपना नज़रिया है, मुझे उम्मीद है तुमने उसको ज़रूर ख़त लिखा होगा, अगर नहीं लिखा तो फ़ौरन लिखो, कम अज़ कम शराफ़त का यही तकाज़ा है।—तुम्हारा श्याम।

आज चौदह अगस्त है—वो दिन जब पाकिस्तान और हिन्दुस्तान आज़ाद हुए थे, इधर और उधर दोनों तरफ़ ख़ुशियाँ मनाई जा रही हैं...और साथ ही हमले और दिफ़ाअ की तैयारियाँ भी ज़ोरो-शोर से जारी है, मैं श्याम की रूह से मुख़ातिब होता हूँ, प्यारे श्याम, मैं बम्बे टाकीज छोड़ कर चला आया था—क्या पंडित नेहरू कश्मीर नहीं छोड़ सकते। है न हिपटुल्ला बात... !

दुनिया हरगिज़ गोल नहीं है — ढोल के अन्दर पोल नहीं है
मजनूँ की दुश्मन थी लैला — मुसलमान था भाई छैला
उल्लू रात को सो जाते हैं — तोते गुलाबी हो जाते हैं
अफ़लातून की छः माएँ थीं — कुछ भैंसे थीं कुछ गायें थीं
जुगनू से सिगरेट सुलगाओ — धूप में अपने अश्क सुखाओ
चोर को चोरी से मत रोको — शेर कहे शायर तो टोको
सबसे बड़ी हस्ती है शैतान — बला है राजा मेहदी अली ख़ान

बम्बई>पाकिस्तान

अरे यार बम्बई का क्या पूछते हो 'इक तीर मेरे सीने में मारा कि हाय हाय! बड़े ठाठ के दिन गुज़ारे हैं, डेढ़-दो हज़ार की आमदनी थी, बड़ी क़दर थी, हर कोई मंटो-मंटो करता था, / ममलेक़ते खुदादाद में आए तो पब्लिशरों के पास ख़ुद जाना पड़ा कि भई हमारी किताब छाप लो, कई बार जी चाहा कि बीच सड़क पर खड़ा होकर "पाकिस्तान ज़िन्दाबाद" का नारा लगाऊँ, फिर सोचता हूँ लोग मुझे पागल कहेंगे।

मंटो पर पाकिस्तान में पैसे के लिए लिखने के दबाव का अंदाज़ा इस हक़ीक़त से लगाया जा सकता है कि 1934 से 47 के तेरह सालों के अरसे में सआदत हसन मंटो ने सिर्फ़ उनहत्तर अफ़साने तसनीफ़ किए जबकि क़यामे पाकिस्तान के बाद 1948 से 54 के सात साल में 161 अफसाने लिखे यानी पाकिस्तान में मंटो के लिखने की रफ़्तार पाँच गुना बढ़ गई।

चचाजान अस्सलामअलैकुम, मेरा नाम सआदत हसन मंटो है...मैं एक ऐसी जगह पैदा हुआ था जो अब हिन्दुस्तान में है...मेरी माँ वहाँ दफ़न है...मेरा बाप वहाँ दफ़न हैं...मेरा पहला बच्चा भी उस ज़मीन में सो रहा है जो अब मेरा वतन नहीं, मेरा वतन अब पाकिस्तान है...। मैं पहले सारे हिन्दुस्तान का एक बड़ा अफ़सानानिगार था अब सिर्फ़ पाकिस्तान का बड़ा अफ़सानानिगार हूँ। मेरे अफ़सानों के कई मजमूए शाया हो चुके हैं—लोग मुझे इज़्ज़त की निगाह से देखते हैं। सालिम हिन्दुस्तान में मुझ पर तीन मुक़दमे चले थे और यहाँ पाकिस्तान में दो...लेकिन अभी इसे बने हुए कै बरस हैं...

अब मैं अहवाले-रोज़गार की तरफ़ आता हूँ। चचाजान - आपकी रीशे मुबारक की क़सम दिन बहुत बुरे गुज़र रहे हैं, इतने बुरे गुज़र रहे हैं कि अच्छे दिनों के लिए दुआ माँगना भी भूल गया हूँ। ये समझिये कि बदन पर लत्ते झूलने का ज़माना गया है। कपड़ा इतना महँगा हो गया है कि जो ग़रीब है उसको मरने पर कफ़न भी नहीं मिलता...और जो ज़िन्दा हैं वो तार-तार लिबास में नज़र आते हैं...

अब तो मेरा हाफ़िज़ा भी यहाँ की कशीद की हुई शराब पी पीकर बहुत कमज़ोर हो गया है। यूँ तो पंजाब में शराबनोशी ममनूअ है, मगर कोई भी आदमी 12 रुपए दो आने देकर शराब पीने के लिए परमिट हासिल कर सकता है इस रक़म में पाँच रुपये डॉक्टर की फीस के होते हैं, वो लिख देता है कि जिस आदमी ने ये रुपये ख़र्च किए हैं अगर बाक़ायदा शराब न पिए तो उसके जीने का कोई इमकान नहीं।

मीर क्या सादे हैं, बीमार हुए जिसके सबब!
उसी अत्तार के लौंडे से दवा लेते हैं!!

दरअसल हमारी हुकूमत मुल्लाओं को भी ख़ुश रखना चाहती है...और शराबियों को भी मज़े की बात ये है कि शराबियों में कई मुल्ला मौजूद हैं। और मुल्लाओं में

अक्सर शराबी—बहरहाल शराब बिकती रहेगी, इसलिए आपको मेरी तरफ़ से मुतरद्दुद नहीं होना चाहिए।

चचाजान, हिन्दुस्तान लाख टापा करे, आप पाकिस्तान से फ़ौजी इमदाद का मुआहदा ज़रूर करें...इसलिए कि आपको इस दुनिया की सबसे बड़ी इस्लामी सल्तनत के इस्तेमाल की बहुत ज़्यादा फ़िक्र है...और क्यूँ न हो...इसलिए कि यहाँ का मुल्ला रूस के कम्युनिज़्म का बेहतरीन तोड़ है...फ़ौजी इमदाद का सिलसिला शुरू हो जाए तो आप सबसे पहले उन मुल्लाओं को मुसल्लह कर दीजिएगा। उनके लिए ख़ालिस अमरीकी ढेले, ख़ालिस अमरीकी तस्बीहें, और ख़ालिस अमरीकी जायनिनाजें रवाना कीजिएगा। उस्तरों और क़ैंचियों को सरे-फ़ेहरिस्त रखिएगा। ख़ालिस अमरीकी खिज़ाबे लाजवाब भी अगर आपने उनको मरहमत कर दिया तो समझिए कि पौ बारह है। मुल्लाओं का ये फ़िरका अमरीकी स्टाइल में मुसल्लह हो गया तो सोवियत रूस को यहाँ से अपना पानदान उठाना ही पड़ेगा जिनकी कुल्लियों तक में कम्युनिज़्म और सोशलिज़्म घुले हैं...

बल्कि मैं तो ये कहता हूँ कि आप हिन्दुस्तान और पाकिस्तान में जंग करवा दीजिए क़िबला ज़रा सोचिये यह जंग कितनी मनफअबख्श तिजारत होगी। भारत भी आपसे हथियार ख़रीदेगा और पाकिस्तान भी, आपकी पाँचों उँगलियाँ घी में और सर कड़ाहे में। अमरीकी गरम कोट बहुत ख़ूब हैं...लुंडा बाज़ार इनके बग़ैर बिलकुल लुंडा था। मगर आप पतलूनें क्यूँ नहीं भेजते। क्या आप पतलूनें नहीं उतारते। हो सकता है कि हिन्दुस्तान रवाना कर देते हों। आप बड़े काइयाँ हैं ज़रूर कोई बात है—इधर कोट भेजते हैं उधर पतलूनें। जब लड़ाई होगी तो आप ही के भेजे कोट, आप ही की पतलूनें, आप ही के भेजे हुए हथियारों से लड़ेंगे।

मुझे मालूम है कि आजकल आप हाइड्रोजन बम बनाने में मसरूफ़ हैं...मुझे भी एक नन्हा-मुन्ना छोटा सा एटम बम चाहिए।

ये तो मैं आपसे ज़रूर लूँगा। मेरे दिल में मुद्दत से ये ख़्वाहिश दबी पड़ी है कि मैं अपनी ज़िन्दगी में एक नेक काम करूँ। मैं एक ड्राइक्लीन करने वाले को मारना चाहता हूँ...हमारे यहाँ बाज़ मौलवी क़िस्म के हज़रात पेशाब करते हैं तो ढेला लगाते हैं...मगर आप क्या समझेंगे—बहरहाल, मामला कुछ यूँ होता है कि पेशाब करने के बाद सफ़ाई की खातिर कोई ढेला उठाते हैं और शलवार के अन्दर हाथ डालकर सरेबाज़ार ड्राइक्लीन करते चलते हैं—मैं बस ये चाहता हूँ कि जूँही मुझे कोई ऐसा आदमी नज़र आए मैं जेब से आपका दिया एटम बम निकालूँ और उस पर दे मारूँ। ताकि वो ढेले समेत धुआँ बनकर उड़ जाए।

आपको नाचीज़ की राय है कि आप अपनी सल्तनत का सरकारी मज़हब इस्लाम क़रार दें। इससे बड़े फ़ायदे होंगे, क़रीब-क़रीब हर शादीशुदा मर्द को तीन और शादियाँ करने की इजाज़त होगी। और आपको जापान फ़तह करके हराम बच्चे पैदा करने की ज़रूरत महसूस नहीं होगी। आप ही बताइये चचाजान, क्या आपको हरामीपना पसन्द है?

आप मेहरबानी करके हाइड्रोजन बम हिन्दुस्तान पर फेंक दें। हमारे यहाँ गर्मियों का मौसम शुरू हो चुका है, सर्दी हो जाए तो मैं बड़े आराम से रहूँगा...हीरा मंडी की तवायफ़ें शोरिश कश्मीरी के ज़रिये से मुजरा अर्ज करती हैं...

रीटा हेवर्थ अगर शादी के लिए माइल है तो पाकिस्तान में सबसे पहले उसकी शादी मुझसे करवाइएगा। बराए मेहरबानी एलिजाबेथ टेलर के होठों का एक प्रिंट भिजवा दीजिए...हैडी ला मार को फ्री स्टाइल का और जेन टर्नी को एक उड़ता हुआ बोसा...जवाब से जल्द सरफ़राज़ फरमाइएगा।

भतीजा आपका ताबे-फ़रमान—
सआदत हसन मंटो
सर खुजाता है जहाँ ज़ख्मे-सर अच्छा हो जाए!
लज्ज़ते-संग ब अंदाजा-ए-तक़रीर नहीं!!

मेरा दिल अफ़सुर्दा है। एक अजीब-सा इजम्हलाल छाया हुआ है, चार साढ़े चार साल पहले जब मैंने अपने दूसरे वतन बम्बई को ख़ैरबाद कहा था तो मेरा दिल मगमूम था। मुझे वो जगह छोड़ने का सदमा था जहाँ मैंने अपनी ज़िन्दगी के बड़े पुरमशक्कत दिन गुज़ारे थे। उस ख़ित्तए ज़मीं ने मुझ ऐसे आवारा और ख़ानदान के दुत्कारे हुए इन्सान को अपने दामन में जगह दी थी। उसने मुझसे कहा था कि यहाँ तुम दो पैसे रोज़ाना पर भी ख़ुश रह सकते हो और दस हज़ार रुपए रोज़ाना पर भी...

बारह बरस वहाँ रहने के बाद जो कुछ मैंने सीखा ये उसी का बायस है कि मैं यहाँ पाकिस्तान में मौजूद हूँ। यहाँ से कहीं और चला गया तो वहाँ भी मौजूद रहूँगा मैं चलता-फिरता बम्बई हूँ...जहाँ भी क़याम करूँगा वहाँ मेरा अपना जहाँ आबाद हो जाएगा।

बम्बई छोड़ने के बाद मैं अफ़सुर्दा था...वहाँ मेरे दोस्त थे जिनकी दोस्ती पर मुझे नाज़ है। वहाँ मेरी शादी हुई, वहाँ मेरा पहला बच्चा पैदा हुआ...दूसरे ने भी अपनी ज़िन्दगी का पहला दिन वहीं शुरू किया...मैंने वहाँ चंद रुपयों से लेकर हज़ारों-लाखों तक कमाए और ख़र्च किए...मुझे उससे मुहब्बत थी और आज भी है...मुल्क के बँटवारे से जो इंक़लाब बरपा हुआ उससे एक अरसे तक मैं बाग़ी रहा और आज भी हूँ लेकिन बाद में इस ख़ौफ़नाक हक़ीक़त को मैंने तस्लीम कर लिया...मगर इस तरह की मायूसी को मैंने पास तक न आने दिया...मैंने उस ख़ून के समंदर में गोता लगाया जो इन्सान ने इन्सान की रगों से बहाया और चंद मोती चुन लाया...ये मोती मैंने अपनी किताब सियाह हाशिये में पेश किए...

यक़ीन मानिये मुझे उस वक़्त दुःख हुआ, बहुत बड़ा दुःख जब मेरे चंद हमअसरों ने मेरी इस कोशिश का मज़हका उड़ाया। मुझे लतीफ़ाबाज़, यावागो, सनकी, नामाकूल सजअतपसंद कहा गया...मेरे एक अज़ीज़ दोस्त ने तो यहाँ तक कहा कि मैंने लाशों की जेबों में से सिगरेट के टुकड़े, अँगूठियाँ और इसी क़िस्म की दूसरी चीज़ें निकाल

कर जमा की हैं...उस अज़ीज़ ने मेरे नाम से एक खुली चिट्ठी भी शाया की जो वो बड़ी आसानी से मुझे ख़ुद दे सकते थे...इसमें भी उन्होंने स्याह हाशिये की तज़हीक में ख़ुले तौर पर क़लमकारी की...

मुझे ग़ुस्सा था कि ये इन लोगों को क्या हो गया है...ये कैसे तरक़्क़ीपसन्द हैं जो तनज्जुल की तरफ़ जा रहे हैं...ये उनकी सुर्ख़ी कैसी है जो सियाही की तरफ़ दौड़ती है...मुझे ग़ुस्सा था उन के आए दिनों के मंशूरों पर, उनकी तवील तवील करारदादों पर, उनके मुख़्तलिफ़ बयानों पर जिस का मन्नाला बराहे-रास्त रूस के क्रेमलिन से बम्बई की खेतवाड़ी में था और वहाँ से McLeod रोड पहुँचता था। रूस के फलाँ शायर ने ये कहा, रूस के फ़लां अफ़सानानिगार का ये बयान है, रूस के फ़लाँ दानिश्वर ने ये दानिशमन्दाना बात कही है...मुझे ग़ुस्सा आता था कि ये लोग इस ख़ित्ता-ए-अर्ज़ की बात क्यूँ नहीं करते जिस पर कि ख़ुद रहते हैं ...मैं आज बहुत अफ़सुर्दा हूँ ...पहले मुझे तरक़्क़ीपसन्द तस्लीम किया जाता था, बाद में मुझे एकदम रुज़अतपसन्द बना दिया गया, और अब फ़तवे देने वाले सोच रहे हैं और फिर से ये तस्लीम करने के लिए आमादा हो रहे हैं कि मैं तरक़्क़ीपसन्द हूँ और फ़तवों पर अपने फ़तवे देने वाली सरकार मुझे तरक़्क़ीपसन्द यक़ीन करती है...यानी एक सुरख़ा...एक कम्युनिस्ट, कभी-कभी झुँझलाकर मुझ पर फ़हशनिगारी का इलज़ाम लगा देती है और मुक़दमा चला देती है...दूसरी तरफ़ यही सरकार अपनी मतबूआत में ये इश्तेहार देती है कि सआदत हसन मंटो हमारे मुल्क का बहुत बड़ा अदीब और अफ़सानानिगार है जिसका कलम गुज़िश्ता हंगामी दौर में भी रवां-दवां रहा...मेरा अफ़सुर्दा दिल लरज़ता है कि सरकार ख़ुश होकर एक तमग़ा मेरे कफ़न से टांक देगी जो मेरे दाग़-ए-इश्क़ की बहुत बड़ी तौहीन होगी।

फ़ारिग मुझे न जान कि मानिन्दे सुब्हे मेह्र!
है दागे-इश्क़ ज़ीनते-जेबे-कफ़न हनोज़!!

वाईन मर्चेंट की दुकान ज़्यादा दूर नहीं थीं। ज्यों ही तांगा रुका, मंटो हमें अन्दर ले गया, दुकान का सेल्समैन मंटो से काफ़ी खुला हुआ था...बोतल मंटो ने अपने हाथ में ले ली और क़ीमत अदा करने के बाद हम बाहर निकलने लगे तो उसने मज़ाक़ में कहा : ''मंटो साहब मेरा ख़याल है कि अब आप परमिट बनवा ही लीजिए''

हाँ बिरादर तुम्हारा ख़याल वाक़ई नेक है...ये सवाब का काम तुम ख़ुद क्यूँ नहीं करते...मेरे नाम से परमिट बनवा लो और मेरे मरने के बाद उस परमिट को मेरे साथ ही क़ब्र में दफ़न कर देना ताकि ग़रीब सआदत हसन मंटो की आक़बत ख़राब ना हो...इस दुनिया में तो तुम्हारी इनायत है कि परमिट की ज़रूरत नहीं पड़ी...लेकिन क्या ख़बर अल्लाह तआला की इस्लामी सल्तनत में उसके बग़ैर काम न चले।

"आशिक़ अगर है सच्चा, कौड़ी न रख कफ़न को।"

एंडगेम

उस दिन जब कर्नल साहेब के यहाँ भी शराब न मिली तो हम वापसी के लिए निकले, मंटो ख़ामोश था, कार स्टेशन के सामने से गुज़री, मंटो चुप रहा, मिस्त्री शाह के दरवाज़े में दाख़िल हुई, मंटो एक लफ़्ज़ नहीं बोला, कार रहीम पार्क में आ गई। लेकिन मंटो की ख़ामोशी का जमूद नहीं टूट सका...और क़तील शिफ़ाई के मकान के सामने कार रुकी तो मैं नीचे उतरा, मंटो ख़ुद भी कार से नीचे उतरकर ज़रा दूर एक बिजली के खम्भे के नीचे ले जाकर मुझ से कहने लगा, "माफ़ करना डियर नरेश, मैंने आज बड़े कमीनेपन का सुबूत दिया है, चाहिए तो ये था कि मैं ख़ुद तुम्हें पीने की दावत देता मगर जेब में एक पैसा तक नहीं था। मैंने सफ़िया से भी कहा लेकिन...फिर मुझे अफ़सोस है कि तुम्हें दावत देने के बजाय तुमसे ख़र्च करवा दिया है, ख़ुदा की कसम सआदत हसन मंटो बड़ा नीच आदमी है।

अपने आख़िरी चंद बरसों में मंटो ने बेतहाशा लिखा—दोस्तों की महफ़िलों में, अदबी पर्चों के दफ़्तरों में, किताबों की दुकानों में, टी हाउस में...गरज़ ये कि हर जगह...जहाँ कहीं उसका बैठना होता था...वो चेलेंज के तौर पर हर किसी से कहता...तुम मुझे एक जुमला लिखकर दो...मैं अभी तुम्हारे सामने उसे अफ़साना बना दूँगा।

मंटो का ये दावा लाहौर के अदबी हलकों में बहुत मशहूर था...एक दिन उसने फिर वही चैलेंज फेंका तो एक नौजवान ग़ज़लगो शायर फ़रहाद ज़ैदी ने कहा, "लीजिए मंटो साहब जुमला हाज़िर है...और उसने काग़ज़ का एक छोटा-सा पुर्जा मंटो के सामने रख दिया, उस पर ये जुमला दर्ज था..."उसके सारे जिस्म में मुझे उसकी आँखें बहुत पसन्द थीं।"

आधे दर्जन गवाहों का बयान है कि नकूश के भरे-पूरे दफ़्तर के शोरोगुल में...मंटो ने काग़ज़ हासिल किए...क़लम थामा और सबकी नज़रों के सामने एक काग़ज़ की पेशानी पर 786 लिखा...फिर ज़रा जली हुरूफ़ में अफ़साने का उनवान आँखें लिखा...और फिर अफ़साने का पहला जुमला लिखा "उसके सारे जिस्म में मुझे उसकी आँखें बहुत पसन्द थीं" अब ज़रा कहानी के अगले जुमलों पर ध्यान दीजिए...वो आँखें वैसी ही थीं जैसे अँधेरी रात में मोटरकार की हेडलाइट्स...जिसको आदमी सबसे पहले देखता है...कहानी वहीं लिख दी गई और आख़िर में ज़ाहिर हुआ कि उन आँखों में रोशनी नहीं है...वो आँखें देख नहीं सकती थीं...

मंटो का उन दिनों प्रोग्राम हो गया था कि सुबह पाँच बजे उठते, बिस्तर में आठ बजे तक पड़े रहते, आठ बजे नहाते या मुँह-हाथ धो लेते और बाहर दरवाज़े पर फेंके हुए अख़बारात उठा लाते, ज़मींदार सबसे पहले पढ़ते थे, फिर नौ बजे अपने नौकर जमील (जिस पर कभी मंटो नाराज़ रहते और कभी वो उन पर नाराज़ रहता) को

लगातार पाँच-छः आवाज़ें देते, वो आवाज़ सुनकर फ़ौरी चले आने के बजाय बड़े इत्मीनान से दो हाफ बॉयल अंडे तश्तरी में रखे पलंग ही पर ले आता...मंटो साहब उसके आने पर मेरी तरफ़ देखते, गोया कह रहे हों, "देख लिया न तुमने, मेरा नौकर मेरी आवाज़ पर दौड़ा नहीं आया तो क्या हुआ, नाश्ता तो ले आया है। दो अण्डों का नाश्ता कर लेते और सो जाते, कोई मिलनेवाला आ जाता तो जगा लेता, वो अपने मख़सूस सोफ़े पर बैठ जाते और फिर गपबाजी शुरू हो जाती और डेढ़ बजे तक ये सिलसिला जारी रहता। डेढ़ बजे एक चपाती और जाईद खा ली तो दो चपाती खाते और फिर काग़ज़-क़लम से मुसल्लह होकर बैठ जातें। पहले काग़ज़ पर 786 लिखा जाता और फिर अफ़साना लिखना शुरू करते, पता नहीं क्या लिखना है, मगर लिखे जाते, और जब चौथा सफ़हा शुरू होता तो कहते, जाओ कपड़े बदल आओ, मैं कपड़े बदल आता तो देखता मंटो साहिब मसरूर हैं क्यूँकि अफ़साना मुकम्मल हो गया है, अब ताँगा लिया जाता, मक़तबे-कारवाँ आख़िरी दिनों में वाहिद मंजिल बन गई थी। मैं मकतबे कारवां के मालिक चौधरी हमीद ताँगा देखते ही बीस रुपए निकाल रखते, कहानी लेते और बीस रुपए दे देते, मंटो ज़ोर से सलाम अलैकुम कहकर टाँगा पर सवार हो जाते, टाँगा का रुख़ इंग्लिश वाइन हाउस की तरफ़ कर दिया जाता, साढ़े सत्रह रुपए की मंटो साहब शराब लेते, एक रुपया टाँगे वाले का, एक रुपए के कैप्स्टन सिगरेट फिर आठ आने की मूली वग़ैरा ख़रीदने के लिए, छः बजे घर पहुँचते।

अब लोग अगर आ गए हों तो गप शुरू...हर जुमले से पहले 'फ्रॉड है'...और हर जुमले के बाद 'बकवास है'...ज़रूर कहा जाता...बार-बार उठकर अन्दर जाते और एक घूँट पी आते...साढ़े नौ दस बजे तक गुफ़्तगू का सिलसिला जारी रहता...रात को दो टोस्ट या एकाध चपाती खाते और साढ़े दस बजे से बिस्तर पर करवटें बदलते रहते...नीमख़्वाबी के मरीज़ थे...जिस दिन शराब न हो उस दिन हालत देखने के काबिल होती। मेयो अस्पताल से मरते-मरते बचकर जब वापस घर आए तो पिछले दिनों मेरी आँखों के आगे मंटो ने चालीस दिनों में चालीस कहानियाँ लिखीं...और सब की सब मक़तबा-ए-कारवाँ को दे दी गईं...

आख़िरी दिनों में ख़िफ़्क़ान या hallucination हो गया था, बहकी-बहकी बातें करते, रातों को चौंककर उठ बैठते और ख़याली शक्लों से बातें करते...एक दिन अबूसूफ़ियान सिद्दीक़ी आफ़ाक़ी के साथ एक अख़बार के दफ़्तर से उतर रहे थे कि यकायक सीढ़ियों पर बैठ गए और अपने साथी से कहने लगे—तुम म्यूज़िक की आवाज़ सुन रहे हो ?

नहीं तो !

ग़ौर से सुनो, मेरे कान में म्यूज़िक बज रहा है। हर वक़्त बजता रहता है। चुप रहो सुनने दो, ये कहके वो ख़ामोश हो गए, जैसे कान लगाकर कुछ सुन रहे हों, फिर

अचानक नाराज़ होकर खड़े हो गए, ''तुमने उन लड़कों को देखा, मुझे छेड़ रहे हैं।'' मैंने हैरान होकर देखा सामने फुटपाथ पर दो लड़के अपनी राह जा रहे थे। ''ये मुझे क्यूँ छेड़ते हैं, वो बरहमी से बोले।'' मुझे क्यूँ तंग करते हैं, ''मैं ख़ामोशी से उनका चेहरा देखता रहा जिस पर ज़र्दी छा रही थी। चंद लम्हे बाद खड़े हुए और कहा ''मैं चलता हूँ।''

मैंने मंटो को एक बार सख़्त लहजे में शराब छोड़ने के लिए कह दिया कि अब पीना छोड़ दीजिए, आपके लिये ज़हर है, तो उसने जवाब दिया : मैंने आपको अपना दोस्त बनाया है अहमद नदीम कासमी साहब—अपनी ज़मीर की मस्जिद का इमाम नहीं।

मगर अब मुझे कुछ एहसास होता है कि मैंने बुज़दिली दिखाई थी। मैं उसका पहरेदार बनकर क्यूँ न बैठ गया, मैं उसकी झिड़कियाँ और गालियाँ सहता मगर उसे ज़िन्दा रखने की कोशिश करता, और क़ौम की इस मताअ को इतनी जल्दी नाबूद होने से बचा लेता...

मैं और मेरे जैसे कितने कमहिम्मत और शिकस्तखोरदा ''ख़ैरख़ाहों'' ने मंटो को ज़िन्दगी के वीराने में यूँ अकेला छोड़ दिया था कि :

''नै हाथ बाग़ पर है न पा है रेकाब में''

मौत से कोई तीन दिन पहले कॉफ़ी हाउस में तशरीफ़ लाए, हम मामूल के मुताबिक़ मंडली जमाए बैठे थे, मेरा शाना झिंझोड़ते हुए कहा : ''उठो,'' मैंने एतराज़ किया, एक गाली, दो गालियाँ, तीन गालियाँ और फिर

''यार एस तूं ते मैं मर ही जांदा ते अच्छा सी।''

मंटो मामू के आख़िरी लम्हात के बारे में मैंने जो कुछ सुना है, उससे यही अन्दाज़ा लगाया जा सकता है कि काफ़ी देर तक उन्हें ख़ुद भी यक़ीन नहीं था कि उनका वक़्त क़रीब आ चुका है। डॉक्टर के इंजेक्शन वग़ैरा लगाने के घंटा डेढ़ घंटा तक वो मायूस नहीं हुए थे...लेकिन इस इलाज के बावजूद उनकी हालत जब नहीं सँभली, उनकी नब्ज़ बराबर डूबती चली गई और दर्द में मुसलसल इज़ाफ़ा होता रहा, ख़ून की कै भी बन्द नहीं हुई, सुबह को डाक्टर ने तजवीज़ की कि मंटो मामू को अस्पताल पहुँचा दिया जाए, उस वक़्त मंटो मामू के होशोहवास बिलकुल बजा थे, और अस्पताल का नाम सुनते ही वो बोल पड़े, ''अब बहुत देर हो चुकी है, मुझे अस्पताल न ले जाओ और यहीं सुकून से पड़ा रहने दो।''

घर की औरतों के लिए ये मंज़र नाक़ाबिले-बर्दाश्त था, उन्होंने रोना शुरू कर दिया...ये देख कर मंटो मामू और मुश्तइल हो गए और उन्होंने गज़बनाक आवाज़ में कहा, ''ख़बरदार जो कोई रोया'' ये कहकर उन्होंने अपना मुँह रजाई से बन्द कर लिया। ऐम्बुलेंस आने से पहले एक या दो बार उन्होंने रज़ाई मुँह से हटाई...

उन्होंने कहा, ''मुझे बड़ी सर्दी लग रही है। इतनी सर्दी शायद क़ब्र में भी नहीं लगेगी,'' ''मेरे ऊपर और रज़ाइयाँ डाल दो।''

कुछ देर बाद उनकी आँखों में एक अजीब-सी चमक नमूदार हुई...उन्होंने आहिस्ता से कहा मेरे कोट की जेब में साढ़े तीन रुपए पड़े हैं...कुछ पैसे मिलाकर थोड़ी विस्की मँगा दो...''

शराब के लिए उनका इसरार जारी रहा और उनकी तसल्ली के लिए पव्वा मँगा लिया गया। उन्होंने बोतल को बड़ी अजीब और आसूदा निगाहों से देखा और कहने लगे, ''मेरे लिए दो पेग बना दो'' और ये कहते हुए दर्द और शदीद तशंजी दौरे से वो काँप उठे। मंटो मामू की आँखों में उस वक़्त भी अपने लिए रहम का कोई शायबा मौजूद नहीं था, उन्हें मालूम था उनका आख़िरी वक़्त आ पहुँचा है, लेकिन एक बार भी एक लम्हे के लिए भी उन्होंने अपने ऊपर जज़बातियत नहीं तारी होने दी। उन्होंने अपने बच्चों या किसी को अपने पास नहीं बुलाया, बिस्तरे-मर्ग पर मंटो मामू ने सिवाए शराब के कोई चीज़ नहीं माँगी। एम्बुलेंस जैसे ही दरवाज़े पर आकर खड़ी हुई, उन्होंने फिर शराब का मुतालबा किया, एक चमचा विस्की उनके मुँह में डाल दी गई, लेकिन एक क़तरा मुश्किल से उनके हलक़ से उतरा होगा कि बाक़ी शराब मुँह से गिर गई और उन पर ग़शी तारी हो गई, उन्हें इसी हालत में ऐम्बुलेंस में लिटा दिया गया...।

ऐम्बुलेंस अस्पताल पहुँची और डॉक्टर उन्हें देखने के लिए अन्दर आए तो मंटो मामू मर चुके थे...दोबारा होश में आने से पहले उनका इंतक़ाल हो चुका था...

चूं सआदत ज़े जहाँ रफ़्त हमी गुफ़्त हफ़ीज़
तिशना अज़ ख़ुम कदा-ए-आलमे इमकां रफ़्तम
ख्वांद ईं मिसरा ए तारीख़ ज़े ग़ालिब 'बा आह'
मुज़दा बाद अहले रिया रा कि ज़े मैदां रफ़्तम

मैंने उसको देखा है
उजली-उजली सड़कों पर इक गर्द-भरी हैरानी में
फैलती भीड़ के औंधे-औंधे कटोरों की तुग़यानी में
जब वो ख़ाली बोतल फेंक के कहता है
दुनिया तेरा हुस्न यही बदसूरती है
दुनिया उसको घूरती है
शोरे-सलासिल बनके गूँजने लगता है
अंगारों-भरी आँखों में ये तुन्द सवाल
कौन है ये जिसने अपनी बहकी-बहकी साँसों का जाल
बामे ज़मां पर फेंका है
कौन है जो बल खाते ज़मीरों के पुर पेच धुँधलकों में
रूहों के अफ़रियत क़दों के ज़हरअन्दोज़ महलकों में

ले आया है यूँ बिन पूछे अपने आप
ऐनक के बर्फ़ीले शीशों से छनती नज़रों की चाप
कौन है ये गुस्ताख़—ताख़ तड़ाख़
कौन है ये गुस्ताख़—ताख़ तड़ाख़
कौन है ये गुस्ताख़—ताख़ तड़ाख़

दास्तान एलिस की

नन्ही एलिस प्यारी एलिस
छत्तीस नखरों वाली एलिस
स्कूल, किताबें, पापा की डाँटें
बुद्धे दिन और गुमसुम रातें
अपने घर को छोड़ के एलिस
नींद निगोड़ी तोड़ के एलिस
सारे ताले खोल के एलिस
सब को टा-टा बोल के एलिस
रोलम पोलम गिरती एलिस
हाय री दैया करती एलिस
उलटी-पुलटी नगरी देखी
गप्पें मोटी तगड़ी देखीं
चूहिया से एक सुनी कहानी
काठ की रानी आँसू का पानी
बगड़म का छाता अगड़म का डंडा
दीवार पे बैठा नकचढ़ा अंडा
राजा ने वो कुश्ती देखी
शेर की धींगा-मुश्ती देखी
सब कुछ ओखर-पोखर देखा
घोड़े पे बैठा जोकर देखा
आधे दिन का राज देखा
सर पे रख के ताज देखा
एलिस ने बस एक पहर में
अपना ही कल आज देखा

एक नन्ही-सी प्यारी-सी लड़की थी, नाम था उसका एलिस, इतनी बड़ी रही होगी। यहीं दिल्ली में रहती थी। उसके घर में उसकी मम्मी थी, डैडी थे, उसकी एक बड़ी

बहन थी, और एक प्यारी-सी बिल्ली थी—नाम था जिसका किट्टी। एक दिन एलिस और उसकी बड़ी बहन पार्क में खेलने के लिए गए। अब एलिस की बहन जो थी न, वो बहुत पढ़ाकू क़िस्म की थी। वो तो पार्क में जाते ही किताब खोलकर बैठ गई। एलिस ने सोचा ज़रा देखूँ तो सही कि मेरी बहन कौन-सी किताब पढ़ रही है। पर जब एलिस ने उस पर नज़र मारी, तो देखा कि उस किताब में तो कोई तस्वीर ही नहीं थी। एक भी पिक्चर नहीं। एलिस ने सोचा छी: ये भी भला कोई किताब हुई ? और एलिस किटी के पास वापस आकर चैस खेलने लगी। कि तभी एलिस ने देखा एक ख़रगोश : गुलाबी आँखें जो उसकी देखीं, वो फुदक-मटक फुदक-मटक वहाँ से निकला। एलिस उसकी तरफ़ खिंचती चली गई। ध्यान से देखा, तो उस ख़रगोश ने पैंट और कोट पहना हुआ था, कि अचानक उस ख़रगोश ने अपनी कोट की जेब से एक घड़ी निकाल के टाइम देखा और बोला, "अरे बाप रे, बहुत देर हो गई, बहुत डाँट पड़ेगी।"एलिस को झटका लगा, ख़रगोश जो बोलता हो और घड़ी भी देखता हो। तड़ाख़ से उठी, झटाक से उसके पीछे भागी। ख़रगोश आगे-आगे फुदक-मटक फुदक-मटक एलिस पीछे-पीछे ज़न-ज़न दन-दन, कि एक दम से वो ख़रगोश एक बिल में कूदा और ग़ायब।

एलिस ने जो उस बिल में देखा तो उसे दिखाई दी एक बिसात शतरंज की...इतनी बड़ी बिसात...ठीक वैसी ही जैसी उसके पास थी, लेकिन इतनी बड़ी शतरंज तो उसने कभी देखी ही न थी। उसने सोचा जब वो अपने छोटे से चैसबोर्ड पर खेलती है तो उसे इतना मज़ा आता है, अगर वो इस बड़े से चैसबोर्ड पर खेलेगी तो उसे कितना मज़ा आएगा...ये सोचते ही उसने आव देखा न ताव और वो भी उस बिल में कूद पड़ी। जैसे ही वो बिल में कूदी वो बिल एक सुरंग में तब्दील हो गया और एलिस उसमें गिरती चली गई। एलिस ने सोचा या तो वो सुरंग बहुत गहरी थी या एलिस बहुत धीरे-धीरे गिर रही थी क्यूँकि गिरते हुए उसे आस-पास का सब कुछ साफ़-साफ़ दिखाई दे रहा था। वहाँ दीवारों पर जा-बजा किताबों की अलमारियाँ थीं। उसने एक किताब उठाई तो देखा वो उसके स्कूल की होमवर्क की किताब थी। उसने फ़ौरन उसको छोड़ दिया—फिर वो फिसलने लगी और नीचे-और नीचे, और नीचे, कि यकायक एलिस को एक फ्रिज़ दिखाई दिया, एलिस ने उसे जो खोला तो पाया कि उसमें ढेर सारा खाने-पीने का सामान रखा है, और उसके बीचों-बीच रखा हुआ था एक केक...वो कोई ऐसा-वैसा केक नहीं था, बल्कि वो था एक बोलने वाला केक...और वो कह रहा था : "मुझे खा लो, मुझे खा लो" एलिस ने सोचा, "खा लो बाद में, पहले उठा लो" और उसने वो केक उठाया और अपनी फ्रॉक की जेब में रख लिया और फिर फिसलने लगी। और नीचे और नीचे और नीचे। एलिस को लगा वो शायद ज़मीन के बीचोबीच कहीं पहुँच गई है, धरती गोल है, तो उसका मरकज़ यानी सेंटर कितनी दूर होगा-शायद 3000 मील। अरे बाप रे मैं 3000 मील पहुँच गई, एलिस को लगा कि उसने

कुछ बहुत समझदारी की बात कही है और वो इतनी ख़ुश हो गई कि ख़ुद की ही पीठ थपथपाने लगी। फिर उसने सोचा, अगर मैं धरती के उस पार निकल गई तो कहाँ पहुँचूँगी, ऑस्ट्रेलिया, नहीं शायद डिज़्नीलैंड या फिर शायद पेरिस का आइफ़ल टावर... एलिस ये सोचकर बहुत ख़ुश हो गई कि बग़ैर टिकट पासपोर्ट के वो पूरी दूनिया घूम लेगी कि तभी एलिस धड़ाम से गिरी, भूसे के एक ढेर पर, अब भूसे का ढेर सूखी घास से बना होता है, इसलिए उसे चोट तो नहीं लगी, अलबत्ता उसके कपड़े ज़रूर ख़राब हो गए...एलिस कपड़े झाड़ती हुई नीचे कूदी और उसने जो आसपास नज़र दौड़ाई तो पाया कि वो एक बड़े से कमरे में आ पहुँची है...जिसमें थे ढेर सारे शीशे के दरवाज़े और जिनके पार उसे नज़र आई...

—एक नई दुनिया...जिसमें एक तरफ़ तो वही शतरंज की बिसात थी जो एलिस को बिल के ऊपर से नज़र आई थी और उसके बग़ल में था एक ख़ूबसूरत बाग़...एलिस का मन शीशे के दरवाज़े के उस पार जाने को मचल गया, उसने पहले-पहल तो दरवाज़ा खोलने की कोशिश की पर वो नहीं खुला, फिर वो उस कमरे में इधर-उधर टहलने लगी कि तभी उसे कमरे के बीचों-बीच शीशे की एक गोल मेज़ दिखाई दी जिसके तीन पाए भी शीशे के थे।

—पर कमरा तो ख़ाली था...

हाँ ये मेज़ अचानक से आ गई थी

एलिस—जादू से

हाँ...उसके ऊपर एक चाबी भी रखी थी, सोने की बनी हुई। एलिस ने झट से वो चाबी उठाई और जाकर शीशे के दरवाज़े में लगाई...दाएँ घुमाया...नहीं खुला...बाएँ घुमाया...नहीं खुला। एलिस ने सोचा हो सकता है, ये चाबी दूसरे दरवाज़े की हो...उसने ताले में लगाई दाएँ घुमाया...नहीं खुला...बाएँ घुमाया...नहीं खुला। ऐसे करते-करते उसने तीसरा, चौथा, पाँचवाँ, छठा, सातवाँ, आठवाँ, नौवाँ, दसवाँ, ग्यारहवाँ और बारहवाँ दरवाज़ा खोलने की कोशिश जो कर चुकी तो वो थक कर चूर हो गई, अब एलिस को ज़ोरों से भूख लगने लगी।

कि तभी उसे याद आया कि उसके पास है एक...बोलने वाला केक। उसने अपनी फ्रॉक की जेब से उसे निकाल के गप्प से जो खाया, अरे खाते ही ये क्या हुआ...कि वो टेलिस्कोप की तरह खुलती चली गई...खुलती चली गई...कि घम्म से आवाज़ आई और उसका सर छत से जा टकराया...अब वो हो गई थी पूरे नौ फ़ीट की...और वो रोने लगी...

क्यों रोने लगी...

अरे छत से चोट लगी न...और फिर उसने ख़ुद को कभी इस साइज़ में देखा भी न था...अब तो एलिस दहाड़ें मार-मार कर रोने लगी...जब थोड़ी देर वो रो ली तो उसने ख़ुद को ही डाँटना शुरू किया।

"बस करो, रोने-धोने से कोई फ़ायदा नहीं। रोना बन्द करो और कोई तरक़ीब सोचो।"

ये एलिस को ख़ुद से बात करने की आदत थी। कभी-कभी तो वो दो जन का खेल अकेले ही खेल लिया करती थी...ख़ुद ही टीचर ख़ुद ही स्टूडेंट। और, और कभी-कभी ऐसे खेल में चीटिंग करने पे ख़ुद को चपत भी लगाती थी।

"नो चीटिंग एलिस, वरना दूसरी एलिस नाराज़ हो जाएगी।"

कि तभी एलिस की नज़र सामने की दीवार पर गई जहाँ रखी हुई थी एक बोतल, दिखने में वो एक शरबत की बोतल लग रही थी लेकिन ध्यान से जो उसने देखा तो पाया कि वो बोतल बोल रही थी,

"मुझे पी लो, मुझे पी लो।"

एलिस ने भी सोचा, आयडिया बुरा नहीं है...उसने वहीं खड़े-खड़े अपने लम्बे हो चुके हाथ बढ़ाने शुरू किए और बोतल उठाई, ढक्कन खोला और पाया कि वो तो चॉकलेट शेक की बोतल थी और ग़ट-ग़ट उसे पी गई। कि धप्प से आवाज़ आई और एलिस ने पाया कि अब वो हो गई...सिर्फ़ तीन इंच की...इत्ती सी। एलिस ने कहा ये क्या, मैं इत्ती-सी हो गई, मेरी फ्रॉक भी इत्ती-सी हो गई और तो और मेरी सोने की चाबी भी इत्ती छोटी हो गई। कि तभी एलिस की नज़र एक छोटे-से शीशे के दरवाज़े पर गई, एलिस ने सोचा कि हो न हो, ये छोटी-सी चाबी इस छोटे से दरवाज़े के छोटे से ताले में लगेगी। बस फिर क्या था एलिस उस दरवाज़े की तरफ़ दौड़ी और जैसे ही उसने छोटी हो चुकी सोने की चाबी उस छोटे से दरवाज़े के छोटे से ताले में लगाई कि वो दरवाज़ा खुल गया।

और बाहर क़दम रखते ही उसने पाया कि वो उसी बाग़ में है, जो जन्नत से भी ज़्यादा ख़ूबसूरत था—पेड़ थे, फूल थे, ठंडी-ठंडी हवा चलती है, भीनी-भीनी ख़ुश्बू महकती है, हवा से पत्ते सरसराते हैं, घूमती-घूमती एलिस एक बड़ी-सी गुलाब की क्यारी पे पहुँची, अचानक उसे ख़्याल आया और वो ज़ोर से बोली,

"ऐ गुलाब, काश तुम्हें बात करना आता।"

अचानक गुलाब बोला, "हमें बात करना आता है, पर कोई बात करने वाला मिले तो।"

ये सुन एलिस इतना चौंकी कि एक साअत के लिए बिल्कुल चुप हो गई, फिर उसने धीरे-से पूछा,

"क्या सब फूल बात कर सकते हैं?"

"हाँ और क्या, कुछ तो तुम से भी तेज़ बोल सकते हैं।"

"हम बात शुरू नहीं करते, पर कोई बोले तो जवाब ज़रूर देते हैं, मैं तो अभी

तुम्हारे बारे में ही सोच रहा था कि शक्ल तो इसकी ठीक-ठाक है, पर अगर इसकी पंखुड़ियाँ और घुमावदार होतीं तो और अच्छा होता।''

एलिस ने मन में सोचा कि ये कैसी अटपटी बात है। उसकी पंखुड़ियाँ कैसे हो सकती है, पंखुड़ी तो फूल की होती है, बात बदलने के लिए वो बोली,

''अच्छा-अच्छा मेरी बात छोड़ो तुम बताओ, तुम्हें यहाँ जमे-जमे डर नहीं लगता ?''

''किस बात का डर ?''

''कुछ भी, कोई भी आ जाए, तुम्हें तोड़ ले।''

''वो जामुन का पेड़ देख रही हो, वो ख़तरा देखते ही इतने जामुन बरसाएगा कि कोई हद नहीं ?''

''क्यूँ तुम्हें इतना भी नहीं पता,'' उसपे सब गुल दुपहरियाँ बोलने लगीं—''तुम्हें इत्ता भी नहीं पता, तुम्हें इत्ता भी नहीं पता...''

''चुप रहो नहीं तो सब को तोड़ लूँगी।''

''मैं तो हैरान हूँ, मैं इतने सारे बाग़ों में गई हूँ पर आज तक मैंने कोई बोलने वाला फूल नहीं देखा। न कभी सोचा था कि होगा।''

इस पे गेंदा बोला, ''तुम्हें देख के तो नहीं लगता कि तुम सोच सकती हो।''

उतने में नस्तरन बोली, ''मैंने तो अपनी पूरी ज़िन्दगी में इतना बड़ा बेवकूफ़ नहीं देखा।''

एलिस को ग़ुस्सा तो बहुत आया पर वो ज़ब्त करके बोली,

''क्या मेरे जैसा यहाँ कोई और भी है ?''

इसपे गुलाब बोला, ''हाँ है तो तुम्हारी तरह, दो और फूल इस बाग़ में पर उनमें और तुम में फ़र्क बस इतना है कि उन दोनों के सर पर लम्बे-लम्बे ताज रखे हैं।''

''वो यहाँ कभी आती है क्या ?''

''हाँ क्यूँ नहीं, लो तुमने उनका ज़िक्र किया और वो दोनों तो आ रही हैं, मुझे उनके क़दमों की आवाज़ सुनाई दे रही है।''

एलिस ने देखा कि सच में दूर से दो बच्चियाँ आती दिखाई दीं, पर ये क्या उनके सर पर तो मटकेनुमा कोई चीज़ रखी हुई थी। एलिस भागती हुई उनकी तरफ़ चली, जब क़रीब पहुँची तो देखा कि वो दोनों बिल्कुल क्वीन की तरह हैं, लकड़ी की बनी हुई, सर पे ताज रखा हुआ, बिल्कुल वैसे ही जैसे शतरंज की रानियाँ होती हैं, एक काली, एक सुफ़ैद। मगर वो तो बहुत छोटी-छोटी होती हैं, दूसरी मोहरों की तरह— पर ये तो बहुत बड़ी-सी थीं, एलिस से भी थोड़ी लम्बी। एलिस ये बिल्कुल भूल गई थी कि वो ख़ुद इस वक़्त कितनी छोटी हो गई थी, सिर्फ़ तीन इंच की...इत्ती सी। एलिस को वो रानियाँ बहुत अच्छी लगीं और उसने दिल ही दिल में उनको नाम दिया—स्याह रानी और सुफ़ैद रानी। वो जैसे ही उनके सामने पहुँची तो स्याह रानी बोली,

''कहाँ से आ रही हो, कहाँ जा रही हो, ज़ोर से बोलो और अपनी उँगलियाँ चटख़ाना बन्द करो।''

''जी मैं अपना रास्ता भूल के इधर आ निकली हूँ।''

''तुम्हारा रास्ता, तुम्हारा यहाँ कोई रास्ता नहीं है, यहाँ सब रास्ते हमारे हैं, यहाँ तुम्हारा क्या काम है ? बोलो जवाब दो, बोलते वक़्त मुँह पूरा खोलो और हर बात रानी साहिबा कह कर शुरू करो। ''

''रानी साहिबा मैं सिर्फ़ ये देखना चाहती थी कि ये बाग़ कैसा है ?''

''मैं तुम्हें ऐसे-ऐसे बाग़ दिखा सकती हूँ जिनके सामने ये बिल्कुल जंगल लगेगा।''

''तो मुझे लगा कि मैं पहाड़ी के ऊपर चढ़ के...''

''तुम इसे पहाड़ी कहती हो, मैं तुम्हें ऐसे-ऐसे पहाड़ दिखा सकती हूँ जिनके सामने ये बिल्कुल घाटी लगे।''

''नहीं हर्गिज़ नहीं, पहाड़ी-पहाड़ी होती है, वो घाटी कभी नहीं बन सकती, ये बकवास है।''

''तुम इसे बकवास कहती हो पर मैं तुम्हें ऐसी-ऐसी बकवास सुना सकती हूँ जिसके सामने ये तुम्हें बहुत ज्ञान की बात लगेगी।''

वो चलते-चलते आगे निकल आए थे, उतने में सफ़ेद रानी जो अब तक बिल्कुल ख़ामोश थी, उसकी शॉल सरक के नीचे गिर पड़ी। एलिस ने लपक के उसे उठाया और सफ़ेद परी को फिर से ओढ़ा दिया, इस पर सफ़ेद परी बोली, ''तुम तो बहुत अच्छी हो, तुम चाहो तो मैं तुम्हें अपनी कनीज़े-ख़ास बना सकती हूँ। रोज़ का एक रुपया और हर दूसरे दिन जैम अलग से।''

एलिस ने झुककर आदाब किया और बोली, ''जी बहुत शुक्रिया, मुझे जैम नहीं चाहिए।''

''बहुत अच्छा जैम है।''

''नहीं आज तो मुझे नहीं चाहिए।''

''आज तो मिलेगा भी नहीं, रूल है कि जैम कल और जैम कल पर आज नहीं।''

''पर कभी तो जैम का आज वाला दिन आता होगा।''

''हाँ पर आज नहीं, या तो कल या फिर कल।''

''मैं समझीं नहीं।''

''हाँ यही होता है, उल्टा जीने का यही असर होता है।''

''उल्टा जीने का क्या मतलब ?''

''मतलब ये कि जो आगे होना है वो पहले हो जाता है,'' ये कहते ही सफ़ेद रानी ज़ोर से चिल्लाई।

''अरे-अरे मेरी उँगली से कितना ख़ून निकल रहा है-ऊई मा...''

''पर उँगली को तो कुछ नहीं हुआ।''

''अभी नहीं हुआ पर अब होने वाला है, ओ हो...अरे बाप रे।''

''कब होगा?''

''जब मैं शॉल ठीक करूँगी,'' वो ये कह ही रही थी कि जिस पिन से एलिस ने उसकी शॉल टाँकी थी वो निकल कर गिरने लगी। सफ़ेद रानी ने उसे पकड़ने के लिए हाथ बढ़ाया, एलिस चिल्लाई,

''बचा के ज़रा।''

कि वो पिन सीधे सफ़ेद रानी की उँगली में घुस गई।

''देखा, इसलिए ख़ून निकल रहा था, अब समझ में आया यहाँ का हिसाब-किताब क्या है।''

''पर अब आप रो क्यूँ नहीं रहीं?''

''अब रोने से क्या फ़ायदा, मैं तो पहले ही रो चुकी। अच्छा तुम बताओ, तुम्हें यहाँ आ के अच्छा तो लग रहा होगा।''

''अच्छा तो लग रहा है पर यहाँ मैं बहुत अकेली हूँ, कोई दोस्त होता तो कितना अच्छा होता।''

''अरे-अरे रोओ नहीं, सोचो तुम कितनी अच्छी हो, सोचो आज कितनी दूर तक आ गई हो, सोचो क्या टाइम हुआ है, कुछ भी सोचो पर रोओ मत।''

ये सुन कर एलिस को हँसी आ गई। ''क्यूँ कुछ सोचने से रोना बन्द हो जाता है क्या?''

''और क्या, आदमी या तो सोच सकता है या रो सकता है, चलो तुम्हारी उम्र क्या है? बताओ।''

''पूरे सात साल।''

''पूरे कहने की ज़रूरत नहीं है। कोई आधा सात साल का भी होता है? अब सोचो मेरी उम्र कितनी होगी? सोचो-सोचो। 150 साल।''

''नामुमकिन।''

''बिल्कुल नहीं, आँख बन्द करो और सोचो''

एलिस ने आँख बन्द कर ली और जब खोली तो देखा वो पहाड़ी और वो बाग़ बिल्कुल ग़ायब हो गए हैं और वो उस शतरंज की बिसात पर है जो उसे शीशे के दरवाजे से दिख रही थी। छोटे-छोटे घर बने हुए थे चौकोर—वैसे ही जैसे शतरंज में होते हैं—सफ़ेद और काले...अरे पर यहाँ तो सफ़ेद और हरे घर थे...वाह-वाह यहाँ तो बहुत बड़ी शतरंज की बाज़ी चल रही है, काश मैं भी ये खेल सकती, मुझे कोई प्यादा ही बना दे मैं तो उसी में ख़ुश हो जाऊँगी।

इस पे वो दोनों रानियाँ अचानक एक साथ बोलीं,

''रानी बनोगी?''

रानी मैं?

"हाँ हाँ क्वीन।"

"हाँ ज़रूर," एलिस ख़ुशी से चिल्लाई।

तो सुनो...

चेस के मोहरों में हो तुम जस्ट वन ऑफ द सिक्सटीन

प्यादा आठवें घर में पहुँचे तो बनता है क्वीन?

तुम हो दूसरे घर में, हो तुम व्हाइट क्वीन का प्यादा ।

6 घर चल के बनूँगी रानी? है रानी का वादा।

"हाँ तुम यहाँ हो दूसरे घर में, जब तुम तीसरे घर में पहुँचोगी तो तुम्हें मिलेगा एक कीड़ा...कीड़ा...इल्ली...इल्ली...कैटरपिलर...ओ कैटरपिलर। अगर तुमने उसे ख़ुश कर दिया तो तुम चौथे घर में पहुँच जाओगी।"

"चौथे घर में तुम्हें मिलेगा काँव-काँव...कव्वा और खी-खी...छछूँदर...बन्दर..., अगर उन्होंने तुम्हें चाय पिला दी तो तुम पाँचवें घर में पहुँच जाओगी।" "पर चाय तो मैं पीती नहीं" "ख़ामोश"।

ये कहकर उन दोनों रानियों ने दौड़ना शुरू किया...उसके पीछे-पीछे एलिस भी भागी। पर एलिस की समझ में नहीं आ रहा था कि वो क्यों दौड़ रहे हैं...क्योंकि इतना दौड़ने के बाद भी वो वहीं की वहीं खड़ी थी। उसने स्याह रानी को आवाज़ लगाई : रानी साहिबा...

क्या हुआ...

अरे हम नाहक दौड़ रहे हैं...

क्या मतलब...

देखिए न इतना दौड़ने के बाद भी हम कहीं नहीं पहुँचे...

तुम कहाँ पहुँचना चाहती हो...

हमारी दुनिया में अमूमन जब आप दौड़ लगाते हैं तो कहीं न कहीं पहुँच ही जाते हैं...

ये तुम्हारी दुनिया नहीं...ये हमारी दुनिया है, उल्टी पुल्टी दुनिया, यहाँ कहीं पहुँचने के लिए दौड़ने की नहीं बस सोचने की ज़रूरत होती है, तो सोचो कि तुम पहुँच गई हो पाँचवें घर में...जहाँ तुम्हें मिलेंगे दो तगड़े भाई...अगड़म दास, बगड़म दास। जब वो दोनों आपस में लड़ने लगें तो समझो तुम पहुँच गईं छठे घर में। "और वहाँ मिलेगा तुम्हें एक बहुत बड़ा अंडा—हम्प्टी-डम्प्टी-हम्प्टी-डम्प्टी...अगर उसने तुमसे हाथ मिला लिया तो तुम पहुँच जाओगी सातवें घर में।"

ये कहते-कहते वो एलिस से बहुत दूर हो गईं थी, इत्ती दूर-इत्ती दूर जित्ता कि दिल्ली से बम्बई दूर है पर एलिस फिर भी उनको साफ़-साफ़ देख रही थी और आवाज़ भी साफ़-साफ़ सुनाई दे रही थी।

"फिर तुम्हारे रास्ते में आएगी एक लड़ाई...एक भयंकर लड़ाई—शेर और यूनिकॉर्न की, क्या पॉपकॉर्न...नहीं यूनिकॉर्न, यूनिकॉर्न...वो राजा बनने के लिए लड़

रहे हैं। अगर तुमने उनको केक खिला दिया तो तुम्हें मिलेगा एक घुड़सवार, एक लड़खड़ाता घुड़सवार, क़दम-क़दम पे गिरता घुड़सवार। और वो तुम्हें ले जाएगा... आठवें घर में...जहाँ तुम बन जाओगी रानी...

"तुम रानी, मैं रानी, ये रानी...रानी ही रानी और हम देंगे बहुत बड़ी-सी पार्टी"

चेस के मोहरों में है वो जस्ट वन ऑफ़ द सिक्सटीन।

प्यादा आठवें घर में पहुँचे तो बनता है क्वीन।

एलिस दूसरे घर में है, वो व्हाइट क्वीन का प्यादा ।

6 घर चलके बनेगी रानी, है रानी का वादा।

और ये कहते ही दोनों ग़ायब हो गईं, जैसे वहाँ थी ही नहीं, और वो शतरंज की बिसात भी उसके साथ ग़ायब हो गई।

एलिस ने पाया कि वो एक कनारे पर है. सामने एक छोटी-सी नदी बह रही है जिसमें ढेर सारे पत्थर हैं।

"अब क्या करूँ, क्या न करूँ...चलो नदी पार करके देखती हूँ," एलिस ने पहले पत्थर पे क़दम जमाया तो पाया कि हालाँकि वो बहुत छोटी हो गई थी पर पानी बस उसके गले तक ही था, धीरे-धीरे एक-एक क़दम जमाती हुई वो आख़िर दूसरे किनारे पर जा पहुँची। उसे बहुत तेज़ भूख लग रही थी, उसने इधर-उधर देखा तो घास और पेड़ों के सिवा वहाँ कुछ नहीं था, कि अचानक उसकी नज़र एक बड़ी-सी छतरी पर पड़ी...उसने सोचा इस घास के जंगल में इस छतरी का क्या काम...वो उसे देखने के लिए आगे बढ़ी तो उसने पाया कि वो छतरी नहीं थी बल्कि था एक बड़ा-सा मशरूम...उसने उसके दाएँ देखा, उसे कुछ नज़र नहीं आया फिर उसने उसके बाईं तरफ़ देखा, वहाँ भी उसे कुछ नज़र नहीं आया। उसने सोचा, उसके ऊपर क्या है, देखा जाए। पंजों के बल खड़े होकर उसने ऊपर झाँका तो एक बड़ा-सा नीले रंग का कीड़ा बड़े आराम से सर के पीछे हाथ टिकाकर लेटा हुआ था और हुक्क़ा गुड़-गुड़ा रहा था और उसे घूर रहा था।

आई है वो तीसरे घर में, घर चलने हैं पाँच
आओ करते हैं एलिस की पहली चाल की जाँच
खुश करके कीड़े को एलिस बन पाएगी रानी ?
एलिस चाहे छोटी है, बड़ी मस्त है उसकी कहानी

"कौन हो तुम ?"

"पता नहीं सर, मुझे तो ख़ुद नहीं पता मैं कौन हूँ। सुबह को जब मैं सो कर उठी तो एलिस थी पर अब पता नहीं मैं कौन हूँ क्यूँ कि तब से मैं इतनी बार बदल चुकी हूँ।"

"ये क्या बेतुकी बात है, सीधे-सीधे अपने बारे में बताओ।"

"मैं अपने बारे में कैसे बताऊँ, क्यूँकि मैं ख़ुद मैं नहीं हूँ, समझे आप ?"

"नहीं समझा।"

"मैं समझा भी नहीं पाऊँगी, एक ही दिन में इतनी बार साइज बदलना, उफ़्फ़ बहुत ही (confusing) कन्फ़्यूज़िंग है।"

"बिल्कुल नहीं।"

"क्यूँ नहीं, अभी आप केटरपिलर हैं, फिर आप क्रिसलिस हो जाएँगे फिर तितली बनेंगे तो आपको अजीब नहीं लगेगा।"

"हर्गिज़ नहीं।"

"हो सकता है आप अलग हों पर मुझे तो बहुत अजीब लगेगा।"

"तुम हो कौन?"

"पहले आप बताइए आप कौन हैं?"

"क्यूँ?"

एलिस को ग़ुस्सा आ गया और वो वापस जाने के लिए पलटी। पर दिल में सोचने लगी कि इसे ख़ुश किए बिना आगे नहीं बढ़ पाऊँगी। रानी नहीं बन पाऊँगी। क्या करूँ कि ये मुझसे ख़ुश हो जाए। इतने में कीड़ा बोला,

"वापस आओ-वापस आओ, मुझे तुमसे एक ज़रूरी बात करनी है।"

ये सुन कर एलिस वापस आई तो वो बोला, "अपना ग़ुस्सा अपने पास रखो।"

"क्या? बस यही कहना था?"

"नहीं। तो तुम्हें लगता है तुम बदल गई हो।"

"हाँ सर मैं बिल्कुल बदल गई हूँ, हर दस मिनट पे मेरी लम्बाई बढ़ती-घटती रहती है, मुझे चीज़ें ठीक से याद नहीं। जैसे मुझे यही याद नहीं कि आज क्या वार है, अभी क्या टाइम हुआ है।"

वो कुछ देर ख़ामोश हुक़्क़ा पीता रहा फिर बोला,"तुम कितनी लम्बी होना चाहती हो?"

"पता नहीं।"

"अभी तुम ख़ुश हो?"

"मैं थोड़ा और लम्बा होना चाहती हूँ, तीन इंच भी कोई लम्बाई होती है!"

"क्यूँ तीन इंच में क्या बुराई है, बहुत अच्छी हाइट है।"

ये कह कर वो सीधा खड़ा हो गया तो एलिस ने देखा वो ख़ुद भी तीन इंच का था।

"पर मुझे तो इतना छोटा होने की आदत नहीं है।"

"आदत का क्या है, धीरे-धीरे पड़ जाएगी।" ये कहकर वो लेटकर आराम से हुक़्क़ा पीने लगा। एलिस इन्तज़ार करती रही—कुछ देर बाद उसने दो-तीन लम्बी-लम्बी जम्हाइयाँ लीं, फिर दो-तीन झुरझुरी लेकर नीचे उतरा और रेंगते हुए घास में चला। चलते-चलते वो बोला, "दाएँ तरफ़ का हिस्सा तुम्हें छोटा कर देगा और बाएँ तरफ़ का बड़ा।"

एलिस ने दिल में सोचा, "किस तरफ़ का, क्या, क्या बड़ा, क्या छोटा" वो सोच ही रही थी कि उस कीड़े ने उसके मन की बात सुन ली और बोला, "मशरूम, मशरूम, ओम शिवा मशरूमम् नमः" और ये कहते-कहते घास में ग़ायब हो गया।

एलिस पहले तो बहुत देर तक वहाँ खड़े हो के उस मशरूम को देखती रही कि उसका बायाँ हिस्सा कौन-सा है और दाहिना कौन-सा। पर वो तो हर तरफ़ से गोल था। फिर उसने दोनों हाथ फैलाए और दोनों तरफ़ का एक-एक टुकड़ा तोड़ा। अब इनमें से कौन-सा कौन है? उसने दाएँ तरफ़ के टुकड़े से थोड़ा-सा काटकर खाया और खाते ही उसकी गर्दन लम्बी होने लगी...ये बड़ी, ये बड़ी, इत्ती बड़ी, इत्ती बड़ी कि पेड़ से भी ऊँची हो गई...उसकी गर्दन।

"वाह, चलो मेरा सिर तो बड़ा हुआ मगर ये क्या हुआ—सत्यानाश!" उसने इधर-उधर देखा तो उसके कंधे गर्दन के पास से ग़ायब थे, उसने नीचे देखा तो पाया कि उसकी गर्दन ये लम्बी, इतनी लम्बी, इतनी लम्बी हो गई थी कि उसे अपने हाथ तक दिखाई नहीं दे रहे थे। उसने नीचे देखा तो हैरान हो गई कि वो अपनी गर्दन जिधर चाहे घुमा सकती थी, इधर-उधर, ऊपर-नीचे। इतने में उसकी नज़र सामने एक छोटे से घर पर पड़ी। इतना बड़ा, चार फीट का, सामने एक अच्छा-सा लॉन था। और उसके बाहर एक नेम प्लेट पर लिखा था...मिस्टर कव्वा और मिस्टर बन्दर। "अच्छा तो ये वही होगा चौथा घर—पर ये घर तो बहुत छोटा है, छोटा हो कर जाना पड़ेगा।" ये सोचकर उसने अपनी जेब से बायीं तरफ़ वाला मशरूम का टुकड़ा निकाला और उसे खाया, खाते ही वो फिर छोटी हो गई। सिर्फ़ नौ इंच की इत्ती बड़ी।

आई है वो चौथे घर में, घर चलने हैं चार,
आओ देखें कैसे एलिस करे प्यार से वार।
चाय पिला कर एलिस क्या बन पाएगी रानी?
एलिस चाहे छोटी है, बड़ी मस्त है उसकी कहानी।

एलिस कमरे में घुसी तो देखा एक बहुत बड़ी-सी मेज़ लगी हुई है, जिसके इर्द-गिर्द बहुत-सी कुर्सियाँ हैं और मेज़ पर रखी है एक चाय की केतली और ढेर सारा खाने का सामान...वहीं एक कुर्सी पर कव्वा और बन्दर बैठे चाय पी रहे हैं। कव्वे ने बहुत बड़ा-सा हार पहन रखा है और दोनों के बीच में एक चुहिया बैठी सो रही है और दोनों अपना-अपना हाथ उस पे रखे हुए हैं, जैसे वो कोई कुशन हो। एलिस आगे बढ़ी तो कव्वा चिल्लाया : काँव काँव कहाँ चली आ रही हो, यहाँ जगह नहीं है।"

"बहुत जगह है यहाँ," एलिस बोली और ये कहते हुए एक कुर्सी खींच के बैठ गई। उसके बैठते ही बन्दर बोला : "शर्बत पियो।"

"पर यहाँ तो शर्बत नहीं है।"

"हाँ शर्बत तो नहीं है।"

‘‘तो ऐसी चीज़ कैसे पिला सकते हो जो है ही नहीं।’’

‘‘जो मना करने के बावजूद हमारी मेज़ पर बैठते हैं उन्हें ऐसी ही ग़ायब चीज़ें दी जाती हैं।’’

‘‘पर इस मेज़ पे तो इतनी सारी कुर्सियाँ लगी हैं।’’

कव्वा, जो अब तक बिल्कुल चुप था, बोला, ‘‘तुम्हें हेयर कट की ज़रूरत है, तुम्हारे बाल बहुत बढ़ गए हैं।’’

‘‘इस तरह की रूड बात नहीं कहनी चाहिए वो भी तब जब आप किसी को ठीक से जानते भी न हों।’’

‘‘बाहर बुढ़िया के बाल, अन्दर छोटे-छोटे दाने, बताओ क्या है?’’

‘‘अरे वाह पहेली, मुझे पहेलियाँ बहुत पसन्द हैं।’’

‘‘अच्छा तुम्हारा मतलब है कि तुम्हें इसका जवाब आता है।’’

‘‘नहीं...हाँ मेरा मतलब था...’’

‘‘जो मतलब है वो बोलो, बिना मतलब मत बोलो।’’

‘‘मैं वही कहती हूँ जो मतलब है, बेमतलब बात नहीं करती।’’

‘‘नहीं हर्गिज़ नहीं, जो कहा गया उसका मतलब है, जिसका मतलब है वो कहा गया।’’

‘‘एक ही बात तो है।’’

‘‘एक बात कैसे है? मैं देख के खाता हूँ और खा के देखता हूँ, क्या दोनों एक हैं?’’

‘‘मतलब मुझे जो मिलता है अच्छा लगता है, और जो अच्छा लगता है वो मिलता है। एक ही बात हुई?’’

इस पर चुहिया, जो सो रही थी, सोते-सोते बोली, ‘‘हाँ मैं सोते हुए साँस लेती हूँ, और साँस लेते हुए सोती हूँ। दोनों एक ही बात हुई।’’

‘‘तुम्हारे लिए शायद सब एक ही चीज़ है।’’

इस पर अचानक सब चुप हो गए। एलिस ने सोचा ये लोग मुझे चाय क्यूँ नहीं पिला रहे हैं। कुछ देर बाद कव्वे ने कहा :

अब ये बच्ची हमें कहानी सुनाएगी।’’

‘‘पर मुझे कहानी नहीं आती।’’

‘‘तो ये चुहिया सुनाएगी—ए उठो,’’ दोनों ने चुहिया को चुटकी काटी।

‘‘मैं सो थोड़े रही हूँ, सब सुन रही हूँ।’’

‘‘चलो कहानी सुनाओ,’’ एलिस बोली।

‘‘एक बार क्या हुआ कि तीन बहनें थीं, सीता, गीता और रीटा। वे सब एक कुएँ में रहती थीं।’’

‘‘कुएँ में? तो खाती क्या थीं?’’

‘‘घास-फूस।’’

"अच्छा, घास-फूस। पर घास-फूस खाने से तो उनकी तबीयत ख़राब हो जाती होगी।"

"हाँ वो तो है, उनकी तबीयत हमेशा ख़राब रहती थी।"

एलिस ने सोचा, ओफ़्फ़ो ये अलग कहानी शुरू हो गई। ये लोग मुझे चाय क्यूँ नहीं पिला रहे। कि तभी उसे एक आयडिया आया और उसने मासूम-सा चेहरा बनाकर कहा, "उनकी तो कुछ खाकर तबीयत ख़राब हुई। और मेरी तो बग़ैर खाए-पिए ही तबीयत ख़राब हो रही है, कोई कुछ पूछता भी नहीं। हाय कोई चाय ही पिला दे।"

इस पे कव्वा बोला, "थोड़ी चाय और पी लो।"

"और पी लो से क्या मतलब है? मुझे तो चाय मिली ही नहीं है तो और कैसे ले सकती हूँ।"

"तुम्हारा मतलब है कि थोड़ी कैसे ले सकती हो, और तो कभी भी ली जा सकती है।"

एलिस ब्रेड और चाय ले के खाने लगी। फिर वो चुहिया से बोली, "आगे क्या हुआ?"

"तो वो तीनों बहनें एक साथ रहती थीं और ड्राइंग करना सीख रही थीं।"

"वो क्या ड्रा करती थीं।"

"हर चीज़ जो म से शुरू होती है, मछली, मूँछ, माँ, मुस्कुराहट...तुमने कभी किसी मस्त मुस्कुराहट की ड्राइंग देखी है।"

"मैंने सोचा नहीं।"

"सोचा नहीं तो बोलो मत, बिना सोचे नहीं बोलते," कव्वा बोला।

ये सुनकर एलिस को बहुत ग़ुस्सा आया। यहाँ सब के सब बद्तमीज़ हैं। यहाँ पर ठहरने का कोई मतलब नहीं। उसने कुर्सी पीछे ढकेली और उठ के दरवाज़े की तरफ़ चली, वहाँ पहुँच कर उसने पलट के देखा तो पाया कि कौवे और बंदर ने मिल के चुहिया को उठा लिया है और उसे चाय की केतली में ठूँस रहे थे।

एलिस वहाँ से निकली और तेज़-तेज़ चलने लगी। चलते-चलते वो बहुत दूर निकल आई और थक कर एक पेड़ के नीचे बैठ गई। अब उसे अपनी किट्टी याद आने लगी थी, उसे मम्मी-पापा और अपने सारे दोस्त और सारे खिलौनों की भी याद आ रही थी। और याद करके वो रोने लगी। "मुझे कोई याद नहीं करता, किसी को फ़िक्र नहीं है कि मैं कहाँ हूँ...अरे मम्मा, पापा मैं ऊपर नहीं हूँ मैं यहाँ हूँ इस बिल के नीचे...। ऊपर से मेरा साइज कभी छोटा कभी बड़ा, बड़ा छोटा हुए जा रहा है।" बड़ी अजीब बात है, समझ में नहीं आता मैं कौन हूँ। सुबह जब मेरी आँख खुली थी तो मैं कोई और थी। अब मैं कोई और हूँ, कभी मैं ये हो जाती हूँ, कभी वो, अगर मैं मैं नहीं हूँ तो कौन हूँ, कहीं मैं शान्ज़ा तो नहीं हूँ...नहीं नहीं मैं शान्ज़ा नहीं हो सकती हूँ, वो मेरी बेस्ट फ्रेंड है पर सच कहूँ तो उसे कुछ नहीं आता, उसे तो ये भी नहीं पता

कि इंडिया की कैपिटल का नाम क्या है...मुझे पता है...इंडिया की कैपिटल का नाम है तिरूवनंतपुरम। मैं शायद सिमरा तो नहीं बन गई हूँ...सिमरा मेरी दूसरी बेस्ट फ्रेंड है लेकिन उसे भी कुछ नहीं आता, उसे तो वो 4 का टेबल भी नहीं आता...मुझे आता है...

4×1=4

4×2=24

4×3=64

4×4=84

अरे कहीं मैं...लीला तो नहीं बन गई हूँ...वो मेरी तीसरी बेस्ट फ्रेंड है...उसे भी कुछ नहीं आता उसे तो वो हिन्दी वाली पोएम भी नहीं आती,

मछली जल की रानी है,
जल में कितना कचरा है
आगे बढ़ो तो लफ़ड़ा है

मुझे कुछ समझ नहीं आ रहा कि मैं कौन हूँ..." कि तभी उसे सामने पेड़ पर लगा हुआ बोर्ड दिखा, उस पर दो तीर बने हुए थे और लिखा था अगड़म दास-बगड़म दास और दोनों एक ही तरफ़ का रास्ता दिखा रहे थे।

"अगड़म दास-बगड़म दास—अरे वाह, मैं पाँचवें घर में पहुँचने वाली हूँ।"

आई है वो पाँचवें घर में, घर चलने हैं तीन
आओ देखें एलिस की अगली चाल बड़ी संगीन
करवाके झगड़ा क्या एलिस बन पाएगी रानी ?
एलिस चाहे छोटी है, बड़ी मस्त है उसकी कहानी

वो भागते हुए चली कि उसे दो मोटे से लड़के दिखाई दिये, जो उसके स्कूल की यूनिफॉर्म पहने हुए थे।

दोनों मुट्टके एक पेड़ के नीचे खड़े थे और दोनों के हाथ एक-दूसरे के कंधे पर थे, एक के कॉलर पर लिखा था अगड़म, दूसरे के बगड़म।

अगड़म दास बगड़म दास
रहते दोनों आस-पास
घर था छोटा पेट बड़ा
पक जाता उनसे संडास
चाट खाई तो लगी खटास
घर में था सिर्फ़ एक गिलास
हो गए दोनों गुत्थम-गुत्था
निकल गई सारी भड़ास

एलिस उनके पीछे घूमकर गई कि शायद दास पीछे लिखा हो कि इतने में अगड़म बोला : "अगर तुम समझ रही हो हम कठपुतली हैं तो हमें देखने के पैसे दो। और अगर तुम्हें लगता है कि हम जीते जागते इंसान हैं तो हमसे बात करो।"

बगड़म बोला, "मैं जानता हूँ तुम क्या सोच रही हो, पर ऐसा नहीं है। अगर ऐसा होता तो यूँ होता कि क्या होता कि ये सब कुछ न होता—देखा इसे कहते हैं लॉजिक!"

"मैं सोच रही थी कि यहाँ से निकलने का क्या रास्ता है, वैसे ही कितना अँधेरा हो रहा है।"

इसपे अगड़म बगड़म एक-दूसरे की तरफ़ देख के मुस्कुराए और ख़ामोश हो गए।

कुछ देर बाद अगड़म बोला : "तुमने बिल्कुल ग़लत तरह से शुरू किया, बात ऐसे नहीं करते, जब किसी से पहली बार मिलते हैं तो कहते हैं, आप कैसे हैं, क्या हाल है, मिजाज़ कैसे हैं? घर में सब ख़ैरियत तो है?" ये कहते ही दोनों ने अपने-अपने हाथ बढ़ाए और एक-दूसरे से मिला के एलिस के गिर्द एक गोला बनाया और उसका हाथ अपने हाथ से मिला के गोल-गोल घूमने लगे। घूमते-घूमते आगे बढ़ने लगे कि एलिस को एक बहुत ही अजीब-सा नज़ारा दिखा, एक आदमी पेड़ का सहारा लिए ऐसे बैठा था कि उसकी टाँगों से उसका चेहरा छिप गया था, वो सर पे जोकरों वाली टोपी पहने था और आँखें बन्द किए ज़ोर-ज़ोर से ख़र्राटे ले रहा था। एलिस बोली : "अरे रुको-रुको, ये कैसा जानवर है?"

बगड़म बोला : "ये जानवर नहीं है, ये है काले मोहरों का राजा।"

"ओह शतरंज का" एलिस समझ गई कि वो स्याह रानी के साथ का राजा है, पर उसने उन दोनों को कुछ नहीं बताया कि उसे पता था कि क्या गेम चल रहा है। अगड़म बोला : "आओ उसके पास चलते हैं।"

"हाय देखो न कितना प्यारा है।"

"वो तुम्हें प्यारा लग रहा है, मुड़ा-तुड़ा, शिकस्ता, बड़ी-सी दाढ़ी, बड़ी-सी टोपी, कुचला-मुचला।"

"वो अगर ऐसे ही ठंडी घास पर लेटा रहा तो उसे ज़ुकाम हो जाएगा।"

"वो अभी सपना देख रहा है, तुम्हें पता है कैसा सपना?"

"अब ये कोई कैसे जान सकता है, कि कैसा सपना?"

"अरे पागल वो तुम्हारे बारे में सोच रहा है, अगर उसने सपना देखना छोड़ दिया तो सोचो तुम कहाँ जाओगी?"

"मैं कहाँ जाऊँगी, जहाँ हूँ वहीं रहूँगी और क्या।"

"अरे छोड़ो तुम कहीं नहीं रहोगी, बल्कि कहीं की नहीं रहोगी। तुम उसके सपने में हो, जैसे कोई कीड़ा होता है।"

"नहीं बिल्कुल नहीं और अगर मैं उसके सपने का कीड़ा हूँ तो तुम कौन हो?"

"बिल्कुल बिल्कुल! बिल्कुल!"

''धीरे बोलो नहीं तो तुम उसे जगा दोगे।''

''अरे धीरे-तेज़ का कोई फ़र्क़ नहीं पड़ता, वो तुम्हारी बात से जगने वाला नहीं, तुम उसके सपने में हो।''

''नहीं मैं सचमुच हूँ, '' और ये कहते-कहते एलिस रो दी।

''रोने से तुम सपने से निकल के सचमुच की नहीं होने वाली, समझीं। रोने-धोने की कोई ज़रूरत नहीं।''

''अगर मैं सचमुच की नहीं होती तो मैं सचमुच के आँसू नहीं निकाल पाती, ये देखो।''

''और तुम्हें लगता है कि ये सचमुच के आँसू हैं।''

एलिस ने मन में कहा, ''ये लोग बिल्कुल बकवास कर रहे हैं और ऐसी बकवास पे रोना नहीं चाहिए। एलिस आँसू बन्द। कुछ तरक़ीब करो और इन्हें आपस में लड़वाओ।'' फिर उन से बोली, ''तुम दोनों इतने मोटे तगड़े हो, पर एक बात तो बताओ कि तुम दोनों में से ज़्यादा ताक़तवर कौन है?''

अगड़म बोला मैं सुपर मैन। बगड़म बोला मैं स्पाइडर मैन

अगड़म बोला मैं बैट मैन। बगड़म बोला मैं आयरन मैन

आयरन मैन, सुपर मैन, स्पाइडर मैन, बैट मैन...सब कहने से क्या होता है, अगर मैं ये कहूँ कि मैं हूँ मिस इंडिया...तो क्या मैं बन जाऊँगी मिस इंडिया? अरे तुम साबित करके बताओ।

अगड़म ने अपने स्कूल बैग से एक छोटा-सा डंडा निकाला और बगड़म के सामने तान के खड़ा हो गया। इस पे बगड़म ने अपने बैग से एक छाता निकाला और उस पर ताना। दोनों ने मिल के ज़ोर का नारा लगाया, ''अगड़म दास बगड़म दास विजयी रहें, विजयी रहें।'' और एक-दूसरे की तरफ़ दौड़े। एलिस वहाँ से भागी कि एकदम से भड़ाम की आवाज़ आई। एलिस ने पलट के देखा तो दोनों ज़मीन पे गिरे हुए कराह रहे थे, कराहते-कराहते दोनों मुटक्के एक-दूसरे का सहारा लेकर किसी तरह उठे कि उठते-उठते फिर भड़ाम से गिरे कि एलिस को रानियों की बात याद आई कि अगड़म बगड़म आपस में लड़ने लगें तो समझ लेना पहुँच गईं तुम अपने छठे घर में।

आई है वो छठे घर में, घर चलने हैं दो
आओ देखें एलिस ने अगली चाल चली है जो
हैंड शेक कर अंडे से एलिस बन पाएगी रानी?
एलिस चाहे छोटी है, बड़ी मस्त है उसकी कहानी

दौड़ते-दौड़ते एलिस ने देखा, दूर एक छोटी-सी चीज़ बहुत चमक रही थी। आगे बढ़ी तो कुछ दूर जाकर उसने देखा कि वो एक छोटा-सा अंडा है। जैसे-जैसे एलिस उस अंडे की तरफ़ बढ़ती गई वो अंडा बड़ा होता गया, और बड़ा, इतना बड़ा, कि आदमी

जितना बड़ा हो गया। एलिस जब उसके क़रीब पहुँच गई तो उसने देखा कि सच में एक बहुत बड़ा अंडा है पर चेहरा उसका बिल्कुल इंसानों जैसा है, मुँह पे इतनी बड़ी मुस्कुराहट है कि कान के पीछे तक चली गई है, गले में टाई पहन रखी है या शायद बेल्ट है, पता नहीं चल रहा क्या है? क्यूँकि उसकी गर्दन और तोंद दोनों बराबर और एक सी है—एलिस ने अपने मन में कहा "हो न हो ये ज़रूर हम्प्टी डम्प्टी है।"

Humpty Dumpty sat on a wall
Humpty Dumpty had a great fall
All the king's horses & all the king's men
couldn't put Humpty Dumpty in his place again

वो एक बड़ी-सी दीवार पे बैठा था, टाँग पे टाँग रखे, उसको देख के डर लग रहा था कि अब गिरा कि तब गिरा। वो दूर कहीं देखे जा रहा था। एलिस ने कहा, "हाय ये हप्टी डम्प्टी तो बिल्कुल अंडे की तरह है। हाय ये कहीं गिर न जाए "एलिस ने अपने हाथ बढ़ाये कि हैंडशेक करूँ और यहाँ से अगले घर को चलूँ, पर हम्प्टी डम्प्टी ने ध्यान नहीं दिया। अचानक वो बग़ैर एलिस की तरफ़ देखते हुए, बोलने लगा, "मुझे बहुत ग़ुस्सा आता है जब लोग मुझे अंडा कहते हैं, बहुत!"

मैंने कहा कि अंडे की तरह लगता है पर अंडा नहीं कहा, और कुछ अंडे तो कितने सुन्दर होते हैं।

"कुछ लोगों की अक्ल बच्चों के जैसे होती है। तुम्हारा नाम क्या है और यहाँ क्यूँ आई हो?"

"मेरा नाम तो एलिस है लेकिन..."

"ये तो बहुत ही स्टूपिड नाम है, इसका मतलब क्या है?"

"क्या ज़रूरी है कि हर नाम का कोई मतलब हो?"

"और क्या, हर नाम का कोई न कोई मतलब तो होना ही चाहिए—अब मेरा नाम ले लो, हम्प्टी डम्प्टी—मैं हम्प्टी भी हूँ और डम्प्टी भी हूँ, जैसी मेरी शक्ल है वैसी ही मेरी अक्ल है, वैसा ही मेरा नाम है। तुम्हारे नाम के हिसाब से तो तुम्हारा कोई भी शेप हो सकता है, कोई भी।"

एलिस को उसकी बात अच्छी नहीं लगी, तो उसने बात बदलने के लिए पूछा, "तुम यहाँ इस तरह अकेले क्यूँ बैठे रहते हो?"

"इसलिए कि यहाँ मेरे साथ और कोई नहीं है—हा, तुम समझ रही थीं मैं तुम्हारे सवाल का जवाब नहीं दे पाऊँगा...पूछो-पूछो कोई और सवाल पूछो।"

"देखो, अगर तुम यहाँ ज़मीन पे रहोगे तो चोट नहीं लगेगी, वर्ना ऊपर से गिर गए तो बहुत चोट लगेगी, दीवार भी कितनी पतली है।"

"हा हा हा, मैं गिर भी गया तो राजा के सिपाही जो हैं वो मुझे

All the king's horses & all the king's men

Couldnt put Humpty Dumpty in his place again...

एलिस को लगा कि बात बदलनी चाहिए तो उसने कहा : "आपने कितनी अच्छी बेल्ट पहनी हुई है, मेरा मतलब शायद टाई है।"

"मुझे बहुत ग़ुस्सा आता है जब लोग टाई और बेल्ट में फ़र्क़ नहीं समझते। ये टाई है और बहुत सुन्दर टाई है—ये सफ़ेद रानी और सफ़ेद राजा ने मुझे गिफ़्ट में दी थी।"

"अच्छा सच में।"

"हाँ ये उन्होंने मुझे दिया था, मेरे अनबर्थ-डे गिफ्ट के तौर पर।"

"मतलब?"

"मतलब क्या?"

"मतलब अनबर्थ-डे क्या होता है?"

"मतलब वो गिफ़्ट जो बर्थ-डे के अलावा दिया जाए।"

"मुझे तो बर्थ डे गिफ़्ट अच्छे लगते हैं।"

"तुम्हें कुछ नहीं पता, बताओ साल में कितने दिन होते हैं?"

"तीन सौ पैंसठ।"

"और अगर तीन सौ पैंसठ में से एक घटा दो तो कितना बचता है?"

"तीन सौ चौंसठ।"

"ऐसे नहीं पेपर पर करके दिखाओ।"

एलिस मन ही मन मुस्कुराई कि ये अंडा तो सचमुच अंडा है, सिफ़र, शून्य, ज़ीरो...इसे कुछ नहीं आता, तो उसने अपने जेब से कॉपी पेंसिल निकाली, 365-1 लिखा और उस अंडे को जवाब दिखाया...364। हम्प्टी डम्प्टी ने कॉपी लेकर उसे ग़ौर से देखा,

"हाँ ठीक तो लग रहा है।"

"आप ने कॉपी उल्टी पकड़ी हुई है।"

"ओह सॉरी-सॉरी, तभी तो मैं कहूँ। हाँ तभी ग़लत लग रहा था—हाँ तो मैं कह रहा था, जैसा लग रहा है कि...तो साल में कितने दिन हुए जिसमें अनबर्थ-डे गिफ्ट मिल सकते हैं...364 हाँ, और सिर्फ़ एक दिन जिसमें बर्थ-डे गिफ्ट मिलता है।...हाँ तो ज़्यादा क्या हुआ अनबर्थ-डे के दिन, इसको कहते हैं अक्ल।"

"अक़्ल से क्या मतलब।"

"अक़्ल से पैदल हो क्या, इसे कहते हैं लॉजिक!"

"पर अक़्ल का मतलब लॉजिक थोड़े ही होता है।"

"जब मैं कोई वर्ड यूज करता हूँ तो उसका वही मतलब होता है जो मैं चाहता हूँ, न ज़्यादा न कम।"

"सवाल ये है कि क्या हर आदमी अपने हिसाब से वर्ड का मतलब निकाल सकता है?"

"भागो यहाँ से।"

"ठीक है फिर मैं चलती हूँ। पर मैं लड़ना नहीं चाहती। क्या पता हम दुबारा मिले न मिलें। हमें दोस्त बनकर विदा होना चाहिए ." ये कहकर एलिस ने हाथ बढ़ाया। उसने एक उँगली बढ़ाकर हाथ मिलाया। एलिस ने कहा : "बाय, देखिए फिर कब मिलते हैं।"

कि अचानक बहुत ज़ोर से आवाज़ हुई, धनाका...जैसे कोई जहाज़ ज़मीन पर गिर गया हो। जंगल पूरा हिलने लगा। एलिस ने बहुत तेज़ी से भागना शुरू किया। यक़-ब-यक़ एलिस रुकी क्यूँकि उसके सामने बहुत सारे प्यादे खड़े थे, एक गोला बनाए हुए। एक तरफ़ कुर्सी पर सफ़ेद राजा बैठा हुआ था, बीच में एक शेर और एक यूनिकॉर्न आमने-सामने खड़े थे।

आई है वो सातवें घर में, घर चलना है एक
आओ देखें एलिस की अगली चाल बड़ी ही नेक
केक खिलाकर एलिस क्या बन पाएगी रानी?
एलिस चाहे छोटी है, बड़ी मस्त है उसकी कहानी

एलिस ने यूनिकॉर्न पहले कभी नहीं देखा था। वो जल्दी से भाग के वहाँ पहुँची और राजा के पीछे खड़ी हो गई। उसने देखा कि दोनों जानवरों ने एक-दूसरे की तरफ़ तेज़ी से भागना शुरू किया और भागते-भगते ज़ोर से चिल्लाए, दोनों टकराए और उछल कर पीछे की ओर गिर पड़े। इतनी ज़ोर का धमाका हुआ कि राजा भी अपनी कुर्सी से धड़ाम से नीचे गिर गया। राजा उठा और फिर उसने ताली बजाई और बोला, "दस मिनट का ब्रेक।" फिर उसने एक आदमी को आवाज़ देकर अपने पास बुलाया और एलिस की तरफ़ इशारा कर कहा, "इसे ब्रेड खिलाओ।" उस आदमी ने दो बार चुटकी बजाई, हवा में हाथ हिलाया और पलक झपकते ही एक ब्रेड का टुकड़ा उसके हाथ में आ गया। उसने ब्रेड का टुकड़ा एलिस को पकड़ा दिया। एलिस उसे खा ही रही थी कि यूनिकॉर्न आया और राजा से बोला :

"आज जीत मेरी ही होगी और मैं ये ताज तुमसे छीन लूँगा।"

राजा ने अपने ताज को दोनों हाथों से कस के पकड़ लिया, "हाँ हाँ देखते हैं।" कि अचानक यूनिकॉर्न ने एलिस को देखा और बहुत बुरा-सा मुँह बनाकर उसकी तरफ़ देखता रहा फिर बोला :

"चलो-चलो, प्लम केक मँगवाओ, मैं सादी ब्रेड नहीं खाऊँगा।"

"ज़रूर ज़रूर," राजा बोला और अपने आदमी को इशारा किया, "केक लाओ" उसने फिर चुटकी बजाई, हवा में हाथ हिलाया तो उसके एक हाथ में बड़ा-सा केक

और दूसरे हाथ में छुरी और प्लेट आ गई। वो उसने एलिस को पकड़ाया। अभी उसने एलिस के हाथ वो थमाया ही था कि शेर बोला,

"चलो केक खिलाओ।"

"बैठो-बैठो," उसने घोड़े और राजा से कहा। राजा डरते-डरते दोनों के बीच में बैठा। एलिस भी बैठ गई और उसने केक काटना शुरू किया, पर बड़ी अजीब बात थी कि वो केक के जितने पीस काटती, वो वापस केक में जुड़ जाते, वो काटती जाती पर पीसेज जुड़ते जाते कि शेर दहाड़ा, "केक काट क्यूँ नहीं रही।"

एलिस बोली : "मैं काट तो रही हूँ पर ये आपस में फिर जुड़ जाता है।"

घोड़ा बोला : "ये शतरंजी केक है पहले सब को खिलाओ, फिर काटो। याद नहीं सफ़ेद रानी ने क्या कहा था, यहाँ सब कुछ उल्टा होता है।"

एलिस ने सोचा क्या बकवास है, केक कटेगा तभी तो बँटेगा, पर यहाँ तो सब कुछ उल्टा-पुल्टा चल रहा है, सो वो उठी और डिश लेकर उनकी तरफ़ बढ़ी। हैरत की बात थी कि जैसे ही वो उठी, केक अपने आप तीन हिस्सों में बँट गया। वो तीनों को दे के आ के बैठी कि उसने देखा कि उसमें एक और आ गया था...

कि तभी शेर ने कहा कि अबे घोड़े के बच्चे मैं तुझे आज मैदान में दौड़ा-दौड़ा कर मारूँगा।

घोड़े ने जवाब दिया कि अरे मैंने तेरे जैसे बहुत शेरों को कुत्ता बनाकर मारा है।

शेर लपक कर खड़ा हो गया और ग़ुस्से से वो अपने नथुने फुफकारने लगा, फुफकारने से उसकी नाक से आग बरसने लगी और उससे जो चिंगारियाँ निकलीं वो एलिस की फ्राक पर गिरीं और उसकी फ्राक जलने लगी कि इतने में घोड़ा भी तड़ाक से उठ खड़ा हुआ, अब उसके भी नथुने फड़क रहे थे, उनसे बारिश गिरने लगी और बारिश की वो बूँदें जब एलिस के कपड़ों पर पड़ीं तो एलिस की फ्राक भीग गई। वो दोनों एक-दूसरे के सामने आकर खड़े हुए और दौड़कर जब एक-दूसरे से टकराए तो इतना शोरो-ग़ोगा मचा कि एलिस ने फ़ौरन अपने कान बन्द कर लिये और अपनी आँखें भी...फिर जो उसकी आँख खुली तो...।

एलिस ने देखा कि अब वो एक जंगल में है, हर तरफ़ बहुत ऊँचे-ऊँचे पेड़ हैं, पेड़ों की बड़ी-बड़ी शाखें हैं, शाख़ों पर हरे-भरे पत्ते हैं, हर तरफ़ हरियाली छाई है, ठंडी-ठंडी हवा चलती है, दूर से नदी के बहने की आवाज़ आती है, वो ये नज़ारा देख ही रही थी कि ज़ोर की आवाज़ आई, "अहोय-अहोय" एलिस ने देखा कि एक घुड़सवार चला आता है, जैसे शतरंज का घोड़ा होता है, वैसे ही सफ़ेद घोड़े पर सवार, हाथ में लकड़ी का डंडा पकड़े हुए है, इससे पहले कि एलिस कुछ समझ पाती, उस घुड़सवार ने एलिस को एक हाथ से उठाया और घोड़े पर लाद आगे ले गया। अभी थोड़ी दूर वो गया ही था कि वो घोड़े से गिर पड़ा। गिरते ही वो बोला, "घुड़सवारी

के लिए सबसे ज़रूरी है बेलेंस'' ये कहकर वो घोड़े पर फिर चढ़ा लेकिन गिर गया। इस बार वो घोड़े पर सवार नहीं हुआ और घोड़े की लगाम पकड़कर चलने लगा। कि तभी एलिस को याद आया कि हो न हो ये वही क़दम-क़दम पर गिरता-पड़ता घुड़सवार है जो मुझे ले जाएगा आँठवें घर, जहाँ मैं बन जाऊँगी रानी। कि तभी उस घुड़सवार ने एलिस से कहा कि ए लड़की मैं तुम्हें पहाड़ी पर ले जाऊँगा, वहाँ तुम्हें छोड़कर मैं नीचे आऊँगा, रूमाल हिलाऊँगा तब तुम नीचे चली आना, उससे पहले नहीं। ये कहकर उस गिरते-पड़ते घुड़सवार ने घोड़े की लगाम थामी और फिर गिरते-पड़ते, लुढ़कते-पुढ़कते पहाड़ी से नीचे उतरा, नदी किनारे पहुँचा, वहाँ से रूमाल हिलाया और देखते-ही-देखते वो ग़ायब हो गया। एलिस तेज़ी से दौड़ती हुई नीचे उतरी, पर ये क्या, वहाँ से नदी भी ग़ायब हो गई थी और उसकी जगह उग आया था एक मखमली घास का मैदान। अभी एलिस कुछ सोच ही रही थी कि उसे अपने सर के ऊपर एक भारी चीज़ के अटकने का अहसास हुआ। एलिस ने जैसे ही उस चीज़ को सर से उतारा तो पाया कि वो था एक बड़ा-सा ताज, क्राउन। यानी वो पहुँच गई थी आठवें घर और बन गई थी सचमुच की रानी।

आई है वो आठवें घर में मार ली उसने बाज़ी
6 के 6 घर चलकर उसने कर लिया सबको राज़ी
राज भी उसका ताज भी उसका
लो वो बन गई रानी
अरे एलिस चाहे छोटी है पर मस्त है उसकी कहानी

''अरे वाह मैं तो सचमुच क्वीन बन गई, अब मैं सबको आर्डर दिया करूँगी, वाह वाह, अफ़सोस यहाँ कोई है नहीं मुझे देखने के लिए, न सौम्या है न लावण्या है न सिमरा है, कोई बात नहीं मैं कल स्कूल जाऊँगी तो सब देख लेंगे, पर सब देखेंगे कैसे, मैं तो यहाँ हूँ, यहाँ से बाहर कैसे निकलूँगी।'' अचानक एलिस ने देखा कि स्याह रानी और सफ़ेद रानी उसके दाएँ-बाएँ बैठी हुई थीं। ''अरे ये यहाँ कैसे आ गईं, यहाँ तो सब उल्टा-पुल्टा होता रहता है।'' पर अब तो वो क्वीन बन गई थी इसलिए उसने सोचा कि पूछ ही लेना चाहिए, उसने कहा : ''माफ़ कीजिए,'' कि स्याह रानी ग़ुर्राई, ''जब कोई बात करे, तभी बात किया करो।''

''पर अगर सब लोग ऐसा करेंगे तो बात कैसे शुरू होगी, क्योंकि हर आदमी इन्तज़ार करता रहेगा कि कोई और बात शुरू करे।''

''बकवास, तुम अभी क्वीन नहीं बनी हो, क्वीन बनने के लिए तुम्हें एक्ज़ाम देना पड़ेगा, जब पास होगी तभी क्वीन बनोगी।''

सफ़ेद रानी बोली : ''हाँ शुरू करो, हमेशा सच बोला, कम बोलो, बोलने से पहले सोचो और सोचने के पहले लिख लो कि क्या बोलना है।''

''मेरा मतलब ये नहीं था।''

''तुम्हारा कोई मतलब नहीं जबकि मतलब होना चाहिए, हर बात का मतलब होना चाहिए, जिस बच्चे के पास कोई मतलब नहीं उसके होने का क्या मतलब, मजाक का भी मतलब होना चाहिए, और बच्चा जोक से ज़्यादा अहम होता है, तुम कितना भी हाथ चला लो सच यही है।''

''मैं हाथ नहीं चला रही।''

''चला भी लोगी तो भी कोई फ़ायदा नहीं है,'' सफ़ेद रानी बोली।

''मना वो करना चाहती है, हर बात को मना करना चाहती है, पर उसे पता नहीं कि क्या मना करना है।''

''बहुत बद्तमीज़ लड़की है।'' कुछ देर दोनों चुप रहीं। एलिस को समझ में नहीं आ रहा था कि क्या बोले कि इतने में स्याह रानी सफ़ेद से बोली : ''आज शाम को मैं तुम्हें क्वीन एलिस की पार्टी में इनवाइट करती हूँ।''

इसपे सफ़ेद ने स्याह रानी से कहा : ''और मैं आपको इनवाइट करती हूँ।''

एलिस बोली, ''मुझे नहीं पता था कि ऐसी कोई पार्टी है और अगर है तो क़ायदे से मुझे आप लोगों को इनवाइट करना चाहिए।''

स्याह रानी बोली, ''पर हम इतनी देर से इन्तज़ार कर रहे हैं तुमने तो अभी तक हमें इनवाइट नहीं किया, लगता है स्कूल में तुम्हें मैनर्स नहीं सिखाए गए।''

''स्कूल में मैनर्स थोड़े सिखाते हैं, वहाँ मैथ, हिन्दी, इंग्लिश...''

''तुम्हें जोड़ सिखाया है? बताओ, वन प्लस वन प्लस वन प्लस वन प्लस वन प्लस कितने होते हैं?''

''पता नहीं, भूल गई।''

''इसे जोड़ना नहीं आता, तुम्हें घटाना आता है, आठ में से नौ घटा दो।''

''आठ में से नौ?''

''इसे घटाना भी नहीं आता, तुम्हें डिविजन आता है, ब्रेड के लोफ को चाकू से डिवाइड करो, क्या बचा?''

''मेरा ख़्याल है...''

''ब्रेड और बटर बचेगा बेवकूफ़, फिर से ट्राई करो, कुत्ते से हड्डी छीन लो क्या बचेगा?''

एलिस सोचते हुए बोली, ''न हड्डी न कुत्ता क्यूँकि कुत्ता मुझे काटने दौड़ेगा और फिर मैं भी नहीं बचूँगी।''

''तो कुछ नहीं बचेगा।''

''नहीं कुछ नहीं।''

''ग़लत कुत्ते का ग़ुस्सा बचेगा।'' अब एलिस को भी धीरे-धीरे ग़ुस्सा आ रहा था।

''इसको जोड़ना-घटाना नहीं आता।''

इतने में स्याह परी फिर बोली, "बताओ रोटी कैसे बनती है?"

"आटे से।"

"ग़लत। आग से।"

सफ़ेद परी बोली, "इसके सर में भूसा भरा हुआ है, इसके सर पे हवा करो।" दोनों मिलकर उसके सर पे पत्तियों से पंखा झलने लगीं कि एलिस को नींद आने लगी।

एलिस सो गई और जब उसकी आँख खुली तो उसने देखा कि वो एक बड़े से दरवाज़े के सामने खड़ी है, जिस पर बड़े-बड़े अक्षरों में लिखा है, क्वीन एलिस और दो घंटियाँ लटक रही हैं, एक पे लिखा है, मेहमानों के लिए और एक पर लिखा है नौकरों के लिए। और अन्दर से ज़ोर-ज़ोर से गाने की आवाज़ें आ रही थीं, इनमें से कौन-सी घंटी बजाऊँ...न तो मैं मेहमान हूँ और न ही नौकर। मेरे लिए अलग से घंटी होनी चाहिए कि इतने में दरवाज़ा खुला, एक मुर्ग़े ने सर बाहर निकाला और बोला, "अगले हफ़्ते तक किसी को अन्दर आना मना है।"

"पर मैं क्वीन एलिस हूँ।" एलिस ने कहना चाहा पर तब तक दरवाज़ा बन्द हो गया। एलिस सोच ही रही थी कि क्या करूँ कि दरवाज़ा अपने आप खुल गया, एलिस अन्दर दाख़िल हुई—

और एलिस ने देखा उस बड़े से कमरे में वो तमाम चेहरे मौजूद थे जिन से वो पहले मिल चुकी है, बन्दर, चुहिया, हम्पटी-डम्पटी, कौव्वा, कीड़ा। इन सबने जब एलिस को रानी के लिबास में देखा और उसके सिर पर ताज को देखा तो सब बेहद ख़ुश हुए और खड़े होकर तालियाँ बजाने लगे।...

चमक-दमक थी धिनक धमक थी,
ऐसा वो पार्टी का रूम
म से मेथी, म से मलाई, म से मटर म से मशरूम
गरम चाय थी बिस्किट थे और चॉकलेट शेक था ठंडा
ऑमलेट भी था भुर्जी भी थी और था उबला अंडा
मीठे में था चीज़ केक और आइस टी फ़्लेवर पीच
अरे लेकिन ये सब तो हम तब खाएँगे ना जब एलिस देगी थैंक्यू स्पीच

जी ज़रूर ज़रूर, मैं थैंक्यू स्पीच देना तो भूल ही गई थी, मैं आप सबसे कहना चाहती हूँ कि आप लोग मेरी पार्टी में आए, उसका बहुत-बहुत धन्यवाद। कि तभी स्याह रानी ने उसे कुहनी मारी, अभी एलिस कुछ सँभल पाती कि सफ़ेद रानी ने उसे धक्का मारा।

फिर दोनों ने मिलकर एलिस को ऊपर उठा लिया, वो तो एलिस ने मेज़पोश पकड़ा हुआ था कि वो क़ाबू में रही वर्ना वो नीचे ही गिर जाती कि सफ़ेद रानी बोली : "सँभालो अपने आप को, अभी यहाँ बहुत हंगामा होने वाला है।" और सचमुच वहाँ बहुत हंगामा

और धमाल शुरू हो गया। मोमबत्तियाँ जो भी थीं वो इतनी बड़ी हो गईं कि छत तक पहुँच गईं। बोतलों ने दो-दो प्लेटें अपने दाएँ-बाएँ चिपका लीं और पैरों की जगह काँटे चिपका के मटक-मटक के चलने और उड़ने लगीं। उतने में उसके बग़ल से आवाज़ आई, जहाँ सफ़ेद रानी बैठी हुई थी, अरे अब उसकी जगह एक चिकन-टिक्का रखा हुआ था कि सूप के प्याले से आवाज़ आई, "मैं यहाँ हूँ।" एलिस ने सूप के प्याले में झाँक कर देखा तो उसमें सफ़ेद रानी का चेहरा नज़र आया लेकिन जल्द ही वो सूप में गुड़प-गुड़प डूब गया। मेहमान सब खानों की डिशेज में तैर रहे थे।

एलिस चिल्लाई : "रुको बन्द करो, रुक जाओ, मैं कहती हूँ..." उसका ग़ुस्सा बढ़ने लगा तो उसने मेज़पोश को एक किनारे से पकड़ कर ज़ोर से ख़ींचा तो सारी प्लेटें, गिलास, बोतलें, खाना और सारे मेहमान ज़मीन पर जा गिरे।

"और तुम..." वो ग़ुस्से से लाल रानी की तरफ़ मुड़ी, "तुम्हीं हो सारे फ़साद की जड़।" पर स्याह रानी तो कुर्सी पर थी ही नहीं। वो एकदम छोटी हो कर नन्हीं-सी गुड़िया बन गई थी जैसे शतरंज का मोहरा होता है। एलिस ने उसे उठाया और बोली : "तुम्हें मैं अभी सबक़ सिखाती हूँ।" और उसकी गर्दन पकड़ के ज़ोर-ज़ोर से हिलाने लगी। स्याह रानी कुछ भी न बोली, वो और छोटी होती चली गई, उसका मुँह पिचक गया, और अचानक आवाज़ आई...

म्याऊँ, म्याऊँ...एलिस जैसे नींद से जागी...अरे पार्टी ख़त्म हो गई...कहाँ गए सब लोग...सुफ़ैद रानी-स्याह रानी...और वो शतरंज की बिसात...हा...मेरा ताज- हो मेरी रानी वाली पोशाक...मैं तो रानी बन गई थी...किट्टी किट्टी पता है मैं क्वीन हूँ...नहीं सच्ची मेरे सर पर ताज भी था...तुम्हें यक़ीन नहीं आ रहा न...किसी को भी नहीं आएगा...पर मैं रानी हूँ...किट्टी अरे अपने पंजे चाटना बन्द करो...देखो अगर एक बार रानी बन जाओ तो तुम हमेशा रानी बने रहते हो...है न किट्टी सुनो न किट्टी...तुम्हें विश्वास नहीं हो रहा...क्या मैं सपना देख रही थी...कि मैं किसी के सपने में थी...बताओ...

नन्ही एलिस प्यारी एलिस
छत्तीस नखरों वाली एलिस
स्कूल, किताबें, पापा की डाँटे
बुड्ढे दिन और गुमसुम रातें
अपने घर को छोड़ के एलिस
नींद निगोड़ी तोड़ के एलिस
सारे ताले खोल के एलिस
सब को टा-टा बोल के एलिस
रोलम पोलम गिरती एलिस
हाय री दैया करती एलिस

उलटी–पुलटी नगरी देखी
गप्पें मोटी तगड़ी देखीं
चुहिया से एक सुनी कहानी
काठ की रानी आँसू का पानी
बगड़म का छाता अगड़म का डंडा
दीवार पे बैठा नकचढ़ा अंडा
राजा ने वो कुश्ती देखी
शेर की धींगा–मुश्ती देखी
सब कुछ ओखर पोखर देखा
घोड़े पे बैठा जोकर देखा
आधे दिन का राज देखा
सर पे रख के ताज देखा
एलिस ने बस एक पहर में
अपना ही कल आज देखा
सपने में क्या एलिस थी
या एलिस ने देखा सपना
तुम भी सोचो मैं भी सोचूँ
किसका था वो सपना
सोचो सोचो सोचो सोचो सोचो
और अब कोई द एंड भी बोल दो

दास्तान लिटिल प्रिंस की

जब मैं छह बरस का था, मैंने जंगलों पे एक किताब देखी, जिसका नाम था ट्रू स्टोरीज। उसमें मैंने एक अजगर को देखा जो एक जंगली जानवर को पूरा सालिम निगल गया था—

तस्वीर यूँ थी—

उसमें ये भी लिखा था कि अजगर अपने शिकार को बिना चबाए साबुत निगल जाते हैं, फिर उनसे हिला भी नहीं जाता, फिर वो छह महीने तक सोते रहते हैं ताकि खाना हज़म कर सकें।

मैं ये सोचने लगा कि जंगल में क्या-क्या होता है तो मैंने एक क्रेयन से अपनी पहली तस्वीर बनाई। ड्राइंग न. 1—क, वो ये थी—

ये शानदार तस्वीर मैंने जब बड़े लोगों को दिखाई कि देखो कितनी डरावनी तस्वीर है तो वो बोले एक हैट से कोई कैसे डर सकता है, हट! मैंने कोई हट थोड़े ही बनाया था, मैंने तो एक अजगर को एक हाथी निगलते हुए दिखाया था, फिर मैंने उसका पेट बनाया ताकि बड़े लोगों को समझ में आ जाए कि ये क्या है, समझाए बग़ैर वो कुछ समझते ही नहीं हैं, तो मेरी दूसरी ड्राइंग कुछ यूँ थी—

उस पर बड़े लोगों ने मुझ से कहा कि ये अजगर-वजगर और ड्रॉइंग-ब्रॉइंग छोड़ो और पढ़ाई-लिखाई पर ध्यान दो। मैथ पढ़ो, साइंस पढ़ो, कम्प्यूटर साइंस पढ़ो, आइ. आइ.टी. की तैयारी करो। तो मेरा आर्टिस्ट बनने का सपना तो वहीं 6 बरस की उम्र में ही चकनाचूर हो गया।

बड़े लोगों को कोई बात समझ में आती नहीं, बच्चे कहाँ तक उन्हें समझाते रहें। इसलिए मुझे कोई और पेशा चुनना पड़ा और मैं पायलट बन गया। मैं सारी दुनिया उड़ता फिरा और सच में बचपन में पढ़ी हुई ज्योग्राफी मेरे बहुत काम आई। मैं एक नज़र देख के बता सकता हूँ कि ये जगह चीन है या अफ़्रीका। अगर आप कहीं रात को रास्ता भटक जाएँ तो ये ज्ञान आपके बहुत काम आएगा।

मैं अपनी ज़िन्दगी में बहुत-से बड़े लोगों से मिला हूँ और अच्छी तरह जानता हूँ उन्हें क्या बात समझ आती है और क्या नहीं। मैं जब भी किसी ऐसे बड़े आदमी

से मिला जो मुझे थोड़ा-सा भी समझदार लगा, मैंने अपनी पहली ड्रॉइंग दिखा के उसका इम्तेहान लिया कि देखें ये कितने पानी में है मगर हर दफ़ा मुझे यही जवाब मिला कि ये तो एक हैट है तो फिर मैं ऐसे करता कि बजाय इसके कि उनसे सितारों और जंगल और अजगर की बात करूँ मैं उनके लेवल पर उतरकर उनसे गोल्फ़ और पॉलिटिक्स और इन्क्रीमेंट्स की और फेसबुक की बातें करता और वो ख़ुश हो जाते कि देखो कितना माक़ूल/ज़हीन आदमी है।

तो मैं ज़्यादातर अकेले ही रहता और अक्सर मेरे पास बात करने को भी कोई नहीं होता, बड़े लोगों से क्या बात की जाए आख़िर। फिर एक दिन कोई छह साल पहले क्या हुआ कि मेरा जहाज़ सहारा के रेगिस्तान में क्रैश हो गया, मेरे साथ जहाज़ में कोई नहीं था, न कोई मुसाफ़िर, न कोई मैकेनिक। अब अगर जान बचानी थी तो जहाज़ को मुझे ख़ुद ही ठीक करना पड़ता। मेरे पास सिर्फ़ एक हफ़्ते तक के लिए पानी का स्टॉक था। मीलों मील दूर तक किसी आदमी का नामो-निशाँ तक नहीं था, मैं अगर बड़े से बड़े समन्दर के बीचों-बीच अकेला भटक रहा होता तो भी उतना अकेला नहीं होता। थक-हार के मैं वहीं रेत पर पड़ के सो गया। जब कुछ देर बाद एक आवाज़ ने मुझे जगाया तो मेरी हैरत की इंतेहा न रही, अजीब-सी महीन आवाज़ थी—

''क्या तुम मेरे लिए एक मेमने की तस्वीर बना सकते हो?''

''क्या?''

''मेरे लिए एक मेमने की तस्वीर बना दो प्लीज़।''

मैं घबरा के उठा, या इलाही ये क्या माजरा है। मैंने देखा कि एक अजीबोग़रीब बच्चा मुझे बड़े इस्तेजाब से देख रहा है। मैंने बाद में उसकी बहुत-सी तस्वीरें बनाने की कोशिश की मगर मैं इससे अच्छी तस्वीर न बना पाया। कहने की ज़रूरत नहीं कि तस्वीर में वो बात चंदा नहीं जैसा कि वो अस्ल में था। इसमें ग़लती मेरी नहीं, बड़े लोगों ने मुझे मौक़ा ही नहीं दिया कि मैं आर्टिस्ट बनने के अपने शौक़ को परवान चढ़ाता। सिवाए उन दो अजगर की तस्वीरों के मैंने ज़िन्दगी में कुछ बनाया ही नहीं था।

मैं उसे हैरत से तका किया—हज़ारों-हज़ारों मील तक कोई आदमी नहीं था, ये कहाँ से टपक पड़ा...मगर ये बच्चा बिल्कुल परेशान नहीं लग रहा था, न ये लग रहा था कि ये कहीं गुम हो गया है, न वो कमज़ोर लग रहा था, न भूखा-प्यासा और न ही डरा हुआ। उसको देख के ये हर्गिज़ अंदाज़ा नहीं लगाया जा सकता था कि वो नन्हीं-सी जान इस वसीअ-ओ-अरीज़ सहरा में किसी और इंसान से हज़ारों मील दूर बिल्कुल अकेला घूम रहा है। जब मेरी साँस में साँस आई और मैं इस क़ाबिल हुआ कि मेरे मुँह से कोई आवाज़ निकले तो मैंने पूछा :

''मगर, तुम यहाँ कर क्या रहे हो, यहाँ कैसे पहुँचे।''

पर उसने बड़ी संजीदगी और मतानत से अपनी बात दुहराई कि जैसे इससे ज़्यादा ज़रूरी कोई बात नहीं कि :

"प्लीज़ मेरे लिए एक मेमने की तस्वीर बना दो।"

चूँकि मैंने कभी मेमने की तस्वीर नहीं बनाई थी मैंने उसे अपनी अजगर वाली तस्वीर दिखाई जिसे बड़े लोग हैट समझते थे। आप मेरी हैरत का अंदाज़ा कर सकते हैं जब उसने उसे देखते ही ये कहा कि :

"नहीं, नहीं। मुझे अजगर की तस्वीर नहीं चाहिए जिसके पेट में हाथी हो, अजगर बहुत ख़तरनाक होते हैं और हाथी बहुत ज़्यादा जगह ले लेता है। मेरा घर बहुत छोटा है, मुझे एक मेमना चाहिए, एक छोटा-सा मेमना बना दो ना।"

तो मैंने बना दिया।

उसने ग़ौर से उसे देखा और कहा, "नहीं ये तो बहुत बीमार लग रहा है, दूसरा बनाओ।"

मैंने बनाया।

मेरा नन्हा दोस्त मुझ पर मुस्कुराया और बोला : "देखो इसके सिर पर तो सींग हैं, ये मेमना नहीं मेंढा है।"

मैंने दोबारा कोशिश की—

उसने उसको भी रिजेक्ट कर दिया, "ये तो बहुत बूढ़ा है, मुझे ऐसा मेमना चाहिए जो बहुत साल तक ज़िन्दा रहे।"

मुझे अपना इंजन ठीक करने की फ़िक्र थी तो पीछा छुड़ाने के लिए मैंने ये बनाया, और कहा : "ये एक डिब्बा है, और तुम्हारा मेमना इसके अन्दर है।"

तमाशा देखिए कि ये तस्वीर देख के वो ख़ुशी से खिल उठा।

"मुझे बिल्कुल ऐसा ही चाहिए था। क्या तुम्हें लगता है ये बहुत घास खाएगा।"

"क्यूँ ?"

"क्यूँकि मेरा वतन/घर बहुत छोटा है।"

"नहीं काम चल जाएगा, मैंने तुम्हें एक बहुत छोटा-सा मेमना दिया है।"

उसने तस्वीर को ग़ौर से देखकर कहा :

"इतना भी छोटा नहीं है...अरे देखो वो सो गया।"

तो इस तरह मेरी और लिटिल प्रिंस की दोस्ती शुरू हुई।

ये लिटिल प्रिंस आया कहाँ से था ये बात मुझे बहुत वक़्त बाद और बहुत मुश्किलों से पता चली। वो मुझसे तो बहुत सवाल करता था मगर मेरे सारे सवालों को अनसुना कर देता था। उसने बातों ही बातों में जो इशारे या ख़ुलासे किए, उससे धीरे-धीरे बात मेरी समझ में आई, जैसे जब उसने मेरा जहाज़ पहली बार देखा तो पूछा,

"ये क्या चीज़ है ?"

मैंने बहुत फ़ख़ से उसे बताया कि, "ये एक हवाई जहाज़ है, हवा में उड़ता है और मैं पायलट हूँ और जहाज़ उड़ाता हूँ।"

तो उसने कहा : "अच्छा तुम आसमान से गिर पड़े।"

"हाँ।"

"अच्छा ये तो बहुत फ़नी है"

ये कहकर वो खिलखिला कर हँस पड़ा। मैं वो खनखनाती हुई हँसी सुन कर चिढ़ गया। मैं इतनी मुसीबत में था और वो मुझ पे हँस रहा था, फिर बोला, "अच्छा तो तुम भी आसमान से आए हो, तुम कौन से सय्यारे से हो?"

दास्तानगो—"सय्यारा बोले तो।"

दास्तानगो—"सय्यारा बोले तो ग्रह, प्लेनेट। जैसे सूरज एक प्लेनेट है, आसमान में या तो सितारे होते हैं या सय्यारे।"

एकदम से मुझे लगा कि वो मुझे अपने घर के बारे में कोई क्लू दे रहा है तो मैंने पूछा : "तुम किसी और सय्यारे से हो, है न?"

मगर उसने कोई जवाब न दिया और मेरे जहाज़ को ध्यान से देखकर बोला, "हाँ मगर इस चीज़ में तो तुम बहुत ज़्यादा दूर से नहीं आए होगे।"

फिर वो किसी सोच में गुम हो गया और थोड़ी देर बाद उसने वो मेमने वाली तस्वीर जेब से निकाली और उसे ऐसे देखने लगा जैसे कोई ख़ज़ाना हो—

मैं उसके वतन की फ़िराक़ में था तो मैंने पूछा, "तुम कहाँ से आए हो बच्चे, तुम्हारा घर/वतन कहाँ है, तुम ये मेमना कहाँ ले जाना चाहते हो"

कुछ देर सोच में ग़र्क़ रहने के बाद वो बोला : "इस डिब्बे में ये ख़ूबी है कि ये रात में उसका घर बन जाया करेगा।"

"बिल्कुल। और अगर तुम अच्छे से पेश आए तो मैं तुम्हें इसके लिए एक रस्सी भी दे दूँगा ताकि तुम इसे बाँध सको और एक छोटा सा खूँटा भी।"

"बाँध देना? वो भला किसलिए।"

"अगर तुम उसे बाँधोगे नहीं तो ये इधर-उधर भाग जाएगा और गुम हो जाएगा।"

इस पर लिटिल प्रिंस ज़ोर से हँसा और बोला, "पर वो भाग के जाएगा कहाँ?"

"कहीं भी, जहाँ उसका सर समाएगा।"

"कोई फ़र्क़ नहीं पड़ता, मेरी जगह बहुत छोटी है। अगर तुम नाक की सीध में चलो तो ज़्यादा दूर तक नहीं पहुँच सकते।"

इस तरह मुझे ये अहम बात पता चली कि जहाँ से वो आया है वो जगह एक घर से ज़्यादा बड़ी नहीं थी।

उस पर मुझे ज़्यादा हैरान नहीं होना चाहिए था। मुझे मालूम था कि बड़े-बड़े सय्यारे जैसे अर्थ, जूपिटर, मार्स और वीनस धरती, बृहस्पत, मंगल और शुक्र के अलावा भी

सैंकड़ों ऐसे सय्यारे हैं जिनके कोई नाम नहीं हैं और जिन्हें सिर्फ़ टेलिस्कोप से ही देखा जा सकता है, जब कोई मुनज्जिम इन्हें दरयाफ़्त...

—मुनज्जिम बोले तो।

—एस्ट्रोनोमर

—हिन्दी नेम प्लीज

—खगोलशास्त्री।

—वो जो सितारों, सय्यारों यानी ग्रहों का पता लगाता है और उनकी हरकतों पर नज़र रखता है।

तो जब कोई मुनज्जिम कोई नया सय्यारा या सितारा दरयाफ़्त करता है तो उसके नाम की जगह उसे कोई नम्बर दे देता है जैसे कि एस्टेटॉयड 325। मेरा अंदाज़ा है कि लिटिल प्रिंस के सय्यारे का नाम था एस्टेरॉयड बी-612—इस सय्यारे को सिर्फ़ एक बार देखा गया है वो भी एक टेलिस्कोप के ज़रिए। 1909 में एक तुर्की एस्ट्रोनोमर ने इसे देखा था। उसने अपनी इस दरयाफ़्त को बहुत फ़ख़्र और शान से एक इंटरनेशनल एस्ट्रोनोमी कॉन्फ्रेंस में पेश किया। मगर उसके लिबास और कपड़ों और टोपी की वजह से किसी ने उसका ऐतबार न किया। बड़े लोग ऐसे ही होते हैं मगर ख़ुशक़िस्मती या बदक़िस्मती से तुर्की में एक ऐसा डिक्टेटर पैदा हुआ—अतातुर्क मुस्तफ़ा कमल पाशा। जिसने अपने लोगों को कोट-पैंट पहनने पर मजबूर किया, तो जब ये तुर्की एस्ट्रोनोमर बढ़िया सा कोट-पैंट पहन के 1920 में फिर उसी कॉन्फ्रेंस में पहुँचा तो इस बार उन्होंने ज़ोर-शोर से उसका इस्तेक़बाल किया, उसकी ताईद की और उसकी दरयाफ़्त पर मुहर लगाई।

मैंने आपको एस्टेरॉयड बी-612 और उसके नम्बर के बारे में इसलिए बताया है क्यूँकि बड़े लोगों को नम्बर्स में, गिनतियों में ख़ास दिलचस्पी रहती है, अगर आप उन्हें किसी नए दोस्त के बारे में बताएँ तो वो कभी ज़रूरी और अहम सवाल नहीं करते, मसलन ये कि उसकी आवाज़ कैसी है, उसके पसन्दीदा खेल क्या हैं, क्या उसे तितलियाँ जमा करने का शौक़ है, उल्टे वो पूछते हैं, उसकी उम्र कितनी है, उसके भाई-बहन कितने हैं, उसका वज़न कितना है, उसका बाप कितना कमाता है, उसके घर की कितनी क़ीमत है, उसके कितने मार्क्स आते हैं। इनके जवाब पाकर उन्हें लगता है कि वो उसे जान गए हैं। अगर आप किसी बड़े से कहें कि मैंने आज एक बड़ा ख़ूबसूरत घर देखा जिसमें खिड़कियों में ख़ूबसूरत फूल थे और छत पर फ़ाख़्ताएँ बैठी थीं तो उन्हें समझ नहीं आता। वो फ़ौरन पूछेंगे कितने का घर था, क्या किसी पॉश एरिया में था ? अगर आप कह देंगे कि मैंने आज एक दस करोड़ का मकान देखा तो वो फ़ौरन कहेंगे, हाय! क्या प्यारा घर होगा!

ऐसे ही अगर आप उनसे कहें कि लिटिल प्रिंस सचमुच में एक बच्चा था, हँसता, खिलखिलाता, ख़ुशमिज़ाज। जिसने एक मेमने की फ़रमाइश की थी तो वो समझेंगे कि आप पागल हैं। मगर अगर आप कहें कि वो एस्टेरॉयड बी-612 से आया था तब

वो आप पर फ़ौरन यक़ीन कर लेते हैं। क्या किया जाए बड़े लोग ऐसे ही होते हैं, नासमझ। बच्चों को उनके साथ बहुत सब्र से पेश आना चाहिए।

हाँ मगर वो लोग जो ज़िन्दगी की क़ीमत समझते हैं, नम्बरों से कोई वास्ता नहीं रखते। हमें ये कहानी कुछ इस तरह से शुरू करनी चाहिए थी—

एक बार क्या हुआ कि एक बच्चा था, लिटिल प्रिंस। जो एक सय्यारे पर अकेले रहता था, एक बहुत छोटे से सय्यारे पर जो उससे ज़्यादा बड़ा नहीं था, जिसे एक दोस्त की तलाश थी। जो लोग ज़िन्दगी समझते हैं वो इस पर फ़ौरन यक़ीन कर लेते। अब मैं लिटिल प्रिंस को याद करता हूँ तो मेरा दिल भर आता है। ये कहानी मेरी ज़िन्दगी की सबसे अहम कहानी है, छह साल हुए जब मेरा दोस्त अपने मेमने को लेकर मुझसे जुदा हो गया। मैं उसकी बातें करना चाहता हूँ ताकि उसकी याद ज़िन्दा रख सकूँ। अपने दोस्तों को भुला देना बहुत अफ़सोसनाक अमल होता है, दोस्त हर-एक के पास नहीं होते।

मैं ऐसा कोई बड़ा आदमी नहीं बनना चाहता हूँ जिसको सिर्फ़ नम्बरों की ग़रज़ हो। मैंने अपनी हज़ार कमियों के बावजूद फिर से पेंट्स और क्रेयॉन उठाए और बहुत कोशिश की कि मैं लिटिल प्रिंस की एक अच्छी और सच्ची तस्वीर बना सकूँ। पर वो मुझसे बन न सकी। कभी वो बहुत छोटा हो जाता था कभी बहुत बड़ा, कभी आड़ा कभी तिरछा पर आप मुझे दरगुज़र करें। मेरे लिटिल प्रिंस ने कभी अपनी किसी बात का ख़ुलासा नहीं किया न कभी समझाया कि उसका मतलब क्या था। शायद उसे लगा कि मैं भी उसी की तरह हूँ पर मैं उसकी तरह कहाँ। मैं एक डिब्बे की तस्वीर में एक मेमने को देखने से क़ासिर हूँ। शायद मैं भी दूसरे बड़े लोगों की तरह हूँ। शायद मैं बूढ़ा हो रहा हूँ।

लिटिल प्रिंस के बारे में मुझे नित नई जानकारी मिलती रहती थी। कभी उसके सय्यारे के बारे में, कभी उसके वहाँ से निकलने के बारे में, कभी उसके सफ़र के बारे में। उसकी बातों से धीरे-धीरे उसका राज़ खुला। ऐसी ही बातों-बातों में एक दिन उसने बाओबाब (गोरक्षी) के बारे में बताया।

ये बात भी मेमने ही के हवाले से निकली थी। एक दिन, लिटिल प्रिंस ने मुझसे पूछा : "क्या ये सच है कि मेमने झाड़ियाँ खा जाते हैं।"

"हाँ"

"चलो शुक्र है।"

मुझे उसका सवाल समझ में नहीं आया, मगर फिर उसने पूछा

"क्या वो बाओबाब (गोरक्षी) को भी खा जाते हैं।"

मैंने उसे समझाया कि बाओबाब (गोरक्षी) झाड़ी नहीं बल्कि बहुत विशाल दरख़्त होते हैं, बहुत लम्बे, बहुत चौड़े, बहुत घने, आसमान को छूते हुए, लाल क़िले जितने

बड़े। मेमना तो बहुत दूर की बात, अगर हाथियों का पूरा झुंड भी आ जाए तो भी उन्हें न खा सकें।

''हाँ उन्हें शायद एक के ऊपर एक खड़ा होना पड़े, पर कभी न कभी तो बाओबाब भी छोटे रहे होंगे।''

''हाँ वो तो है पर तुम क्यूँ चाहते हो कि तुम्हारा बेबी मेमना बेबी बाओबाब को खा जाए।''

''क्या बचकाना सवाल है।''

लिटिल प्रिंस ऐसा ही था। पूरी बात नहीं करता था, आधी-अधूरी बात करके छोड़ देता था और आपको सोचने पर मजबूर कर देता था। तो मैंने उसकी बात पर ग़ौर किया तो मुझे अहसास हुआ कि उसकी बात में दम था। उसके सय्यारे पर कुछ अच्छे प्लांट्स थे, कुछ बुरे प्लांट्स थे। अच्छे प्लांट्स से अच्छे बीज निकलते थे, बुरे प्लांटस से बुरे बीज। पर बीज तो दिखाई नहीं देते, वो तो ज़मीन के अन्दर दफ़्न होते हैं और वहाँ पड़े-पड़े सोते रहते हैं फिर कोई बीज जागता है और बहुत आहिस्ता-आहिस्ता ऊपर को उठता है फिर धीरे-धीरे बहुत नज़ाकत से एक कोंपल सूरज की राह देखती हुई ऊपर उठती है, और ज़मीन जैसी सख़्त चीज़ को भेदकर ऊपर निकल आती है। बस अगर वो मूली है या गुलाब है तो आप उसे निकलने देते हैं पर अगर वो कोई बुरा प्लांट हुआ तो आपको उसे फ़ौरन जड़ से उखाड़ना होता है। बाओबाब प्लेनेट ऐसा ही एक बुरा प्लांट था, अगर उसे बड़ा होने दे दिया जाता तो वो लिटिल प्रिंस का पूरा प्लेनेट ही खा जाता। इसलिए उसके निकलते ही उसे जड़ से उखाड़ना पड़ता है।

बाद में लिटिल प्रिंस ने मुझे समझाया कि ये काम रोज़ करना पड़ता है।

''मुँह-हाथ धोकर, ब्रश-व्रश करके सबसे पहला काम जो करना होता है वो ये कि अपने प्लेनेट की सफ़ाई करो, बाओबाब जो निकले हैं, उन्हें उखाड़ दो। काम बहुत बोरिंग है पर है आसान। कभी-कभी आप आज का काम कल पर छोड़ सकते हैं मगर बाओबाब वाला काम कल पर नहीं टाला जा सकता वरना अनर्थ हो जाएगा...''

लिटिल प्रिंस के बयान से मैंने बाओबाब्स की एक तस्वीर बनाई, क्या पता कोई भूला-भटका किसी एस्टेरॉयड पर जा पहुँचे और बाओबाब को न पहचाने तो बड़ी मुसीबत में पड़ जाएगा। बच्चों बाओबाब से मुहतात रहना। आप सोच रहे होंगे कि मैंने बाओबाब्स की तस्वीर इतनी अच्छी कैसे बना ली। वजह सिर्फ़ ये है कि बाक़ी तस्वीरें तो ऐसी-तैसी बनीं मगर जब मैं बाओबाब बनाने पर आया तो ख़तरे के अहसास ने मेरे हाथों में नई कला भर दी।

ओह लिटिल प्रिंस, रफ़्ता-रफ़्ता मुझे तुम्हारी उदास और बेकैफ़ ज़िन्दगी का अहसास हुआ। उस बेरंग ज़िन्दगी में जो चीज़ तुम्हें सबसे ज़्यादा पसन्द थी, वो था सूर्यास्त।

दास्तानगो—सूर्यास्त बोले तो।

दास्तानगो 2—सूरज का ग़ुरूब होना।

दास्तानगो—ग़ुरूब होना बोले तो।

दास्तानगो 2—सनसेट।

दास्तानगो—सनसेट बोले तो।

दास्तानगो 2—सूरज का ढलना, सूरज का डूब जाना।

ये भी मुझे तब पता चला जब चौथी सुबह तुम अचानक बोले कि,

''मुझे सनसेट बहुत पसन्द हैं, चलो न सनसेट देख के आते हैं।''

''अरे पर अभी कहाँ।''

''क्यूँ।''

''अभी तो सूरज निकला है अभी तो उसे ढलने में वक़्त लगेगा।''

''ओह ! अच्छा हाँ। हाँ मैं भूल जाता हूँ कि मैं कहाँ हूँ।''

जैसा कि हम जानते हैं कि ज़मीन अपनी धुरी पर घूमती है इसलिए दिन और रात होते हैं। जिस हिस्से का सूरज से सामना होता है वहाँ दिन होता है बाक़ी हिस्से में रात। जब हिन्दोस्तान में सुबह होती है, अमेरिका में रात होती है। जैसे अगर अभी कोई ज़न से अमेरिका पहुँच जाए तो वहाँ उसे सुब्ह मिलेगी।

पर लिटिल प्रिंस का सय्यारा इतना छोटा था कि वो बस अपनी कुर्सी ज़रा-सी इधर से उधर करता था और उसे सनसेट दिखाई दे जाता था।

''पता है एक दिन मैंने 44 सनसेट्स देखे थे...अगर कोई बहुत उदास हो तो उसे सनसेट बहुत अच्छे लगते हैं।''

''जिस दिन तुमने 44 सनसेट्स देखे, उस दिन तुम क्या बहुत उदास थे''

पर लिटिल प्रिंस ने कोई जवाब न दिया।

पाँचवें दिन मुझे लिटिल प्रिंस का एक और राज़ पता चला, उस राज़ के पीछे भी वही मेमना था, उसने अचानक पूछा,

''अगर मेमना झाड़ियाँ खाता है तो क्या वो फूल भी खा लेगा।''

''जो उसे मिलेगा वो खा लेगा।''

''काँटेदार फूल भी।''

''हाँ।''

''तो फिर काँटों का क्या फ़ायदा।''

मेरे फ़रिश्तों को भी ख़बर न थी कि काँटों का क्या फ़ायदा। मैं अपने इंजन को ठीक करने में उलझा हुआ था, उधर पीने का पानी बिलकुल ख़त्म होने को था।

''तो फिर काँटों का क्या फ़ायदा।''

ये लिटिल प्रिंस की ख़ासियत थी कि अगर एक बार वो कोई सवाल कर लेता था तो उसकी सुई वहीं अटक जाती थी, फिर वो बार-बार वही सवाल करता रहता था। चिढ़ कर मैंने कहा : ''काँटों का कोई फ़ायदा नहीं, सिर्फ़ प्लांट्स की बदमाशी है।''

''अच्छा।''

थोड़ी देर बाद उसने तेज़ लहजे में कहा : ''मैं नहीं मानता, फूल बहुत नाज़ुक़ होते हैं, वो अपनी हिफ़ाज़त के लिए काँटे निकालते हैं ताकि उन्हें इत्मीनान रहे कि वो महफ़ूज़ हैं।''

मैंने कोई जवाब न दिया। उस वक़्त मेरा पूरा ध्यान एक बोल्ट को ठीक करने में लगा था।

''और तुम्हें क्या लगता है कि फूल...''

''नहीं, नहीं मुझे कुछ नहीं लगता, मैं एक सीरियस काम में बिज़ी हूँ।''

''सीरियस काम!''

उसने बहुत हिक़ारत से मेरे हथौड़ी, पाना और ग्रीस से सने हाथों को देखा।

''आप तो बिल्कुल बड़े लोगों की तरह बात कर रहे हैं।''

ये सुनकर मुझे थोड़ी शर्म आई, उसने दुखी हो कर कहा :

''आप बिल्कुल ग़लत हैं, चीज़ों को ख़लत-मलत कर रहे हैं।'' फिर ग़ुस्से से कहने लगा :

''मैं एक सय्यारे पर रहने वाले एक आदमी को जानता हूँ, बिल्कुल लाल चेहरा है उसका, बन्दरों की तरह, उसने कभी किसी सितारे को ग़ौर से नहीं देखा है, उसने कभी किसी से मुहब्बत नहीं की है, वो दिन-भर सिर्फ़ हिसाब-किताब करता रहता है, कितने आए-कितने गए। और आपकी तरह वो दिन-भर यही एक बात दुहराता रहता है, मेरे पास बहुत काम है, मैं एक बहुत सीरियस काम कर रहा हूँ, मैं बहुत बिज़ी हूँ, मेरे पास टाइम नहीं है, इम्पोर्टेंट काम है और फूल के कुप्पा हो जाता है, अपनी अहमियत पर आप फ़िदा होकर। पर वो आदमी नहीं मय्यों के बैंगन का भुरता है।''

''बैंगन का भुरता।''

''हाँ लाखों सालों से फूल जो हैं वो काँटे पैदा करते आ रहे हैं, उनके काँटों के बावजूद लाखों सालों से मेमने उन्हें खाते चले आ रहे हैं, क्या ये एक अहम सवाल नहीं है कि फिर फूल काँटे क्यूँ उगाते हैं, क्या फ़ायदा उनका? मेमनों और फूलों की लड़ाई जो लाखों सालों से चली आ रही है क्या पैसा कमाने से ज़्यादा ज़रूरी नहीं है? क्या वो किसी लाल मुँह वाले आदमी के जोड़-तोड़ और हिसाब-किताब से अहम नहीं है? और मान लो कि मैं किसी ऐसे फूल को जानता हूँ जो दुनिया में सबसे अलग, सबसे निराला, सबसे अनूठा हो और कोई मेमना उसे खाने वाला हो तो क्या ये बात इम्पोर्टेंट नहीं...इन लाखों-लाखों सितारों और सय्यारों पर अगर कोई ऐसा फूल है

जिसे कोई बहुत चाहता है तो वो रात को तारों को देखके ही ख़ुश रह लेगा। वो अपने दिल से कहेगा कि इन सितारों पे कहीं मेरा भी एक फूल है।''

''हमें कुछ शौक़-ए-नज़्ज़ारा भी है फूल से चेहरों का,
और कुछ फूल से चेहरे मेरी निगरानी भी करते हैं।''

''...पर अगर मेमना उस फूल को खा जाए तो उसे ऐसा लगेगा कि तमाम सितारों की चमक माँद पड़ गई है।''

ये कहते-कहते वो एकदम रुआँसा हो गया और एकदम से उसकी आँखों से आँसू टपक पड़े। एकदम से मेरी हथौड़ी, बोल्ट, भूख-प्यास, जीना-मरना सब मेरे लिए बेमानी हो गए। बस एक सितारा था और मेरा सय्यारा ये ज़मीन और एक लिटिल प्रिंस, जिसे उस वक़्त दिलासे की ज़रूरत थी, मैंने उसे सीने से लगा के पुचकारते हुए कहा :

''तुम्हारे फूल को कोई ख़तरा नहीं है। मैं मेमने के मुँह के लिए एक (muzzle) जाली बना दूँगा, मैं फूल के लिए सुरक्षा-कवच बना दूँगा। मैं...'' मुझसे और कुछ कहा नहीं गया, समझ में नहीं आया मैं करूँ तो क्या करूँ, उसे कैसे तक़बियत दूँ। आँसुओं की दुनिया बहुत हैरतअंगेज़ होती है।

८२

धीरे-धीरे मुझे उस फूल के बारे में और पता चला। फूल तो लिटिल प्रिंस के सय्यारे पर उगते रहते थे मगर उनमें सिर्फ़ एक तरह की पंखुड़ी होती थी, सुबह खिलते, शाम को मुरझा जाते। पर एक दिन न जाने कहाँ से एक बीज आया जिससे ये फूल निकला, ये टहनी और से अलग थी इसलिए लिटिल प्रिंस ने इस पर निगाह रखी कि कहीं ये कोई नए तरह का बाओबाब तो नहीं, मगर एक दिन उस टहनी से एक कली फूटी, उस कली ने बहुत इतराते हुए, इठलाते हुए, अँगड़ाई लेते हुए एक-एक करके अपनी पंखुड़ियाँ सजाईं। जब तक वो पूरी तरह सज-सँवर न गई उसने ख़ुद को ज़ाहिर न किया। उसके नाज़-ओ-तमकिनत के क्या कहने...

'मौसम है निकले शाख़ों से पत्ते हरे-हरे,
पौदे चमन में फूलों से देखें भरे-भरे।'

कई दिनों की तैयारी के बाद एक दिन...जब सूरज उफ़क़ पे नमूदार हो रहा था, उसने अपने आपको पूरी तरह दुनिया पे ज़ाहिर किया।

'वो आए बज़्म में इतना तो मीर ने देखा
फिर उसके बाद चिराग़ों में रोशनी न रही'

मगर ज़ाहिर होते ही उसने जम्हाई ली और कहा :

"I've only just woken up…forgive me…my hair's still a mess."

लिटिल प्रिंस हैरत से उसे तका किया। फिर बोला :

"तुम कितनी ख़ूबसूरत हो"

"I am, aren't I...And I was born at the same time as the Sun."

हूँ उसे इंकेसारी की बीमारी तो हर्गिज़ नहीं थी, पर वो थी बला की ख़ूबसूरत।

"Its breakfast time I think…will you kindly spare a thought for me."

ये सुन कर लिटिल प्रिंस झेंपते हुए दौड़ा और लपककर एक वाटरिंग कैन (पानी छिड़कने का बरतन/ डोलची) में पानी भर लाया और उस पर डालने लगा। मगर दो ही चार दिनों में उसकी हस्सास नज़ाकत लिटिल प्रिंस पर भारी पड़ने लगी। एक दिन वो अपने चारों तरफ़ काँटे दिखा के कहने लगी :

"Let the tigers come with their claws."

"पर मेरे प्लेनेट पर कोई शेर नहीं है और वैसे भी शेर घास-फूस नहीं खाते।"

"I am not घास-फूस।"

"अरे हाँ-हाँ बिल्कुल-बिल्कुल, I am sorry।"

"I am not afraid of tigers, but I am afraid of wind...you wouldn't have a screen, would you?"

लिटिल प्रिंस ने दिल में ख़्याल किया, ऐसा कौन-सा फूल है जिसे हवा से डर लगता है। ये फूल तो बेहद विचित्र है।

"At night, you need to put me under a glass dome. Its very cold on your planet. It's poorly equipped. Where I come from..."

ये कहते-कहते वो रुक गई, शायद उसे अपने सफ़ेद झूठ का अंदाज़ा हो गया था, वो भला कहाँ, कहीं से आई थी। वो तो एक बीज से निकली थी। उसे दूसरी दुनियाओं का क्या पता। जब उसे अहसास हुआ कि उसका झूठ पकड़ा गया है तो वो एक-दो बार खँखारी और फिर लिटिल प्रिंस को शर्मिंदा करने के लिए बोली,

"What about that screen?"

"मैं लेने ही जा रहा था मगर तुम कुछ बात करने लगीं।"

जवाब में उसने एक बार फिर गला साफ़ किया। लिटिल प्रिंस उसे बहुत चाहता था और उसे ख़ुश देखना चाहता था पर उसकी बातों से वो बहुत रंजीदा हो जाता था। उसकी जली-कटी बातें उसे ज़ख़्मी कर देती थीं इसलिए वो उससे थोड़ा मुहतात रहने लगा था,

एक दिन उसने मुझसे कहा,

"मुझे उसकी बातों पर ध्यान नहीं देना चाहिए था, फूलों की बातें नहीं सुननी चाहिए। उनका नज़्ज़ारा करना चाहिए, उन्हें सूँघना चाहिए। मेरे फूल ने मेरे प्लेनेट को अपनी ख़ूश्बू से मुअत्तर कर दिया था, मगर मैं उस ख़ूश्बू का मज़ा नहीं ले पा रहा था, बजाय अपना दिल दुखाने के मुझे उससे हमदर्दी रखनी चाहिए थी।"

उसने कहा :

"मैंने सब गड़बड़ कर दी। मुझे उसकी बातों के बजाय उसकी शख़्सियत पे ध्यान

देना चाहिए था। उसने मेरी ज़िन्दगी ख़ुश्बू और रोशनी से मुनव्वर कर दी थी। मुझे उसे छोड़ना नहीं चाहिए था। मैं ये भूल गया कि अपनी सारी बेवकूफ़ियों के बावजूद वो मुझे बेहद चाहती है, फूल भी कैसी उल्टी चाल चलते हैं, जब करीब बुलाना होता है तो दूर भगा देते हैं, पर *उस वक़्त मैं बहुत छोटा था। मुझे मालूम नहीं था कि प्यार कैसे किया जाता है।*''

ꕥ

मेरा ख़्याल है कि वो चिड़ियों के किसी झुंड के साथ चिपक के वहाँ से निकला था। अपनी रवानगी की सुब्ह उसने हस्बे-मामूल अपने सय्यारे की साफ़-सफ़ाई की। उसके सय्यारे पर तीन आतिशफ़िशाँ थे।

दास्तानगो—आतिशफ़िशां बोले तो।

दास्तानगो 2—आतिशफ़िशां मतलब वोल्कैनो।

दास्तानगो—वोल्कैनो बोले तो।

दास्तानगो 2—वोल्कैनो बोले तो पहाड़ होते हैं न पहाड़...तो कुछ पहाड़ों के मुँह से आग का लावा निकलता है, ऐसे पहाड़ों को हिन्दी में ज्वालामुखी, उर्दू में आतिशफ़िशां और अंग्रेज़ी में वोल्कैनो कहते हैं।

तो उसके जो दो दहकते हुए आतिशफ़िशाँ थे, जो नाश्ता पकाने के काम आते थे उसने उनकी झाड़ू से ख़ूब सफ़ाई की और तीसरा जो ठंडा पड़ा था, जाने वो कब उबल पड़े उसको भी ख़ूब साफ़ किया। फिर बाओबाब की आख़िरी बची-खुची जड़ें उखाड़ीं। जाने क्यूँ उस सुब्ह उसे इन सब कामों को करने में मज़ा आ रहा था।

लेकिन जब उसने आख़िरी दफ़ा फूल को पानी दिया और उसकी हिफ़ाज़ती टोपी उसे पहनाई तो जाने क्यूँ उसकी आँख में आँसू आ गए।

उसने फूल से कहा :

''गुड बाय।''

पर उसने कोई जवाब नहीं दिया।

उसने फिर कहा : गुड बाय।

फूल हल्के से खाँसा, मगर इसलिए नहीं कि उसका गला ख़राब था। और बोला :

"I have been stupid…Please forgive me. Try to be happy."

उसे हैरत हुई कि फूल की ज़बान पे कोई शिकायत नहीं थी।

"Yes I love you. You had no idea and that was my fault. Never mind. But you have been as stupid as me. Try to be happy. Leave that dome where it is. I don't want it anymore."

''पर वो हवा...''

"My cold isn't that bad. The cool night air will do me good. I am a flower."

"और जानवर वग़ैरह..."

"I am going to have to cope with a few caterpillars if I want to see butterflies. I've heard they are so beautiful..."

"stop hanging around, you've getting on my nerves...You 've made up your mind so go."

वो बहुत मग़रूर था। वो नहीं चाहता था कि कोई उसे रोता हुआ देख ले।

अपने सय्यारे से निकल के लिटिल प्रिंस जिस इलाक़े में पहुँचा वो एस्टेरॉयड नं. 325, 326, 327, 328 & 329 का इलाक़ा था। उसने तय किया कि वो बारी-बारी हर एक पे जाएगा और वहाँ से जो कुछ देख-सीख सकता है, वो करेगा।

पहला एस्टेरॉयड एक राजा का घर था। जामनी और अरग़वानी रंग के चोग़े में मलबूस राजा बड़ी शान से अपने छोटे-से तख़्त पर बैठा था, उसको देखते ही राजा बोला,

"अहा, मेरी प्रजा आ गई।"

"जब वो मुझ से पहले मिला ही नहीं तो उसे कैसे पता मैं कौन हूँ।"

उसे ये नहीं पता था कि राजा और प्राइम मिनिस्टर और प्रेसिडेंट के लिए पूरी दुनिया सिर्फ़ उनकी प्रजा है और बस।

"क़रीब आओ ताकि मैं तुम्हें बेहतर देख सकूँ।"

लिटिल प्रिंस ने इधर-उधर देखा कि कहीं बैठ जाए। पर उस राजा का प्लेनेट इतना छोटा था कि पूरा प्लेनेट उसके चोग़े से ढका हुआ था। तो वो खड़ा रहा लेकिन उसे जम्हाई आ गई।

"राजा के सामने जम्हाई लेना बहुत बैड मेनर्स है, सरासर गुस्ताख़ी है।"

"माफ़ कीजिए मैं बहुत दूर से आया हूँ और बहुत थका हुआ हूँ।"

"अच्छा, फिर मैं तुम्हें हुक्म देता हूँ कि तुम जम्हाई लो, मैंने बहुत दिनों से किसी को जम्हाई लेते नहीं देखा, चलो जम्हाई लो, ये मेरा हुक्म है।"

"अब मुझे शर्म आ रही है।"

"अच्छा-अच्छा कोई बात नहीं, मैं तुम्हें इजाज़त देता हूँ कि तुम कभी-कभी जम्हाई ले सकते हो।"

राजा को सिर्फ़ एक बात से ग़रज़ थी कि उसका हर हुक्म, हर फ़रमान फ़ौरन बजा लाया जाए, कोई उसके हुक्म की नाफ़रमानी न करे। और उसके हुक्म के बिना कोई काम न हो। मगर वो सोच-समझ के हुक्म देता था। ताकि बात माक़ूल हो, वो कहता था कि :

"अगर मैं अपने किसी जनरल से कहूँ कि तुम तोता बन जाओ और वो मेरा हुक्म न माने तो ये जनरल की ग़लती नहीं बल्कि मेरी ग़लती होगी।"

"क्या मैं बैठ सकता हूँ।"

"मेरा हुक्म है कि तुम बैठ जाओ।"

लिटिल प्रिंस ये सोचकर हैरान था कि ये इतना छोटा–सा सय्यारा है तो फिर राजा हूक़ूमत किस पे करता है।

''महाराज, माफ़ कीजिए, क्या मैं आपसे एक सवाल कर सकता हूँ।''

''मैं तुम्हें हुक्म देता हूँ कि तुम सवाल करो।''

''हुज़ूर आप हुकूमत किस पर करते हैं।''

''हर चीज़ पर, इन सारे सय्यारों पर, सूरज–चाँद–सितारों पर।''

''इन सब पर?''

''यक़ीनन।''

''और क्या तारे आपका हुक्म मानते हैं?''

''बिल्कुल। मेरे हुक्म पर फ़ौरन अमल करते हैं। नाफ़रमानी मुझे पसन्द नहीं।''

लिटिल प्रिंस ये सुनकर बहुत दंग रह गया। अगर उसके पास इतनी ताक़त होती तो वो दिन में सिर्फ़ 44 नहीं बल्कि 72 या 100 या 200 सनसेट्स रोज़ाना देखता। सनसेट का ख़्याल आते ही उसे अपने सय्यारे की याद ने सताया और उसने कहा :

''मैं सनसेट देखना चाहता हूँ, प्लीज़ सूरज से कहिए कि वो डूब जाए।''

''अगर मैं अपने जनरल से कहूँ कि एक ट्रेजेडी लिख दो तो और वो मेरा हुक्म न माने तो ग़लती किसकी होगी?''

''आपकी।''

''बिल्कुल। आदमी को वही काम देना चाहिए जो उसके बस में हो। हुकूमत की बुनियाद अक़्ल पर होनी चाहिए। अगर मैं अपनी प्रजा को ये हुक्म दे दूँ कि जाओ समंदर में डूब मरो तो वो बग़ावत कर देगी। लोग मेरे फ़रमाबरदार हैं क्यूँकि मैं मुनासिब और माक़ूल अहकाम जारी करता हूँ।''

''पर मेरे सनसेट का क्या होगा''

''मिलेगा, बिल्कुल मिलेगा, मैं करवाता हूँ पर मेरा ख़्याल है कि बेहतर होगा कि हम सही वक़्त का थोड़ा इन्तज़ार कर लें।''

''और सही वक़्त कब आएगा।''

''हम्म् हम्म् देखते हैं, सोचते हैं। हम्म् सही वक़्त आएगा शाम को सात बजे, तब तुम देखना कि मेरे हुक्म की कैसे तामील होती है।''

लिटिल प्रिंस ने फिर जम्हाई ली। उसे सनसेट न देख पाने का अफ़सोस था। और वो बोर भी हो रहा था।

''अच्छा तो अब मैं चलता हूँ, यहाँ अब देखने के लिए कुछ और नहीं है।''

''रुको, रुको। जाओ मत। मैं तुम्हें मिनिस्टर बना दूँगा।''

''किस चीज़ का मिनिस्टर?''

''इंसाफ़ और क़ानून का मिनिस्टर''

''पर मैं इंसाफ़ किसके साथ करूँग, किसको जज करूँगा।''

''हो सकता है कोई हो, मेरे पास सवारी नहीं है तो मैं कहीं जा नहीं सकता।''

''मैंने देख लिया...यहाँ कोई नहीं है, न कहीं जाने के लिए कोई जगह।''

''तो तुम अपने आप को जज कर लिया करो। अपने आप को जज करना सबसे मुश्किल काम है, दूसरों को जज करने से ज़्यादा मुश्किल काम। अगर तुम ख़ुद को ठीक से जज कर सको तो तुम सबसे ज़्यादा अक़्लमंद आदमी बन जाओगे।''

''वो तो ठीक है, पर मैं अपने आप को कहीं भी जज कर सकता हूँ। उसके लिए यहाँ रहना ज़रूरी नहीं है।''

''हम्म्, यहाँ एक चूहा है कहीं, तुम उसे जज कर सकते हो। तुम चाहो तो सुब्ह उसे सज़ा-ए-मौत दे सकते हो और शाम को उसे माफ़ी दे सकते हो। एक ही चूहा है न, वो मर गया तो अच्छा नहीं होगा।''

''मुझे किसी को भी सज़ा-ए-मौत देना अच्छा नहीं लगता, अब मैं चलता हूँ।''

''रुको।''

''अगर महाराज चाहते हैं कि मैं उनके हुक्म की तामील करूँ तो मुझे कोई मुनासिब और मौज़ू हुक्म दें। जैसे आप कह सकते हैं कि तुम एक मिनट के अन्दर-अन्दर यहाँ से चले जाओ, मुझे लगता है उसका सही वक़्त आ गया है।''

राजा अभी कुछ सोच ही रहा था कि लिटिल प्रिंस वहाँ से रवाना हो गया। राजा पीछे से बोला,

''मैं तुम्हें अपना एम्बेसेडर यानी राजदूत बनाता हूँ।''

राजा सच में ज़ोरावर था।

बड़े लोग सच में बहुत अजीब होते हैं।

बड़े लोग सचमुच बहुत ही अजीब होते हैं
अजीब होते हैं
बड़े लोग, बड़े लोग।

अगले प्लेनेट पर एक शोमैन रहता था।

दास्तानगो—शोमैन बोले तो...

दास्तानगो 2—वो जो हर बात में शो-ऑफ़ करते हैं।

दास्तानगो—शो ऑफ़ बोले तो

दास्तानगो 2—वो जो हर बात में शोऑफ़ करते हैं, मेरे पास घर है, गाड़ी है, बंगला है, कॉन्टैक्ट्स हैं। मेरे पापा ऐसे हैं, मेरे पास आईफोन-6 है, मेरी सैलेरी इतनी है, मेरी कार इतनी बड़ी है, मैंने ये किया, मैंने वो किया, मैं तो हॉलिडेस पर डिज़्नीलैंड गई, ...सो ऑन।

शोमन को हर वक़्त किसी एडमायरर की तलाश रहती है जो उसकी हर वक़्त तारीफ़ करे। उसकी हर बात पर रीझ जाए।

लिटिल प्रिंस को देखते ही शो मैन बोला,

''अहा, मेरा कोई चाहने वाला आ गया।''

शोमन को लगता है कि हर आदमी उनका फ़ैन है।

''हैल्लो! ये तो बहुत ही फ़नी हैट है।''

''ये इसलिए है ताकि मैं इसको उतार के बाओ कर सकूँ, जब लोग मेरे लिए तालियाँ बजायँ। अफ़सोस ये है कि यहाँ कभी कोई आता ही नहीं है।''

''अच्छा!''

''चलो ताली बजाओ।''

लिटिल प्रिंस ने ताली बजाई, शोमन ने हैट उतार कर बाओ किया।

''ये तो राजा से भी मज़ेदार आदमी है।'' उसने फिर ताली बजाई, शोमन ने फिर बाओ किया। मगर पाँच मिनट बाद लिटिल प्रिंस इस खेल से बोर हो गया।

''क्या तुम सच में मुझे बहुत एडमायर करते हो''

''एडमायर मतलब?''

''एडमायर मतलब ये समझना कि मैं दुनिया का सबसे ज़्यादा स्मार्ट, सबसे ज़्यादा हैंडसम, सबसे ज़्यादा अमीर, सबसे ज़्यादा अक़्लमंद आदमी हूँ।''

''पर तुम तो अपनी दुनिया में एक अकेले आदमी हो।''

''फिर भी तुम मुझे एडमायर करके मुझे ख़ुश कर सकते हो। मुझे बचपन से ही एडमायर किए जाने का शौक़ है। मुझे खाना, पीना, आराम, सुक़ून, चैन, मुहब्बत, चाहत कुछ नहीं चाहिए। मुझे चाहिए तो सिर्फ़ और सिर्फ़ ऐड्मॅरेशॅन।''

''ठीक है मैं आपको एडमायर करता हूँ पर उससे आपका क्या भला होगा, ये मुझे नहीं समझ आता।''

ये कहकर लिटिल प्रिंस वहाँ से निकल चला।

और उसने मन में सोचा,

''वाक़ई बड़े लोग अजीब होते हैं।''

बड़े लोग सचमुच बहुत ही अजीब होते हैं
अजीब होते हैं—बड़े लोग, बड़े लोग
बुज़ुर्ग सौं/ला खैली अजीब अंद अजीब अंद
बुज़ुर्ग सौं/ला – 2

अगला सय्यारा एक शराबी का था, वो वहाँ बहुत थोड़ी देर के लिए रहा मगर बहुत उदास होकर वहाँ से निकला।

शराबी के सामने ढेर सारी बोतलें रखीं हुई थीं। कुछ भरी हुईं कुछ ख़ाली।

"आप क्या कर रहे हैं?"

शराबी ने ग़मगीन आवाज़ में कहा :

"मैं शराब पी रहा हूँ।"

"आप क्यूँ पीते हैं?"

"भूलने के लिए, ताकि मैं भूल सकूँ।"

'मय से ग़रज़ निशात है किस रू सियाह को
यक गोना बेख़ुदी मुझे दिन-रात चाहिए'

"क्या भूलने के लिए?"

"अपनी शर्म भुलाने के लिए।"

"आप क्यूँ शर्मिंदा हैं?"

"मैं शर्मिन्दा हूँ क्यूँकि मैं शराब पीता हूँ।"

ये कहकर शराबी बिल्कुल ख़ामोश हो गया।

बड़े लोग वाक़ई बहुत अजीब होते हैं।

बड़े लोग सचमुच बहुत ही अजीब होते हैं

अजीब होते हैं—बड़े लोग, बड़े लोग

बुज़ुर्ग सौं/ला खैली अजीब अंद अजीब अंद

बुज़ुर्ग सौं/ला - 2

The grown ups are really very strange, they are very strange.

Grown ups, Grown ups.

ଓ

अगले सय्यारे पर एक बिजनेसमैन रहता था। वो अपने काम में इस क़दर मसरूफ़ था कि उसने नज़र उठा के लिटिल प्रिंस की तरफ़ देखा तक नहीं।

" हैल्लो ! आपका सिगरेट बुझ गया है।"

"तीन दो पाँच, पाँच सात बारह, बारह तीन पन्द्रह। हैल्लो। पन्द्रह सात बाईस, बाइस छ अटठाइस, जलाने का वक़्त नहीं है, छब्बीस पाँच इकतीस। कुल मिलाकर हुए पाँच करोड़ दस लाख बाइस हज़ार सात सौ इकतीस।"

"पाँच करोड़ क्या।"

"पार्डन? तुम अभी यहीं हो, पाँच करोड़...देखो मैं बहुत बिज़ी आदमी हू, मेरे पास फ़ालतू वक़्त नहीं है। पाँच करोड़...पाँच दो सात..."

"पाँच करोड़ क्या?"

जैसा कि आप जानते हैं लिटिल प्रिंस एक बार अगर कोई सवाल कर लेता था तो पीछा नहीं छोड़ता था।

"मेरे पास बिल्कुल टाइम नहीं है, मैं बहुत सीरियस काम कर रहा हूँ। पाँच करोड़, दस लाख..."

"पाँच करोड़ दस लाख क्या?"

"अरे यार, वो लाखों-करोड़ों चीज़ें जो आसमान में दिखाई देती हैं।"

"मक्खियाँ?"

"नहीं यार वो चमकती हुई चीज़ें।"

"जुगनू?"

"नहीं यार वो रूपहली सुनहरी चीज़। जो लोगों को दिन में ख़्वाब की तरह दिखाई देती है। पर मेरे पास टाइम नहीं है मुझे बहुत सीरियस काम करने हैं।"

"ओह, तारे।"

"हाँ हाँ तारे तारे"

"तो तुम पाँच करोड़ तारों का क्या करोगे?"

"पाँच करोड़ दस लाख बाइस हज़ार सात सौ इकतीस। गिनती सही रखो। चलो मुझे बहुत सीरियस काम है। मैं बिज़ी हूँ।"

"तो इन तारों का क्या करोगे तुम?"

"मैं इनका क्या करूँगा?"

"हाँ।"

"कुछ नहीं, वो मेरे हैं।"

"तुम्हारे हैं?"

"हाँ।"

"पर अभी मैं एक राजा से मिला जो कह..."

"नहीं राजा की उन पर हुकूमत है पर ये उसकी मिल्कियत नहीं। दोनों में बहुत फ़र्क़ होता है।"

"और तारों को अपनी मिल्कियत बनाने से तुम्हें क्या फ़ायदा?"

"उनकी वजह से मैं अमीर आदमी हूँ।"

"और अमीर होने से क्या फ़ायदा?"

"मैं और तारे ख़रीद सकता हूँ और अमीर हो सकता हूँ। दौलत का यही तो फ़ायदा है।"

उसने सोचा, ये बिज़नेसमैन तो उस शराबी की तरह बात करता है।

"पर तारे कैसे किसी की जागीर हो सकते हैं।"

"तो फिर वो किसकी जागीर हैं?"

"पता नहीं, किसी की नहीं।"

"बस तो वो मेरी जागीर है क्यूँकि सबसे पहले मैंने इसके बारे में सोचा।"

"अच्छा सोचने-भर से।"

‘‘हाँ और क्या, अगर तुम्हें सड़क पर पड़ा हुआ कोई हीरा मिल जाए तो वो किसका होगा? अगर तुम्हें कोई जज़ीरा मिल जाए जहाँ कोई नहीं रहता तो वो किसका होगा। अगर कोई आयडिया सबसे पहले तुम्हें आए तो वो किसका होगा, तुम उसे पेटेंट करते हो कि नहीं? फिर वो तुम्हारा हो जाता है, बस इसी तरह से वो तारे मेरे हैं क्यूँकि सबसे पहले उनके बारे में मैंने सोचा।’’

‘‘हाँ ये तो है, तो आप उनका क्या करते हैं?’’

‘‘मैं उन्हें मैनेज करता हूँ, गिनता हूँ, कई-कई बार गिनता हूँ। काम मुश्किल है पर मैं दिन-रात मेहनत करता हूँ।’’

‘‘मैं समझा नहीं, जैसे मेरे पास ये स्कार्फ़ है, मैं इसे ओढ़ सकता हूँ, लपेट सकता हूँ। पर तारों का आप क्या करोगे?’’ जैसे मेरे पास एक फूल है, जिसे मैं सूंघ सकता हूँ, जिसका मैं नज़्ज़ारा कर सकता हूँ।

‘‘मैं इन्हें बैंक में रख सकता हूँ।’’

‘‘तारों को?’’

‘‘हाँ।’’

‘‘पर कैसे?’’

‘‘वो ऐसे कि उनको गिन कर उनकी तादाद एक पेपर पर लिख के मैं उसे बैंक में जमा करा सकता हूँ।’’

‘‘अच्छा, क्या ऐसा मुमकिन है?’’

‘‘हाँ क्यूँ नहीं। बैंक में सब कुछ रखा जा सकता है।’’

लिटिल प्रिंस ने सोचा ये तो बहुत फ़नी बात है। मगर ख़्याल शायराना है, बिजेनस का नहीं।

सीरिअस काम क्या होता है, इसके बारे में लिटिल प्रिंस की राय बड़ों से अलग थी।

‘‘देखिए मैं आपको समझाता हूँ। मेरे पास एक फूल है जिसे मैं रोज़ पानी देता हूँ, मेरे पास तीन आतिशफ़िशां हैं जिन्हें मैं रोज़ साफ़ करता हूँ। उससे मेरे फूल का और आतिशफ़िशाँ का भी भला होता है और मेरा भी भला होता है। पर तुम्हारी वजह से तारों का कोई भला नहीं होता।’’

बड़े लोग सचमुच बहुत ही अजीब होते हैं
अजीब होते हैं—बड़े लोग, बड़े लोग
बुज़ुर्ग सौं/ला खैली अजीब अंद अजीब अंद
बुज़ुर्ग सौं/ला – 2
ल ग्रांद पैख़्सौन सौदेसीदामो बियें बैज़ाख़-बियं बैज़ाख़
ग्रांद पैख़्सौन-ग्रांद पैख़्सौन
ये कहकर लिटिल प्रिंस वहाँ से चल दिया।
बड़े लोग सच में बहुत अजीब होते हैं।

७२

अगला सय्यारा सब से छोटा था। वहाँ उसने अजीब नज़ारा देखा, एक आदमी स्टूल पर खड़ा एक लैम्प-पोस्ट जलाता था और बुझाता था, फिर जलाता था और फिर बुझा देता था। लिटिल प्रिंस को समझ में नहीं आया कि एक ऐसे सय्यारे पर जहाँ न कोई आदमी है न आदमज़ाद। न कोई रहता है, न कोई घर, न कोई आता है न कोई जाता है। ऐसे में लैम्प-पोस्ट जलाने का क्या मतलब?

दास्तानगो—लैम्प-पोस्ट बोले तो

दास्तानगो 2- लैम्प पोस्ट मतलब मशाल।

दास्तानगो—मशाल बोले तो...

दास्तानगो 2—जिससे सड़कों पर रोशनी होती है।

दास्तानगो—बिजली से...

दास्तानगो 2—उस टाइम बिजली नहीं थी।

दास्तान गो—अच्छा, क्या ऐसा भी कोई टाइम था जब बिजली नहीं थी?

दास्तानगो 2—हाँ ऐसा भी टाइम था जब बिजली नहीं थी, एसी नहीं था, फ्रिज नहीं था, फ़ोन नहीं था, फेसबुक नहीं था, कम्प्यूटर नहीं थे, प्लेन नहीं थे, ट्रेन नहीं थी।

दास्तानगो—अच्छा फेसबुक भी नहीं था, तो लोग जीते कैसे थे?

दास्तानगो 2—बहुत मज़े में जीते थे। अच्छी-अच्छी किताबें लिखा करते थे। बड़ी ख़ूबसूरत तस्वीरें बनाया करते थे, बड़ी-बड़ी इमारतें बनाते थे, समंदर का सफ़र तय करके दूर-दराज़ मुल्कों को ढूँढ़ते थे।

उधर लिटिल प्रिंस ने सोचा कि ये आदमी पागल लगता है। मगर ये उस राजा, शोमैन और उस बिज़नेसमैन और शराबी से कम पागल है। कम-अज़-कम उसके काम का कोई परपज़ कोई फ़ायदा तो है जब वो लैम्प बुझाता है तो गोया वो फूल और तारे को सोने के लिए लिटाता है, ये तो अच्छा और नेक काम है।

''हैल्लो, तुमने लैम्प क्यों बुझाया?''

''क्यूँकि मुझे यही ऑर्डरस मिले हैं पहले मेरा काम आसान था, मैं सुबह लैम्प जलाता था शाम को बुझाता था। दिन में आराम करता था रात को सोता था।''

''पर अब क्या हुआ!''

''हुआ ये कि हर साल प्लेनेट की गर्दिश की रफ़्तार बढ़ती जाती है।''

''मतलब।''

''मतलब ये कि मेरा सय्यारा एक मिनट में अपनी धुरी पर घूम जाता है तो एक मिनट में सूरज निकलता है एक मिनट में डूब जाता है। मुझे एक मिनट का आराम नहीं मिलता। लैम्प जलाओ-बुझाओ, जलाओ-बुझाओ, जलाओ-बुझाओ।''

''अच्छा एक मिनट का दिन, एक मिनट की रात, ये तो बहुत फ़नी है।''

"फ़नी नहीं है ट्रैजिक है। हमें बात करते करते पन्द्रह दिन गुज़र चुके हैं। गुड नाइट।"

और ये कहते हुए उसने लैम्प बुझा दिया।

लिटिल प्रिंस ये कहते हुए वहाँ से निकला कि बाक़ी जिन भी लोगों से वो मिला था वो सब इस आदमी को अपने से नीचा समझेंगे। हालाँकि यही एक आदमी था जो सहीदि्दमाग़ था। दीवाना नहीं था, कम-अज़-कम वो अपने अलावा अपनी ज़ात के अलावा किसी चीज़ का ख़्याल रख रहा था।

बहुत अफ़सोस के साथ लिटिल प्रिंस ने सोचा कि यही एक आदमी था जो मेरा दोस्त बन सकता था। मगर उसका सय्यारा इतना छोटा-सा था कि वहाँ कोई और नहीं रह सकता था।

ca

वहाँ से निकल कर लिटिल प्रिंस जिस सय्यारे पर पहुँचा वो पृथ्वी थी। पृथ्वी का क्या है कि ये और सय्यारों से बिल्कुल मुख़्तलिफ़ है, यहाँ सैंकड़ों राजा, लाखों बिज़नेसमैन, लाखों शराबी, लाखों शोमैन रहते हैं।

पर अब कोई लैम्पलाइटर/मशालची नहीं है।

हाँ पर बिजली आने से पहले यहाँ चार लाख 62 हज़ार, पाँच सौ मशालची पाए जाते थे। सबसे पहले न्यूज़ीलैंड और ऑस्ट्रेलिया में चिराग़ जलाए जाते और फिर चिराग़ जलाने वाले सोने चले जाते, फिर जापान और कोरिया के मशालची, की बारी आती फिर रूस और इंडिया की, फिर यूरोप और अफ़्रीका के। फिर साउथ अमेरिका के मशालची आते, फिर नॉर्थ अमेरिका के। इस तरह बारी-बारी पूरी दुनिया में चिराग़ जलते रहते। कहीं कोई ग़लती नहीं, चूक नहीं, क़दम-क़दम बढ़ते जाते जैसे पूरी ज़मीन पर कोई कोरियोग्रैफ़ड डांस चल रहा हो, सिर्फ़ नॉर्थ पोल और साउथ पोल के मशालची आराम और सुकून से रहते थे क्यूँकि उन्हें सिर्फ़ छ महीने में एक बार काम करना पड़ता था।

ca

हम ज़मीन पर रहने वाले लोग ये समझने लगते हैं कि इस ज़मीन पर सिर्फ़ हम ही हम हैं, सिर्फ़ इंसान हैं और कुछ नहीं और किसी की कोई क़द्रो-क़ीमत नहीं। हालाँकि हवा बिना इंसान नहीं, पेड़ बिना इंसान नहीं, पानी बिना इंसान नहीं। इंसान जईफ़ उलबुनियान की औक़ात ही क्या है वो चाँद पर पहुँच जाए पर दिन और रात नहीं बदल सकता, समंदर नाप ले पर समंदर उससे बड़ा ही रहेगा। अगर दुनिया के सारे पाँच अरब इंसान एक साथ खड़े कर दिए जाएँ तो वो 50 सौ मील के कैंप में समा जाएँ। पैसिफ़िक़ ओशन के एक छोटे-से जज़ीरे में सारी बनी नौए इंसान को समेटा जा सकता है। मगर बड़े लोग तुम्हारी बात नहीं मानेंगे—कि वो हैं बहुत बड़े बाओबाब जितने बड़े।

उनको लगता है वही हैं जो हैं। कि उन्हें ख़ूब ढेर सारी जगह चाहिए और बड़ा मकान, और बड़ी गाड़ी, बड़ी सड़क, और उन सबके लिए और पानी और बिजली और पानी और बिजली और पानी और बिजली... ख़ैर छोड़ो बड़े लोगों की बात करने का कोई फ़ायदा नहीं।

पर लिटिल प्रिंस जब ज़मीन/पृथ्वी पर पहुँच तो ये देखकर उसे बहुत ताज्जुब हुआ कि यहाँ तो कोई आदमी नहीं है।

अभी वो ये सोच ही रहा था कि रेत में सुनहरी रोशनी की एक लकीर कौंधी, इससे पहले कि वो कुछ समझ पाता एक सुनहली-रूपहली-चाँदनी सा चमचमाता जीव उसके सामने कुंडली मारे खड़ा था। वो एक साँप था, और ऐसा-वैसा साँप नहीं नागराज...

किंग कोबरा

"गुड इवनिंग"

"गुड इवनिंग"

"मैं किस प्लेनेट पर हूँ"

"ज़मीन पर, अफ्रीका में"

"तो क्या यहाँ कोई रहता नहीं है?"

"क्योंकि ये एक रेगिस्तान है, एक सहरा, यहाँ लोग नहीं रहते। ज़मीन बहुत बड़ी है।"

लिटिल प्रिंस एक पत्थर पर बैठ कर तारों को देखते हुए बोला,

"क्या सितारे इसलिए चमकते हैं कि हर एक अपने लिए एक-एक सितारा चुन ले—देखो वो मेरा सय्यारा है। बिल्कुल हमारे ऊपर, पर हमसे कितनी दूर..."

"बहुत ख़ूबसूरत। पर तुम यहाँ क्या कर रहे हो?"

"मेरा एक फूल से झगड़ा हो गया है।"

"ओह!"

"लोग कहाँ हैं, मुझे बहुत अकेला लग रहा है।"

"लोगों के साथ होने से भी अकेलापन रहता है।"

"तुम बहुत फ़नी हो, उँगली जितने पतले।"

"हाँ पर मैं किसी भी राजा की उँगली से ज़्यादा ताक़तवर हूँ।"

"तुम बिल्कुल ताक़तवर नहीं हो, पैर तक तो हैं नहीं तुम्हारे पास। कितनी दूर जा सकते हो भला।"

"मैं तुम्हें इतनी दूर ले जा सकता हूँ जहाँ जहाज़ भी नहीं पहुँच सकते।"

ये कहकर वो बिजली की-सी फुर्ती से चमका, और पलक झपकते ही लिटिल प्रिंस के पैर से कसके यूँ लिपट गया मानो सोने की पायल हो।

"मैं चाहूँ तो लोगों को वापस उनकी दुनिया भेज सकता हूँ...जहाँ से वो आए हैं..." वो साँप फिर बोला। "मगर तुम बहुत भोले हो, नादान, मुक़द्दस और तुम एक तारे से आए हो। मुझे तुम पर तरस आ रहा है।"

लिटिल प्रिंस ख़ामोश खड़ा रहा।

''मुझे तुम पर बहुत तरस आ रहा है...इस पत्थर-दुनिया में तुम कितने असहाय, मजबूर, मज़लूम से दिखते हो। पर मैं तुम्हारी मदद कर सकता हूँ...जब भी तुम्हें अपने घर की याद आए और तुम्हारा मन करे घर-वापसी का तो मैं तुम्हारी मदद कर सकता हूँ, मैं तुम्हें...''

''ओह मैं तुम्हारी बात समझ गया, पर तुम हमेशा पहेलियों में बात क्यूँ करते हो ?''

''मैं उन्हें सुलझा भी देता हूँ।''

लिटिल प्रिंस वहाँ से आगे बढ़ा तो उसे तीन पत्तियों वाला एक फूल दिखा।

''हैल्लो।''

''हैल्लो,'' उसने कहा।

''सब लोग कहाँ चले गए।''

''सब लोगों का तो पता नहीं, पर कुछ दिनों पहले यहाँ से एक क़ाफ़िला गुज़रा था, छह, सात लोग तो रहे होंगे। कई साल पहले मैंने उनको देखा था, उसके अलावा किसी को नहीं देखा, अब वो पता नहीं कहाँ होंगे, शायद हवा उड़ा ले गई होगी, उनके पास जड़ें नहीं होतीं न तो वो इधर-उधर भटकते रहते हैं।''

''गुड बाय।''

''गुड बाय।''

चलते-चलते लिटिल प्रिंस एक पहाड़ के ऊपर जा पहुँचा। ये पहाड़ तो बहुत ही बड़ा था, उसके सय्यारे पर जो पहाड़ थे वो तो उसके घुटनों के बराबर आते थे, उसे लगा कि इतने बड़े पहाड़ के ऊपर से तो उसे पूरी ज़मीन नज़र आ जाएगी पर उसे कुछ पथरीली पहाड़ियों और रेत के अलावा कुछ नज़र नहीं आया।

''हैल्लो।''

(इको साउंड) ''हैल्लो हैल्लो हैल्लो हैल्लो...''

''तुम कौन हो''

(इको साउंड) ''तुम कौन हो, तुम कौन हो, तुम कौन हो...''

''मेरे दोस्त बन जाओ मैं बिल्कुल अकेला हूँ।''

बिल्कुल अकेला, बिल्कुल अकेला, बिल्कुल अकेला...

''ये तो बहुत ही फ़नी प्लेनेट है, एकदम सूखा, पथरीला, खारा...और यहाँ के लोग कितने बुद्धू हैं। आपकी हर बात दुहराते हैं। जहाँ मैं था वहाँ पर मेरा फूल हमेशा ख़ुद ही बात शुरू करता था।''

ℭℜ

मीलों-मील मुसाफ़त के बाद पहाड़ों, रेगिस्तान, बर्फ़ीली वादियों से गुज़रता हुआ आख़िरकार वो एक सड़क पर पहुँचा। सड़क हमेशा इंसान का पता देती हैं क्यूँकि सड़क सिर्फ़ इंसान बनाते हैं।

"हैल्लो।"

वो एक बाग़ीचे के सामने खड़ा था जहाँ गुलाब ही गुलाब थे। हर तरह के गुलाब, खिले हुए, मुस्कुराते, लहलहाते हुए गुलाब, भाँत-भाँत के गुलाब।

"हैल्लो।"

लिटिल प्रिंस ने ताज्जुब से देखा कि ये सारे फूल बिल्कुल उसके फूल की तरह थे। हू-ब-हू वैसे के वैसे।

"कौन हो तुम?"

"ओह।"

उसे बहुत अफ़सोस हुआ, उसके फूल ने कहा था कि इस पूरी कायनात में वो अपनी तरह का इकलौता फूल है, वाहिद, तनहा, अनूठा और "यहाँ तो एक ही बग़ीचे में उसके जैसे हज़ारों फूल खिले हुए थे। वो अगर ये देखेगी तो कितनी अपसेट हो जाएगी। खाँसेगी, खँखारेगी और ऐसा जताएगी जैसे वो फ़ौरन इस सदमे से मर जाएगी और मुझे उसे मनाना पड़ेगा वरना वो मुझे सताने के लिए सचमुच मर भी सकती है। मैं कितना ख़ुश था कि मेरे पास एक बहुत क़ीमती फूल है पर वो तो एक बिल्कुल आम-सा फूल निकला, बिल्कुल कॉमन। और वो मेरे छोटे-छोटे आतिशफ़िशाँ, मैं काहे का प्रिंस हूँ मेरे पास तो कुछ भी नहीं हैं।"

और वो वहीं घास पर लेट कर रोने लगा।

ℭℜ

"हैल्लो!"

लिटिल प्रिंस ने कहा,

"हैल्लो!"

फिर इधर-उधर देखा तो उसे कोई नज़र नहीं आया,

"मैं यहाँ हूँ, पेड़ के नीचे।"

"कौन हो तुम, तुम तो बड़ी सुन्दर हो।"

"मैं लोमड़ी हूँ।"

"आओ मेरे साथ खेलो, मैं उदास हूँ अकेला।"

"मैं नहीं खेल सकती...मैं पालतू नहीं हूँ।"

"अच्छा...पर मैं समझा नहीं, पालतू क्या होता है।"

"तुम इस दुनिया के नहीं लगते, किस चीज़ की तलाश है तुम्हें।"

“मैं लोगों की तलाश में हूँ। ये पालतू क्या होता है।”

“लोग बन्दूक़ रखते हैं और शिकार करते हैं और मुर्ग़ियाँ और बकरियाँ पालते हैं। बस उनका यही काम है, क्या तुम्हें मुर्ग़ियों की तलाश है?”

“नहीं मुझे दोस्तों की तलाश है, पालतू क्या होता है?”

“पालतू,—इसका मतलब होता है किसी से रिश्ता बनाना, किसी को अपना बनाना, सम्बन्ध जोड़ना। देखो मेरे लिए तुम सिर्फ़ एक छोटे बच्चे हो, दूसरे लाखों छोटे बच्चों की तरह। न मुझे तुम्हारी ज़रूरत है न तुम्हें मेरी। तुम्हारे लिए मैं दूसरी लाखों लोमड़ियों की तरह सिर्फ़ एक लोमड़ी हूँ पर अगर तुम मुझे पालतू बना के अपना बना लोगे तो मुझे तुम्हारी और तुम्हें मेरी ज़रूरत होगी, तुम मेरे लिए ख़ास हो जाओगे, दूसरे बच्चों से जुदा, अलहैदा और तुम्हारे लिए मैं ख़ास हो जाऊँगी।”

“अच्छा समझ गया—एक फूल है जिसने मुझे अपना बना लिया है...मतलब पालतू बना लिया है।”

“हाँ मुमकिन है, ज़मीन पर कुछ भी हो सकता है।”

“नहीं ज़मीन पर नहीं।”

“अच्छा कोई और प्लेनेट?”

“हाँ।”

“क्या वहाँ शिकारी होते हैं?”

“नहीं।”

“अरे वाह, और मुर्ग़ियाँ?”

“नहीं।”

“अफ़सोस! कोई जहाँ मुक़म्मल नहीं है।”

“मेरी लाइफ़ तो बहुत बोरिंग है। मैं मुर्ग़ियों का शिकार करती हूँ और लोग मेरा। सब मुर्ग़ियाँ एक जैसी होती हैं और सारे इंसान भी एक जैसे। इसलिए मैं बोर हो जाती हूँ। पर अगर तुम मुझे अपना बना लो तो मेरी ज़िन्दगी में नूर आ जाएगा। मैं तुम्हारे क़दमों की आहट सुन के तुम्हें पहचान लूँगी। बाक़ी क़दमों की आवाज़ सुन कर मैं दुबक के छिप जाती हूँ पर तुम्हारे क़दमों की चाप मुझे माँद से बाहर ले आएगी। जैसे म्यूज़िक बज रहा हो और देखो वो गेहूँ के खेत देख रहे हों जहाँ गेहूँ की बालियाँ लहलहा रही हैं। वो मेरे किसी काम के नहीं क्यूँकि मैं रोटी नहीं खाती हूँ। गेहूँ मेरे किसी काम का नहीं, अफ़सोस वो मुझे किसी चीज़ की याद नहीं दिलाते पर तुम्हारे बाल सुनहरे हैं, जब तुम मुझे अपना बना लोगे तो ये गेहूँ की सुनहरी रूपहली बालियाँ मुझे तुम्हारी याद दिलाया करेंगी। और जब हवा इन बालियों में सरसराएगी तो मैं तुम्हें याद करके ख़ुश हो जाया करूँगी। ...प्लीज़ मुझे अपना बना लो।”

“मैं ख़ुशी से बनाता पर मेरे पास वक़्त नहीं है मुझे दोस्तों को ढूँढ़ना है और बहुत सारी चीज़ें समझनी हैं।”

"*तुम उन्हीं चीज़ों को समझ सकते हो जिन्हें तुमने अपना बना लिया है,* आजकल लोगों के पास कुछ समझने के लिए वक़्त कहाँ है, वो दुकानों से रेडीमेड चीज़ें ख़रीदते हैं, रेडिमेड कपड़ा, रेडिमेड खाना, रेडिमेड मकान। पर दुकानों पर दोस्त नहीं बिकते इसलिए लोगों के पास दोस्त नहीं हैं, अगर तुम्हें दोस्त बनाने हैं तो मुझे पालतू बना लो।"

"उसके लिए मुझे क्या करना होगा ?"

"तुम्हें बहुत धीरे-धीरे चलना होगा हमें धीरे-धीरे शुरुआत करनी होगी/तुम्हें धीरज से काम लेना होगा पहले-पहल तुम्हें मुझसे थोड़ी दूरी पर बैठना होगा...वहाँ... घास पर, मैं तुम्हें कनखियों से देखूँगी पर एक लफ़्ज़ नहीं बोलूँगी—अल्फ़ाज़ बहुत ग़लतफ़हमियाँ पैदा करते हैं।"

फ्रेंच बोले तो...

पर्शियन बोले तो...

"और फिर धीरे-धीरे तुम मेरे क़रीब आते जाना, और नज़दीक और नज़दीक। यहाँ तक कि तुम मुझे छू सको—

अगले दिन लिटिल प्रिंस फिर उसी जगह पर लौटा जहाँ वो लोमड़ी से मिला था।

"अगर तुम उसी वक़्त पर आते जिस वक़्त तुम मुझे मिले थे तो और अच्छा होता यानी ठीक चार बजे। अगर तुम ठीक चार बजे रोज़ आओगे तो मैं तीन बजे से ही ख़ुश हो कर तुम्हारा इन्तज़ार करने लगूँगी। और फिर वक़्त जितना क़रीब आता जाएगा उतनी ही मुझे ख़ुशी होगी और फिर चार बजते-बजते मेरी बेचैनी और इज़्तराब बढ़ता जाएगा, ख़ुशी की कोई क़ीमत तो चुकानी पड़ती है न, इसलिए अरबी में कहा है,

अल इन्तज़ार अल अश्द मिनल मौत,
इन्तज़ार मौत से ज़्यादा शदीद है।

पर अगर तुम रोज़ अलग-अलग वक़्त पर आओगे तो मुझे पता ही नहीं चलेगा कि इन्तज़ार कब करना है...इसलिए हमें रिचुअलस की ज़रूरत है।"

"रिचुअल मतलब ?"

"मतलब मुक़र्रर वक़्त/तयशुदा वक़्त पर कोई काम करना और उसके इर्द-गिर्द कोई लवाज़िम रखना, रोज़ की आदत, रीति, रस्म, रिवाज।"

इस तरह लिटिल प्रिंस ने लोमड़ी को अपना बना लिया। फिर जब उसके जाने का वक़्त आया तो लोमड़ी ने कहा :

"मुझे रोना आ रहा है।"

"इसमें तुम्हारी ग़लती है, मैं तुम्हें दुखी नहीं करना चाहता था, पर तुम्हीं ने कहा कि मुझे अपना बना लो।"

"हाँ वो तो है।"

''पर तुम तो दुखी हो।''

''हाँ।''

''तो फिर क्या फ़ायदा हुआ?''

''नहीं फ़ायदा तो हुआ। गेहूँ की बालियों का सुनहरा रंग मेरा ईनाम है।''

''जाओ उन गुलाबों को फिर से देखो, तुम्हें अहसास होगा कि तुम्हारा फूल सबसे अलग है, फिर आकर मुझे बाय कहना, मैं तुम्हें एक राज़ की बात बताऊँगी।''

तो इस तरह लिटिल प्रिंस गुलाब के बाग़ीचे की तरफ़ पलट के आया।

''तुम बिल्कुल मेरे गुलाब की तरह नहीं, अभी तुम में कोई ख़ास बात नहीं। तुमने किसी को अपना नहीं बनाया, न किसी और ने तुम्हें अपनाया है। पहले मेरी लोमड़ी भी ऐसी ही थी, हज़ारों-लाखों दूसरी लोमड़ियों की तरह पर मैंने उसे दोस्त बना लिया और अब वो सबसे बिल्कुल अलग है। तुम सुन्दर हो पर रूखे-सूखे। कोई तुम्हारे लिए जान नहीं देगा। हाँ (ये सच है) अगर कोई अजनबी मेरा फूल देखेगा तो वो भी उसे आम फूल ही समझेगा, पर चूँकि वो मेरा फूल है, इसलिए ख़ास है, तुम सबसे अलग, बिल्कुल अलग, तुम सबसे ज़्यादा अहम, क्यूँकि मैं उसे रोज़ पानी देता हूँ। उसके लिए मैंने एक हिफ़ाज़ती टोपी बनाई है, उसके लिए मैंने जाली बनाई, मैंने उसके शिकवे सुने, उसकी शिकायत सुनी, उसकी डींगें सुनीं, उसकी ख़ामोशी सुनी। वो मेरा फूल है मेरा।''

फिर वो लोमड़ी के पास वापस लौटा।

''गुड बाय।''

''तो सुनो ये है मेरा राज़...बहुत सिम्पल है...''

"You only see clearly with your heart. The most important things are invisible to the eyes."

हक़ीक़त को सिर्फ़ दिल की नज़रों से देखा जा सकता है, सच आँखों से नहीं देखा जा सकता।

बुल्लेयाँ मस्जिद ढा मसीहाँ ढा
पर दिल न ढा किसी दा
कि रब दिलां विच वसदा सी/है

—सच आँखों से नहीं दिखाई देता दिल से दिखाई देता है।

तुम्हारा फूल इसलिए ख़ास है क्यूँकि तुमने उस पर वक़्त सर्फ़ किया

''मेरा फूल इसलिए ख़ास है क्यूँकि मैंने उस पर वक़्त सर्फ़ किया।''

''लोगों ने ये हक़ीक़त फ़रामोश कर दी है, पर तुम इस बात को गाँठ बाँध लो, इसे कभी मत भूलना, तुमने जिन लोगों को अपना बनाया है, वो तुम्हारी ज़िम्मेदारी हैं। तुम अपने फूल के लिए ज़िम्मेदार हो।''

''मैं अपने फूल के लिए ज़िम्मेदार हूँ, मेरा फूल मेरी ज़िम्मेदारी है।''

ଔ

"हैल्लो"

वहाँ से निकलकर लिटिल प्रिंस पहुँचा एक ताजिर/व्यापारी के पास, वो ताजिर ऐसी गोलियाँ बेचता था जिससे प्यास मिट जाए।

एक हफ़्ते की प्यास बुझाए

एक गोली जो कोई खाए

''तुम ये गोलियाँ क्यूँ बेचते हो''

''इसे खाने से वक़्त बचे-वक़्त बचे-वक़्त बचे। जानकारों ने तय कर बाँधा एक हफ़्ते में घंटा बचाया। एक घंटा-घंटा एक-एक पूरा घंटा बचाया।''

''और उस एक घंटे का तुम क्या करोगे?''

''क्या करूँगा-क्या करूँगा, क्या करूँगा, नाचूँगा, गाऊँगा, ख़ुशी मनाऊँगा और पैसे कमाऊँगा।''

''अगर मेरे पास एक घंटा हो तो मैं बहुत आराम से ख़रामां-ख़रामां किसी प्याऊ या कुएँ के पास चल के जाऊँगा ताकि प्यास भी बढ़े और फिर राहत भी।''

ଔ

मुझे रेगिस्तान में फँसे एक हफ़्ता हो गया था। एक तरफ़ लिटिल प्रिंस मुझे उस ताजिर की कहानी सुना रहा था, दूसरी तरफ़ मैं अपने पानी का आख़िरी घूँट भर रहा था।

''देखो दोस्त, तुम्हारी कहानियाँ बहुत दिलचस्प हैं पर मेरा जहाज़ अभी तक ठीक नहीं हुआ है, मेरे पास पानी का एक घूँट तक नहीं बचा, मैं भी ख़रामाँ-खरामाँ किसी कुएँ की तरफ़ जाना चाहुँगा।''

''वो जो मेरी दोस्त है न लोमड़ी।''

''दोस्त मैं तुम्हारी लोमड़ी के बारे में नहीं सुनना चाहता।''

''क्यूँ नहीं!''

''क्यूँकि हम लोग प्यास से मरने वाले हैं।''

''दोस्त का होना हर हाल में अच्छा है और अगर आप मरने वाले हैं तब तो और भी, दोस्त के साथ को लेकर मरना बेहतर है बजाय इसके कि मरते वक़्त कोई दोस्त न हो। मैं तो इसी बात से ख़ुश हूँ कि एक लोमड़ी मेरी दोस्त है।''

मैं उससे क्या कहता, उसे न भूख लगती थी, न प्यास। बस थोड़ी-सी धूप उसके लिए काफ़ी थी इसीलिए उसे न कोई डर महसूस होता था, न ख़तरा। पर वो मेरे चेहरे से मेरे मन की बात जान गया।

''मुझे भी प्यास लगी है, चलो कोई कुआँ खोजते हैं।''

बताइए भला रेगिस्तान में कुआँ कहाँ से मिलता। मगर दिल बहलाने के लिए मैं उसके साथ चल पड़ा। घंटों हम लोग यूँ ही चलते रहे, चलते रहे, चलते रहे। यहाँ

तक कि रात हो गई और तारे जगमगाने लगे। मुझे प्यास के मारे बुख़ार हो गया था इसलिए मुझे लगा कि मैं कोई ख़्वाब देख रहा हूँ।

''तो तुम्हें भी प्यास लगी है?''

''पानी दिल के लिए अच्छा होता है।''

मुझे उसकी बात समझ में नहीं आई पर मैं चुप रहा। चलते-चलते वो थक के बैठ गया।

''तारे कितने ख़ूबसूरत लग रहे हैं, एक फूल की वजह से जो हमें दिखाई नहीं दे रहा।''

''रेगिस्तान कितना ख़ूबसूरत है कितना पुरसुकून, आसमान की तरह अनन्त। रेगिस्तान इसलिए भी ख़ूबसूरत है क्यूँकि इसके सीने में एक राज़ दफ़्न है, आप जानते हैं वो राज़ क्या है? एक कुआँ। हाँ चाहे घर हो, तारे हों या रेगिस्तान हो वो इसलिए विस्मयी होते हैं कि कुछ न कुछ पोशीदा रखते हैं जो आँखों से नहीं दिखता।''

''मेरी लोमड़ी भी यही कहती है।''

उसको नींद-सी आने लगी थी तो मैं उसे गोद में लेकर आगे बढ़ा। मेरे दिल में जज़्बात उमड़ पड़े। मुझे ऐसा लगा जैसे मैं कोई बहुत क़ीमती और नादिर चीज़ उठाए चल रहा हूँ। मुझे लगा कि इस वक़्त ज़मीन पर इससे प्यारी और नाज़ुक शै कुछ भी नहीं। उस चाँदनी रात में मैंने उसकी चमकती पेशानी और उड़ते बालों को देखा तो मुझे लगा मैं तो अभी सिर्फ़ इसका चोला देख रहा हूँ। असली चीज़ तो अभी पोशीदा है। एक नीम मुस्कुराहट उसके खुले होठों से झाँक रही थी, मुझे अहसास हुआ कि लिटिल प्रिंस की जिस ख़ुसूसियत ने मुझे सबसे ज़्यादा मुतास्सिर किया था वो उस फूल के लिए उसकी वफ़ादारी थी। उस फूल की याद उसके दिल में क़ंदील की तरह रोशन थी और सोते वक़्त भी उसका चेहरा उसकी याद से दमक रहा था।...और वो पहले से ज़्यादा दिलआवेज़ लग रहा था। चिराग़ों को सँभाल के रखना चाहिए, हवा का एक झोंका उन्हें बुझा सकता है। और सुब्हे-सादिक़ के नमूदार होते-होते मुझे सचमुच कुआँ मिल गया।

ශ

हमें जो कुआँ मिला था वो बिल्कुल एक गाँव के कुएँ की तरह था हालाँकि वहाँ आसपास कोई गाँव नहीं था। कैसी अजीब बात है, कुआँ है, रहट है, बाल्टी है, चरख़ी है मगर कोई आदमी नहीं है।

लिटिल प्रिंस ने रस्सी खींचने की कोशिश की तो चरख़ी ज़ोर से चरमराई। लिटिल प्रिंस बोला :

''देखा, हमने कुएँ को जगा दिया है और उसमें से संगीत बह रहा है।''

मैंने उसके हाथ से रस्सी लेकर उसे खींचा। चरख़ी की चरमराहट कानों में गूँज

रही थी और कुएँ का पानी सूरज की रोशनी में चकमक की तरह चमक रहा था। हम दोनों पानी पीकर सैराब हुए, पानी हमें बहुत मीठा लगा इसलिए कि उसकी मिठास में हमारा रात-भर का सफ़र, तारों की जगमगाहट, चरख़ी की चरमराहट, हमारी मेहनत और मुसाफ़त, सब शामिल था। पानी हमें बैठे-बिठाए नहीं मिला था, हमने उसके लिए मेहनत की थी और इसलिए वो हमें इतना मीठा लग रहा था।

''तुम्हारे प्लेनेट पर लोग एक बाग़ीचे में 5-5 हज़ार गुलाब उगाते हैं फिर भी उन्हें जो चाहिए वो नहीं मिलता।''

''हाँ नहीं मिलता।''

''हालाँकि उन्हें जो ख़ुशी चाहिए वो उन्हें एक गुलाब के फूल से या एक घूँट पानी से मिल सकती है।''

''हाँ बिल्कुल।''

''मगर आँखें अंधी होती हैं। जो चाहिए वो दिल से ढूँढ़ना होता है।''

जिन ढूँढा तिन पाइयाँ गहरे पानी बैठ,
मैं बोरी डूबन डरी रही किनारे बैठ।

मैंने पानी पी लिया था। अलस्सुबह रेत का रंग बिल्कुल शहद की तरह दिख रहा था। मौसम बहुत ख़ुशगवार था, पर मेरा मन इतना भारी-भारी सा क्यूँ हो रहा था।

''अपना वादा याद रखिएगा।''

''कौन-सा वादा''

''मेरे मेमने के मुँह के लिए एक जाली...वो फूल मेरी ज़िम्मेदारी है।''

मैंने अपनी ड्रॉइंग निकाली तो लिटिल प्रिंस ज़ोर से हँसा।

''आपके बाओबाब तो बिल्कुल बंदगोभी की तरह लगते हैं।''

''ओह मुझे लगा था बाओबाब ही मैंने अच्छे बनाए हैं।''

''और आपकी लोमड़ी, उसके कान तो ऐसे हैं जैसे सींग। और कितने लम्बे हैं!''

''तुम ज़्यादती कर रहे हो, मैंने तुमसे कहा था कि मुझे सिर्फ़ अजगर बनाना आता है, वो भी एक ऐसा अजगर जिसके पेट में हाथी हो।''

''कोई बात नहीं बच्चे सब समझते हैं।''

तो मैंने एक जाली बना दी पर मैंने डरते-डरते कहा :

''तुम कुछ प्लान बना रहे हो, शायद वापस जाने का।''

''मैं जिस दिन ज़मीन/धरती/पृथ्वी पर गिरा था कल उसकी सालगिरह है...इस जगह के आस-पास ही मैं उतरा था।''

ये कहते-कहते उसका चेहरा लाल हो गया। पता नहीं क्यूँ ये सुन के मेरा दिल और भारी हो गया।

''अच्छा इसलिए जब एक हफ़्ते पहले मैं तुमसे मिला था तो तुम यहाँ अकेले

घूम रहे थे, मैंने भी सोचा कि ऐसे सुनसान सहरा में एक बच्चा कहाँ से आ गया। तुम इसी जगह पर वापस पहुँचना चाह रहे थे।''

उसका चेहरा फिर लाल हो गया।

''सालगिरह है शायद इसलिए।''

उसका चेहरा और लाल हो गया। मगर उसने कोई जवाब नहीं दिया। पर इतना तो हम सब जानते हैं कि जब लोगों के चेहरे लाल हों और ज़बान ख़ामोश तो उसका मतलब है हाँ।

''ओह, अच्छा।''

''आपका जहाज़ ख़राब है जाकर उसे जल्दी ठीक कीजिए। मैं यहीं आपका इन्तज़ार करूँगा। कल रात को मिलते हैं।''

उस कुएँ के पास एक बहुत पुरानी ख़स्ता-शिकस्ता सी दीवार थी, अगली रात जब मैं लौटा तो वो उस पर बैठा हुआ किसी से बात कर रहा था।

''अरे याद करो, यही जगह थी या यहीं कहीं आस-पास थी।''

वो किससे बात कर रहा था ये मुझे दिखाई नहीं दिया।

''नहीं ऐसी नहीं थी, ऐसी नहीं। दिन बिल्कुल सही है पर जगह सही नहीं है। ...हाँ रेत में तुम्हें मेरे पाँव के निशान दिख जाएँगे। बस थोड़ी देर इन्तज़ार करना, मैं पहुँच जाऊँगा।''

मैं दीवार के काफ़ी क़रीब पहुँच चुका था मगर फिर भी मुझे कोई दिखाई नहीं दे रहा था। फिर मुझे लिटिल प्रिंस की आवाज़ सुनाई दी।

''तुम्हारा ज़हर कारगर है न मुझे तकलीफ़ तो नहीं होगी।''

तभी मुझे दीवार के नीचे एक साँप दिखाई दिया। नाम—नागराज, किंग कोबरा। मैंने बन्दूक़ निकाली और उसकी तरफ़ भागा मगर मेरे क़दमों की आहट सुनकर वो सरसराता हुआ कहीं निकल गया।

''ये सब क्या हो रहा है? अब तुम साँपों से भी बात करने लगे हो।''

मैंने उसके स्कार्फ़ से उसका पसीना पोंछा और उसे पानी पिलाया। पर वो जिस तरह से मुझे देख रहा था, मुझे उससे कुछ और पूछने की हिम्मत नहीं हुई। उसने अपनी बाँहें मेरे गले में डाल दीं। मुझे उसका धड़कता हुआ दिल महसूस हो रहा था। वो ऐसे धड़क रहा था जैसे मरने के ठीक पहले किसी पंछी का दिल धड़कता है।

''मुझे ख़ुशी है कि तुम्हारा जहाज़ ठीक हो गया।''

''तुम्हें कैसे पता—मैं यही तो बताने आया था तुम्हें।''

''मैं भी आज घर वापस जा रहा हूँ। मेरा घर बहुत दूर है। वहाँ पहुँचना बहुत मुश्किल है।''

मुझे लगा कुछ बहुत अहम होने वाला है। मैंने उसे कस के भींच लिया पर मुझे लगा कि वो मेरी बाँहों में पिघल-सा रहा है।

''तुम्हारा मेमना मेरे पास है, और उसका डिब्बा भी और उसका मुँह कसने वाली जाली भी।''

''बच्चे तुम डरे हुए हो।''

''रात को तो मैं और ज़्यादा डरूँगा।''

मुझे फिर अहसास हुआ कि कुछ बहुत दुखद होने वाला है, उससे बिछड़ने का अहसास बहुत तकलीफ़देह था। उसकी वो खिलखिलाती हँसी, क्या वो अब मुझे कभी सुनाई नहीं देगी।

''बच्चे मैं तुम्हारी हँसी दुबारा सुनना चाहता हूँ।''

''आज एक साल पूरा हो जाएगा, पूरे एक साल की ग़र्दिश के बाद मेरा तारा आज फिर वहीं होगा जहाँ उस वक़्त था।''

''ये तारा, ये साँप... सब क्या हो रहा है।''

''हक़ीक़त आँखों से नहीं देखी जाती।''

''हाँ।''

''जैसे वो फूल, अगर तुम्हें पता होता कि किसी एक तारे पर एक फूल है तो तुम रात-भर आसमान को ख़ुशी से निहार सकते हो, हर तारे पर एक फूल है।''

''हाँ।''

''जैसे उस कुएँ का पानी, वो कितना मीठा था। वो चरख़ी, वो रस्सी...याद है कितना मज़ा आया था। तुम रात को तारों को देखा करना...मेरा तारा बहुत छोटा है तो यहाँ से तुम्हें नहीं दिखा पाऊँगा। यही ठीक है जब तुमको यही नहीं पता कि इन तारों में से मेरा तारा कौन-सा है तो तुम सब तारों को प्यार से देखोगे।''

ये कहकर वो हँसा।

''ओह मेरे लिटिल प्रिंस मुझे तुम्हारी हँसी इतनी पसन्द है...''

''तारों को देख के तुम्हें मेरी हँसी की घंटियाँ सुनाई देंगी...(हँसी)''

''देखो...आज रात को तुम मत आना।''

''मैं तुम्हें ऐसे नहीं छोड़ सकता।''

''नहीं मैं काफ़ी तकलीफ़ से गुज़रूँगा, ऐसा लगेगा जैसे मैं मर रहा हूँ...ये ऐसा ही होता है, तुम्हें अच्छा नहीं लगेगा।''

''साँपों का कोई भरोसा नहीं, कहीं तुम्हें न डस ले। पर हाँ ये सूकून है कि एक बार डसने के बाद वो किसी को फ़ौरन नहीं डसते।''

उस रात वो पता नहीं कब चुपके से उठ कर चला गया। जब मुझे पता चला तो मैं तेज़ी से उसकी तरफ़ भागा।

''ओह, तुम आ गए।''

उसने मेरा हाथ थाम लिया।

''तुम्हें नहीं आना चाहिए था, तुम्हें ख़ामख़्वाह दुख होगा, लगेगा कि मैं मर गया पर ऐसा होगा नहीं। मेरा घर बहुत दूर है, समझ रहे हो न, मैं अपना जिस्म वहाँ तक नहीं ले जा सकता। क्यूँकि वो बहुत भारी है, पर जैसे साँप अपनी केंचुली बदलते हैं वैसे ही मैं अपनी केंचुली बदल लूँगा। दुखी मत हो सब अच्छा होगा, मैं भी तारों को देखूँगा, मुझे सब तारे उस कुएँ की चरख़ी की तरह लगेंगे, वो सब तारे मुझे पानी पिलाएँगे। कितना मज़ा आएगा। तुम्हारे पास तारों के रूप में 50 करोड़ घंटियाँ होंगी और मेरे पास 50 करोड़ कुएँ।''

वो ख़ामोश हो गया। मगर मैंने देखा कि उसकी आँखों से आँसू गिर रहे थे।

''पहुँच गए। मुझे आगे अकेले जाने दो।''

फिर वो बैठ गया जैसे बहुत डरा हुआ हो।

''पता है मेरा जो फूल है न, मैं उसके लिए ज़िम्मेदार हूँ, वो बहुत नाज़ुक है, बहुत मासूम, बहुत नादान।''

मैं भी बैठ गया। क्यूँकि मेरे पैरों में जान नहीं बची थी।

वो फिर उठा और मुश्किल से चलता हुआ थोड़ा आगे बढ़ा, तभी अचानक उसके पैरों के पास एक शोला-सा कौंधा, वो एक मिनट साकित खड़ा रहा। वो न रोया, न चिल्लाया फिर वो आहिस्ता से ज़मीन पर ढेर हो गया ऐसे जैसे पेड़ गिरता है, बेआवाज़।

आहिस्ता बर्ग-ए-गुल बि अफ़्शां बर मज़ारे मा।

और अब इस वाक़ए को छह साल गुज़र गए हैं। मैंने आज तक किसी को ये कहानी नहीं सुनाई है। मेरे दोस्त मेरे ज़िन्दा बच आने पर बहुत ख़ुश थे। मैं बहुत उदास था मगर मैंने उन्हें असली वजह न बता के बस इतना कहा कि मैं बहुत थक गया हूँ।

और अब धीरे-धीरे मुझे कुछ क़रार आ गया है, हालाँकि मैं अभी भी बहुत उदास हूँ। मैं ये सोच के मुतमईन हूँ कि कम से कम लिटिल प्रिंस तो अपने सय्यारे पर पहुँच गया है क्यूँकि अगली सुबह जब मैं उठा था तो उसका जिस्म वहाँ नहीं था। वैसे ही कितनी जान थी उसमें...और मैं रात को तारों को सुनता हूँ एक साथ पचास करोड़ तारों की घंटियों की खनखनाहट। पर मुझे इस बात का अफ़सोस है कि मैंने लिटिल प्रिंस के मेमने का मुँह कसने के लिए जाली बनाई थी, उसके लिए चमड़े का स्ट्रैप तो बनाया ही नहीं था। तो वो उस मेमने को पहचानेगा कैसे...तो फिर क्या हुआ होगा, क्या मेमने ने फूल को खा लिया होगा।

फिर मुझे लगता है हरगिज़ नहीं। रोज़ रात को लिटिल प्रिंस फूल को हिफ़ाज़ती टोपी पहना देता होगा और मेमने पर निगाह रखता होगा। ये सोच के मैं ख़ुश हो जाता हूँ और तारे भी ख़ुशी से हँसने लगते हैं।

फिर कभी–कभी मुझे डर लगता है कि कहीं ऐसा तो नहीं कि एक मिनट के लिए उसका ध्यान कहीं बँट गया हो या वो टोपी पहनाना भूल गया हो और उसकी नज़र बचा के वो मेमना फूल चट कर गया हो। ये ख़्याल आते ही तारों की घंटियाँ आँसुओं में बदल जाती हैं।

मेरी सारी ख़ुशी का दारोमदार इस पर है कि लिटिल प्रिंस का फूल ज़िन्दा है कि नहीं।

ꕤ

मुझे तो कुछ समझ में नहीं आता, सब कुछ एक राज़ है, एक मिस्ट्री। आप में से वो लोग जो मेरी तरह लिटिल प्रिंस को चाहते हैं, उनके लिए पूरी कायनात का बक़ा इस बात पर आकर टिक गया है कि दूर किसी एक तारे पर एक मेमने ने फूल को खाया है या नहीं।

सब कुछ इसी पर मुन्हसिर है।

ज़रा आसमान को देखिए, अपने आप से पूछिए, क्या मेमने ने फूल खा लिया। इस बात से हर चीज़ बदल जाती है। और बड़े लोग इस बात की अहमियत को कभी समझ नहीं पाएँगे।

ꕤ

मेरे लिए ये दुनिया का सबसे हसीन और सबसे उदास नज़ारा है, मैंने इसे दोबारा बनाया है। ये वही जगह है जहाँ लिटिल प्रिंस दुनिया में ज़ाहिर हुआ और फिर ग़ायब हो गया।

इसे ध्यान से देख लो ताकि कहीं अगर घूमते हुए तुम कभी अफ़्रीका पहुँच जाओ तो इस जगह को पहचान सको। और अगर यहाँ से गुज़रो तो मेरी गुज़ारिश है कि कुछ देर यहाँ पर ठहरना, तारे को देखना और अगर कोई सुनहरे बालों वाला बच्चा दिखाई दे जिसकी खनखनाती, सुरीली हँसी हो और जो किसी सवाल का जवाब न दे और सिर्फ़ अपने ही सवाल दुहराता रहे तो समझ जाना वो कौन है, और मुझे बता देना ताकि मुझे तसल्ली हो, और मेरा सलाम और प्यार उसे पहुँचा देना।

मेरा ईमेल है...

फेसबुक

ट्विटर

इंस्टाग्राम

स्नैपचैट

मोबाइल

सब कहाँ कुछ लाला ओ गुल में नुमायाँ हो गईं,
ख़ाक में क्या सूरते होंगी कि पिन्हाँ हो गईं।

दास्तान राजा विक्रम के इश्क़ की

मोहब्बत ने जुल्मत से काढ़ा है नूर
न होती मोहब्बत न होता ज़हूर
मोहब्बत मोसब्बब मोहब्बत सबब
मोहब्बत से आते हैं कारे अजब
मोहब्बत बिन इस जा न आया कोई
मोहब्बत से ख़ाली न पाया कोई
मोहब्बत ही इस कारख़ाने में है
मोहब्बत से सब कुछ ज़माने में है
मोहब्बत की आतिश से अखगर है दिल
मोहब्बत न होवे तो पत्थर है दिल
मोहब्बत लगाती है पानी में आग
मोहब्बत से है तेग़ो गर्दन में लाग
मोहब्बत से है इंतेज़ाम-ए-जहाँ
मोहब्बत से गर्दिश में है आसमां
नए उसके चर्चे हिकायत सुनी
गहे-शुक्र गाहे-शिकायत सुनी

गुलगूना कशाने आरिज़े शाहिदे बयान इस तरह फरमाते हैं कि महिमा शिव जी की बनी रहे ताकि दास्तान उनके एक भक्त की सदा दुनिया में रौशन रहे। तो एक था उज्जैन का राजा विक्रमाजीत। सामन्तों में सामन्त, राजाओं में राजा, ज्ञानियों में ज्ञानी, दानियों में दानी, कवियों में कवि, जोगियों में जोगी, तपस्वियों में तपस्वी, विद्वानों में विद्वान, महावीरों में महावीर, सामर्थ्य, पुरुषार्थ, साहस और धर्मार्थ में ऐसा शूरवीर कि उसका प्रताप सूरज की गर्मी से तेज़ था। इस मृत्युलोक में इंद्र का अवतार था, गुण का निधान था। जो कोई देस-बिदेस जाता था वहाँ विक्रम का धरम सुनता था। कहीं दुखी उसे नज़र न आता था। डाँड और बाँध उसके राज में किसी ने किसी से न सुना। बल्कि घर-घर आवाज़ वेद और पुराण की आती। जितने लोग थे अस्नान ध्यान करके तीनों वक़्त

उसका गुणगान करते। धनि जसी बली साहसी ज्ञानी ऐसा था कि जितने लोग उसके राज में बसते थे, सब चैन करते थे, राजा राज प्रजा सुखी। किसी को कोई दुःख नहीं दे सकता था। विक्रम का यह नियम था। अन्न दुखी, वस्त्र दुखी द्रव्य दुखी भूमि दुखी, विरह दुखी और किसी तरह का दुखी नगर में आता, राजा सुनकर जब तक उसका दुःख न मिटा देता तब तक अन्न-जल का तो ज़िक्र क्या दातुन भी न चीरता था।

उसने बेताल के पचीस सवालों के जवाव दिए तब बेताल उसका क़ायल हुआ और ताल-बेताल उसके बीर हुए। जो वो कहता सो बजा लाते। तीनों लोक की सैर कराते। यह न्याय उसके यहाँ था कि बाघ-बकरी एक घाट पर पानी पीते थे और सब उसके आसरे से जीते थे। ईश्वर ने जब उसे संसार में उतारा सब बेसहारों का सहारा किया और रूप उसका देखकर पूर्णिमा के चाँद को चकाचौंध होती थी बड़ा चतुर सुघड़ अति गुणी था। भलाई उसकी देस देस में प्रसिद्ध थी और उसकी नगरी उसकी ये बस्ती थी की चप्पा रखने को भी जगह न मिलती धी।

वो भरा-भरा नगर आनंद बधाए घर-घर। बाग़-बग़ीचे-सैर-ओ तमाशा को बने हुए। दरख़्त मेवों से झूमते हुए। फूल क्यारियों में खिले हुए। तालाबों में कँवल खिले हुए। बावलियों में पानी झलकता हुआ। हर एक कुएँ पर रेहट चलता हुआ। पनघट लगा हुआ। हौज़-बेद-ए-मुश्क़ गुलाब से भरे हुए। फव्वारे छूटते हुए। चादरों से पानी बहता हुआ। आबजूएँ चारों तरफ़ जारी। राजा इंद्र उसकी सभा को देखकर रश्क़ से जलता था और उसका अखाड़ा हसरत के मारे हाथ मलता था। औरत-मर्द सब उसकी सूरत पर दीवाने थे। जिसने उसे एक बार देखा आपे में न रहा।

तो ग़रज़ जैसे कंचन की बराबरी पीतल नहीं और हीरे के बराबर शीशा नहीं होता। चन्दन के गुण को नीम नहीं पाता। वैसे ही राजा विक्रम के बराबर कोई राजा नहीं हो सकता।

बुज़ुर्गों ने फ़रमाया है कि हिन्दुस्तान जन्नत निशान में चार राजा हुए हैं। सतयुग में सत्यवादी हरिश्चंद्र, त्रेता में दानी रजा बलि, द्वापर में राजा युधिष्ठिर, वैसे ही कलयुग में राजा विक्रम समान बलि साहसी ज्ञानी और योगी कोई न हुआ। इन सबके साथ जो उसका सबसे बड़ा गुण था वो अपनी रानी पद्मावती से दीवानावार प्रेम करता था। दिन-रात उसका गुणगान करता था। हज़ारों अप्सराएँ दरबार में थीं पर किसी की तरफ़ नज़र उठाकर भी न देखता था। एक पल को भी उसकी जुदाई क़ुबूल न थी बल्कि एक दिन एक तपस्वी एक अमृत फल लेकर आया तो वो भी उसने रानी को खिला दिया कि उसके प्राण से मेरे प्राण हैं।

तो जैसे सिंह की बराबरी सियार नहीं कर सकता और हंस की बराबरी कव्वे से नहीं होती और बन्दरों के गले में मोती की माला नहीं सोहती और गधे पर पाखर नहीं फबती ऐसे ही किसी राजा का ये रुतबा नहीं कि विक्रम की औक़ात की बराबरी कर सके।

तो एक दिन राजा विक्रम शिकार को निकला, साथ में जितने मुसाहिब राजपूत बलि थे वे भी सज-धज के तैयार हो आए।

रवाना होने से पहले राजा पद्मावती के पास विदा लेने गया और बोला, तू चंपा चरणी मृगनयनी गजगामिनी कटिकहरी चंद्रमुखी नखसिख से ऐसी कि हँसी से तेरे फूल झड़ते हैं, तेरी सुगंध से भौंरे मँडराते हैं, तुझसे एक दिन भी जुदाई मुझे गवारा नहीं। पर राजाओं के धर्म का निर्वाह करना ही राजसी कर्म है। पद्मावती ने कहा : आप निश्चिन्त जाइए और बहोत जल्द वापस आइए, मेरा ये चित्र ले जाइए और अपना चित्र मुझे दे जाइए। ये दिन बहोत जल्दी गुज़र जाएँगे।

राजा का भारी मन हल्का हुआ और अपने सबसे खास और विश्वासपात्र प्रहरी तेजखण्ड को रानी का ख़याल रखने को कहा। राजा चित्र ले रवाना हुआ।

लश्कर तैयार था एक एक की सवारी में हज़ार-हज़ार कोस के धागे का तुरंग था।

राजा अपने घोड़े पे सवार था वो गोया छलावा था।

राजकुमार अपने-अपने शिकारी जानवर बाज़, बहरी, जुर्रा, शाहीन, कूदी, खगड़ के साथ तैयार थे।

राजा ने भी एक बाज़ अपने हाथ पर बिठा लिया और मीर शिकारों को हुक्म पहुँचा कि जिस-जिस के पास जो शिकारी जानवर तैयार हों लेकर रेकाब में हाज़िर हों।

इस तरह बन-ठन के बन की राह ली। वहाँ रात का डेरा लगाया, रात हुई, राजा को विरह की आग ने सताया।

और पद्मावती का चित्र देखा, सीने से लगाया, बेकली बढ़ गई, जी की बेक़रारी को क़रार न रहा, दिल से ख़याल किया कि अगर नगर अभी पास में है, क्यों न एक नजर चलकर मोहिनी को देख लिया जाए। सब मुसाहिबों पहरेदारों को छोड़ कर चुपचाप भेस बदलकर घोड़े पर बैठा और एड़ लगाई, तनहा शहर की तरफ़ रवाना हुआ, तपिशे-दिल को बहाना हुआ। वहाँ पहुँचा तो तमाम दरवाज़े शहर के बन्द पाए, पहरेदार भी सब सोये हुए, किसको पुकारे, किसको जगाये। मजबूर होकर कमन्द डालकर महल में उतरा और चुपचाप दबे क़दमों से रानी के शयनकक्ष में दाख़िल हुआ। दाख़िल होते ही क्या देखा कि दस्तो-पा की क़ूवत जाती रही, जी सनसना गया, ग़श खा के बेहोश होता था कि ऐसा नज़ारा ख़ुदा राक्षस को भी न दिखाए कि देखता क्या है कि प्रिये पद्मावती उसी प्रहरी तेजखण्ड की आग़ोश में सोती है, जिसकी अमान में उसे सौंपा गया था। देखते ही आग लग गई, आँखों के नीचे अँधेरा छा गया। फ़रते ग़ज़ब से हर अज़्व बदन का बेकार हो गया, ये नक़्शा देखकर नक्श-ब-दीवार गया और कहा कि अभी तो मैं दस कोस भी न गया था और अभी से ये जुर्रत। दिल ने यही चाहा कि उसी वक़्त उनको हमेशा के लिए उसी बिस्तर पर सुला दे। तलवार निकाली थी कि दिल में रहम और न्याय की आवाज़ गूँजी, "हे विक्रम तू धर्मात्मा है। दोनों को एक-दूसरे से प्रेम है तो करने दे, तू निबट अलग हो जा।"

उसी वक़्त सिंह की तरहा दहाड़ा, महल में खलबल हुई, रौशनी हर तरफ़ हुई, राजा को देख पद्मावती और तेजखण्ड पत्ते की तरह लरज़ने लगे। राजा ने एकदम की मुहलत न ली और बोला :

''तुझको जान की अमान दी। अभी इसी वक़्त महल से निकल जाओ, ये नगरी छोड़ दो। कभी ज़िन्दगी में अपनी सूरत न दिखाना, न कभी इस राज़ को अफ़शा करना।''

राजा विक्रम के प्रताप को और आँच न आए, दोनों उसी वक़्त महल से निकले और गुमनामी के अँधेरे में खो गए। फिर किसी ने उनको न देखा, न उनका सुना।

राजा विक्रम रात-भर छत पर टहलता रहा और चिन्ता करता रहा कि किस काम मेरा प्रताप और मेरा तेज जो अपनी पद्मावती को अपने बस में न रख सका। क्या भरोसा उस साहस-बल-ज्ञान और योग का, कि संसार में जो सबसे प्रियतम था उसी से हाथ धोया, क्या भरोसा इस संसार का जिसमें ऐसे तिरिया चरित्र दिखाई दें, औरतों पर भरोसा करना दलीले-हिमाक़त है, उनकी पारसाई का दम्भ भरना ऐन जहालत है, इस फ़िरक़े का ज़रा ऐतबार नहीं करना चाहिए, उनसे ज़्यादा कोई ज़लीलोखार नहीं, दम के दम में नंगो-नामूस से हाथ धोए, इज़्ज़त और आबरू खोए। ग़रज़ राजा विक्रम ग़रक़े फ़िक्र रहा—

सुब्हे सादिक़ होने लगी तो दिल से फ़ैसला किया कि मन ही सर्वस्व है। मन मलीन हुआ तो ये राजपाट, किस काम का।

सुखिया सब संसार है खावे और सोवै।
दुखिया राजा विक्रम कि जागे और रोवै...

तब राजा विक्रम ने तय किया कि वो इस संसार से मुँह मोड़ लेगा और संन्यास लेगा और तप करेगा। सो उसने राजपाट, मोहमाया, दुनिया-जहान सब से मुँह मोड़ा। रिश्ते, नाते, धर्म, कर्म, बंधन, सब हेच हैं, दुनिया मुक़ामे-इबरत है, कब कहाँ किसी को इशरत है।

सुबह हुई राजा सभा में आया, रात का वाक़िया सब को मालूम हो ही चुका था, सब ने राजा को देखा, तन क्षीण, मन मलीन, उदासी चेहरे से ज़ाहिर देख के सभा उदास हुई, राजा ने ऐलान किया कि मैंने आज से संन्यास लिया, अब राजपाट तुम लोग सँभालो। सुनकर पूरी सभा मलीन हुई, आँसू सबकी आँखों से जारी हुए, चारों जो उनके गुनी-गुनी मंत्री थे, त्राहि त्राहि करने लगे।

पहला बोला।

''महाराज ये भगवान की इच्छा है कि किसी को हाथी पर चढ़ावे और किसी को पैदल फिरावे, किसी को धन-दौलत बिन माँगे दे और किसी को भीख का टुकड़ा भी न मिले, कोई सुख-चैन में रहता है और कोई बौरा रहा है। भगवान की गति नहीं जानी जाती, कौन रूप किस में रचा है। और जो करम में लिख दिया है सो मनुष्य को भुगतना होता है, दुःख-सुख उसके हाथ में है, इसमें किसी का ज़ोर नहीं।

और इस बात को सुनकर राजा विक्रम ने मुँह मोड़ लिया। और कहा : मुझे संसार का ज्ञान है।

और तब दूसरा जती बोला : ''महाराज, ये संसार थिर नहीं, जैसे तरुवर को छाँव है, वैसे दुनिया की गति। जिस तरह सूरज चाँद आते-जाते हैं, उसी तरह मनुष्य का जीना मरना है। जैसे कोई सपने में कौतुक देखता है, वैसे ही जग का रूप नज़र आता है। और मनुष्य देह धर के अनेक-अनेक दुःख भोग करे है, पर सुख ये है कि जो हरि भजन हो पर राज करना आपका धर्म है सो आप धर्म का निर्वाह करें।

यह सुन राजा विक्रम ने फिर मुँह मोड़ा और कहा : मुझे धर्म मत सिखाओ, धर्म मुझे भी पता है।

तब तीसरा मंत्री बोला : ''सुनो योगेश्वर चार वस्तु एक साथ रही हैं, अग्नि, वायु, जल और छार। इन चारों से शरीर है, मन इनका सरदार है, मन की मति से जो ये चलें तो घड़ी पहर में नाश कर दें, पर उन पर ज्ञान बलि है। मन का विकार नहीं होने देता और जो नर है ज्ञानी है उनकी काया बिनसने नहीं पाती वो इस संसार में अमर है। और जब तक योगी ज्ञान से मन को न जीते तब तक उसका योग सिद्ध न होवे।

तब राजा विक्रम बोला : ''मैंने मन को सिद्ध किया पर फिर भी मेरे मन का विकार हुआ सो धिक्कार है इस सिद्धि पर।''

तब चौथा बोला : ''महाराज प्रेम का पंथ निराला है। जो नर प्रेम करते हैं सो अपना तन मन धर्म कर्म सब समर्पण करते हैं। प्रेम की अकथ कहानी है। मुझसे कही नहीं जाती।''

तब विक्रम बोला : ''मैंने प्रेम भी करके देख लिया और उसकी सज़ा भी भुगती। ग़रज़ कि किसी की बात का असर उस पर न हुआ और वो राजा इंद्र का सिंहासन ख़ाली छोड़ संन्यास लेने को चला। जोग योग ज्ञान सिद्धि तप बल धन मान सम्मान प्रेम श्रद्धा सब छोड़ के राजा विक्रम चला। शहर में हर तरफ़ शोक हुआ। वसंतोत्सव शोकोत्सव में बदल गया। सब रैयत राजा की रोने लगी। ब्राह्मण भांड भिखारी राँड दुखी सब धाय धाय मार-मार कर रो-रो कहने लगे कि हमारा आदर करने वाला और मान रखने वाला आज जग से जाता है और जितने दास-दासी थे सब अनाथ हो गए। जितने लोग नौकर-चाकर शागिर्द पेशा सब रोते थे और कहते थे : हाय हाय हम पे कोई काम न आया। इस तरह की महा खलबल राज में मची कि ग़रज़ आगे-आगे राजा विक्रम चलता था, पीछे-पीछे पूरी उज्जैन नगरी रोती-बिलखती चलती थी।

शहर की सरहद पर पहुँच सब दीवान ने हाथ जोड़ पैर पकड़कर विनती की कि महाराज एक आपकी जान से लाखों मनुष्यों की जान और खैरियत जुड़ी। सबको अनाथ करके मत जाइए।

राजा ने कहा, मेरा मन इस संसार से उचाट हुआ। अब मुझे दुनिया से कुछ नहीं चाहिए, अब प्रेम नहीं तो मोह नहीं, मोह नहीं तो कुछ नहीं। मेरा उधार माफ़ रखो।

तब दीवान ने उसके सामने तजवीज़ रखी। महाराज एक मौक़ा तो दीजिए कि हम फिर आपके मन में प्रेम की ज्वाला प्रज्वलित कर सकें। दुनिया में सब अच्छे-बुरे तरह के लोग हैं। इसी संसार में अहिल्या भी है, सावित्री भी है, सीता भी है, एक मौक़ा तो दीजिए कि हम आपका दिल बहला सकें। आपके चेहरे पर दुबारा मुस्कान पैदा कर सकें। ये आपकी प्रजा, आप इसके नाथ हैं इसको ऐसे बग़ैर मौक़ा दिए, अनाथ मत कीजिए। सारे सभापतियों ने इस वचन को दुहराया।

प्रजा दुहाई करने लगी, तब राजा विक्रम का मन थोड़ा पसीजा। कहने लगा अच्छा चलो एक मौक़ा देता हूँ। एक साल का। अगली बसंत तक तुम में से या प्रजा से या इस जम्बूद्वीप से कोई ऐसा पैदा हो जो मेरे चेहरे पे हँसी ले आए तब तो मैं टिकूँगा नहीं तो मैं चला। इस बसंत से उस बसंत तक का समय है तुम्हारे पास और दुनिया के पास। ये कहकर राजा विक्रम अपने महल को लौटा।

मगर उसने ऐलान किया और आदेश जारी किया कि इस बसंत के बाद उस के राज में कोई मर्द किसी औरत से प्रेम नहीं करेगा। मुहब्बत का लफ़्ज़ किसी के ज़बान पर आया तो उसे सूली पर लटका दिया जाएगा। और ये कि उसे औरत की सूरत से नफ़रत हुई। आज के बाद कोई औरत उसके सामने न आने पाए वर्ना जान की अमान न पाए। दिन गुज़रते गए और ग़रज़ बात ये है कि ख़ुदा जो रहम करे तो तिनके को पहाड़ करे और ग़ज़ब करे तो पहाड़ से तिनका। किताब में जो लिखा है, वो झूठ नहीं होता, जब माँ के पेट से इंसान आता है तो चार बातें साथ लाता है, नफ़ा-नुक़सान दुःख-सुख। तीन लोक और चौदह भवन में फिरे लेकिन किस्मत का लिखा नहीं मिटता। तो राजा विक्रम के राज में, उस धमात्मा और पराक्रमी और शूरवीर के राज में मुहब्बत का राज ख़त्म हुआ। बेरुख़ी, रुस्वाई और बदमज़गी का दौर-दौरा हुआ। उज्जैन नगरी की छत्तीस क़ौमें और चारों जातियाँ और मर्द-औरत बूढ़े-बच्चे सब शोक में डूबे।

वो राजा जो इस मृत्यु लोक में इंद्र का अवतार था, जिसके बराबर दानी संसार में नहीं था, जो अपने समय का राजा हरिश्चन्द्र था, जिसका जस तमाम पृथ्वी पर था, जो कलयुग में सब राजाओं का उद्धार करनेवाला था, वो शोक और उदासी में डूबा। दीवान ने वादा किया था कि वो उसका दिल बहलाएगा सो उसने कर्णाटक, गुजरात, कश्मीर, कन्नौज, तिल्लेगांव और पूरे जम्बूद्वीप से बड़े-बड़े विदूषक, भाँड, क़िस्सागो, दास्तानगो बुलाए। बड़े-बड़े नृपतियों को आमंत्रित किया। वो सुबह से शाम कलावत अपनी कला का मुज़ाहिरा करते। पर राजा विक्रम के मुख पर मुस्कान तो क्या उसकी भृकुटियाँ भी ढीली न होने को आईं। देस-बिदेस से एक से एक कलाकार आए पर राजा विक्रम जैसा उदास था वैसा ही रहा।

तब दीवान ने तंग आकर ऐलान किया कि कोई दुनिया में इस लायक और क़ाबिल और ऐसा कलाकार और ऐसा हुनरमंद जो राजा विक्रम को एक रात में चार बार हँसा

दे। अगर जो ऐसा कर दे तो राजा विक्रम का राज उसे मिल जाएगा। प्रजा को राजा की ख़ुशी मंजूर है राज कोई भी करे, उसके दिल में तो राजा विक्रम हमेशा राज करेगा। बड़े दूर देस से नर्तक, कलावत, कवि, विदूषक, कवीश्वर, नाटककार आते रहे। राजा के सामने अपने फ़न का मुज़ाहिरा करते रहे पर राजा का मन मलिन का मलीन रहा यहाँ तक कि साल पूरा हुआ बसंत ऋतु फिर आई।

बसंत खेलें इश्क़ का आ प्यारा
तुमी है चाँद, मैं हूँ, जूँ सितारा
निछल कुंदन के ताराँ अंग झूना
बन्दी हूँ छंद बनकर सिंगारा

बसंत खेलें हमन हुर साजना यों
के अस्मां रंग शफ़क़ पाया है सारा
शफ़क़ रंग झीने में तारे तिगट ज्यों
सूरज किरना नमन ज़रतार तारा
नबी सदक़े बसंत खेल्या क़ुतुब शह
रँगीला हो रह्या तिरलोक सारा

तो हुआ यूँ की उज्जैन नगरी से बहुत दूर थी एक नगरी श्रावस्ती, उसकी नगर वधु का नाम था चौबोली। चौबोली अद्‌भुत क़मा की औरत थी, उसके हुस्न के बारे में मशहूर था कि उसकी एक झलक के लिए सारी उम्र क़ैदख़ाने में ज़िन्दगी गुज़ारना रवां था। उसके एक दीदार के लिए सारी ज़िन्दगी क़ैदख़ाने में चक्की पीसना भी सस्ता सौदा है।

वो मुखड़ा जिसे देख मह दाग़ खाये
वो नक़्शा कि तस्वीर को हैरत आए
जो कुछ चाहिए ठीक नख-सिख से अंग
नज़ाकत-भरा सेवती का-सा रंग
कुछ एक तमकिनत कुछ एक बांकपन
ग़रज़ हर तरह से अनूठी फबन
तबस्सुम तकल्लुम तरह्हुम सितम
मवाफ़िक़ हर एक हौसले के करम

चौबोली ने कसम खाई थी कि वो उसी मर्द से शादी करेगी जो उसे एक रात में चार-बार बुलवा लेगा। सत्रह गुणे बीस राजकुमारों ने कोशिश की पर उससे कोई बुलवा न पाया। आख़िर राजपूताने की एक लड़की मर्द बन के आई और उसे ऐसी-ऐसी कहानियाँ सुना के ऐसे-ऐसे सवाल किए कि चौबोली को चार बार बोलना ही पड़ा। मगर दुनिया में ऐसा कोई मर्द न पैदा हुआ जो चौबोली को परास्त कर सके।

अंतत: उसका हाथ एक औरत ने ही जीता। पर चूँकि समाज ने ऐसा नियम बना दिया था कि औरत का ब्याह औरत के साथ नहीं हो सकता सो चौबोली को मजबूरन उसके मर्द से शादी करनी पड़ी। पर थी वो इतनी कुशल और कुशाग्रबुद्धि कि राजकाज वो ख़ुद सँभालती थी। मर्द तो उसका सिर्फ़ नाम का था।

चौबोली को बसंत ऋतु पसन्द थी। बल्कि ये कहा जाए कि उसे ऋतुएँ पेड़-पौधे जानवर परिंदे इंसानों से ज़्यादा पसन्द थे। वो सही मायने में कुदरत की दीवानी थी। और उसने ख़ूब सुन रखा था कि जम्बूद्वीप में सबसे उत्तम बसंत उज्जैन नगर के राजा विक्रम के राज में मनती है। उसको बहोत कौतूहल था, एक बार वहाँ की बसंत देखने का। सो इस बार उसने क़स्द किया कि इस बार उज्जैन की बसंत देखूँ। सो अपनी चंद सखियों को साथ लिया और उज्जैन पहुँची जिस दिन पहुँची तो बसंत का आख़िरी दिन था।

लेकिन उसने जब उज्जैनी नगरी में क़दम रखा तो वसंतोत्सव का कोई नामोनिशान न पाया, पूरी नगरी को बर्बाद पाया, मर्द-औरत सब शोक में डूबे हुए, नगर पे उदासी बाल खोले सोती हुई। जिस सराय में चौबोली ने डेरा डाला था, उसकी मालकिन भठियारिन से पूछा कि शहर में ऐसा सन्नाटा क्यों छाया हुआ है तब उस भठियारिन ने सारा क़िस्सा उसे सुनाया कि कैसे राजा विक्रम का दिल टूटा और कैसे उसने अपने राज में मुहब्बत को ख़ारिज किया, प्रेम को दर-ब-दर किया। चौबोली ये रूदाद सुन के अचरज से विकल हुई, दिल में उसके मर्म पैदा हुआ कि ऐसा प्रतापी राजा और ये दुर्दशा, इंद्र जिसको देख के जलता है और आहें भरता है, वो दुनिया से जाता है। मन उसका मलीन हुआ, नीयत की और क़स्द किया कि अभी चलती हूँ, राजा विक्रम के चेहरे पर मुस्कान लाती हूँ।

तब उस भटियारिन ने कहा कि पर वो तो किसी औरत की सूरत देखने का रवादार नहीं तू जाकर क्या कर लेगी। इस पर चौबोली ने कहा कि मैं मर्द का रूप धर के जाती हूँ। विक्रम संसार में रहे तो संसार का भला होगा। ये कहकर उसने पीताम्बरी कुरता पहना, पीताम्बरी धोती पहनी, सर पे दो हाथ का साफ़ा बाँधा, कुण्डल कानों में पहने, अपने ठाकुर की तलवार कमर से बाँधी, नक़ली मूँछें चेहरे पे लगाई, और सीधे विक्रम के महल का रुख़ किया। वहाँ जाकर दीवान को संदेसा भिजवाया कि जाओ जा के कह दो कि श्रावस्ती का एक दास्तानगो आया है, जो विक्रम के सामने अपनी क़िस्मत आज़माना चाहता है। प्रहरियों ने दीवान को ख़बर दी, वो ख़ुद निकल कर आया और चौबोली की आन-बान-शान को देखकर काफ़ी प्रभावित हुआ और उसको अदब और आन के साथ राजा विक्रम के अन्तरमहल में ले गया।

विक्रम अपने सिंघासन बत्तीसी पर बैठा था जो उसने इंद्र से जीता था। हर तरफ़ पीलजोत के दिए जलते थे। परदे ज़रदोज़ी के लटकते थे। मसहरी जवाहिर की थी। जिस पर राजा विक्रम विराजमान था। चौबोली वहाँ पहुँची और आलथी-पालथी मार

के राजा विक्रम के सामने बैठी। बोली : मैं एक क़िस्सागो हूँ। कहानियाँ सुनाना मेरा पेशा है। बड़े-बड़े राजे-रजवाड़ों को अपनी कहानियों से मुग्ध कर चुका हूँ पर पता नहीं राजा विक्रम को मेरी कहानियाँ पसन्द आएँगी। विक्रम ने इस बात का कोई जवाब न दिया बल्कि रुखाई से मुँह मोड़ लिया।

तब वो क़िस्सागो बोला कि क़िस्सा सुनाने का एक उसूल है कि जब कोई क़िस्सा सुनाए तो उस पर कोई हूँ-हूँ करके हुँकारा भरे। तो विक्रम न तो हूँ करेगा, न हाँ करेगा तो जो क़िस्सा मैं सुनाने जा रहा हूँ उस पर हुँकारा कौन भरेगा। क्योंकि हुँकारा बिन कहानी, जैसे नमक बिन खाना, जैसे शक्कर बिन शरबत, जैसे शीरा बिन शीरीनी, विक्रम फिर भी कुछ न बोला। इस पर चौबोली ने बात दुहराई कि जैसे नमक बिन खाना जैसे शक्कर बिन शरबत जैसे शीरा बिन शीरीनी वैसे हुँकारा बिन कहानी। उसपे वो सिंघासन जिस पर विक्रम विराजमान था बोल उठा : मैं दूँगा हुँकारा। अगर इसमें विक्रम हँसा तो उसमें जग का कल्याण है। जैसे ही हुँकारे का मसला तय हुआ चौबोली ने अपना पहला क़िस्सा शुरू किया।

परसराम-1

अजब काम पटने में उससे हुआ
अजब अहले आलम को जिससे हुआ
की वां इक जवां था परसराम नाम
ख़ुशनदाम ओ ख़ुश्क़ामत ओ ख़ुशख़राम
वो काफ़िर भवें हुई माइल जहाँ
करें सजदा उस जां पे इस्लामियां
हुई शादी आख़िर परसराम की
जहाँ भरके ख़ुशख़त गुलंदाम की
हुआ ऐसा शादी में मसरूफ़ वो
के भूला वो इसमें हरेक बात को
न ली इस शग़ल में ख़बर यार की
लड़कपन के उस यकता दिलदार की

यहाँ तक उसने दास्ताँ सुनाई ही थी कि राजा विक्रम बोला : ऐ क़िस्सागो तू मुझे ये क्या सुनाता है, यही तो मैं कहता हूँ। उस पर चौबोली बोली :

कि सुन तो राजा विक्रम ये अद्भुत कथा।

तूने अँधेर नगरी चौपट राज तो सुना होगा पर तू सुन ये कथा।

कि श्रावस्ती नगरी के एक गाँव में एक बनिया रहता था, उसकी वहाँ पंसारी की दुकान थी जहाँ वो चावल नमक तेल वग़ैरा बेचा करता था। एक दिन उसको किसी काम शहर जाना था कि रास्ते में उसकी मुलाक़ात एक जाट से हो गई। जाट भी शहर जा रहा

था। बड़ा परेशान था क्यूँकि उसे जाना था एक महाजन के पास अपना सूद चुकाने। हुआ यूँ था कि उसके परदादा ने उस महाजन के परदादा से अपने बाप के श्राद्ध के लिए सौ रुपए उधार लिये थे, पचास साल में उसका सूद इतना चढ़ गया था कि वो कर्ज़ हज़ार रुपए तक पहुँच गया था, नौबत यहाँ तक पहुँची कि अब जाट को डर सता रहा था कि कहीं गिरवी रखी हुई ज़मीन उसके हाथ से न निकल जाए। बनिए ने जाट को देखा तो बोला : जाट रे जाट, तेरे सर पर खाट। क्यों चौधरी तू चला वहीं महाजन के पास अपना सूद चुकाने न। तू क्यों न इस सूद के अज़ाब से मुक्त हो के हमेशा के लिए अपनी ज़मीन बचा ले। जाट बोला, साह जी क्या बताऊँ आपतो जानते हो मेरे परदादा ने सिर्फ़ सौ रुपये उधार लिये थे जो बढ़ते-बढ़ते हज़ार रुपए तक पहुँच गए हैं। मेरी छोटी-सी ज़मीन कहाँ इतने बड़े क़र्ज़े का बोझ उठा पाएगी। बनिया बोला : देख भाई कर्म का लिखा तो कोई मिटा नहीं सकता, ख़ुदा चाहे तो तिनके को पहाड़ कर दे और पहाड़ को तिनका कर दे। जो होना है सो होके रहेगा। तो क्यों न ये जो हमारा सफ़र है उसमें हम अपनी-अपनी परेशानियों को भुला दें और एक-दूसरे को कहानियाँ सुना के मन बहलाएँ ताकि सफ़र भी आराम से कट जाए और तबीयतों में ताज़गी आए। जाट बोला बिलकुल सही शाह जी, जो होना है सो तो होवेगा ही। तो क्यों न क़िस्सा-कहानी सुना के सफ़र को छोटा कर लिया जाए, मगर एक शर्त है, बनिया बोला क्या। जाट बोला कहानी में कैसी भी गप क्यूँ न हो, कितनी भी अजीब अनहोनी बात क्यूँ न हो, दूसरा आदमी उस पर पूरी तरह से यक़ीन करेगा और उसको सच मानेगा। अगर किसी ने किसी को झुठलाया तो उसे हर्जाने के तौर पर दूसरे आदमी को हज़ार रुपए जुरमाना देना पड़ेगा। बनिए ने कहा, मुझे शर्त मंजूर है। तो अब मैं अपनी कहानी शुरू करता हूँ। जाट ने कहा ठीक है जी।

तो कहानी कुछ यूँ शुरू होती है कि ये तो तुम जानते हो कि मेरा लकड़दादा बनियों में सबसे अज़ीमतर आदमी था और बेइंतहा अमीर था। जाट बोला बेशक बेशक। तो एक बार मेरे इस पुरखे ने चालीस जहाज़ों का बेड़ा लिया और सड़क के रास्ते लेके चीन पहुँचा, वहाँ हीरे-जवाहरात की तिजारत शुरू की।

जाट बोला : सही है शाह जी सच है।

तो वो वहाँ बहुत दिन रहा और ख़ूब दौलत कमाई, वहाँ से लौटा, तो बहुत-सी नादिर नवादिरात की और अजीबोग़रीब चीज़ें ले के लौटा। उसमें एक चीज़ थी एक सोने की बनी हुई पुतली जोकि बोलती थी, वो इतनी होशियार थी वो सुनहरी बोलती पुतली हर सवाल का जवाब दे देती थी, सुन रहा है न चौधरी।

जाट बोला : हाँ शाह जी सच है बिलकुल सच है।

जब वो वापस लौटे तो उस पुतली को देखने हज़ारों लोग आते, उससे सवाल करते और उसका जवाब सुन के ख़ुश हो के वापस जाते। एक दिन तेरा लकड़ दादा उस पुतली को देखने आया और उससे पूछा कि किस ज़ात के लोग सब से होनहार और अक़्लमंद होते हैं। तो पुतली बोली : बनिया ज़ात के। फिर उसने पूछा कि सबसे

बेवक़ूफ़ कौन-सी ज़ात ? तो वो बोली : जाट। तब तेरे लकड़दादा ने पूछा की मेरे कुल में सबसे कूढ़, मंदबुद्धि और बेवक़ूफ़ कौन पैदा होगा तो पुतली बोली : चौधरी लहरी सिंह। जो उसी जाट का नाम था जो बनिया की कहानी सुन रहा था। जाट ऊपर से तो बोला, सच है जी सच है, पर बनिए की बात उसको चुभ गई, पर ये सोचकर ख़ामोश रहा कि मेरी बारी आएगी तो देख लूँगा।

बनिया बोला : ख़ैर हुआ यूँ कि उस पुतली की शोहरत इतनी फैली की श्रावस्ती देश राजा ने उसे बुलाया और उस पुतली को लेके उसके बदले उसे अपना वज़ीर बना लिया—सच है शाह जी, सच बात है।

तो कुछ साल बाद मेरे लकड़दादा की जगह मेरा दादा वज़ीर बना, वो शानो-शौकत अय्याशी और रंगरलियों में इतना मसरूफ़ हुआ कि वज़ारत की जिम्मेदारियों से गफ़लत बरतने लगा तो राजा ने नाराज़ होकर हुक्म दिया कि उसे हाथी के पैरों तले कुचल दिया जाए। तो उसको एक पागल हाथी के सामने पटक दिया गया, मगर जैसे ही उस हाथी ने मेरे दादा को देखा उनके सामने आकर घुटनों पर बैठ गया और बड़े प्यार से अपनी सूँढ़ से उन्हें उठा कर अपने ऊपर बैठा लिया—सच है शाह जी, सच है।

राजा ये देखकर इतना अचंभित हुआ कि वापस बुलाकर उनको इज़्ज़त और एज़ाज़ के साथ वज़ारत दुबारा सौंप दी। जब मेरा दादा मरा तो मेरा बाप वज़ीर बना पर उसको वो काम कुछ ख़ास पसन्द नहीं आया, वो नौकरी छोड़ के देस बिदेश की सैर को निकला और अपनी सैर के दौरान बड़े-बड़े करिश्मे देखे, अजीब-अजीब मख़लूक़ात देखी। एक पैर का आदमी जो पेड़ों से उल्टा लटका रहता था। एक-एक आँख के दानव, हरे-हरे बन्दर। एक दिन मेरे बाप ने देखा कि एक मच्छर उसके कान के पास भिनभिनाता है और उसे काटने को तत्पर है। समझ में न आया कि क्या करे। क्यूँकि चौधरी तू तो जानता है कि हम बनियों के लिए जीवहत्या पाप है—सच बात है, साह जी सच बात है।

तो मेरे बाप ने घुटनों के बल बैठ के उस मच्छर से रहम की भीख माँगी, ये देख मच्छर प्रसन्न हुआ और बोला शाह जी मैंने तुम्हारे जैसा महान आदमी नहीं देखा, बताओ मैं तुम्हारे लिए कुछ करना चाहता हूँ और ये कहके उसने अपना मुँह खोला तो मेरे बाप ने देखा कि उसके मुँह के अन्दर एक बहुत बड़ा आलीशान महल बना हुआ है, उसमें ख़ूबसूरत नक़्क़ाशी है, सोने-चाँदी के बुर्ज़ हर तरफ़ बने हुए हैं और एक खिड़की पर एक नाज़नीन बैठी है। वो इतनी ख़ूबसूरत है इतनी हसीन है कि उस जैसी हसीन औरत मेरे बाप ने कभी सपने में भी नहीं देखी थी, मगर उसने देखा कि उसके ठीक पीछे एक दुष्ट जाट खड़ा है जो उस पर हमला करने वाला है, मेरा बाप बहोत बहादुर था, सो उसने आव देखा न ताव, सीधे उस मच्छर के मुँह में कूद गया और सीधा उसके पेट में पहुँचा। अन्दर वहाँ घुप्प अँधेरा, हाथ को हाथ न सुझाई देता था—सच है शाह जी सच है।

कुछ देर बाद वो अँधेरा दूर हुआ और मेरे बाप को फिर से वो महल और वो राजकुमारी और दुष्ट जाट दिखाई दिए, वो दुष्ट जाट तेरा बाप था। तो मेरा बाप फ़ौरन

उससे भिड़ गया और उससे लड़ने लगा। उस मच्छर के पेट में वो दोनों एक साल तक लड़ते रहे जिसके बाद तेरा बाप ज़िच हुआ और मेरे बाप के क़दमों में गिर के माफ़ी माँगी। मेरा बाप जो बहोत रहम दिल था, उसने उसे माफ़ कर दिया, फिर उसने उस राजकुमारी से शादी की और मैं वहीं पैदा हुआ। हम वहाँ रहने लगे, तेरा बाप मेरे बाप की चाकरी करता था और वहीं द्वारपाल बन के रहता था। जब मैं पन्द्रह बरस का हुआ तो एक दिन खौलते पानी की मूसलाधार बारिश होने लगी। और वो महल सारा पिघल गया और हम एक जलते-खौलते समंदर में जा गिरे। फिर बड़ी मुश्किलों और मशक्कतों से हम किसी तरह किनारे पर पहुँचे, हम चारों यानी मैं, मेरा बाप, वो राजकुमारी और तेरा बाप। पर हम किनारे पर जैसे ही पहुँचे, हमने अपने आपको कहाँ पाया? एक रसोई में। वहाँ हमने देखा कि एक औरत खाना पका रही है। वो हमें देख के एकदम भौंचक्का हो गई और बुरी तरह डर गई। और कहने लगी : अजीब लोग हो तुम लोग? मैं यहाँ कढ़ाई में मछली पकाने को पानी खौलाती थी कि तुम उसमें से प्रकट हो गए और मेरा खाना ख़राब कर दिया। हमने उससे बहोत माफ़ी माँगी और कहा हमें माफ़ करो, हमें नहीं पता था कि हम उसकी कढ़ाई में हैं, हम तो पिछले पन्द्रह साल से एक महल में रह रहे थे जो एक मच्छर के पेट में था। उस औरत ने कहा, ओह अब मुझे समझ में आया कि माजरा क्या था। अभी पन्द्रह मिनट पहले एक मच्छर ने मुझे यहाँ बाँह पे काटा, ये देखो ये सूजन अभी बाक़ी है, मुझे लगता है कि उसके डंक मारने के साथ तुम लोग मेरी भुजा में घुस गए होगे। मैंने उसके डंक को निकाला, उस ज़हरीले तिल जैसे डंक को। वो तिल के बराबर दाना इस पानी में गिर गया। मेरे वहमो गुमान में भी नहीं था कि तुम उस तिल में हो। तब मुझे समझ में आया कि मैं तो अभी सिर्फ़ पन्द्रह मिनट बड़ा हूँ। हालाँकि मैं देखने-दिखाने में पन्द्रह साल बड़ा लगता था। हम सब हक्का-बक्का रह गए कि हम सिर्फ़ पन्द्रह मिनट के अरसे के लिए उस मच्छर के पेट में थे। उसी दौरान मैं पैदा भी हुआ और बड़ा भी हो गया। हालाँकि मैं सिर्फ़ दस बरस का हूँ, पर उस मच्छर के पेट में रहने की वजह से मैं इतनी जल्दी बड़ा हो गया—सच है शाह जी। जब हम वहाँ से जुदा हुए तो पाया कि हम तो किसी और ही मुल्क में आ पहुँचे हैं। दरअसल हम उसी गाँव में पहुँच गए थे जहाँ हम-तुम रहते हैं और वास करते हैं। तो मेरा बाप जो पहले वज़ीर था, उसने दुकानदारी शुरू की और मैंने भी यही पेशा अपनाया। जैसा तुझे मालूम है कि वो राजकुमारी जो मेरी माँ थी कुछ दिन पहले मर गई। तो ये थी मेरी कहानी।

जाट बोला : वाह शाह जी वाह वाह, क्या कहानी है। और क्या सच्ची और लाजवाब कहानी है।

कहानी तो मेरी भी सच्ची है पर उतनी शानदार नहीं जितनी आपकी कहानी है। ख़ैर मैं अब आपको अपनी कहानी सुनाता हूँ। ये कहकर जाट ने बोलना शुरू किया।

मेरे लकड़दादा अपने इलाक़े के सबसे बड़े चौधरी थे वजीह, ख़ूबसूरत, दरियादिल नेक दाना, अक़्लमंद। लोग उसकी तारीफ़ करते न थकते थे, वो गाँव का चौधरी था और हमेशा ग़रीबों की हिमायत और मदद करता था। किसी सवाली को ख़ाली न जाने देता था। सबकी हिफाज़त और परवरिश करता था। अपने मवेशियों से आदमियों से मज़दूरों से हर तरह से ज़रूरतमंदों और हाजतमंदों की मदद करता था। जो चाहे उसके यहाँ से अनाज, दूध, दही, घी ले जाता। गाँव के सारे झगड़े वही हल करता था और उसकी बात को लोग क़ाज़ी और राजा से ज़्यादा मान देते थे। नेकों के लिए नेक और बदो के लिए ज़ालिम था। वो भीम से भी ज़्यादा बलशाली और युधिष्ठिर से भी ज़्यादा सच्चा था—

बनिया बोला, सच है चौधरी। सच बात है।

तो एक दिन गाँव में अकाल पड़ा। नदी, नाले, पोखर, तालाब सब सूख गए। पेड़ सारे ठूँठ हो गए। चरिन्द-परिन्द सब मरने लगे। हर तरफ़ त्राहि-त्राहि मच गई तो मेरे लकड़दादा ने सभा बुलाई और कहा कि अब तो हाहाकार मच गया है, कोई क़दम उठाना होगा नहीं तो हम सब बेमौत मारे जाएँगे। अगर तुम सब लोग मुझे अपनी-अपनी ज़मीनें छह महीने के लिए दे दो तो मैं उसे फिर से ज़रख़ेज़ कर दूँगा। सारे गाँव वालों ने हामी भरी कि भाई ले लो। इतना सुनते ही मेरे लकड़दादा ने ऐसा ज़बरदस्त ज़ोर लगाया कि उसने पूरे दो हज़ार बीघे ज़मीन को अपने सर पर लिया।

ये सुन के बनिया मन ही मन मुस्कुराया कि क्या कोरी गप्प है, पर ऊपर-ऊपर से बोला—

सच है चौधरी, सच बात है।

फिर मेरे लकड़ दादा वो पूरा गाँव अपने सर पर लेकर निकले और उन-उन जगहों पर घूमते रहे जहाँ-जहाँ बारिश हो रही थी। नदी, नाले, पोखर, तालाब सब भर गए तो मेरे लकड़दादा ने गाँव वालों से कहा की अब खेतों को सींच के, जुताई करके इनमें बुवाई शुरू करो। छः महीने तक वो ऐसे ही खेतों को लिए घूमते रहे और जाट सिंचाई और बुवाई करते रहे। फिर तो ऐसी फसल तैयार हुई, ऐसी फसल तैयार हुई कि गेहूँ और बाजरे की बालियाँ आसमान से बातें करने लगीं।

बनिया बोला : सच है चौधरी, सच बात है।

तो भाई मेरे लकड़दादा ये सब भ्रमण करके लौटे और गाँव को वापस अपनी जगह पर जस का तस रख दिया। उस साल ऐसी फसल तैयार हुई कि गेहूँ का एक एक दाना तेरे सर के बराबर।

बनिया बोला : सच है चौधरी, सच बात है।

तो अब इतनी फसल तैयार हुई कि उसे रखने को जगह नहीं थी, दूर-दूर जगहों से लोगों ने इस फसल के बारे में सुना और हमारे गाँव आकर ख़ूब अनाज ख़रीदा। तू समझ सकता है कि मेरे लकड़दादा को कितना मुनाफ़ा हुआ होगा। मगर वो लालची नहीं था और उसने आधा अनाज और पैसा ग़रीबों और मोहताजों में बाँट दिया।

कहानी सुनते-सुनाते ये दोनों शहर में दाख़िल हुए, जाट ने अपना बयान जारी रखा कि उस वक़्त तेरा लकड़दादा बहुत ग़रीब और मोहताज था। मेरे लकड़दादा ने तेरे लकड़दादा पर तरस खाकर नौकर रख लिया कि वो अनाज की नाप-तौल किया करे। रात-दिन वो वहीं बैठा रहता पर निकम्मा था, हर वक़्त मेरे लकड़दादा की झिड़कियाँ सुनता, गालियाँ सुनता। वो बेवक़ूफ़ भी बहुत था, नाप-तौल में हिसाब-किताब में ग़लतियाँ करता था और पिटाई खाता था। यार मुझे उस पर तरस आ रहा है।

—बनिया बोला : सच है चौधरी सच बात हैं।

अब तक ये दोनों महाजन की दुकान में दाख़िल हो चुके थे जहाँ जाट को सूद चुकाना था। महाजन वहीं अपने आसन पर बैठा था, उसने उठके राम-राम की पर जाट ने ध्यान न दिया और कहानी जारी रखी।

तो क्या हुआ कि तब तक नाप-तौल का काम ख़त्म हो गया था और मेरे लकड़ दादा ने तेरे लकड़ दादा को नौकरी से हटा दिया। लेकिन जाते समय तेरे दादा ने मेरे दादा से सौ रुपए उधार माँगे। मेरे दादा ने तरस खाकर उसे सौ रुपए दे दिए।

बनिया बोला : सच है चौधरी, सच बात है।

अब जाट ने ज़ोर-ज़ोर से बोलना शुरू किया ताकि महाजन भी सुन ले, पर तेरे दादा ने वो उधार चुकाया नहीं, न तेरे बाप ने वो उधार चुकाया, न तूने अभी तक वो रक़म वापस की है।

बनिया बोला : सच है चौधरी, सच बत हैं।

तो अब पिछले सौ साल में ब्याज की रक़म लगा के सूद समेत हमारे बनते हैं एक हज़ार रुपये। अब बनिए के पास सही कहने के अलावा कोई चारा नहीं था। बनिया बोला : सच है चौधरी, सच बात है।

तो अब जो तूने महाजन और दूसरे गवाहों के सामने क़ुबूल कर ही लिया है कि मेरे रुपए निकलते हैं तो निकाल मेरे हज़ार रुपए ताकि मैं महाजन को देकर अपनी ज़मीन छुड़ाऊँ।

बनिए को काटो तो ख़ून नहीं। अगर कहे कि झूठ तो शर्त हारे और अगर कहे कि सच तो भी हज़ार रुपए दे। चार नाचार उसने हज़ार रुपए दिए, जाट की ज़मीन छूटी और बनिया हाथ मलता रह गया, पर उस दिन के बाद उसने जाटों का मज़ाक उड़ाना बन्द कर दिया।

राजा विक्रम ने कहानी तो ग़ौर से सुनी पर उसे सुनके उसके चेहरे पर हँसी न आई। फिर चौबोली बोली कि सुन राजा विक्रम कहानी को ग़ौर से सुनने पर क्या असर होता है, तू अगर ग़ौर से सुनेगा तो तुझ पर भी असर होगा। क्यूँकि मन से जो बात कही और सुनी जाए, उसका असर होता है।

ये बात सुन, आख़िरकार राजा विक्रम मुस्कुराया तब दीवान ख़ुशी से चिल्लाया : बजाओ नगाड़े, राजा विक्रम एक साल बाद पहली बार मुस्कुरा उठा है। पूरे राज में लोग जय-जयकार कर उठे, मन्दिरों में घंटियाँ बजने लगीं, आरतियाँ उतारी जाने लगीं, रात का एक पहर गुज़र चुका था। चौबोली ने फिर अपना मुँह खोला और कहा : राजा विक्रम तुझे याद है न पटने का वो ख़ूबसूरत नौजवान परसराम जिसका एक जिगरी दोस्त था, पर शादी होने के बाद से मिलना-जुलना बन्द हो गया था। तो सुन जब परसराम कई दिन बाद उससे मिलने गया और शादी की बात बताई तो सुनकर दोस्त ने उससे क्या कहा और कैसे उसे वरग़लाया है और सुन कि परसराम की बीवी उसकी कितनी वफ़ादार साबित होती है।

परसराम-2

कि मुझको नहीं तेरी बातें क़ुबूल
ये मकरे ज़ना है तू इन पर न फूल
वफ़ा किन्ने इन नाक़िसों में से की
मुआ शोए किसका कि वो फिर न जी
ये ज़ाहिर में हरचंद हो रश्के-माह
वलेकिन है बातिन में मारे-सियाह
सुना उसकी हमसर ने जब ये सुखन
हुआ मौजज़न बहरे-रंजो-महन
निगह एक तरफ़ दर के मायूस की
दमे-सर्द खींचा गया डूब जी
वोही बेख़ुदी रुख़सते-जान थी
वो इक दम की गोया कि मेहमान थी
गिरी होके बेजान वो दर्द मंद
हुआ शोर नौहे का घर से बुलंद

ये सुना के चौबोली बोली जैसे काजल बिन आँखें, जैसे बिंदिया बिन पेशानी, जैसे लाली बिन लब, वैसे हुँकारा बिन कहानी। तो अब कौन भरेगा हुँकारा, इस पर वो पीलजोत का दिया जो जलता था, उसने कहा कि मैं दूँगा हुँकारा। तो चौबोली ने अपनी बात शुरू की की राजा विक्रम तूने सुना होगा अँधेर नगरी चौपट राजा, अब सुन उलटी नगरी उलटे काज।

बेवकूफों की एक नगरी, कौशल देश में राजा और मंत्री, दोनों मूरख थे। वो और सब राजाओं से मुख़्तलिफ़ कुछ करना चाहते थे। तो उन्होंने तय किया कि वो रात को दिन में और दिन को रात में बदल दें। उन्होंने फ़रमान जारी किया कि सब लोग रात को जगे रहे, अपना सारा काम रात को करें। खेती-बाड़ी, बोआई-जोताई, दुकानदारी,

सौदा-सुलुफ़, सब रात को होगा और सुबह होते ही सब सोने चले जाएँगे और अगर किसी ने हुक्म की ख़िलाफ़वर्ज़ी की तो उसे फँसी पर लटका दिया जाएगा। लोगों ने जान के ख़ौफ़ से हुक्म पे अमल करना शुरू किया। राजा और मंत्री इस फ़रमाबरदारी से बहुत ख़ुश हुए और ख़ुद पर नाज़ करने लगे।

एक दिन एक गुरु अपने चेले के साथ उस नगरी में आया। सुबह का वक़्त था, अच्छा ख़ूबसूरत दिन निकला हुआ था, नगरी भी बहुत सुन्दर थी, पर हर तरफ़ एक हू का आलम था, चारों तरफ़ सन्नाटा पसरा हुआ, हर शख़्स सोता हुआ, मवेशी और जानवर भी मुँह को न्यौढ़ाए लेटे हुए। चेला और गुरु, ये देखकर हैरानवार नगर में इधर-उधर फिरने लगे। हक्का-बक्का हरासां और परेशान हाल, कि शाम हुई, एकदम से शहर में चहल-पहल शुरू हो गई। दुकानें सज गईं, बाज़ारों में रौनक़ फैली, लोगों की आवाजाही बढ़ गई। इन दोनों को भूख लगी हुई थी, दुकान पर पहुँचे तो देखते क्या हैं कि हर चीज़ की कीमत एक डुडडू। चाहे चावल लो, चाहे चीनी, चाहे केला, हर चीज़ का एक ही दाम। ये देख के दोनों की ख़ुशी का पारावार न रहा। उन्होंने ढेर सारा अनाज ढेर सारी सब्ज़ी ख़रीदी और उसे पका के छक के खाया।

खाना खाने के बाद गुरु ने चेले को समझाया कि वत्स इस नगरी में केवल मूरख बसते हैं, यहाँ दानाओं और अक़्लमन्दों का कोई काम नहीं, यहाँ रहना क़रीने-मसलेहत नहीं, यहाँ से कहीं और चलना चाहिए, यहाँ पे रहना मुसीबत को दावत देना है।

मगर चेले के मन में वहाँ के सस्ते खाने की लालच बस गई थी, उसे दुनिया में खाने से ज़्यादा मरग़ूब कोई चीज़ नहीं लगतो थी। गुरु ने उसे बहुत समझाया पर वो न समझा और आख़िरकार गुरु ने तंग आकर कहा : तुम्हें जो करना है करो, मैं ये नगरी छोड़ कर चला। गुरु ने मूर्खों की वो बस्ती छोड़ी और अपनी राह को चला, चेला वहाँ बस गया। और दिन-रात सस्ता खाना खा खा के कुछ ही रोज़ में फूल के कुप्पा हो गया और भैंस की तरह मोटा हो गया।

एक दिन उस नगर में क्या हुआ कि चोर एक सेठ के घर में चोरी करने गया, दीवार में सेंध लगा के अन्दर घुसा और सब माल चुराकर बाहर निकल रहा था कि दीवार ढह गई और चोर मर गया। चोर का भाई भागा-भागा दरबार में गया और जाके नालिश की कि दुहाई है सरकार मेरा भाई ख़ानदानी पेशा करता था कि एक दीवार ढह गई और वो मर गया। उसकी मौत का ज़िम्मेदार वो सेठ है कि उसे अच्छी पक्की दीवार बनवानी चाहिए थी। उसे इसकी सज़ा मिलनी चाहिए और हमें उसकी मौत का हर्जाना मिलना चाहिए। राजा ने कहा :

बेफ़िक्र रहो मुकम्मल इन्साफ़ होगा, फ़ौरन उस घर के मालिक को बुलवाया जाय। जब वो आया, राजा ने पूछा कि जब वो चोर तुम्हारे घर में घुसा था, तब तुम घर में थे। जी हुज़ूर, वो घर में घुसा, दीवार कमज़ोर थी, गिर गई और वो मर गया।

राजा ने कहा : अहा! तुमने अपने जुर्म का इक़बाल किया, अब तुम्हें सज़ाए-मौत दी जाएगी।

सेठ ने कहा : हुज़ूर ग़लती मेरी नहीं है। दीवार मैंने नहीं बनाई थी, ग़लती उस आदमी की है जिसने दीवार बनाई थी। उसने अपना काम ठीक से नहीं किया, सज़ा उसे मिलनी चाहिए।

राजा ने पूछा : कौन है वो आदमी?

उसने कहा, हुज़ूर वो दीवार मेरे बाप के वक़्त में बनी थी, मैं उस मिस्त्री को जानता हूँ, जिसने दीवार बनाई थी, वो अब काफ़ी बूढ़ा हो गया है, यहीं पड़ोस में रहता है। राजा ने सिपाहियों को भेजा, वो उसे हाथ-पाँव बाँध के लेके आए।

राजा ने पूछा क्यों दीवार तुमने बनाई थी कि जिसने एक आदमी की जान ले ली। उसने कहा जी हुज़ूर बनाई थी। राजा ने कहा, ये कैसी दीवार तुमने बनाई थी कि जिसने एक आदमी की जान ले ली, तुमने उसका ख़ून किया है अब तुम्हें सज़ाए-मौत दी जाएगी। इस पर वो मिस्त्री फफक पड़ा कि हुज़ूर उसके पहले मेरी एक अर्ज़ सुन लीजिये। ये सही है कि दीवार मैंने बनाई थी और कमज़ोर थी, पर उसकी वजह ये है कि दीवार बनाते वक़्त मेरा मन भटक रहा था, मेरा चित्त एकाग्र नहीं हो पा रहा था क्यूँकि उसी समय एक नर्तकी मेरे सामने इधर से उधर टहल रही थी, उसकी पायल की झंकार की वजह से मेरा मन पूरी तरह से अपने काम में नहीं लगा और यही वजह है कि दीवार कमज़ोर बनी। आप उस नर्तकी को सज़ा दीजिए, मुझे पता है वो कहाँ रहती है।

राजा ने कहा : हम्म, तुम्हारी बात में दम है। ये मुक़दमा काफ़ी उलझ रहा है, ऐसे पेचीदा मसले इतनी आसानी से नहीं सुलझते। जाओ देखो वो नर्तकी जहाँ कहीं भी है, उसको लेकर आओ। लरज़ती काँपती वो बूढ़ी नर्तकी दरबार में हाज़िर की गई।

राजा ने सवाल किया के क्या तुम उस रोज़ उस जगह से बार-बार गुज़री थी, जब ये मिस्त्री दीवार बना रहा था। नर्तकी ने कहा, जी हुज़ूर मुझे अच्छी तरह से याद है।

राजा ने कहा कि तुम अपनी पायल की झंकार के साथ वहाँ चहलक़दमी कर रही थीं, और तुम्हारा हुस्न देख कर इसका ध्यान बँटा, और इसने ऐसी कमज़ोर दीवार बनाई की ढह गई और एक ग़रीब और मासूम आदमी अपनी जान गँवा बैठा, तुम्हें इसकी सज़ा मिलेगी।

इस पर वो नर्तकी एक लम्हे के लिए सोच में पड़ गई और बोली, अब मुझे याद आया, मैं सड़क पर इधर-उधर क्यों फिर रही थी, मैंने सुनार को अपना एक हार बनाने के लिए दिया था, पर वो बहुत निकम्मा था, मुझसे बार-बार कहता कि अभी देता हूँ, अभी देता हूँ और मुझे यूँ ही टहलाता रहता और मैं यूँ ही टहलती रही। तो इसने मुझे देखा पर ग़लती तो दरअसल सुनार की है न।

राजा ने कहा, बयान इसका बिलकुल दुरुस्त है, बिलकुल मुनासिब बात कहती है। सारे सुबूतों से साबित होता है कि मुल्ज़िम बल्कि मुजरिम वो सुनार ही है। उसको पकड़ के हाज़िर करो।

जब उसे पकड़ के हाज़िर किया गया और सारी रूदाद उसके सामने रखी गई तो उसने कहा कि हुज़ूर ये बात सही है कि मैंने नर्तकी को दौड़ाया और परेशान किया पर इसका हार मैं इसलिए नहीं दे पाया क्यूँकि एक सेठ के घर बहुत बड़ी शादी थी और उसके ढेर सारे ज़ेवर बनने थे।

मैं एक ग़रीब आदमी हूँ, उसका हुक्म कैसे ठुकरा सकता था। इसलिए मैंने इस नर्तकी को परेशान किया। राजा ने पूछा कि ये सेठ कौन है जिसने तुम्हें परेशान किया कि तुम नर्तकी का हार न बना पाए जिससे वो परेशानहाल चहलक़दमी करती रही जिससे इस मिस्त्री का मन भटका और इसने इतनी कमज़ोर दीवार बनाई कि वो गिर गई, आदमी की जान गई। पता लगाओ कौन है वो सेठ।

अब जब पता लगाया गया तो पता चला ये सेठ तो वही सेठ है जिसके घर की दीवार गिरी थी। राजा ने कहा कि अब जाके इन्साफ़ का दायरा मुकम्मल हुआ। उसको फ़ौरन तलब किया गया और सारी रूदाद सुनाई गई।

उसने कहा कि वो ज़ेवर तो मेरे बाप ने बनवाए थे जो मर गए। उनकी सज़ा मुझे क्यों मिले।

सुन के राजा सोच में पड़ गया। उसने अपने मंत्री से सलाह-मश्विरा किया और कहा :

ठीक है कि असली मुजरिम तुम्हारे बाप हैं, लेकिन उनकी जगह किसी को तो सज़ा मिलनी चाहिए न। अरे बाप की दौलत को विरासत में क़ुबूल किया है तो अब उसके गुनाहों की सज़ा भी भुगतो। मैं तो तुम्हें पहली नज़र में ही भाँप गया था कि तुम्हीं ख़तावार और मुजरिम हो, तुम्हें सज़ाए-मौत दी जाती है, तुम्हें आज रात तख़्ता-ए-दार पर लटकाया जाएगा।

वज़ीरों ने जल्लादों को हुक्म दिया कि एक अच्छा-सा और ख़ूबसूरत-सा तख़्ता-ए-दार तैयार किया जाए। तख़्ता जब तैयार हुआ और वज़ीर मुआयना करने पहुँचे तो पाया कि तख़्ते में छेद बहोत मोटा है और सेठ की गर्दन पतली है। अब साहब ये मसला लेके वो राजा के पास पहुँचा और मंत्रणा की के अचानक राजा को ख़्याल आया कि इसका हल तो बड़ा आसान है। किसी मोटे आदमी को पकड़ा जाए जिसकी गर्दन तख़्ते में अट जाए। राजा ने चारों तरफ़ आदमी भिजवाए तो उस राज में सबसे मोटा आदमी वही निकला जो चेला बनके आया था और गुरु को छोड़ कर यहाँ बस गया था। उसे घसीटते हुए वहाँ लाया गया तो वहाँ पहुँच के उसने पूछा कि मेरी ग़लती क्या है? मैं तो एक संन्यासी हूँ।

इस पर राजा के आदमी बोले कि हमें हुक्म था कि एक मोटे आदमी को पकड़ कर लाया जाए और सबसे मोटे तुम ही हो। जब उसे तख़्ता-ए-दार पर ले

गए तो उसे अपने गुरु के वचन याद आए कि ये मूर्खों का नगर है, पता नहीं कब क्या हो जाए। उसने सच्चे मन से गुरु का नमन किया और याद किया कि वो प्रकट हों और उसे बचा लें। चेले की श्रद्धा सच्ची थी, गुरु को फ़ौरन दिव्यदृष्टि से पता चल गया कि क्या हो रहा है। उन्होंने आनन-फानन ख़ुद को वहाँ पहुँचाया कि चेले को बचा सकें।

वहाँ पहुँचते ही उन्होंने चेले को ज़ोर से फटकारा, फिर कान में कुछ कहा, फिर राजा के निकट गए और कहा, ''हे राजाओं में सर्वोत्तम राजा, बता कि कौन बड़ा, गुरु या चेला।

राजा बोला : ज़ाहिर है गुरु बड़ा है, पर इस सवाल का तात्पर्य क्या है।

गुरु ने कहा, आप पहले मुझे सूली पर चढ़ाइए, बाद में मेरे चेले को। चेला ये सुन के गुरु की चाल समझ गया, चिल्लाया—नहीं-नहीं, मेरे आदरणीय गुरु को नहीं पहले मुझे सूली पर लटकाओ।

अब गुरु और चेला आपस में लड़ने लगे कि सूली पर पहले कौन लटकेगा। राजा और वज़ीर ये देख के हक्का-बक्का रह गए। राजा गुरु से बोला कि आप क्यों मरना चाहते हैं, इसको हमने इसलिए चुना है कि ये मोटा है और हमें मोटा आदमी चाहिए था। इस पर गुरु जी बोले कि महाराज ये सब सवाल-जवाब मुझसे मत कीजिए, फ़ौरन मुझे फाँसी दे दीजिए। राजा बोला, ये गुत्थी मुझे समझ नहीं आ रही है, आप ज्ञानी आदमी हैं, पहले मामला हमें समझाइए कि इसमें राज़ क्या है?

गुरु बोला, मैं आपको राज़ की बात बता दूँगा, पर वादा कीजिए की सूली पर मुझे ही लटकाएँगे। राजा ने वादा किया तो गुरु उसे किनारे ले गया और कहा :

हम दोनों इसी वक़्त मरना चाहते हैं क्यूँकि हम पूरी दुनिया घूमे पर ऐसी प्रजा हमें कहीं नहीं दिखी। ये जो तख़्ता-ए-दार है, ये सूली है, ये इन्साफ़ का मन्दिर है। आज तक कोई मुजरिम इस पर चढ़ के इसे आलूदा न कर सका। ये बिलकुल पाक साफ़ है। जो इस पर चढ़ेगा वो अगले जनम में इस राज का राजा बन के पैदा होगा। और उसके बाद जो चढ़ेगा वो इस मुल्क का वज़ीर बन के पैदा होगा। हम अपने संन्यासी जीवन से तंग आ गए हैं और कुछ दिन राजसी जीवन गुज़ारना चाहते हैं। मैंने राज़ अफ़शा कर दिया, अब अपना वादा पूरा कीजिए। और सबसे पहले मुझे सूली पर चढ़ने का मौक़ा दीजिए।

अब राजा को चिन्ता और परेशानी ने आ घेरा। वो नहीं चाहता था कि अगले जनम में राज किसी और के पास चला जाए। तो उसने फाँसी को अगले दिन के लिए मुल्तवी किया और मंत्री को बुलाकर ख़ुफ़िया बैठक की कि ये बात है। अब अगले जनम में राजपाट किसी और को सौंप देना तो ऐन बेवकूफ़ी होगी। ऐसा क्यों न करें कि हम ही सूली पे चढ़ जाएँ ताकि राजपाट हमारे ही पास रहे। ये संन्यासी गुरु कोई झूठी बात तो बोलेगा नहीं। मंत्री ने कहा, बिलकुल दुरुस्त आपकी तजवीज़ बिलकुल सही है!

तो राजा ने जल्लादों से कहा कि आज रात हम मुजरिमों को तुम्हारे पास भेजेंगे जो पहला आदमी पहुँचे उसे चुपचाप सूली पर चढ़ा देना और जो दूसरा आदमी पहुँचे उसके साथ भी ऐसा ही करना, ख़बरदार कोई कोताही न हो। उस रात राजा और मंत्री भेस बदल के क़ैदख़ाने में पहुँचे। गुरु और चेले को वहाँ से रिहा किया और तख़्ता-ए-दार पर पहुँचे। जैसे ही वो वहाँ पहुँचे, जल्लादों को जैसा कि हुक्म था आव देखा न ताव फ़ौरन राजा और वज़ीर को सूली पर लटका दिया।

सुबह जब उनकी लाशें श्मशान में जलाई गईं तो जनता ने पहचाना कि ये तो राजा और मंत्री हैं। अब हर तरफ़ हाहाकार मचा। उस रात को सब जमा हुए और सलाह मशविरा किया कि अब क्या किया जाए। बिना राजा और वज़ीर के राज कैसे चलेगा। उन्हें अचानक उस गुरु और चेले का ख़्याल आया जो चुपचाप वहाँ से खिसक रहे थे। वो पास गए और हाथ जोड़ के विनती की कि हमें एक राजा और एक मंत्री की ज़रूरत है मेहरबानी करके आप ये पद क़ुबूल कीजिए। चेला तो फ़ौरन राज़ी हो गया पर गुरु बहुत मुश्किल से माने। ख़ैर लब्बोलुवाब ये कि उस मूरख राज के ये राजा बने और उन्होंने पहला काम ये किया कि रात और दिन का उसूल बदला। दिन को दिन और रात को रात किया। और हर अशया के दाम एक डूडडू के उसूल को भी बदला जिसके बाद उस राज में सुख और शान्ति के दिन फिर आए। पत्तियों पर हरियाली आई, ख़ुशी का राज शुरू हुआ।

राजा विक्रम ने कहानी तो दिलचस्पी से सुनी पर उसको सुन के वो न हँसा न मुस्कुराया। बल्कि उसके चेहरे पर नरमी की लहर भी न पैदा हुई। तब चौबोली बोली : हे राजा तू तो बहुत न्यायप्रिय है। संसार में सब जीवों का तुझे ज्ञान है। तो तू ज्ञान पर एक लतीफ़ा सुन कि ज्ञान क्या होता है।

लतीफ़ा 3

कपिलवस्तु नाम के एक गाँव में एक साँप रहता था जो बहुत दुष्ट था। हर आने जाने वालों को डस लेता था। एक दिन एक संन्यसी उस राह से गुज़रा, साँप उसे डसने चला, वो ख़ामोश शान्त निश्चिन्त भाव से वहाँ खड़ा हो गया और बोला, तू मुझे डसना चाहता है तो अवश्य डस, बिलकुल मत हिचक। साँप ये देखकर अचंभित हो रहा। भौंचक हो उसके क़दमों में गिर पड़ा और श्रद्धापूर्वक नतमस्तक हुआ कि ऐसे भी प्राणी होते हैं और कहा : स्वामी ज्ञान दीजिए। संन्यासी ने कहा कि हे सर्प प्रतिज्ञा कर कि तू अब से किसी को नहीं काटेगा। साँप ने फ़ौरन वादा किया और संन्यासी ने अपनी राह ली। उस दिन से साँप ने धर्म, अहिंसा और सचाई का मार्ग पकड़ा और लोगों को डसना बन्द कर दिया। बहोत जल्द लोगों को ये पता चल गया कि साँप ने लोगों को

डसना बन्द कर दिया है और मासूम और बेज़रर हो गया है। जैसे ही मोहल्ले के लड़कों को पता चला, उसे छेड़ना और तंग करना शुरू कर दिया। उसपे पत्थर फेंकते उसकी पूँछ पकड़ के घुमा–घुमा दीवारों पे मारते पर साँप अपने वादे पे क़ायम रहा। किसी को कुछ न कहा, न किसी को डसा और हर ज़ुल्म चुपचाप सहता रहा। एक दिन वो संन्यासी उसी रास्ते वापस आया और साँप को इस तरह आहत देख उसकी दुर्दशा पर दुखी हुआ। और उसका कारण पूछा। साँप ने अपनी सारी व्यथा सुनाई और कहा, ''देखो महाराज ये संसार कितना ज़ालिम है। तो हे राजा विक्रम, तू तो धर्मात्मा है, सुन उस संन्यासी का ज्ञान कि उसने साँप से कहा, ''हे सर्प मैंने कहा था कि किसी को डसना मत, ये तो नहीं कहा था कि फुँफकारना भी छोड़ देना।''

ये सुन नीति राज राजा विक्रम मुस्कुराया, उसके मुस्कुराते ही दीवान ख़ुशी से चिल्लाया : बजाओ नगाड़े, राजा विक्रम दूसरी बार मुस्कुराया है।

नगर में धम धम धम नगाड़ों पर चोब पड़ी, शहर में ख़ुशी मची, लोगों ने अपने–अपने पीले वस्त्र निकालने शुरू कर दिए। लोगों ने दुआएँ, प्रार्थनाएँ, ज़ोर शोर से शुरू कर दीं। मन्दिरों में मंगलाचरण होने लगा।

रात के दो पहर गुज़र चुके थे, चौबोली ने कहा : सुन राजा विक्रम तूने सुना है कि परसराम के साथ क्या हुआ। कैसे उसके दोस्तों ने उसकी बीवी को झूठी ख़बर मौत की सुनाई। कैसे ये सुन वो मुई, अब सुन परसराम के साथ क्या हुआ, कैसे वो मारा मारा दीवानावार फिरने लगा। और कैसे उसे एक मछुआरा मिला जिससे उसने सुना कि कैसे वो आजकल मछली नहीं पकड़ पा रहा। क्यूँकि जब वो नदी में जाता है, एक शोला आसमान से आता है और आवाज़ आती है परसराम परसराम। तो ये सुनके परसराम पर क्या गुज़री उसकी रूदाद अब सुन।

परसराम–3

कभू याद कर उसको नाला रहे
कभू टुक जो भूले तो हैरां रहे
हुई रफ़्ता रफ़्ता जो वहशत ज़ियाद
लगा भागने सबसे वो नामुराद
कभू ख़ाक मलता है मुँह पर खड़ा
कहीं है ख़राबी में बेसुध पड़ा
सरे–शाम एक रोज़ दरिया गया
हुई रात वां से न आया गया
के यक शोलए तुंद पुर पेचोताब
फलक से उतरता है नज़दीकेआब
कोई दम तो रहता है सरगर्मे गश्त
कभी सूए दरिया कभी सूए दश्त

ठहरता जो है फिर कनारे पे वां
कहे है परसराम तू है कहाँ
ये आतिश मेरे दिल कि क्योंकर बुझे
अदम में भी मैंने न पाया तुझे

यहाँ तक सुना के चौबोली बोली की जैसे तरु बिन तरुवर, जैसे पर बिन पक्षी, जैसे जीभ बिन मुँह, वैसे ही हुँकारा बिन कहानी। अब कोई हुँकारा भरने को तैयार हो तो मैं कहानी सुनाऊँ कि राजा विक्रम मुस्कुराए बिना न रह सके। उस पर राजा विक्रम के सर पर रखा मुकुट बोला मैं हुँकारा भरूँगा, मैं इसके सर का ताज हूँ और नहीं चाहता कि ये मुझे सर से उतारे और संन्यास ले।

तब चौबोली ने बात शुरू की :

"सुनिए एक गप्प राजा विक्रम की, एक बर क्या हुआ के एक काँटे के ऊपर तीन तालाब बने हुए थे। उसमें से दो सूखे थे, तीसरे में पानी नहीं था। जिसमें पानी नहीं था उसमें तीन कुम्हार आके बस गए। तीनों में से दो लूले थे और तीसरे का हाथ नहीं था। जिसके हाथ नहीं था उस कुम्हार ने तीन हाँडियाँ बनाई, उसमें से दो टूटे-फूटे थे और तीसरे की पेंदी नहीं थी। जिसके पेंदी नहीं थी उसमें तीन दाने चावल के बनाए दो दाने कच्चे थे और तीसरा अधपका था। जो अधपका था उसकी दावत के लिए तीन आदमी मेहमान बुलाए। तीनों में से दो नाराज़ थे और तीसरा ग़ुस्सा था। जो ग़ुस्सा था उसके तीन जूते मारे गए। दो वार ख़ाली गए और तीसरा उसे लगा ही नहीं। मार से बचने के लिए मेहमान भागा और मेज़बान ने उसका पीछा किया।

रास्ते में एक हाथी ने मेज़बान पे हमला किया। उसने हाथी को घूँसा मारा और उसकी पसलियाँ तोड़ के उसे अधमरा कर दिया। हाथी वहाँ से भागा और मेज़बान ने उसका पीछा किया। हाथी एक पेड़ पर चढ़ा और डाल-डाल पात-पात पे रेंगने लगा, आख़िर पेड़ से कूदा तो उसे एक लोटा दिखा, वो कूद के लोटे में घुस गया। मुँह से अन्दर गया और टोटी से बाहर निकल रहा था, उसका पूरा जिस्म तो टोटी से निकल गया पर पूँछ फँस गई।

जो उसका पीछा कर रहा था, उसे हाथी की दुर्दशा पर रहम आ गया, उसने उसकी जान बख़्श दी कि अचानक उसने देखा की एक लड़की ने एक तिनके से उस हाथी को उठाया और अपनी माँ से पूछा, इस चूहे को कहाँ फेंकूँ। वो आदमी दिल में चकराया कि जो लड़की हाथी को चूहा समझती है, उसका बाप कितना जर्री और ताक़तवर होगा। उसने उससे पूछा कि तेरा बाप कहाँ रहता है, उसने कहा कि वो जंगल में सत्तर हज़ार बैलगाड़ियों को चराता है जिसे उसने अपनी कमर में बाँध रखा है।

वो आदमी जंगल गया तो उसने देखा कि सचमुच उसने सत्तर हज़ार बैलगाड़ियाँ अपनी कमर में बाँध रखी हैं। वो उसके पास गया और कुश्ती के लिए ललकारा। उसने

कहा : ठीक है पर यहाँ हम दो ही हैं, कोई तीसरा हो जो तय तो कर सके कि कौन जीता, कौन हारा। उतने में उन्होंने एक कुबड़ी बुढ़िया को आते देखा जिसके एक हाथ में खाने की पोटली थी और दूसरे में पानी का लोटा। उन्होंने कहा कि तुम हमारे बीच मुंसिफ़ बन जाओ। उसने कहा : मैं एक बूढ़ी औरत हूँ, मैं क्या तुम्हारे बीच फ़ैसला करूँगी पर यहाँ से थोड़ी दूर पर मेरा बेटा रहता है वो ज़्यादा अच्छा फ़ैसला करेगा क्यूँकि वो अपनी कमर से ऐसी रस्सी बाँधता है जिस पर सत्तर हज़ार ऊँट बँधे हुए हैं। तो वो दोनों उसके पास जाने को राज़ी हुए। उस औरत ने पोटली और घड़ा अपने सर पर रखा और दोनों को एक-एक कंधे पर बिठा के आगे चली। एक ने तो सत्तर हज़ार बैलगाड़ियाँ कस के बाँध ली और दूसरा सँभल के बैठा।

अब जब बुढ़िया अपने बेटे से ग़ुस्सा हो जाती थी तो उसे डराती थी कि मैं तुझे क़ाज़ी से पकड़वा दूँगी। उसके बेटे ने जब देखा कि दो लोगों को कंधे पे सवार किए लाती है तो समझा कि वही क़ाज़ी के आदमी आते हैं, जल्दी से चादर बिछाई उन सत्तर हज़ार ऊँटों को उसमें बाँधा और पोटली लेके भागा। वो भागा तो कुछ ऊँटों के सर पोटली से निकल आए और एक की ज़बान लटक गई।

तो एक चील ये समझी कि गोश्त का टुकड़ा है, झपट्टा मार और पोटली लेके उड़ गई। पर वो इतनी भारी थी कि उसके मुँह से छूट के गिर गई। इत्तेफ़ाक़ से कुछ दूर एक रानी अपने महल की छत पर खड़ी आसमान देख रही थी। कि वो पोटली उसकी आँख में गिर गई, उसकी आँख में तकलीफ़ हुई तो दाई को बुलाया जब उसने आँख में झाँका तो वहाँ सत्तर हज़ार ऊँट नज़र आए। उसने एक-एक करके सारे ऊँट निकाले और अपनी झोली में भर लिया। रानी को आराम पहुँचा और दाई ख़ुशी-ख़ुशी अपने घर लौटी।

अब जब उसने सब ऊँट निकालकर गिने तो सिर्फ़ उनहत्तर हज़ार नौ सौ निन्यानबे निकले। उसने कहा : हाय एक ऊँट कहाँ चला गया? उसने वापस रानी की आँख का फिर से मुआयना किया तो कुछ न मिला। उसने इधर-उधर देखा जाँचा हर तरफ़ फिरी खेत में गई, पर ऊँट न मिला। एक दिन वो घर में बैठी फुल्के बनाती थी और जब खाने बैठी और फुल्के को फोड़ा तो उसमें से वही एक ऊँट निकला। उसकी गर्दन और सर नदारद थे। उसने पूछा कि तू अभी तक कहाँ था। उसने कहा कि मैं तो यहीं था, पर मेरे सर और गर्दन आगरे में हैं और कुछ दिनों में तेरे पास पहुँच जाएँगे।

अब क्या था कि आगरा का जो बादशा था उसका एक बहोत ख़ूबसूरत बाग़ था पर कुछ दिनों से कोई जानवर आके पेड़ पौधों को चर के नुक़सान पहुँचा रहा था। बहोत मेहनत की पर जानवर न पकड़ पाया। बादशाह वज़ीर को इस बाग़ की पहरेदारी पर तैनात किया। वज़ीर ने अपनी ऊँगली काट के उस पर नमक-मिर्च छिड़का ताकि रात-भर दर्द के मारे नींद न आए। ऐन आधी रात को उसने देखा कि एक ऊँट का सर बरामद हुआ और पौधों को चरता है। वज़ीर ने उसकी गर्दन पकड़ी और पूछा कि

तू कौन है। उसने कहा : उसे छोड़ो और तुम मुझसे ये बीज ले जाओ और जो मैं कहता हूँ वो करो। उसने उसकी गर्दन छोड़ दी और बीज लेके कहा : बताओ।

इस पर ऊँट ने कहा : बीज बादशा के पास ले जाओ, उसके सामने सुबह की पहली घड़ी में इसको बोओ, दूसरी घड़ी में इस्से पौधा अंकुरित होगा। तीसरी घड़ी में ये बड़ा होगा, चौथी में इसमें बौर आएगी, पाँचवीं में उसमें फल आएगा, छठी में वो फल पकेगा और सातवीं घड़ी में बादशा वो फल खाएगा तो तरक़्क़ी पाएगा।

वज़ीर ने वैसा ही किया, जैसा ऊँट की गर्दन ने कहा था और सातवीं घड़ी में एक ख़ूब उम्दा पका हुआ तरबूज़ राजा के सामने रखा गया। अभी वो उसे खा नहीं पाया था कि उसी घड़ी कुछ नजूमी और ज्योतिष उसके सामने हाज़िर हुए और बोले कि एक ऐसा ज़बरदस्त तूफ़ान आने वाला है कि सबकुछ बहा के ले जाएगा। हमें फ़ौरन किसी महफ़ूज़ जगह पर शरण ले लेनी चाहिए। ये सुनके सब बहोत ख़ौफ़ज़दा हुए पर एकदम से नजूमियों ने उस तरबूज़ को देखा तो कहा अरे यही तो महफूज जगह है। उन्होंने तरबूज़ को काट के गूदा निकाला और बादशा और उसका अमला सब रियाया अपने सामान के साथ उस तरबूज़ में समा गए और उनके दोनों काशों को जोड़कर मिला लिया गया।

जैसे ही वो अन्दर बन्द हुए वैसे ही मूसलाधार बरसात शुरू हो गई और हर तरफ़ सैलाब आ गया। सारी धरती उसमें डूब गई और हर तरफ़ पानी ही पानी भर गया। और वो जो पूरी रियासत उस तरबूज़ में बन्द थी पानी में तैरने लगी। जब तूफ़ान थमा तो एक मछली जो बहुत भूखी थी, उसने उस तरबूज़ को देखा और निगल गई, पर वो तरबूज़ इतना मोटा था कि उसकी गर्दन में अटक गया। तो उस मछली की साँस अटकने लगी और वो किनारे पर लेट के तड़पने लगी कि इतने देर में एक सारस जो कई दिनों से भूखा था उसने मछली को देखा और निगल गया। पर वो उसे हज़म न कर पाया और ज़मीन पर पड़ के तड़पने लगा।

कि इतने में वहाँ एक बिल्ली आई उसने सारस को निगल लिया पर वो भी अधमुई हो के लेट गई, और एक कुत्ता आया कि बिल्ली को खा गया, मगर वो भी उसे हज़म न कर पाया और ज़मीन पर लेट के हाँफने लगा।

अब इत्तेफ़ाक़ से वहाँ एक कंजर रहता था। बीवी उसके पीछे पड़ी थी कि जा हमारे लिए कुछ खाने को ला। उसने कहा : तू फ़िक्र न कर मैं ऐसा इन्तज़ाम करूँगा कि चार दिन तक हमें खाने-पीने की कोई तकलीफ़ न होगी। वो शिकार पर निकला तो वही कुत्ता उसे मिला जिसने बिल्ली को खाया था। उसने एक बार में उसका काम तमाम किया और ख़ुशी-ख़ुशी उसे लेकर घर आया। जब उसकी बीवी ने कुत्ते को काटा तो ख़ुशी से चिल्लाई कि अरे इसमें तो एक बिल्ली है। उसने कहा, इसे कल के लिए बचा लें। अगले दिन उसने बिल्ली को काटा तो उसमें से एक सारस बरामद हुआ, उसने उसे कल के लिए बचा लिया। अगले दिन सारस को काटा तो मछली बरामद हुई, फिर अगले दिन मछली को काटा तो वही तरबूज़ निकला।

आख़िरकार जब तरबूज़ को काटा तो बादशाह उसकी फ़ौज और अमला और सब रियाया और मालो-असबाब बरामद हुआ। राजा ने उस कंजर को ख़ूब इनामो-इकराम दिए, ज़मीन-जायदाद ईनाम में दिए, उस कंजर के दिन ख़ुशी से गुज़रने लगे और राजा भी ख़ुशी-ख़ुशी अपने महल को लौटा और उस ऊँट को ख़ूब-ख़ूब दुआएँ दी।

तो राजा विक्रम तू ये गप्प सुनके भी न मुस्कुराया न तेरा मन भाया। तो मैं तुझे एक लतीफ़ा सुनाता हूँ। राजा विक्रम मुस्कुराया तो न था पर उसने अपना हाथ मुँह पर रखके रुख़ चौबोली की तरफ़ कर लिया था। जिससे ये लगता था कि वो अब इनहमाक से चौबोली की बात सुन रहा था। तो राजा तू तो चतुरों में चतुर है, अब ये लतीफ़ा सुन।

ये लतीफ़ा सुन के राजा विक्रम बरबस मुस्कुरा उठा, दीवान ये देख के ख़ुशी से पागल हुआ और चिल्लाया : बजाओ नगाड़े और ख़ूब-ख़ूब ज़ोर से बजाओ। नगाड़ो पर ऐसी चोब पड़ी कि शहर में हर आदमी जहाँ था वहीं रुक गया और फिर ऐसी ख़ुशी छाई कि सब नाचने लगे, हमारा राजा तीन बार मुस्कुरा उठा है, क्या पता वो चार बार मुस्कुरा दे तो हमारा राजा हमें वापस मिल जाए। अरे अबीर निकालो, गुलाल निकालो कि लगता है आज बसंत खेल ही लेंगे हम लोग। पंडितों ने मंत्रोच्चार शुरू किए, ज्योतिषियों ने पोथी खोली, घर-घर दिए रौशन हो चुके थे।

रात के तीन पहर गुज़र चुके थे, चौबोली ने कहा कि परसराम उस मछुआरे के साथ नदी में उस मुक़ाम पर पहुँचा था कि जहाँ वो शोला आकर पुकारा करता था। अब सुन परसराम पर क्या गुज़री।

परसराम 4

हुआ हमदम उस आतिशअंगेज़ से
कहा उस बलाए दिलावेज़ से
कि मैं हूँ परसराम ख़ाना ख़राब
मेरा दिल भी इस आग से है कबाब
बहम गर्मजोशी से यकजाँ हुए
कि गुज़री थी मुद्दत भी तनहा हुए
ख़बरदार हो अहले-कश्ती तमाम
लगे कहने बाहम नहीं परसराम
न पाया कहीं उसको हैरां हुए
निहायत ही ख़ातिर परेशां हुए

अब चौबोली ने अपना बयान फिर जारी किया कि राजा तभी शोभते हैं जब प्रजा के सुख को ऊपर जाने, प्रेमी तभी प्रभावित करते हैं जब प्रेमिका को छोड़े पर प्रेम को

न छोड़े और कहानी तभी अच्छी लगती है जब कोई हुँकारा भरे। के इस बार मैं ऐसी दास्तान सुनाऊँ के जिससे दिलों के खराबे हों रौशन। तो इस बार ख़ुद दीवान बोला मैं दूँगा हुँकारा। ऐसे महान दास्तानगो को हुँकारा न देना पाप होगा। तो चौबोली ने अपना बयान शुरू किया :

सुन इस देश में कैसी-कैसी सावित्री सरीखी औरतें हुई हैं जो अपने प्रेम को बचाने के लिए क्या-क्या जतन करती हैं और क्या-क्या युक्तियाँ लगाती हैं। राजा कान लगा के सुन कि पाटलिपुत्र नगर में एक नौजवान रहता था। अभी उसका ब्याह हुआ ही था कि उसका बाप चल बसा। उसके ससुराल वाले बहुत दुखी हुए, उसकी सास ने कहा : अभी वो बहुत दुखी होगा, अकेला होगा, हालाँकि अभी गौने का शगुन नहीं आया है, पर उसे संदेसा भिजवा देना चाहिए कि आके गौना करा ले जाए क्यूँकि दुनिया में बीवी से बड़ा कोई मित्र नहीं। तो जब संदेसा उस नौजवान को मिला तो तुरन्त तैयार हो के घोड़े पे बैठ के अपना गौना कराने निकल पड़ा।

रास्ते में एक जंगल पड़ा, वहाँ अजीब नज़ारा उसने देखा कि एक नेवला और एक अजगर लड़ते हैं। दोनों ने जान की बाज़ी लगा रखी है। कभी नेवला बढ़ता है, कभी अजगर चढ़ता। कुछ ही देर में नेवला अजगर पर भारी पड़ने लगा। उसे जा-बजा खरोंचे लगाईं यहाँ तक कि अधमुआ कर दिया। ज़रा-सी देर होती तो अजगर जान से जाता, उसका काम तमाम होता था कि नौजवान ने मन में सोचा कि अजगर बेचारा अपनी जान से जाएगा सो चलकर उन दोनों को अलहदा कर और अजगर की जान बचा, तो उसने उतरकर दोनों को अलग करने की कोशिश की पर जितना वो दोनों को अलग करता था, उतना ही नेवला अजगर पर हमला करता था और दोनों एक-दूसरे से चिमटते थे, आख़िरकार जब कोई चारा न बचा, अजगर की जान बचाने का तो तलवार निकाली और नेवले का काम तमाम कर दिया।

पर जब वो ये करके घोड़े पर सवार होने लगा तो अजगर ने उसे एकदम से लिपटा लिया और कस के बल देने लगा। नौजवान का दम घुटने लगा, वो चिल्लाया : हे अजगर ये क्या करता है। अजगर बोला : मैं तेरे प्राण हरता हूँ। पर क्यों मैंने तो तेरी जान बचाई है, नेकी का भला बदी से क्यों देता है? अजगर बोला : क्यूँकि यहाँ का यही चलन है। इस देस अगर कोई किसी के साथ भलाई करता है तो उसके साथ बुराई बरती जाती है। नेकी का बदला बदी। इस इलाक़े का यही क़ानून है। यह कहकर उसने और ज़ोर से उस आदमी को भींचना शुरू किया। नौजवान चिल्लाता रहा और दुहाई देता रहा पर उसकी कुछ न बनी। आख़िर जब कोई सूरत न निकली तो उसने कहा कि अजगर मेरी ये बिनती सुन ले। उसपे अजगर बोला : बोल क्या बोलता है। उसने कहा अजगर तू मुझे ज़रूर खा ले पर मुझे आठ दिन का वक़्त दे दे। मैं अपना गौना कराने निकला था अपनी ज़िम्मेदारियों का निबाह करने निकला था। तू मुझे उसके बाद ज़रूर खा लेना। मैं ख़ुद-ब-ख़ुद तेरे पास आ जाऊँगा। इसपे अजगर बोला कि

ये तो मैंने देख लिया कि तू एक नेक ईमानदार और सच्चा आदमी है। तू अपना वादा ज़रूर पूरा करेगा, तुझे आठ दिन का वक़्त दिया, आठवें दिन ज़रूर आ जाना ताकि मैं तुझे खा सकूँ। उसने ये वादा किया और वहाँ से चल दिया।

चलकर ससुराल को आया, वहाँ सब उसको देखकर ख़ुश हुए, मंगल-कुशल पूछी, उसको उदास देखकर सब बहुत हैरतज़दा हुए। हर तरह से उसकी दिलजोई करने की कोशिश की मगर सारी कोशिशें रायगां गईं। उन्होंने हर तरह से उसकी उदासी का सबब जानने की कोशिश की मगर उसकी ज़बान पर एक लफ़्ज़ न आया। उन्होंने समझा कि शायद अपने बाप की मौत के सदमे में गिरफ़्तार है। उन्होंने ज़िन्दगी और मौत के बहुत सबक़ उसे सिखाए पर वो निपट उदास का उदास रहा। आख़िर जब सात दिन गुज़र गए तो उसकी सास ने अपनी बेटी से कहा : बेटी तू ही पूछ, क्या मामला है। उसकी नई-नवेली बीवी ने बहुत कोशिश की, हर तरह से मिन्नत-समाजत की, पर उसके मुँह से एक लफ़्ज़ भी न निकला। आख़िरकार वो आठवाँ दिन भी आ गया जब उसे अपनी मौत से हमकिनार होना था, ससुराल वालों से विदा ली। जहेज़ का सारा सामान एक बैलगाड़ी में लादा, दो-चार नौकर-चाकर उसके साथ किए और नाचार अपनी बीवी के साथ गौना कराके रवाना हुआ।

बैलगाड़ी अपनी राह को चली। कुछ दूर सफ़र करने के बाद उसने अपनी बीवी और तमाम अमले से कहा कि तुम लोग मुझसे जुदा और अपने घर की राह लो। मेरे मरण की घड़ी आ गई है सो मैं अपनी मौत को जाता हूँ। नौकर-चाकर तो ये सुनकर विदा हुए। पर उसकी दुल्हन ने कहा कि मेरा तुम्हारा तो अब जीने-मरने का नाता है। जहाँ तुम जाओगे वहाँ मैं भी जाऊँगी। सावित्री ने भी तो यही किया था सत्यवान के साथ। तो उसके लाख समझाने पर भी वो न मानी और उसके साथ चली। जब वो उस मक़ाम पर पहुँचा, जहाँ साँप को छोड़ा था तब उसने सदा दी कि हे अजगर मैंने अपना वादा पूरा किया, तू आ और मुझे खा। मेरी मौत तेरा इन्तज़ार कर रही है। उसकी बीवी हौलनाक ख़ौफ़नाक आँखों से ये मंज़र देख रही थी। उसने आवाज़ दी ही थी कि एक फुँफकार सुनाई दी और सरसराता हुआ एक बड़ा अजगर बाहर निकला। उसे देख के बीवी चिल्लाई : खुदारा ऐसा पाप न करो, तुम क्यों मेरे शौहर की जान हरते हो।

उसपे साँप ने उसे अपने और नेवले की सारी कहानी सुनाई कि कैसे उसके शौहर ने उसकी जान बचाई थी और कैसे इस इलाक़े का ये क़ायदा है कि पुण्य के बदले पाप मिलता है। बीवी ने बहुत मिन्नत-समाजत की, बहुत उसके हाथ-पाँव जोड़े मगर अजगर जो अपनी ज़िद पर अड़ा था सो अड़ा था। आख़िरकार जब कोई चारा न बचा तो औरत ने कहा : अच्छा ये तो बता कि यहाँ दुनिया की उलटी रीत कैसे चली कि नेकी के बदले बदी की जाए। ये कैसा अँधेर है। और ये क्यूँकर हुआ।

उसने कहा कि तू ये टल्ली के दरख़्त देखती है, वो पाँच दरख़्त जो वहाँ लगे हुए हैं। जा और उन पेड़ों से ब-आवाज़े-बुलंद फ़रियादी बन के सवाल कर कि इस मुल्क

में लोग नेकी के बदले बदी क्यों करते हैं। उसने जाके फ़रियाद लगाई। और कहा कि हे महान पेड़ों, महान आत्माओं, बतलाओ मुझे कि उलटी रीत इस समाज में किसने बनाई।

तब बीच के पेड़ ने कहा कि तुम हमें देखती हो, हम पाँच यहाँ खड़े हैं, पहले हम छह थे, दो-दो पेड़ों के तीन जोड़े। तुम्हें बताता हूँ कि छठे पेड़ के साथ क्या हुआ और क्यों हम उससे बिछड़ गए। तब कहा कि ग़ौर से सुन कि कलयुग में क्या होता है और तब उसने ये कथा सुनानी शुरू की।

कई बरस पहले की बात है, एक चोर ने एक जगह चोरी की, लोगों ने उसे देख लिया वो भागा, लोगों ने उसका पीछा किया, वो भागता जाता, लोग उसके पीछे भागते जाते, भागता भागता वो यहाँ आ निकला। चाँदनी रात थी, हमारे छठे साथी के पेट में एक बहुत बड़ा ग़ार था, वो उसमें आके छुप गया

और पेड़ से गुहार लगाई कि हे पेड़ मुझे छुपा ले और मेरी जान बचा ले। तब उस पेड़ ने ग़ार को बन्द कर लिया और अपने को चारों तरफ़ से लपेट लिया और उसे छुपा लिया। जो लोग उसे ढूँढ़ते हुए आए थे उन्होंने कहीं उसका पता न पाया और निराश होकर लौट गए। तब उस पेड़ ने ग़ार का मुँह खोला और उसे रिहा कर दिया। वो चोर नई ज़िन्दगी पा के ख़ुश हुआ और अपने नगर को गया।

अब सुन तू कहानी में पेंच, तू तो जानती ही है की टल्ली के एक पेड़ की उम्र पाँच हज़ार साल होती है। औरत ने कहा : हाँ ये तो मैं जानती हूँ। पर जब वो चार हज़ार साल का होता है, तो उसके अन्दर से ऐसी ख़ुशबू उठती है कि संदल की ख़ुशबू को भी मात देती है। उसे सूँघ कर इंसान मबहूत हो जाता है और अपने आपे में नहीं रहता।

तो जब उस चोर को हमारे साथी ने अपने आग़ोश में लिया तो उसके अन्दर वो ख़ुशबू समा गई। अब जब वो शहर को लौटा तो इसकी सुगंध लेकर लौटा। वो जहाँ जाता वो ख़ुशबू उसके साथ फैलती पर उसे ये बात मुतलक़न मालूम न थी। अब वो जहाँ जाता एक ख़ूबसूरत और मनमोहक ख़ुशबू उसके साथ फैलती जाती।

अब जब वो शहर में पहुँचा तो पहुँचते ही एक आदमी उसके सामने आया और उसे जो सूँघा तो कहने लगा कि ये मनमोहनी ख़ुशबू कहा से पाई। चोर ने कहा कि मेरे पास तो ख़ुशबू नहीं है भाई। शख़्स ने कहा कि ख़ुदा की क़सम तेरे पास से ज़बरदस्त ख़ुशबू आती है, तू मुझे उसे दे दे और मुँहमाँगी क़ीमत मुझसे ले ले। चोर ने कहा कि अल्लाह के बन्दे मेरे पास कोई ख़ुशबू हो जभी तो मैं तुझे उसे दूँ।

वो शख़्स बड़ा पाजी और शैतान था, वो सीधा शहर के हाकिम के पास गया और बोला कि तेरी रियासत में एक आदमी ऐसा फिरता है जिसके पास शानदार ख़ुशबू है। हाकिम ने फ़ौरन अपने कारिंदों को भेज उस शख़्स को पकड़ धरवाया। उसकी पेशी हुई, हाकिम ने उसे सूँघा, उसको महक से वाक़िफ़ हुआ, आगही हुई तो कहने लगा कि ये ख़ूबसूरत ख़ुशबू तू मुझे दे दे तो जान की अमान दूँगा वरना अभी सूली पर चढ़वा दूँगा। चोर बोला मेरे पास ऐसी कोई, ख़ुशबू नहीं है आलमपनाह।

हाकिम बोला कि ख़ुशबू तो मुझे महसूस हो रही है अब तू राज़ बताएगा या फाँसी पर चढ़ेगा।

इस पर चोर ने टल्ली के पेड़ का क़िस्सा हाकिम को सुनाया। हाकिम बोला, चल मुझे दिखा कि वो पेड़ कहाँ है। चोर उसे वहाँ ले गया, हाकिम ने हुक्म दिया कि इस पेड़ को काट डालो और हमारे महल में ले चलो ताकि ये ख़ुशबू हमेशा हमारे पास रहे।

उस टल्ली के पेड़ ने जब ये सुना तो चीत्कार किया कि हाय मैंने तो एक मनुष्य को शरण दी और उसकी जान बचाई, उसके बदले में मेरी जान ली जा रही है। ये तो सरासर अनर्थ है। मैं ये वसीयत करता हूँ कि आज के बाद जंगल में कोई किसी के साथ नेकी नहीं करेगा बल्कि अब से नेकी का बदला बदी से और भलाई का बदला बुराई से दिया जाएगा। ये कहानी कहके उस पेड़ ने ख़ामोशी अख़्तियार की और वो औरत दुबारा उस साँप के पास आई।

साँप ने कहा कि अब समझ में आया कि क्यों यहाँ नेकी के बदले बदी होती है। ये कह के अपने शिकार की तरफ़ बढ़ा। उसकी बीवी चिल्लाई कि मेरा सोचो कि मेरा क्या होगा। तुम मेरे पति से पहले मुझे खा लो। ये सुन के साँप सोच में पड़ गया और कहा कि तुम्हें मैं कैसे खा सकता हूँ, तुमने मेरा कुछ नुक़सान तो किया नहीं है और न ही फ़ायदा और न ही तुमने मेरे साथ ऐसी कुछ नेकी की है जिसकी वजह से मैं तुम्हारे साथ कोई बदी करूँ।

उस औरत ने जवाब दिया कि अगर तुमने मेरे शौहर को खा लिया तो मेरा क्या होगा? तुम्हीं ने तो कहा कि मैंने तुम्हारे साथ कोई नेकी नहीं की है तो फिर तुम मेरे साथ बदी क्यों करते हो? अब साँप पसोपेश में पड़ गया। उस आदमी को तो उसे खाना था ही पर उस औरत के साथ वो कोई नाइंसाफ़ी भी नहीं करना चाहता था। तो वो अपने बिल में गया और वहाँ से दो जादुई गोलियाँ लेकर लौटा और कहने लगा कि चल ऐ नादान और मासूम औरत इन गोलियों को खा लेना। इनसे तेरे दो ख़ूबरू और होनहार और लायक बेटे पैदा होंगे। उसने दो गोलियाँ तो ले लीं पर बहुत चतुराई से कहा :

"हे सर्प अगर मेरा पति नहीं होगा और मेरे बेटे पैदा होंगे तो वो तो नाजायज़ औलाद होंगे न, मैं अपवित्र, कुलटा और चरित्रहीन कहलाऊँगी।" साँप को उसकी बात समझ में आ गई और वो फिर से बिल में गया और एक और गोली लेकर आया और कहा कि अगर संसार में कोई तुझे दोष दे या चरित्रहीन ठहराए तो तू ये गोली उसके सर पे मसल देना। ये कहके उसने दिखलाया कि गोली कैसे मसलते हैं।

औरत ने पहली दोनों गोलियाँ तो कस के अपने पल्लू में बाँध लीं और तीसरी गोली के बारे में साँप से पूछा कि हाँ बता कैसे इसे अपने काम में लाते हैं। मान ले कि मैं ये गोली तेरे सर पर ले जाकर इस तरह से मसलूँ तो ये सफ़ूफ़ बन जाएगी। ये कहके उसने गोली को साँप के सर पर मसलना शुरू किया जैसे ही वो सफ़ूफ़ उसके

सर पर गिरा, साँप जलने लगा और ज़रा-सी देर में जल के भस्म हो गया। जब वो साँप ख़त्म हो गया तो उसने अपने पति से कहा कि देखा बुराई का बदला बुराई ही होता है। साँप अपने अंजाम को पहुँचा, अब तू आगे से इस बात की गाँठ बाँध ले कि नेकी का बदला नेकी और बदी का बदला बदी ही होता है। ये कहके वो अपने पति को लेकर अपने गाँव पहुँची और ख़ुशी-ख़ुशी ज़िन्दगी गुज़ारने लगी।

ये सुन के राजा विक्रम ने ठहाका लगाया और ज़ोर से हँसा। जैसे ही उसने ठहाका लगाया, दीवान ख़ुशी से चिल्लाया कि बजाओ नगाड़े और बजाते ही रहो कि राजा विक्रम चौथी बार हँस पड़ा। अब जो नगाड़े पर चोब पड़ी तो नगर में लोग नाचने लगे, गाने लगे, एक-दूसरे पर अबीर और गुलाल फेंकने लगे। चौबोली और राजा विक्रम की जय-जयकार होने लगी। मन्दिरों में ज़ोर-ज़ोर से घंटियाँ बजने लगीं, सारा नगर ख़ुशी से झूम उठा कि हमें हमारा राजा वापस मिल गया है। उस समय विक्रम की वापसी का सुनकर इंद्र समेत तमाम देवता बाहर निकलकर फूल बरसाने लगे। इंद्र देवता ने राजा विक्रमजीत से कहा कि वर माँग। तब राजा विक्रम ने कहा कि ये कथा मेरी और चौबोली की पूरे संसार में प्रसिद्ध हो।

तब राजा इंद्र ने कहा, जब तक चाँद-सूरज, धरती-आकाश सितारे स्थिर हैं तब तक ये कथा प्रसिद्ध रहेगी और तू सर्व भूमि का राजा होगा। तब राजा विक्रम चौबोली की तरफ़ मुड़ा और कहने लगा कि चौबोली वचन था कि जो मुझे हँसाएगा वो मेरा राजपाट ले जाएगा। तू राजा बनके रह और मैं प्रजा बनके रहूँगा। तो चौबोली बोली कि हे राजा विक्रम तेरा राजपाट मुझे नहीं चाहिए, मैं वापस अपने नगर को जाऊँगी। राजा विक्रम सुनके अचंभित हुआ और बोला कि फिर तू मुझसे क्या चाहती है। चौबोली बोली मुझे सिर्फ़ तेरे चेहरे पर ख़ुशी देखनी थी, ऐसा साहसी और प्रतापी राजा इतना मलीन न हो। ये सुनके राजा विक्रम अचम्भे में आया और बोला कि चौबोली मैंने तेरे जैसी अद्भुत औरत नहीं देखी। तू सच में विलक्षण है, सच में अजूबा है। मुझे तुझसे प्रेम हुआ, तू यहीं रुक जा और मेरी रानी बन जा।

तब चौबोली ने हाथ जोड़ कर विनम्र भाव से कहा कि हे राजा तेरे मन का भाव मेरे सर-आँखों पर। पर मैं तेरे साथ नहीं रह सकती, मेरा विवाह हो चुका है।

ये सुनकर राजा विक्रम फिर मलीन हुआ तो चौबोली बोली कि हे राजा मैं तेरे मन में प्रेम का बीज अंकुरित करने आई थी कि दिल मोड़ना मौत है और दिल लगाना ज़िन्दगी है। तू बेशक मुझसे प्रेम कर, मैं भी तुझे चाहती हूँ पर चाहने का मतलब सिर्फ़ मिलन नहीं होता है। हमारे तो शास्त्रों में आया है कवियों ने लिखा है, इश्क़ का मतलब है विरह। राजा विक्रम सुन के जो नर प्रेम नहीं करते वो नर मृत हैं ऐसा कहा गया है। हम एक-दूसरे से दूर रहेंगे तो एक-दूसरे को प्रेम करते रहेंगे। क्यूँकि प्रेम ही जीवन है, प्रेम ही संसार है। प्रेम जानवरों में है। प्रेम प्राणियों में है, प्रेम नदियों में है। प्रेम पर्वतों में है, प्रेम झरनों में है, प्रेम कलियों में है, प्रेम भँवरों में है,

प्रेम हवाओं में है। प्रेम फ़ज़ाओं में है। ये इश्क़ ही है जिससे दुनिया का कारोबार चलता है। ख़ुदा को अपने बन्दों से इश्क़ है, बन्दों को अपने ख़ुदा से इश्क़ है। इस पूरी क़ायनात में इश्क़ ही इश्क़ समाया हुआ है। तू उसको पहचान और जान। और मैं क्या कहूँ, तू ख़ुद ही ज्ञानी है।

कुछ हक़ीक़त न पूछो क्या है इश्क़
हक़ अगर समझो तो ख़ुदा है इश्क़
इश्क़ ही इश्क़ है नहीं है कुछ
इश्क़ बिन तुम कहो कहीं है कुछ
इश्क़ था जो रसूल हो आया
उनने पैग़ामे-इश्क़ पहुँचाया
इश्क़ हक़ है कहीं नबी है कहीं
है मोहम्मद कहीं अली है कहीं
इश्क़ आली जनाब रखता है
जिब्रईलो किताब रखता है
इश्क़ हाज़िर है इश्क़ ग़ायब है
इश्क़ ही मज़हरे अजायब है
मुझसे मत पूछ ये किन्हें है इश्क़
इश्क़ है उन्हीं को जिन्हें है इश्क़
इश्क़ से रंग ज़र्द होता है
इश्क़ से दिल में दर्द होता है
खस्तये इश्क़ कुछ न मीर हुए
बादशह इश्क़ में फ़क़ीर हुए

दास्ताने-कर्ण अज़ महाभारत

ओम श्री गणेशाय नम:
नारायणं नमस्कृत्य नरं चैव नरोत्तमन्
देवीं सरस्वती व्यासं ततो जयमुदीरयेत

वो जो नज़र नहीं आता मगर ज़र्रे-ज़र्रे में मौजूद है, उस नारायणस्वरूप भगवान श्रीकृष्ण, उनके मुसाहिबे, ख़ास, इंसानों में जवाहिर, इंसानुलकामिल नर-रत्न अर्जुन, उनकी लीला को जगज़ाहिर करने वाली भगवती सरस्वती और उसे बयान करने वाले भगवान व्यास को सलाम करते हुए, झुका जिनके सजदे में अव्वल क़लम। इस महाभारत का ज़िक्र और विर्द और पाठ करते रहना चाहिए ताकि शर का ख़ात्मा हो और दिलो-दुनिया पर ख़ैर की फ़तेह हो, सच का बोलबाला हो, हक़ का डंका बजता रहे, बुराई का नामोनिशान मिट जाए। और ये दास्तान उन लोगों के लिए जिन्होंने नेकी की तरग़ीब दी और नेकी पर चले और दूसरों को नेकी पर चलाया, बेशक ऐसे लोगों के लिए भारी ईनाम है।

फ़लहुम अजरून ग़ैर ममनून

तो इस महाभारत दास्तान की शुरुआत, जैसा कि दस्तूर है, प्रभु की अराधना से—

क़ुल हुवल्लाहो अहद
अल्लाहु स्समद
लम यलिद व लम यूलद
व लम यकुन लहू
कुफ़ुवन अहद

देखिए महाकवि जायसी ने पद्मावत में इसे कैसे बयान किया—

अलख अरूप अबरन सो कर्ता
वह सब सों सब ओहि सो बर्ता
परगट गुपुत सो सरब बिआपी
धरमी चीन्ह न चीन्है पापी
न ओहि पूत न पिता न माता

न ओहि कुटुम्ब न कोई संग नाता
जना न कोहू न कोई ओहि जना
जहं लगि सब ताकर सिरजना
वै सब कीन्ह जहाँ लगि होई
वह नहिं कीन्ह काहू कर होई

तो गुलगुना कशाने आरिज़े शाहिदे बयान इस तरह फ़रमाते हैं कि ये दास्तान उस वक़्त शुरू होती है जब ये पूरी कायनात अँधेरे और तारीक़ी में डूबी हुई थी और तीनों लोकों धरती, सरग और पतार का नामों-निशान भी नहीं था और तीनों आलम, आलमे-मलकूत, आलमे-जबरूत और आलमे-हाहूत वजूद में भी नहीं आए थे। उस वक़्त ये जगत ज्ञान और प्रकाश से शून्य था, उस वक़्त एक बहुत बड़ा अंडा पैदा हुआ जिससे ये क़ायनात वजूद में आई, उसमें नूर ही नूर भरा था, दिव्य और ज्योतिर्मय—

कीनहेसि प्रथम ज्योति प्रकाशू
कीन्हेसि तेही पिरीत कैलाशू

श्रुति उस कायनाती बैजे में सत्य, सनातन ज्योतिर्मय ब्रह्मा का बयान करती है; हक़ जो अज़ली है, अबदी है, नूर ही नूर है; यह ब्रह्मा ग़ैब है, अलौकिक, ये सर्वत्र सम है, मज़हरूल अजायब, अव्यक्त, उसे बयान नहीं किया जा सकता, मुसव्वुल असबाब है, कारण स्वरूप।

उसी अंडे से लोक पितामह प्रजापति ब्रह्मा जी प्रकट हुए, फिर दस प्रचेता, दक्ष, उनके सात पुत्र, सात ऋषि और चौदह मनु पैदा हुए—उसी से सूरज, चाँद, तारे, ज़मीन-आसमान, यक्ष, साध्य, पिशाच, पितर, ब्रह्मर्षि, राजर्षि, समंदर, जमूदात, नबातात, हैवानात, हवा, ऋतु, महीने, पक्ष, दिन, रात और दुनिया में जितनी भी चीज़ें हैं, उससे पैदा हुईं। ये मुकम्मल चराचर जगत प्रलय के वक़्त जिस परमात्मा से पैदा होता है उसी में लीन हो जाता है, ठीक वैसे ही जैसे मौसम बदलने पर आसमान और ज़मीन का रंग बदल जाता है और फिर ग़ायब हो जाता है।

अ व लैसल्लज़ी ख़लक़स्समावाते वल अर्ज़ व मा बैनाहुमा
इन्नंमा अमरूहू इज़ा अरादा शैआं अन यकूला लहू कुन फ़यकूज
फ़सुबहानल्लेज़ी बियदिही मलकूतो कुल्ले शैइं व इलैहे तुरजऊन।

—तो तमाम तारीफ़े उस पैदा करने वाले के लिए जिसने एक लफ़्ज़ कुन कहके ये ज़मीनो-आसमान बनाया और क्या ख़ूब बनाया कि ज़मीन के पेड़-पौधे अपनी जड़ें फैला के उसका सिजदा करते हैं और जानवर पीठ झुकाए रूकू में रहते हैं और चाँद-तारे उसकी तस्बीह पढ़ते हैं। महाभारत के बयान से पहले ज़रूरी है कि उस का ज़िक्र हो जिसकी महिमा बयान करने के लिए व्यास जी ने महाभारत बयान किया और वो

थे भगवान श्रीकृष्ण जो सबके आदि हैं। वे अन्तर्यामी, सर्वेश्वर, समस्त यज्ञों के भोक्ता, सबके प्रशंसित, परम सत्या ओंकार स्वरूप ब्रह्मा हैं—

वो हक़ और बातिल से परे हैं, ख़ालिके कौनो मकां हैं, संगलाख़ ज़मीन को चीरकर उसमें से नन्हीं कोंपल निकालते हैं, क्या तुम देखते नहीं कैसे आसमान को हमारे ऊपर फैला रखा है, कैसे पहाड़ों को खूँटों की तरह गाड़ रखा है, कैसे समंदर को वुसअत दे रखी है और ज़मीन को फैलाव—

कृष्ण का हूँ पुजारी, अली का बन्दा हूँ
यगाना शाने ख़ुदा देख कर रहा न गया।

कृष्ण जी की बात आई है तो ज़रा देर को ठहर कर आपको एक बानगी दे देते हैं कि उर्दू ज़बान में कृष्ण जी की कितनी भक्ति हुई है—

पेश है हसरत मोहानी के शेर :

मथुरा से अहिले दिल को वो आती है बुए अन्स
दुनियाए जाँ में शोर है जिस के दवाम का
मख़लूक एक निगाहे करम की उम्मीदवार
मस्ताना कर रहा है भजन राधे शाम का
गोकुल की सरज़मीं भी अज़ीज़े ज्हाँ बनी
क़लमा पढ़ा जो इनकी महोब्बत के नाम का
लबरेज़े नूर है दिले हसरत ज़ेहै नसीब
एक हुस्ने मूशके फ़ाम के शौक़े तमाम का

पेश है मौलाना अली ज़फ़र ख़ाँ की कृष्ण शायरी :

श्री किशन का मैं एहतराम करता हूँ
और इसमें रोज़ नया एहतेमाम करता हूँ
ये एहतेमाम बरूए अक़ीदा ए इस्लाम
बहुक्मे साहबे बैतुल हराम करता हूँ
हनूद भूल गए हैं किशन की तालीम
गिला मैं इनसे यही सुब्हो-शाम करता हूँ
वो ज़ोरो जुल्म की बुनियाद ढाने आया था
मैं इसकी रस्म को दुनिया में आम करता हूँ।

साथ ही पेश है मोहसिन काकोरवी की मुनफ़रद नात :

सिमते-काशी से चला जानिबे मथुरा बादल
बर्क़ के कन्धे पर लाई है सबा गंगा जल
देखिए होगा श्री किशन का क्योंकर दर्शन
सीन ए तंग में दिल गोपियों का है बेकल

ख़ूब छाया है सरे गोकुलो मथुरा बादल
रंग में आज कनहय्या के है डूबा बादल
क्या झुका काबा की जानिब को है क़िब्ला बादल
सजदे करता है सूए यसरबो बतहा बादल
छोड़ कर मैकदाए हिन्दो सनम ख़ानाए ब्रज
आज काबा में बिछाए है मुसल्ला बादल
बहरे इमकां में रसूले अरबी दुर्रे यतीम
रहमते ख़ासे ख़ुदा वन्दे तआला बादल

इस अज़ीम तख़्लीक़ के बानी हैं, भगवान व्यास, जो माज़ी हाल और मुस्तक़बिल तीनों के राज़ जानते हैं और जमीनो-आसमान की कारकरदगियों से वाक़िफ़ हैं। उन्होंने इस शाहकार में इतिहास और श्रुति दोनों को मिला दिया है, कर्म-उपासना और वेद का ज्ञान, योग, धर्म, अर्थ और काम। सब शास्त्र-पुराणों को यहाँ यकजा किया—उन्होंने रियाज़त और तपस्या से वेदों और उपनिषदों का इल्म इसमें उँडेला, फिर सोचा कि इसे आगे अपने शागिर्दों को कैसे सुनाऊँ कि तभी अपनी मख़लूक़ तक इस शाहकार को पहुँचाने के लिए ब्रह्मा जी उनके सामने प्रकट हुए। तब व्यास जी ने बड़ी मतानत से उनसे अर्ज़ की कि, भगवन मैंने एक शाहकार ख़ल्क़ किया है जिसमें वेद, उपनिषद, हिन्दोस्तान जन्नत निशान की क़दीम तारीख़, पुराण, माज़ी, मुस्तक़बिल और हाल का बयान, ज़ईफ़ी, मौत, पैदाइश, जवानी, शुजाअत, सख़ावत, अदल, इंसाफ़, मार्फ़त, शफ़ाअत, तसव्वुफ़, तबाबत, हिकमत, फ़लकियात, नुजूमियात, ऋग्वेद, यजुर्वेद, अथर्ववेद, सामवेद, तालीम, नदी, पहाड़, जंगल, समंदर, रज़्मो-बज़्म, इख़लाक़ियात सबको जमा कर दिया है, ये इल्म का ख़ज़ाना है, सुलूक का मादन है, इख़लाक़ का मलजा ओ मावा है मगर अफ़सोस इसे तहरीर करने वाला कोई नहीं है, न कोई ऐसा जो इस सहीफ़े के बारे में कह सके कि—फ़रियादी है लफ़्ज़, किसकी शोख़ीए तहरीर का, दायमी है पैरहन हर पैकरे तस्वीर का—तब ब्रह्मा जी बोले, आप हमेशा सच बोलते हैं और आपकी ज़बान से निकली हर बात हक़ की होती है क्यूँकि—

सारे आलम पे व्यास है छाया हुआ
मुस्तनद है उसका फ़रमाया हुआ

आप इस शाहाकार को आलमे-तहरीर में लाने के लिए गणेश जी की मदद लीजिए। तब व्यास जी ने गणेश जी को नमन किया और वो पलक झपकते ही हाज़िर हुए। उन्होंने उनकी पज़ीराई की और कहा कि, हुज़ूर महाभारत को मैंने दिमाग़ में ख़ल्क़ किया हुआ है। अब मैं बोलता हूँ आप लिखते जाइए। गणेश जी ने कहा, मैं तैयार हूँ, मगर मेरी एक शर्त है, मेरी क़लम एक लम्हे के लिए भी रुकनी

नहीं चाहिए। व्यास जी ने कहा, ठीक है मगर आप बिना समझे न लिखिएगा। उन्होंने कहा—तथास्तु। तो व्यास जी श्लोक कहते जाते थे और ऐसे उम्दा और पुरमानी और तहदार और पेचदार वो श्लोक होते थे और उनमें मज़मून आफ़रीनी और मानी आफ़रीनी का वो कमाल होता था कि जितनी देर गणेश जी को एक श्लोक सुनने और समझने में लगता था, अपनी ज़ूद बयानी और फ़िरासत से तब तक व्यास जी कई-कई श्लोक कह डालते थे—

सहल है व्यास का समझना क्या
हर सुख़न उसका एक मुक़ाम से है

इस तरह बयान और तहरीर का ये लाज़वाल और लामतनाही सिलसिला चलता रहा जिससे ये अज़ीमुश्शान कारनामा मंज़रे-आम पर आया जिसे दुनिया महाभारत के नाम से जानती है। जो क़िस्सागोई और दास्तानगोई का मंबा है, बयानिये की मेराज़ है, सब किताबों में अरफ़ा-ओ-आला है।

आनचे हमा ख़ूबां दारंद तू तन्हा दारी

ये महाभारत इल्म के मंजन से जेहालत की आँखों को रोशन कर देता है, भटके हुओं को राह दिखाता है। इस हिंदवी शम्स ने धर्म, अर्थ, काम और मोक्ष चारों पुरुषार्थों का बयान करके कुंदज़ेहनों को वसीअ और रोशन कर दिया, तारीख़ के इस चिराग़ ने क़ायनात के तहख़ाने को उजाले से भर दिया है। श्री व्यास जी ने इसमें कुरू ख़ानदान का फैलाव, गांधारी की वफ़ादारी और उस्तवारी, कुन्ती के सब्र, दुर्योधन वग़ैरह की बहीमियत और बर्बरियत, पांडवों की सच्चाई, सब का बयान किया है। शायरों के लिए ये कल्प का पेड़ है जिसके समर से वो हमेश फ़ैज़याब होते रहे हैं, जो सिदक़ दिल से इस बयान को सुनेगा, उसके सारे गुनाह माफ़ हो जाते हैं, इसमें श्रीकृष्ण की अज़मत का बयान है, पाँचों अनासिर जिनके ज़हूरे-तरतीब से ज़िन्दगी और क़ुदरत दोनों वजूद में आते हैं वो दरअसल उन्हीं की ज़ात का इज़हार है, इस महाभारत का जिस्म हक़ और अमृत से बना है, वेद पुराण डरे हुए रहते हैं कि कहीं इसके आगे हमारी चमक फीकी न पड़ जाए। जब देवताओं ने चारों वेदों को महाभारत के साथ तौला तो ये चारों वेदों से ज़्यादा बावज़न, बामानी और अज़ीमतर साबित हुआ। इसकी अज़मत और तक़द्दुस, महत्ता और भगवत्तता की वजह से ही इसे महाभारत कहते हैं—इबादत, ताअत, रियाज़त, ज़िक्र, अवराद, नफ़िल यानी तपस्या, अध्ययन, और वैदिक धर्म कर्म ये सब तभी कारगर होते हैं जब नीयत सच्ची हो, रूह पाक-साफ़ हो, दिल में ख़ुलूस हो, इसलिए शुद्ध भाव से ही महाभारत को सुनना और सुनाना चाहिए। एक बार पाकिस्तान के बड़े राइटर इंतज़ार हुसेन से पूछा गया कि हज़रत दोनों तरफ़ इतने बड़े लीडर थे, इतने समझदार लीडर थे, पढ़े-लिखे विद्वान थे,

हिन्दोस्तान जन्नतनिशान के सच्चे सपूत थे फिर हिन्दू मुसलमान में इतना झगड़ा क्यूँ बढ़ गया कि मुल्क का बँटवारा करना पड़ा—उन्होंने जवाब दिया कि यही सवाल जन्मेजय ने व्यास जी के शिष्य वैशम्पायन से किया था कि दोनों तरफ़ इतने बड़े-बड़े सूरमा जियाले थे, एक से एक बाकमाल शख्सियतें, ऐसे-ऐसे धुरंधर कि देवता भी जिनका लोहा मानते थे फिर भाई-भाई से क्यूँ इस तरह लड़ा कि इतना नरसंहार हुआ—क्यूँ नहीं किसी धर्मी ने इस अधर्मी लड़ाई को रोका ? तो उन्होंने जवाब दिया कि—

कल्ला इन्नल इंसानालयतग़ा
इन्ना रआहु स तग़ना

क्यूँकि इंसान ख़ुद को बहुत चतुर, बहुत चालाक, बहुत लायक़ समझने लगा था, उसे लगने लगा था कि उसने ज़मीन और आसमान दोनों को फतेह कर लिया, इसलिए अब वो आज़ाद है, ख़ुदमुख़्तार है, जो चाहे कर सकता है, तो जब इंसान अपने जामे से बाहर निकलता है और धरती पर उत्पात मचाता है तो विनाशकाले विपरीत बुद्धि हो जाती है और फिर इस विनाश को रोकने के लिए और धर्म को दुबारा स्थापित करने के लिए कोई महाभारत ज़रूरी हो जाती है—

यदा यदा हि धर्मस्य ग्लानिर्भवति भारत।
अभ्युत्थानमधर्मस्य तदात्मानं सृजाम्यहम्॥
परित्राणाए साधूनां विनाशाय च दुष्कृताम्।
धर्मसंस्थापनार्थाय सम्भवामि युगे युगे॥

आग़ाज़ दास्तान का

वैसे तो महाभारत हिन्दोस्तान जन्नतनिशान की क़दीमतरीन तारीख़ है और इसकी शुरूआत अनादिकाल से है, जब से जम्बूद्वीप का नाम भरत के नाम पर भारत पड़ा मगर पूरी महाभारत किसने सुनी और सुनाई है। जो एक जन्म में पूरी महाभारत पढ़ ले उसे मोक्ष मिल जाता है, हम तो उसका सिर्फ़ एक टुकड़ा आपके सामने पेश करेंगे, मगर जैसे बिरयानी के एक दाने चावल से पूरी देग़ की गलावट पता चल जाती है वैसे ही अगर महाभारत का एक अध्याय भी ढंग से सुन लिया जाए तो एक ज़िन्दगी के लिए काफ़ी है।

तो हम आपको सुनाएँगे दास्तान राजा कर्ण की, दानियों में दानी, राजाओं में राजा, वीरों में महावीर, सूरमाओं में सूरमा, क्षत्रियों में श्रेष्ठ, दोस्ती पर तन-मन जान निसार करने वाला—मगर कर्ण है कौन ये बताने के लिए आपको बताना पड़ेगा कि दुर्योधन का दोस्त है और दुर्योधन पांडवों का दुश्मन है—दुर्योधन के दुशासन, विकर्ण और चित्रसेन वग़ैरह 101 भाई हैं और वो दुश्मन है पाँचों पांडवों यानी युधिष्टिर, भीम, अर्जुन, नकुल और सहदेव का।

तो क़िस्सा यूँ है कि जब ये धरती अँधेरे में डूबी हुई थी, तब एक नूर का अंडा पैदा हुआ, उसमें से ब्रह्मा जी पैदा हुए जिनकी औलाद थे दक्ष और फिर उसी नुत्फ़े से पीढ़ी-दर-पीढ़ी के बाद एक राजा पैदा हुआ शांतनु नाम का। उस शांतनु नाम के राजा की शादी गंगा से हुई जिससे देवव्रत उर्फ़ भीष्म पैदा हुए, फिर शांतनु ने दूसरी शादी की सत्यवती से, जिससे विचित्रवीर्य और चित्रांगद पैदा हुए, चित्रांगद बचपन में ही मर गया, मगर विचित्रवीर्य की दो बीवियाँ थीं, अम्बिका और अम्बालिका मगर वो लावल्द मर गया। तब व्यास जी ने सत्यवती से इजाज़त लेकर अम्बिका से धृतराष्ट्र और अम्बालिका से पांडु और उनकी कनीज़ से विदुर को पैदा किया—

उसी धृतराष्ट्र की औलाद है दुर्योधन, धृतराष्ट्र अंधा था इसलिए उसकी बीवी गांधारी ने ताउम्र अपनी आँखों पे पट्टी बाँधे रखी—और दुर्योधन सख़्त नफ़रत करता है अपने चचाज़ाद भाइयों से और हस्दो-कीना से जला जाता है—और पांडवों की माँ का नाम है कुंती, अब ख़ानदान के दोनों हिस्सों नें ठन गई है और दोनों एक-दूसरे के ख़ून के प्यासे हो गए हैं और बात मरने-मारने तक पहुँच गई है मगर इस जंग के बहुत पहले की बात है—

कर्ण की पैदायश

कई साल पहले जब कुंती जवान थी और अपने बाप राजा कुन्तिभोज के साथ रहती थी और उसका नाम पृथा था, एक बहुत बड़े ऋषि उसके महल में आए, उस बच्ची पृथा यानी कुंती ने उनकी ख़ूब सेवा की, उस ख़िदमत से ख़ुश हो के उन्होंने उसे वर दिया और एक मंत्र पढ़ाया जिसके पढ़ने से बड़े से बड़ा देवता तेरा ग़ुलाम हो जाएगा, कुंती ने लाख मना किया कि आपकी दुआओं के अलावा कुछ नहीं चाहिए मगर साधुओं के आगे किसकी चली है।

एक दिन क्या हुआ कि सर्दियों के दिन थे। कुंती छत पर खड़ी सूरज को निहार रही थी कि उसे बड़ी शिद्दत से सूरज की कशिश मालूम हुई और सूरज की उस मक़नातीसी कशिश ने आप ही आप उसके मन में कामना पैदा की कि जिसका पति सूरज की तरह तपस्वी हो उसकी औलाद कैसी हो, बेख़्याली में उसके दिल से उसके होठों ने हरकत पकड़ी और उसे याद आया कि साधु ने उसे देवताओं को साधने का मंत्र दिया था सो पहली बात भूल के उसने जो मंत्र पढ़ा तो एकदम से सूर्यदेव उसके सामने आ खड़े हुए और बोले आज्ञा दे क्या चाहती है? उनका ये रूप, ये तेज, ये जाहोजलाल देख के कुंती घबराई और बोली, मैंने तो आपको ऐसे ही बुला लिया था, आप वापस चले जाइए। मगर सूरज ने कहा, नहीं! देवता को बुला के ऐसे वापस नहीं भेजा जा सकता, तूने जो मनोकामना की थी वो पूरी हो के रहेगी। तब कुंती बोली, वो तो मेरा अल्हड़पन था और ऐसा कैसे हो सकता है, मैं अभी कुँवारी हूँ, मेरे

ख़ानदान का नाम और मर्यादा मिट्टी में मिल जाएगी। तब सूर्यदेव ने कहा, तू निश्चिन्त रह, न कोई मर्यादा भंग होगी न तेरा कन्यात्व, ये देवताओं का प्रयोजन है और विधि की करनी है, ये कह के सूर्यदेव कुंती में समा गए और उसके हमल ठहरा, मगर उसने इस राज़ को बख़ूबी छिपाए रखा और किसी को इसका पता न चला सिवाय उसकी क़नीज़े ख़ास के। नियत समय पर एक लड़का पैदा हुआ जो सूरज के समान तेजस्वी था, उसकी आँखें शेर की तरह पैनी और कंधे बैल की तरह मज़बूत थे। वो अपने जिस्म पर सूरज की तरह एक सुनहरा कवच पहने हुए था और कानों में सोने के चमकदार कुंडल पहने था। फिर कुंती और उसकी दाई ने उस नौज़ाइदा बच्चे को पिटारी में रखकर उसे ख़ूब अच्छी तरह बन्द करके कहा, बेटा...आसमान, ज़मीन और पानी में रहने वाले सभी जीव-जानवर तेरी हिफ़ाज़त करें। तेरा सफ़र ख़ैरियत से गुज़रे, कोई दुश्मन तेरा बाल भी बीका न कर सके, पानी में पानी के मुहाफ़िज़ वरुण तेरी निगहदश्त करें, हवा में पवन तेरी निगहबानी करे और सूर्यदेव तुझे हमेशा अपने साया-ए-आतफ़त में रखें। कभी ज़िन्दगी ने दुबारा तुझसे रूबरू किया तो मैं तेरे इस कवच कुंडल से पहचान लूँगी। जा अपनी माँ को माफ़ करना मैं मजबूर हूँ, माज़ूर हूँ, कमसिन हूँ, नादाँ हूँ—और ऐसा कह के उस पिटारी को नदी में बहा दिया। अब माजरा देखिए कि वो पिटारी अशअव नदी से चंबल पहुँची, चम्बल से जमना पहुँची और वहाँ से गंगा जी और वहाँ जा के जिस किनारे से लगी वहाँ एक सूत यानी रथ चलाने वाला सारथी अधिरथ नाम का अपनी औरत गंगा के साथ आया—दोनों लावल्द थे और औलाद के लिए विकल थे। उन्होंने पिटारी खोली तो अपनी मुँह माँगी मुराद उसमें पाई। उन्होंने उसे गोद लिया और जतन से उसे पालने लगे। अब इत्तेफ़ाक़ की बात देखिए कि ये अधिरथ उस धृतराष्ट्र का दोस्त था जिसके बेटे दुर्योधन की आगे चलकर अपने चचाज़ाद भाइयों से घमासान होनी थी और उस जगह का नाम था हस्तिनापुर। उस बच्चे का नाम कर्ण के साथ-साथ वसुषेण भी पड़ा क्योंकि वसुवर्म सोने के कवच को कहते हैं और वो सुवर्णमय कुंडल पहने था। वो बालक गो कि शाही ख़ानदान का था मगर ये राज़ उसकी माँ के सिवा किसी को न मालूम था कि ये भी एक शहज़ादा है। अब इसे उसकी ख़ुशक़िस्मती कहिए या बदक़िस्मती कि उसकी तरबियत उन्हीं शहज़ादों के साथ होने लगी जिन्हें तारीख़ कौरव और पांडव के नाम से जानती हैं।

उन्हीं की तरह उसने भी द्रोणाचार्य और कृपाचार्य से तालीम हासिल की मगर वो उसे किसी ख़ास ख़ातिर में नहीं लाते थे लेकिन बादलों ने कब सूरज को छुपाया है जो कर्ण दुनिया की आँखों से छुपा रहता—

महाकवि दिनकर ने कहा है—

> जय हो जग में जले जहाँ भी नमन पुनीत अनल को
> जिस नर में भी बसे, हमारा नमन तेज को, बल को

किसी वृन्त पर खिले विपिन में पर नमस्य है फूल
सुधी खोजते नहीं, गुणों का आदि, शक्ति का मूल
ऊँच नीच का भेद न माने वही श्रेष्ठ ज्ञानी है
दया धर्म जिसमें हो वही पूज्य प्राणी है
क्षत्रिय वही भरी हो जिसमें निर्भयता की आग
सबसे श्रेष्ठ वही ब्राह्मण है हो जिसमें तप त्याग
जिसके पिता सूर्य थे, माता कुन्ती सती कुमारी
उसका पलना हुआ धार पर बहती हुई पिटारी
सूतवंश में पला, चखा भी नहीं जननी का क्षीर
निकला कर्ण सभी युवकों में तब भी अद्भुत वीर

ये क़ज़िया दरअसल यहाँ से शुरू होता है कि एक बार देवताओं ने सोचा कि ऐसी कौन-सी तरक़ीब हो कि दुनिया के तमाम क्षत्रिय लड़ाई-झगड़े से पाक हो कर, जिस्मानी आज़ा के चोट ज़ख़्मों से महफ़ूज़ होकर स्वर्ग में पहुँच जाए; तो महर्षि व्यास कहते हैं कि इसीलिए उन्होंने सूर्य के ज़रिये कुंती के पेट से कर्ण को पैदा किया जो तमाम तनाज़े, क़ज़िए, झगड़े-फ़साद का बायस बना जिसकी वजह से महाभारत अमल में आई।

तो बालक कर्ण कौरवों और पांडवों के साथ तालीम हासिल करने लगा। उसमें युधिष्ठिर की फ़िरासत, भीम की ताक़त, अर्जुन की तेज़ी और जौलानी-ए-तबा, नकुल और सहदेव का हिल्म समाया हुआ था मगर अर्जुन जो गांडीवधारी था उसकी और श्रीकृष्ण की दोस्ती उसे फूटी आँख न सुहाती थी और पांडवों पर श्रीकृष्ण की मेहरो उल्फ़त उसे खटकती थी और वो अन्दर ही अन्दर जला करता था, इसलिए बचपन से ही उसकी दुर्योधन से दोस्ती क़ायम हो गई और पांडवों से उसका ये कीना भी रज़ा-ए-इलाही की ही ग़ायत थी।

एक दिन मैदान में अर्जुन के करतब देखकर वो गुरु द्रोणाचार्य के पास गया और बोला : गुरुदेव मैं चाहता हूँ, आप मुझे ब्रह्मास्त्र को छोड़ने और उसे वापस लेने का हुनर सिखा दें। अब क्या था कि ब्रह्मास्त्र एक ऐसा अस्त्र/हथियार था जो शिवजी ने अर्जुन को दिया था, अब भला द्रोणाचार्य अपने पसन्दीदा शागिर्द अर्जुन के अलावा किसी को वो सीख क्यूँ देते। उन्होंने कहा कि, बेटा ब्रह्मास्त्र का सही इल्म सिर्फ़ उसी को हो सकता है जो मुजर्रद ब्राह्मण हो यानी जिसने ब्राह्मण होने के साथ-साथ ब्रह्मचर्य का पालन किया हो या फिर कोई ऐसा क्षत्रिय जिसने घनघोर तपस्या की हो, दूसरा कोई किसी तरह इसे नहीं सीख सकता। अब उस वक़्त न पांडवों से मुहब्बत करने वाले द्रोणाचार्य को मालूम था न उनसे कुढ़ने वाले कर्ण को कि एक दिन वो दोनों एक साथ पांडवों के ख़िलाफ़ दुर्योधन के हिमायती बन के लड़ेंगे और द्रोणाचार्य की मौत के बाद कर्ण कौरवों का सिपहसालार बन के लड़ाई की कमान थामेगा।

बहरहाल, द्रोणाचार्य की ये बात सुनके कर्ण उनसे बिदा लेके सीधा महेन्द्र पर्वत पर परशुराम जी के पास पहुँचा जिन्होंने शिवजी का वरदान हासिल करके एक ज़माने में सारे क्षत्रियों का सफ़ाया करके धरती को क्षत्रिय-मुक्त कर दिया था, चूँकि वो क्षत्रियों से नफ़रत करते थे इसलिए कर्ण वहाँ पहुँच के बोला, मैं भृगुवंशी ब्राह्मण हूँ, आपकी शरण आया हूँ, कृपया मुझे शिष्य बना लें, तब उन्होंने उसपे शफ़क़त बरती और उसे अपना शागिर्द बनाया। और कर्ण वहाँ रहके शुजाअत और फ़ने हर्ब का दर्स लेने लगा लेकिन एक दिन क्या हुआ कि वो तीर-कमान लिये जंगल में मश्क़ करता था कि इतने में एक ब्राह्मण की गाय वहाँ आ निकली, अनजाने में उसे जंगली जानवर समझ के कर्ण ने उसे तीर मारा कि वो गाय मर गई। ये देख के कर्ण को बहुत दुख हुआ और उसने जाके सारी बात ब्राह्मण को बता दी और हाथ-पैर जोड़ के उससे माफ़ी माँगी मगर ब्राह्मण के ग़ुस्से का पारावार न था। उसने कहा : दुराचारी तुझे सज़ाए मौत दे देनी चाहिए, तूने गुनाह किया है तो अब सुन जिसके साथ तुझे इतनी हसद है, और जिससे तू इतनी होड़ लगाता है जब उससे तेरी लड़ाई होगी तो उस वक़्त तेरे रथ के पहिए ज़मीन में धँस जाएँगे, ऐ ज़ालिम जब ज़मीन में तेरा रथ फँस जाएगा और तू बेहोश हो रहा होगा, उस वक़्त जैसे तूने मेरी मासूम गाय को बेवजह मारा वैसे ही तेरी मजबूरी के वक़्त तेरा दुश्मन तेरा सर तन से जुदा कर देगा—अब जा दूर हो मेरी नज़रों से—

कर्ण ने उस ब्राह्मण को मनाने और उससे माफ़ी माँगने का बहुत जतन किया, उसे हज़ारों गाय, हज़ारों गाँव सदक़े और दान में देने की कोशिश की मगर वो न माना—

ख़ैर रसीदे बूद बलाए मगर फ़िलहाल बख़ैर गुज़श्त।

कर्ण बहुत दिल लगा कर परशुराम से तालीम हासिल करने लगा और वो भी कर्ण के बाहुबल, प्रेम, उसके ज़हदोतक़वा, परहेज़गाही, मेहनत और लगन से बहुत ख़ुश थे। एक दिन क्या हुआ कि परशुराम जो बुढ़ापे और मुस्तक़िल रोज़ा रखने और व्रत उपवास करने से कमज़ोर पड़ चुके थे। कर्ण के सहारे जंगल में चले जाते थे कि थकन का अहसास हुआ और वो वहीं ज़मीन पे कर्ण की गोद में सर रख के सो गए। अभी वो थोड़ी ही देर सोए होंगे कि तभी कहीं से एक ज़हरीला कीड़ा निकला और कर्ण की जाँघ पर रेंगने लगा और अचानक उसने बड़े ज़ोर से कर्ण की जाँघ पर डसा कि उससे ख़ून निकल आया मगर इस डर से कि कहीं गुरु की आँख न खुल जाए कर्ण न उसे भगा सका, न मार सका, न सिसकार सका, दाँत भींच के बर्दाश्त किए बैठा रहा, यहाँ तक कि ख़ून बहते-बहते परशुराम तक पहुँचा, वो घबरा के उठे और ख़ून देख के बोले : ये किसने मुझे नापाक किया, ये नापाक ख़ून कहाँ से आया, तब कर्ण ने उस कीड़े की तरफ़ इशारा किया जिसका नाम अलर्क था और सारी रूदाद बताई तब परशुराम बोले, ओ लाग़ी बदमाश तूने इसका ज़हरीला कंटीला डंक एक सिसकी निकाले बग़ैर ही बर्दाश्त कर लिया, कोई ब्राह्मण इतना दुख कभी बर्दाश्त नहीं

कर सकता, इतना सब्रो-बर्दाश्त तो सिर्फ़ किसी क्षत्रिय में ही हो सकता है, सच-सच बता तू कौन है, तब कर्ण बोला मैं ब्राह्मण हूँ न क्षत्रिय, मैं सूतजाति में पैदा हुआ हूँ, कुर्रा-ए-अर्ज़ के लोग मुझे राधा-पुत्र कर्ण कहते हैं मैंने ब्रह्मास्त्र सीखने के लालच में ख़ुद को भार्गव बताया तब परशुराम ग़ुस्से से उफ़नते हुए बोले, तूने मुझे धोखा दिया, झूठ बोला, पांखंड रचा इसलिए मैं कहता हूँ कि ये मंत्र तुझे तभी तक याद रहेगा जब तक तू मैदाने जंग में अपने सबसे बड़े दुश्मन से रूबरू नहीं होता, जो ब्राह्मण नहीं है उसके मन में ये मंत्र कभी क़रार नहीं पा सकता, मुस्तक़िल नहीं रह सकता, जैसे तूने मेरे साथ छल किया है उसी तरह ऐन मौत के वक़्त तेरी याददाश्त भी तुझसे छल करेगी और तू इसे भूल जाएगा। मगर हाँ, इतना मैं कहता हूँ कि मेरी दुआ और अशीश से दुनिया का कोई भी क्षत्रिय तुझे हरा नहीं सकेगा। तब कर्ण उन्हें सलाम कर वहाँ से फिरा और वापस ज़मीन पर आया। और बिना गुरू और मार्गदर्शक के अभ्यास रियाज़ और मश्क़ में ग़र्क़ रहा—

तन से समरशूर, मन से भावुक, स्वभाव से दानी
जाति गोत्र का नहीं, शील का, पौरुष का अभिमानी
ज्ञान-ध्यान, शस्त्रास्त्र, शास्त्र का कर सम्यक् अभ्यास
अपने गुण का किया कर्ण ने आप स्वयं सुविकास
अलग नगर के कोलाहल से अलग पुरी पुरूजन से
कठिन साधना में उद्योगी लगा हुआ तन मन से
निज समाधि में निरत, सदा निज कर्मठता में चूर
वन्यकुसुम-सा खिला कर्ण, जग की आँखों से दूर

कर्ण का अंगदेश का राजा बनना

तो आख़िर वो दिन आया जब सारे पांडव और कौरव शहज़ादे फ़ने हर्ब में चाक हुए, उन्होंने तमाम अस्त्र-शस्त्र की विद्या हासिल कर ली। तब उनके गुरु द्रोणाचार्य ने धृतराष्ट्र से कहा कि, शहज़ादे जवान हो गए हैं, हर तरह के फ़न से आरास्ता, इनके कमाल का मुज़ाहिरा होना चाहिए। तो एक दिन पूरे मुल्क में मेले का ऐलान किया गया, लोग ज़ौक़-दर-ज़ौक़ राजकुमारों का मुक़ाबला देखने के लिए जमा हुए, रंगमंडप तैयार हुआ, राजघराने के लोगों के लिए अलग बैठने की जगह बनाई गई, औरतों और आम लोगों के लिए अलग जगह थी। सही वक़्त पे धृतराष्ट्र, भीष्म और कृपाचार्य के साथ वहाँ पहुँचे। ब्राह्मण, क्षत्रिय, वैश्य सब अपनी-अपनी जगह पर आकर बैठ गए। गांधारी, कुंती और शाही ख़ानदान की बाक़ी औरतें अपनी-अपनी कनीज़ों के साथ वहाँ आईं। शंख फूँका गया, शहज़ादों ने पहले तीर-कमान पे अपने करतब दिखाए, फिर रथ, हाथी और घोड़े पर चढ़कर अपने-अपने फ़न और कमाल का मुज़ाहरा किया, फिर

कुश्ती और ढाल तलवार के जौहर दिखाए, फिर दुर्योधन और भीम गदा लेके एक-दूसरे के सामने उतरे, उनकी कारीगरी देख के लोग हरीफ़ों को उकसाने लगे और उनके लिए नारे लगाने लगे, वो मदमस्त हाथियों की तरह चिघांड़ते हुए एक-दूसरे के सामने चिंघाड़-चिंघाड़ कर पैंतरे बदल-बदल के मुक़ाबले करते जाते थे, विदुर जी धृतराष्ट्र को और कुंती गांधारी को सब बातें बतलाती जाती थी। वो मैदान से हटे तो द्रोणाचार्य ने ऐलान किया कि अब आप अर्जुन के फ़न का कमाल देखिए, वो मेरा सबसे पसन्दीदा और सबसे क़ाबिल शागिर्द है—अर्जुन मैदान में आया, पहले उसने बाण चलाया जिससे आग पैदा हुई, फिर वारुणास्त्र चलाया जिसने पानी बरसा के आग को ठंडा कर दिया, फिर वायव्यास्त्र से आँधी पैदा की, फिर तीर चला के बादल पैदा किए, फिर तीरों की बौछार से ज़मीन और आसमान सामने लाकर खड़ा कर दिया, वो पलक मारते ख़ूब बड़ा हो जाता, पल मारते बिल्कुल छोटे, एक ही लम्हे में पहिए के धुर्रे पर और उसके बीचोंबीच, कभी ज़मीन पर तो कभी हवा में, कभी लोहे के सुवर को पाँच तीर मारे मगर लोगों को एक ही दिखाई दिया, कभी एक मारा तो पाँच दिखाई दिए, लोग अश अश कर रहे थे, दाँतो तले उँगलियाँ दबा रहे थे, उसकी करतबबाज़ी से मबहूत हो कर लोग ताली बजाना भी भूल गए थे, अभी ये नुमायश चल ही रही थी कि एकदम से मैदान में कर्ण की आमद हुई।

जलद-पटल में छिपा किंतु रवि कब तक रह सकता है
युग की अवहेलना सूरमा कब तक सह सकता है
पाकर समय एक दिन आख़िर उठी जवानी जाग
फूट पड़ सबके समक्ष पौरुष की पहली आग
रंग भूमि में अर्जुन था जब समां अनोखा बाँध
बढ़ा भीतर भीतर से सहसा कर्ण शरासन साध
कहता हुआ, तालियों से क्या रहा गर्व में फूल
अर्जुन तेरा सुयश अभी क्षण में होता है धूल

कर्ण बोला : अर्जुन घंमड न करना, मैं तुम्हारे दिखाए हुए करतबों से ज़्यादा बड़ा हाथ दिखा सकता हूँ। उसके ये कहते ही मैदान में तहलका मच गया, लोग खड़े हो गए, शोरोग़ुल मच गया, फिर कर्ण ने जो हाथ दिखाए उन्हें देखके सभी दंग रह गए, लोगों ने दातों तले उँगुली दबा ली, हैरत के मारे लोग ताली बजाना भूल गए, कर्ण ने वहाँ ऐसे-ऐसे कारनामे दिखाए कि दुर्योधन ने उठ के उसे गले लगा लिया, तब कर्ण अलल ऐलान बोला : मैं सिर्फ़ अर्जुन से मुक़ाबला करना चाहता हूँ, मेरे उसके द्वंद्ध युद्ध में जो जीते वही परमवीर कहलाए—

तूने जो जो किया, उसे मैं भी दिखला सकता हूँ,
चाहे तो कुछ नई कलाएँ भी दिखला सकता हूँ,

आँख खोलकर देख कर्ण के हाथों का व्यापार
फूले सस्ता सुयश प्राप्त कर, उस नर को धिक्कार
इस प्रकार कह लगा दिखाने कर्ण कलाएँ रण की
सभा स्तब्ध रह गई, गई रह आँख टँगी जन जन की
मंत्रमुग्ध-सा मौन चतुर्दिक जन का पारावार
गूँज रही थी मात्र कर्ण की धन्वा की टंकार
(फिर कर्ण, त्यों 'साधू-साधू' कह उठे सकल नर नारी
राजवंश के नेताओं पर पड़ी विपद् अनि भारी
द्रोण, भीष्म, अर्जुन सब फीके, सब हो रहे उदास
एक सुयोधन बढ़ा फिर बोलते हुए शाबाश)

उस वक़्त अर्जुन की साख बचाने के लिए ख़ानदान के सारे बड़े बुज़ुर्गों के दिल में वसवसा पैदा हुआ, तब कुछ सोचकर पांडवों के दूसरे गुरु कृपाचार्य आगे बढ़े और बोले—कर्ण, अर्जुन शहज़ादा है, कुंती का बेटा है, पांडुनन्दन है, तुम अपने ख़ानदान का, अपने वंश का, अपनी जाति का कुछ अता-पता बताओ क्यूँकि राजकुमार बग़ैर हस्वो नरब पूछे, नीची ज़ात के लोगों से मुक़ाबला नहीं करते—

क्षत्रिय है यह राजपूत है यों ही नहीं लड़ेगा
जिस तिस से हाथापाई में कैसे कूद पड़ेगा
अर्जुन से लड़ना हो तो मत रहो सभा में मौन
नाम-धाम कुछ कहो, बताओ कि तुम जाति हो कौन

तब कर्ण बोला—

जाति, हाय री जाति! कर्ण का ह्रदय क्षोभ से डोला
कुपित सूर्य की ओर देख वह वीर क्रोध से बोला
जाति-जाति रटते, जिनकी पूँजी केवल पाखंड
मैं क्या जानूँ जाति, जाति हैं ये मेरे भुजदंड
ऊपर सिर पर कनक क्षत्र, भीतर काले के काले
शरमाते हैं नहीं जगत् में जाति पूछने वाले
सूतपुत्र हूँ मैं, लेकिन थे पिता पार्थ के कौन
साहस हो तो कहो, ग्लानि से रह जाओ मत मौन

ये सुन के दुर्योधन आगे आया और बोला, आचार्य जी, शास्त्रों के मुताबिक़, आला ख़ानदान का फ़र्द, जवांमर्द और सिपाही, इन तीनों में से कोई भी राजा बन सकता है, अगर अर्जुन कर्ण के साथ इसलिए नहीं लड़ना चाहता क्यूँकि वो राजा नहीं है तो मैं अभी इसी वक़्त आप सबके सामने आपको गवाह रखते हुए कर्ण को अंगदेश का

राजा बनाता हूँ, आज से ये अंगराज कर्ण कहलाएगा, और ये कहके उसने उसे उसी वक़्त गद्दी पर बैठाकर उसका राज्याभिषेक कर दिया—उस वक़्त कर्ण के वालिद अधिरथ पसीने से लथपथ सामने आए, कर्ण बग़ैर किसी हिचक के उनका लिहाज़ करके फ़ौरन उनके क़दमों में गिर गया, अधिरथ ने अपने अँगोछे से उसका पसीना पोंछा, आज क़ुदरत ने उसे वो दिन दिखाया था जो उसने कभी ख़्वाब में भी नहीं सोचा था, उस दीन दुखिया का बेटा आज राजा बन गया था, मगर अधिरथ का रवैया देख के पांडव समझ गए कि कर्ण दरअसल एक सूत का बेटा है, तब भीम जो अपने खाने और अपनी ताक़त के लिए मशहूर था बोला : 'अरे ओ सूत की औलाद, तू इस क़ाबिल भी नहीं कि अर्जुन के हाथों मारा जाए, तेरा काम हमारे घोड़ों की ख़िदमत करना है, उठ चाबुक सँभाल, घोड़े की लगाम पकड़ और यहाँ से चलता फिर, बदज़ात कहीं का, तू चला है राजा बनने, अरे कभी कुत्ता भी यज्ञ हवन का हक़दार होता है।

कर्ण हतप्रभ हुआ तनिक, मन ही मन कुछ भरमाया
सह न सका अन्याय सुयोधन बढ़कर आगे आया
बोला, बड़ा पाप है करना, इस प्रकार अपमान
उस नर का जो दीप रहा हो सचमुच सूर्य समान
मूल जानना बड़ा कठिन है नदियों का वीरों का
धनुष छोड़कर और गोत्र क्या होता रणधीरों का
पाते हैं सम्मान तपोबल से, भूतल पर शूर
जाति जाति का शोर मचाते केवल कायर क्रूर
किसने देखा नहीं, कर्ण जब निकल भीड़ से आया
अनायास आतंक एक सम्पूर्ण सभा पर छाया
कर्ण भले ही सूतपूत्र हो, अथवा श्वपच कुमार
मलिन मगर इसके आगे हैं सारे राजकुमार

फिर दुर्योधन बोला : भीमसेन, सोच-समझ कर बात किया करो, बहादुरों की जात उनके बाजुओं में होती है हाथों में होती है, उनकी छातियों से पूछो वो कौन है, नदी और सूरमा कहाँ पैदा होते हैं, कोई नहीं जानता, कर्ण अपने बाजुओं के दम पर और मेरी मदद से एक दिन पूरी दुनिया पर हुकूमत करेगा, आज जिस कर्ण को तुम बेइज़्ज़त करते हो, एक दिन तुम इसी कर्ण से मैदान-ए-जंग में जान की अमान पाओगे, याद रखना। ये कहकर दुर्योधन कर्ण को ले के मैदान से निकल गया।

दिन गुज़रते गए, जब वक़्त क़रीब सल्तनत के वलीअहद चुनने का आया उस वक़्त दुर्योधन बहुत घबराया, वो ये जानता था कि पांडव सब में बहुत मक़बूल और हरदिल अज़ीज़ हैं, लोग यही चाहते हैं कि सबसे बड़ा पांडव युधिष्ठिर जो अपनी नेकी और सच्चाई के लिए मशहूर था और धर्मराज कहलाता था, उसे ही राजा बनाया जाए।

तब दुर्योधन ने अपने बाप धृतराष्ट्र को वरग़लाया और वो बेटे के मोह में इतना बह गए कि उन्होंने पांडवों को कुछ दिनों के लिए दर-ब-दर कर दिया—उस दौरान दुर्योधन पांडवों की दुश्मनी में अपनी सुध-बुध इतनी खो बैठा कि उसने उनके लिए एक मोम का घर बनवाया जिसकी दीवारों पर घी, लाख़, चर्बी मिला के लेप लगवाया फिर उस लाक्षागृह में आग लगवाई मगर पांडव फिर भी बच निकले। ब्राह्मणों का भेस धर के घूमते-घूमते वो पांचाल देश के राजा द्रुपद की दारुल-सल्तनत पहुँचे, वहाँ पहुँच के उन्हें मालूम हुआ कि यहाँ राजा ध्रुपद की बेटी द्रोपदी का स्वयंवर है और उसमें हिस्सा लेने के लिए कौरवों और कर्ण समेत दुर्योधन भी आया हुआ है, मगर द्रुपद ने वहाँ एक ऐसे इम्तेहान का इन्तज़ाम किया था कि अच्छों-अच्छों के पसीने छूट जाएँ—वहाँ एक खंभे पर एक घूमने वाला चक्कर था जिस पर एक मछली रखी हुई थी, इम्तेहान ये था कि हरीफ़ों को उसकी आँख पर निशाना लगाना था, मगर ऊपर देखके नहीं, नीचे रखे हुए पाने के बर्तन में उसका अक्स देखकर—और वो कमान भी ऐसी वैसी नहीं थी कि हर एक उसे उठा ले, द्रुपद ने ये सब इन्तज़ाम इसलिए किया था कि उनकी ख़्वाहिश थी कि उनकी बेटी की शादी अर्जुन से हो जो सर्व धनुर्धर था, दोनों हाथों से उसे उठा सकता था, कमान चला सकता था, स्वयंवर शुरू हुआ तो एक के बाद एक बाँके, बीहड़ राजकुमार आगे आए मगर किसी को उसकी पूँछ न दिखाई दे, किसी को उसकी आँख न दिखाई दे, कोई मछली ही न देख पाए, बहुतों से तो धनुष ही न उठा, वो जैसे ही कमान उठाके डोरी चढ़ाने की कोशिश करते मगर ऐसा झटका लगता कि धड़ाम से ज़मीन पे गिर के बेहोश हो जाते कि इतने में कर्ण उठा और फ़ौरन धनुष उठा के उसने आनन-फ़ानन कमान चढ़ाया कि लोग देखते ही रह गए, उसने तुरत-फुरत डोरी चढ़ाई और निशाना लगा के मछली की आँख भेदने ही वाला था कि एकदम से द्रोपदी बोल पड़ी, मैं किसी सूत की औलाद से शादी नहीं करूँगी। ये सुनते ही महल में एकदम ख़ामोशी छा गई, कर्ण पे जैसे घड़ों पानी पड़ गया हो। उसने बहुत दुख और वेदना से सूरज की तरफ़ देखा। मगर सूरज के पास उसकी हसरतों के लिए कोई जवाब नहीं था, आसमान ख़ुद उस वक़्त इस नाइंसाफ़ी को बर्दाश्त करने की सूरते-हाल में नहीं था और सिमट के इतना छोटा हो गया था जैसे चींटी का अंडा होता है—

क्या तंग हम सितमज़दगान का जहाँ है
जहाँ एक बैज़-ए-मूर आसमां है

कर्ण पर सितम-हाय-सितम ये हुआ कि उसके बैठते ही अर्जुन उठा और बात की बात में उसने मछली की आँख भेद के द्रोपदी का हाथ जीत लिया लेकिन जब वो पाँचों पांडव द्रौपदी को साथ लेके अपनी माँ कुंती के पास पहुँचे तो बाहर से ही युधिष्ठिर ने कहा कि माँ देखो, हम तुम्हारे लिए आज दान में क्या लाए हैं, तो कुंती

ने अन्दर से ही बिना देखे जवाब दिया कि आपस में बाँट लो। इस तरह पांचाली उर्फ़ द्रोपदी पाँचों पांडवों की मुश्तरका बीवी बनी।

कर्ण की विश्वविजय

कौरवों और पांडवों, दोनों के परदादा का नाम भीष्म था, उन्होंने ताज़िन्दगी मुजर्रेद रहने का फ़ैसला किया था। दोनों तरफ़ के फ़रीक़ उनकी इज़्ज़त करते थे, गो वो ऊपर-ऊपर से कौरवों के साथ थे मगर दिल से पांडवों के हिमायती थे और अक्सर-ओ-बेशतर कर्ण की मज़म्मत और बुराई करते रहते थे, ऐसे ही एक बार जब गंधर्वों ने कौरवों को हरा कर अग़वा कर लिया और उन्हें बचाने के लिए पांडवों को मैदान में कूदना पड़ा तो बाद में भीष्म ने कर्ण को ख़ूब-ख़ूब सलावातें सुनाईं और दुर्योधन को उसके ख़िलाफ़ बदगुमान करने की पूरी कोशिश की तब कर्ण बोला कि, हे राजा सुयोधन भीष्म हमेशा मुझे इसी तरह नीचा दिखाते हैं, आज मैं उन्हें हमेशा के लिए चुप कराना चाहता: हूँ। आप मुझे इजाज़त दीजिए और कुछ सिपाही और फ़ौज दीजिए और मैं ये पूरी दुनिया फ़तेह करके आपके क़दमों में डाल दूँगा। तब दुर्योधन ने कहा, कर्ण मुझे तुम्हारी ताक़त, हिम्मत और शुजाअत पर पूरा भरोसा है, तुम्हारा ख़ुलूस भी मुझ से छिपा हुआ नहीं, फिर भी तुम चाहते हो विश्वविजय पर निकलना तो ज़रूर जाओ—अच्छी साअत देख कर कर्ण अपनी दिग्विजय पर निकला—कर्ण ने सबसे पहले राजा द्रुपद को हराया और फिर शुमाल के राजाओं को हराया, फिर हिमालय और नेपाल को क़ाबू में किया फिर पूरब में अंग, बंग, कलिंग, मिथिला, मगध फिर त्रिपुरी कोसला, फिर जुनूब में पांडय, केरल, नील—देखते ही देखते उसने पूरे हिन्दोस्तान जन्नत निशान के बड़े से बड़े राजा को हराकर वो हालात पैदा कर दिए कि दुर्योधन वैष्णव यज्ञ करने के लायक़ हुआ जिससे उसकी ताक़त और अज़मत का रौब और ख़ौफ़ हर दिल में बैठ गया।

जुए का युद्ध

कर्ण को राजा बना के और उससे दोस्ती करके दुर्योधन ने उसका दिल जीत लिया था बल्कि ये कहना ग़लत न होगा कि कर्ण उसका ज़रख़रीद ग़ुलाम बन गया था, तो जब दुर्योधन ने अपने मामा शकुनि के साथ मिलकर पांडवों को जुआ खेलने की दावत दी तो एक-एक करके युधिष्ठिर अपना सब कुछ हारता चला गया, और कर्ण ख़ामोश खड़ा देखता रहा। पहले युधिष्ठिर ने अपना राज-पाट खोया, फिर वो शर्त में 12 साल का वनवास और जिलावतनी क़ुबूल करने पर मजबूर हो गया, फिर वो एक-एक करके अपने भाइयों को भी हार गया, आख़िरकार वो जुए में द्रौपदी को भी हार गया। तब दुर्योधन ने अपने भाई दुशासन को भेजा कि वो द्रौपदी को खींचता हुआ महल में लाए

और सबके सामने उसका चीरहरण करके उसे बरहना करे—द्रौपदी जब बज़्म में लाई गई तो उसका मातम और बैन सुनके सातों आसमान तक लरज़ गए, वो चिल्लाई, कि हे दुष्ट, यहाँ इतनी इतनी बरगज़ीदा शख़्सियतें बैठी हैं, कोई मेरे बाप की जगह है कोई मेरा गुरु है, एक से बढ़कर एक आलिम, एक से एक मुत्तक़ी, परहेज़गार यहाँ बैठा है, तू उनके सामने ये गुनाहे अज़ीम करना चाहता है, द्रोण, भीष्म और महात्मा विदुर का बड़प्पन और उनकी अज़मत किस काम की, किस काम की ये अज़्मत, ये सुलूक, ये इल्म, ये दीन ? तब कर्ण ने ठहाका लगाया और बोला कि द्रौपदी पांडव ख़त्म, उनकी ताक़त ख़त्म, उनकी अज़्मोहिम्मत, उनकी जंवामर्दी, उनकी मर्दानगी ख़त्म—अब तू अपने लिए कोई दूसरा शौहर चुन ले।

शास्त्रों में आया है कि ये चार लतें राजाओं को बर्बाद करती हैं—शिकार, शराब, जुआ और ऐय्याशी। तब जब दुशासन भरी महफ़िल में ज़बरदस्ती द्रौपदी के कपड़े खींचने लगा तो द्रौपदी ने, मर्दों, शूरवीरों की उस भीड़ में वो अकेली औरत अपनी इज़्ज़त, अस्मिता की दुहाई देते हुए, उसने इंस नियत की गुहार लगाई, धर्म की, मर्यादा की, ख़ानदान की, नामूस की, शर्म की, लिहज़ की गुहार लगाई, मगर उस महफ़िल में सारे के सारे मर्द, भारतमाता के बड़े-बड़े सपूत, ख़ामोश बैठे रहे और भारत माँ चीत्कारती रही तब द्रौपदी ने कृष्ण भगवान को याद किया और इस शिद्दत और वेग से याद किया कि वो द्वारका की अपनी सेज, शैया, काम-धाम, लक्ष्मी वग़ैरह सबको छोड़कर मख़फ़ी तौर से वहाँ पहुँचे और उन्होंने ऐसी माया रची कि उधर दुशासन खींचता जाता था और द्रौपदी के कपड़े खिंचते जाते थे, ख़त्म ही न होते थे, यहाँ तक कि वहाँ कपड़े का ढेर का ढेर लग गया, आख़िरकार दुशासन थककर बैठ गया और भीम ने तब भरी महफ़िल में क़सम खाई कि मुझे ऐसी बात हर्गिज़ नहीं करनी चाहिए मगर मैं मजबूर हूँ। मैं सबके सामने क़सम खाता हूँ कि मैं एक दिन मैदान-ए-जंग में अपने इन्हीं हाथों से दुशासन का सीना फाड़के उसका ख़ून पियूँगा। श्रीकृष्ण के इस करिश्मे से उस रोज़ वो बर्बरियत होते-होते रह गई जिसकी शर्म से भारतमाता कभी अपना सर न उठा पाती।

तो इस तरह पांडवों को बारह साल की जिलावतनी की सज़ा भुगतनी पड़ी। इस वनवास के आख़िर में उन्हें एक साल का अज्ञातवास भी गुज़ारना था, शर्त ये थी कि इस दौरान उन्हें मख़फ़ी रहना है, इस तरह कि उनकी पहचान ख़ुफ़िया रहे और कोई भी ये न जान पाए कि वो पांडव हैं—उन तेरह सालों में उन पर क्या-क्या गुज़री ये क़िस्सा तूलानी है मगर लोगों कि विर्देज़बानी है और गोकि तूल देना ही मज़ा है क़िस्सा-ए-कोताह का, मगर हम ये कहते हुए क़िस्सा मुख़्तसर करते हैं कि वो हज़ारो मुहिमात से गुज़रे, हज़ारों को उन्होंने शिकस्त दी, हज़ारों को ज़ुल्म से नजात दिलाई, देवताओं से तुहफ़े और इनामात जीते, दुखों का नास किया, हरासों को आस दिलाई, शादियाँ की, बच्चे

पैदा किए और आख़िर वो दिन आया जब वो वापस हस्तिनापुर पहुँचे और दोबारा, से बारा रियासत में अपना हिस्सा माँगा। जब दुर्योधन ने उनका हिस्सा देने से साफ़ मना कर दिया तब शुरू हुई वो लड़ाई जिसे दुनिया महाभारत के नाम से जानती है— इस लड़ाई को वही जीत सकता था जिसका श्रीकृष्ण साथ दें और पांडव और कौरव दोनों उनके पास मदद माँगने पहुँचे, उन्होंने कहा कि एक की मैं अपनी फ़ौज से और मालो-असबाब से मदद कर सकता हूँ और दूसरे के साथ ख़ुद हाज़िर रह कर ख़िदमत कर सकता हूँ, तब अपनी कुंदज़ेहनी में दुर्योधन ने उनकी फ़ौज माँगने पर इक्तेफ़ा की, इस तरह श्रीकृष्ण पांडवों के साथ हो गए—जो इस जंग का सबसे फ़ैसलाकुन मोड़ साबित हुआ।

वैसे तो दोनों तरफ़ बड़े-बड़े महाबली जंगजू थे जो अपनी शुजाअत से आसमान-ज़मीन एक कर सकते थे, मगर पांडवों को अगर किसी पे तकिया था तो वो थे अर्जुन, उसके पास इंद्र, शिवजी और ब्रह्मा जी और दूसरे देवताओं के अताकरदा अस्लहे थे, दुआएँ थी, वरदान थे, और बहुत-सी नेमतें उनके साथ थीं।

दूसरी तरफ़, कौरवों के पास भी भीष्म पितामह थे, द्रोणाचार्य थे जो पांडवों और कौरवों दोनों के गुरु रह चुके थे मगर अगर कोई एक शख़्स था जिसकी वजह से पांडवों की और ख़ासकर युधिष्ठिर की नींद हराम होती थी तो वो था महाशक्तिशाली कर्ण— कर्ण के पास अपने पिता सूर्यदेव का दिया हुआ कवच, कुंडल था जिसके होते हुए उसे कोई हरा नहीं सकता था।

जब लड़ाई शुरू हुई तो कर्ण, भीष्म के तल्ख़ कलमात से इस क़दर आहत हुआ कि उसने तय कर लिया था कि जब तक भीष्म फ़ौज के सिपहसालार बने रहेंगे वो लड़ाई में हिस्सा नहीं लेगा, मगर शेर कहीं भी रहे, पूरे जंगल पे उसका ख़तरा मँडलाता रहता है, उसी तरह गो कि कर्ण लड़ाई में हिस्सा नहीं ले रहा था मगर उसका ख़ौफ़ और दबदबा इस क़दर था कि श्रीकृष्ण ने उसकी ताक़त छीनने की एक तरक़ीब सोची।

इंद्र का कवच कुंडल ले लेना

कर्ण अपने ज़माने का इतना बड़ा सख़ी था कि लोग उसकी सख़ावत की दाद देते थे— जब वो दोपहर को नदी में स्नान करके निकलता था, उस वक़्त कोई भी माँगने वाला वहाँ पहुँच के उससे कुछ भी माँग सकता था और तारीख़ गवाह है कि उसने कभी किसी को मना नहीं किया, बस उसकी इस सिफ़त और आदत से श्रीकृष्ण बख़ूबी वाक़िफ़ थे सो उन्होंने इंद्र को इस बात के लिए आमादा किया कि वो ऐसे ही किसी दिन कर्ण से उसके कवच-कुंडल ख़ैरात में माँग ले—मगर उनकी इस चाल की भनक सूरज को लग गई, वाज़िह रहे कि जहाँ सूरज ज़िन्दगी, रोशनी और गर्मी देता है वहीं इंद्र बादल और पानी का देवता है तो हुआ यूँ कि...

एक दिन कर्ण को ख़्वाब में एक ब्राह्मण दिखाई दिए जिन्होंने उससे कहा कि देखो बेटा पांडवों का भला करने के लिए इंद्र तुम्हारे सामने ब्राह्मण का भेस धर के आएँगे और तुमसे तुम्हारा कवच और कुंडल माँगेंगे, तुम मुहतात रहना, पूरी दुनिया जानती है कि तुम सख़ावात में हातिमताई से कम नहीं हो, जो कोई जो भी माँगता है बिना हिचके दे देते हो, मगर बेटा तुम अपने कवच-कुंडल मत देना क्यूँकि फिर तुम्हारी हिफ़ाज़त कोई नहीं कर पाएगा और मौत तुम्हारे नज़दीक आ जाएगी क्यूँकि ये कवच और कुंडल अमृत से बने हैं इसलिए अगर तुम्हें अपनी जान प्यारी है तो हर्गिज़ इनसे हाथ मत धोना।

कर्ण बोला, जनाब आप मुझ पर इतनी शफ़क़त क्यूँ बरत रहे हैं, आप हैं कौन?

ए फ़रज़ंद, मैं सूर्य हूँ, मैं तुम्हारे भले के लिए ऐसा कह रहा हूँ।

कर्ण बोला, फिर तो इसमें कोई शक नहीं कि आप मेरी फ़लाह और बहबूदी के लिए ऐसा कह रहे होंगे। मगर मैं बसद अदब ये अर्ज़ करना चाहता हूँ कि, मैंने ये अहद किया है कि माँगने वाले को ख़ाली हाथ नहीं जाने देता, जो भी इस दर पे आता है झोली भर के ले जाता है, अब अगर मैं मौत के ख़ौफ़ से अपने अहद से फिर गया तो लोग क्या कहेंगे—जो डर गया समझो मर गया। भले जान चली जाए पर क़सम न जाए, वरना तीनों लोकों, तीनों आलम में मेरे नाम पर बट्टा लग जाएगा, इस दुनिया में नाम से बढ़ कर कुछ भी नहीं।

हिम्मतें मर्दां मददे ख़ुदा।

और वैसे भी आप जानते हैं कि हानि-लाभ, यश-अपयश, सुख-दुख, जीवन-मरण सब विधि हाथ।

तब सूरज बोला, कि बेटा कर्ण अगर तुम अपनी बात पे अड़े हुए हो तो इतना ज़रूर कर लेना कि अपने कवच-कुंडल के बदले में तुम इंद्र से वो अमोघ अस्त्र ज़रूर ले लेना जिससे दुश्मन का विनाश यक़ीनी है, कवच-कुंडल दे देने के बाद यही एक चीज़ है जिससे तू अर्जुन को हरा सकता है।

तो एक दिन जब कर्ण स्नान करके नदी से निकला तो एक ब्राह्मण सामने आया और बोला :

भिक्षां देहि...

तब कर्ण बोला, कहिए महाराज मैं आपकी क्या सेवा कर सकता हूँ। आपको गाँव दे सकता हूँ, गाय दे सकता हूँ, राजपाट दे सकता हूँ, बोलिए क्या चाहिए आपको। तब ब्राह्मण बोला कि मुझे कुछ मालो-असबाब नहीं चाहिए, चाहिए तो सिर्फ़ आपका कवच और कुंडल, अगर आप इन्हें मुझे दे दें तो मैं जानूँ कि आप अपनी बात के पक्के हैं वरना मैं तो यही कहूँगा कि नाम बड़े और दर्शन छोटे।

तब कर्ण हँस के बोला, मैं आपको पहचान गया इंद्रदेव, मैं आपको कवच-कुंडल दे दूँगा, ये जानते हुए कि ये मेरी मौत का रास्ता हमवार कर देगा क्योंकि

आख़िर को तो सबको इस दार-ए-फ़ानी से जाना ही है, इस दुनिया से कूच करना ही है क्यूँकि...

हवा ही ने खिलाए गुल, हवा ही फिर गिराती है
ज़मीं जिसने किया पैदा वही फिर उनको खाती है

तो आप इन कवच-कुंडलों के बदले मुझे अपनी अमोघ शक्ति दे दीजिए।

फिर कुछ सोचकर इंद्र बोले : ठीक है मैं तैयार हूँ, मगर तुम जानते हो कि वो ऐसा हथियार है जो इस्तेमाल होने के बाद मेरे पास वापस आ जाता है सो जब तुम इसे छोड़ोगे तो तुम्हारी निशानदेह दरीक़ का क़त्ल कर के ये मेरे पास आ जाएगा—कर्ण ने कहा कि हज़रत मैं भी सिर्फ़ एक ही आदमी को मारना चाहता हूँ और मैं वादा करता हूँ कि सिर्फ़ और सिर्फ़ जान के ख़तरे के वक़्त इसे इस्तेमाल करूँगा और वो भी तब जब मेरे बाक़ी हथियार शल हो गए हों।

ये कहकर कर्ण वो कवच अपने बदन से उधेड़-उधेड़ कर निकालने लगा, उसका बदन छिल-छिल जाता था, ख़ून और गोश्त के लोथड़े यहाँ-वहाँ गिर रहे थे मगर कर्ण के चेहरे पर उस तकलीफ़ का नामोनिशान भी नहीं था, वो खड़ा हो के उसी मतानत से मुस्कुरा रहा था, ये देख कर आसमान में और आलमे-मलकूत और जबरूत में जितने मख़लूक थे, देवता थे, मलायक थे सब कर्ण की बहादुरी और शुजाअत पर अश अश करने लगे। आसमान में नफ़ीरें बजने लगीं, देवता फूल बरसाने लगे, कर्ण ने ख़ून से सना हुआ वो कवच आन की आन में इंद्र को सौंपा और अपने कानों के कुंडल काट के उन्हें दिए, कानों में उन कुंडलों के बदौलत ही दुनिया इस अज़ीमुश्शान, बेमिसाल, बेनज़ीर इंसान को कर्ण के नाम से जानती है :

जो काम किया हमने रुस्तम से न होगा
पैदा कहाँ हैं ऐसे परागन्दा तबअ लोग
अफ़सोस तुमको कर्ण से मुहब्बत नहीं रही

कुंती-कर्ण संवाद

भगवान श्रीकृष्ण लड़ाई रोकने की आख़िरी कोशिश करने एक बार फिर दुर्योधन के पास पहुँचे और उसे समझाने की कोशिश की कि वो सुलह करके पांडवों को उनका हक़ दे दे और लड़ाई रोक दे। भीष्म ने भी उसे समझाया, युधिष्ठिर हमारी ख़िदमत करने में हमेशा आगे-आगे रहता है, वो बहुत सच्चा, रासिख़ुल अक़ीदा है, कभी किसी की बुराई नहीं करता, किसी का बुरा नहीं चाहता, न बुरा करता है, हमें उसके साथ-साथ लड़ाई करनी पड़े, इससे ज़्यादा दुख की क्या बात होगी, ये सुनकर द्रोण बोले, मुझे

तो अर्जुन मेरी औलाद अश्वत्थामा से ज़्यादा अज़ीज़ है, दुर्योधन मान जा, इस लड़ाई से बाज़ आ जा, नहीं तो तेरा सुकून, तेरी सल्तनत, तेरे दोस्त और रफ़ीक़, तेरा मालो-असबाब, जाहो-हशम सब बर्बाद और ग़ारत हो जाएगा, इसी में सब की भलाई है।

उधर यही बात उसे समझाने के लिए श्रीकृष्ण कर्ण को अपने रथ में लेकर हस्तिनापुर से बाहर निकले और कहने लगे, कर्ण तुमने आलिम ब्राह्मणों की बहुत ख़िदमत की है, तुम्हें वेदों और उपनिषदों का भी ख़ूब इल्म है मगर अभी तुम्हारे इल्म में एक कमी है, तुम अभी अपनी पैदायश के राज़ से नावाक़िफ़ हो, तुम कुंती के बदन से पैदा हुए थे। ये बात उस वक़्त की है जब कुंती कुँवारी थी, इसलिए शास्त्रों के मुताबिक़ तुम राजा पांडु की औलाद और सबसे बड़े पांडव हो, तुम्हारे पितृपक्ष में पांडव हैं और मातृपक्ष में यादव, तुम मेरे साथ चलो और मैं तुम्हें अभी पांडवों का राजा बनाकर तख़्त पर बिठाकर तुम्हारा राज्याभिषेक कराता हूँ, युधिष्ठिर समेत सारे पांडव तुम्हारे पैर छुएँगे। तब कर्ण बोला : आपकी बात सर आँखों पर, मैंने माना कि मैं कुंती की औलाद हूँ, मैंने जाना कि मैं पांडवों का बड़ा भाई हूँ, मगर जिस अधिरथ ने मुझे पाला, जिस राधा ने मेरा पिशाब, पैख़ाना धुलाया उसे मैं कैसे छोड़ दूँ। उन्होंने मेरी शादियाँ कराईं, मेरी औलादें जिनसे पैदा हुईं, उन्हें मैं कैसे छोड़ दूँ। मैं किसी डर या किसी लालच से अपने इन अज़ीज़ो-अक़ारिब को नहीं छोड़ सकता, दुर्योधन जो मेरे भरोसे लड़ाई कर रहा है जिसने मुझे नाम दिया, ओहदा दिया, पहचान दी, जिसने मेरा हाथ थामा उसे कैसे छोड़ दूँ...मेरी आप से एक ही ग़ुजारिश है कि ये बातें जो हमारी आपस में हुई हैं उन्हें ख़ुद तक ही रखें—अगर युधिष्ठिर को पता चल गया कि मैं उनका बड़ा भाई हूँ, तो वो राजपाट मुझे सौंप देंगे और अगर राजपाट मेरे हाथ लगा तो मैं उसे दुर्योधन को सौंप दूँगा, मगर मैं दिल से चाहता ये हूँ कि जिनके नेता श्रीकृष्ण और सरदार अर्जुन हों, जिसके अगुवा युधिष्ठिर जैसा मुत्तक़ी सादिक़ हो, उसी को राज करना चाहिए। श्रीकृष्ण जब आप मुझे अर्जुन के हाथ से मरा हुआ देखेंगे, जब भीम चिंघाड़ते हुए दुशासन का ख़ून पीएँगे, जब द्रोणाचार्य और भीष्म मारे जाएँगे, जब भीम दुर्योधन को मार देंगे तब ये सब क्षत्रिय कुरुक्षेत्र की मुक़द्दस सरज़मीन में शहीद हो के स्वर्ग पहुँचेंगे, क्षत्रिय का तो काम हो है मैदाने-जंग में जां बहक़ होना, इसलिए आप अर्जुन वगैरह को अपना मंसूबा बताएँ या हमारी गुफ़्तगू से आगाह किए बग़ैर मैदान में ले आइएगा। तब श्रीकृष्ण बोले कि, अच्छा कर्ण अगर तुम मेरी दी हुई ज़मीन पर हुकूमत नहीं करना चाहते हो तो न सही, तुम राजपाट ठुकराना चाहते हो तो ऐसा ही सही, तुम तो बख़ूबी जानते हो कि जंग में जीत पांडवों की ही होगी। अब तुम जाके भीष्म वगैरह से कह देना कि ये महीना अच्छा है, आजकल फलों में बौर आई है, मक्खियाँ कम हैं, कीच सूख गई है, पानी में स्वाद आ गया है और न ज़्यादा सर्दी है, न ज़्यादा गर्मी—आज से सातवें दिन अमावस्या है इसलिए बेहतर है कि उसी दिन जंग का आग़ाज़ किया जाए—

कर्ण ने कहा, ठीक है भगवन्, दुर्योधन, मैं, पांडव, कौरव, हम सब तो महज़ दिखावे की इल्लत हैं। इस जंग का मक़सद तो कुछ और ही है, हो वही सब रहा है, और वैसे ही हो रहा है जैसा आप चाहते हैं, हम सब तो बहाना है।

हुइये वही जो आप रचि राखा

जब श्रीकृष्ण लड़ाई रोकने में नाकाम रहे और वापस चले गए तो विदुर कुंती के पास पहुँचे और बोले कि मैं तो आजिज़ आ गया हूँ, दुर्योधन को समझा-समझा के थक गया मगर वो बात समझता ही नहीं है...अब जंग होगी तो कौरवों की बर्बादी ही बर्बादी है—

दिल के फफोले जल उठे सीने के दाग़ से,
इस घर को आग लग गई घर के चिराग़ से।

विदुर की बात सुनकर कुंती ने गहरी साँस ली और बोली, लानत है इस धन-दौलत पर, राजपाट पर जो भाई को भाई से लड़ावे है इसमें दोनों तरफ़ से मेरे अपने ही लड़ेंगे और मेरे अपने ही मारे जाएँगे। भीष्म और द्रोण पर तो मुझे भरोसा है कि वो पांडवों को बख़्श देंगे मगर ये कर्ण बहुत मूज़ी और कीनापरवर है, दुर्योधन के चक्कर में पड़कर पांडवों का सख़्त दुश्मन बन गया है। बेहतर होगा अगर कर्ण को अपनी पैदायश का राज़ पता चल जाए।

ये सोचकर कुंती गंगा किनारे पहुँची जहाँ कर्ण नदी के अन्दर अपने बाज़ू ऊपर उठाए सूरज की परस्तिश कर रहा था। जब सूरज घूमकर उसकी पीठ पर पहुँचा तब उसने तपस्या ख़त्म की, मुड़ा और कुंती को देखकर नमस्कार करके बड़ी लजाजत से बोला, मैं अधिरथ और राधा का बेटा कर्ण आपको प्रणाम करता हूँ, कहिए आप कैसे पधारीं। मैं आपकी क्या ख़िदमत कर सकता हूँ। तब कुंती बोली, कर्ण तुम राधा की औलाद नहीं हो, न अधिरथ तुम्हारा बाप है, तुम सूतपुत्र नहीं, कुंतीपुत्र हो, ख़ुद सूरज भगवान तुम्हारे वालिद हैं। ये कहकर कुंती ने उसे सारी रूदाद सुनाई कि वो कैसे पैदा हुआ था और कैसे मजबूरी में उसे कर्ण को छोड़ना पड़ा था फिर वो कहने लगी कि बेटा ये जो तुम अपने भाइयों को छोड़कर दुर्योधन का साथ दे रहे हो, ये तुम्हारे शायानेशान नहीं है, हर इंसान का फ़र्ज़ है कि वो अपने वालदैन को ख़ुश रखे, तुम पांडवों के साथ हो जाओगे, उन्हें अपने आप अपना हक़ मिल जाएगा, जैसे कृष्ण और बलराम की जोड़ी है वैसे ही कर्ण-अर्जुन की जोड़ी होगी। कुंती ने जब बात ख़त्म की तो कर्ण को सूरज की आवाज़ सुनाई दी—कर्ण...कुन्ती ने सच कहा है, तुम अपनी माँ की बात मान लो, माँ की फ़रमाबरदारी में तुम्हारा और सब का फ़ायदा है।

कर्ण ने कुन्ती और सूरज की सारी बातें बहुत सब्र से सुनीं फिर बहुत इत्मीनान से बोला : आपने पहले क्यूँ नहीं बताया, पहले कभी क्यूँ नहीं अपनाया, आपकी

बात मानने में तो मेरी मुकम्मल बर्बादी है, तुमने मुझे छोड़कर मेरे साथ बहुत बड़ी नाइंसाफ़ी की, क्षत्रिय ख़ानदान में पैदा होने के बावजूद मैं क्षत्रिय कहलाने से महरूम रह गया, सारी ज़िन्दगी तुमने मुझे भटकने और तड़पने के लिए छोड़ दिया, मेरा ये हाल था कि—

हस्ती हमारी अपनी फ़ना की दलील है,
यां तक मिटे कि आप हम अपनी क़सम हुए।

तुमने अपना सब कुछ पांडवों को दिया और मुझे ऐसे बिलकता छोड़ दिया—
'मगर एक कर्ण-ए-शिकस्ता पा तेरे बाग़े ताज़ा में ख़ार था'

कभी मुझे मेरा हक़ नहीं दिया और अब जब जंग शुरू होने वाली है तो सिर्फ़ अपने मफ़ाद के लिए तुम मुझे अपनाने आई हो, अब अगर मैं पांडवों के साथ हो जाता हूँ तो क्षत्रिय लोग क्या कहेंगे, मुझे ज़िन्दगी में जो कुछ भी मिला है सब धृतराष्ट्र की औलादों का दिया हुआ है, जो भी साज़ो-सामान, ऐशो-इशरत, नामो-नमूद मेरे पास है वो दुर्योधन का रहीने-मिन्नत है, अब जब दुर्योधन और उसके साथियों पर मौत का ख़तरा मँडरा रहा है तो मैं डूबती नैया को छोड़कर भाग जाऊँ, ये न सिर्फ़ अहसान फ़रामोशी होगी बल्कि ऐसी बुज़दिली होगी जिसे तारीख़े-इंसानी कभी फ़रामोश नहीं कर सकेगी—इस वक़्त मुझे अपनी जान अज़ीज़ नहीं है, उन लोगों का साथ अज़ीज़ है जिन्होंने बहुत गई-गुज़री हालत में मेरा हाथ पकड़ा जो एहसान भूल जाए वो आदमी नहीं, वो मुर्दा है।

अपनों के ही साथ न संकट में जो जाएँ।
रहिमन वे नर मर गए जो उपकार भुलाएँ॥

ऐसे अहसानफ़रामोश लोग न राजा के काम के हैं न रियाया के, न दीन के न दुनिया के। मैं अपने ऐशो-आराम के बजाय अपने साथियों के ऊपर क़ुर्बान हो जाने को तरजीह दूँगा—मैं धृतराष्ट्र की औलादों के लिए अपनी पूरी जी-जान से लड़ूँगा मगर इतना मैं तुम्हें दे सकता हूँ कि चाहे युधिष्ठिर है, चाहे भीम हो, चाहे नकुल, चाहे सहदेव हों किसी की जान नहीं लूँगा। अगर वो मैदाने-जंग में मेरे सामने आए तो मैं उन्हें अपनी जान की अमान दूँगा। उनकी ज़िन्दगी उन्हें बख़्श दूँगा। मगर अर्जुन को नहीं बख़्शूँगा क्यूँकि उससे मेरी अज़ली अबदी दुश्मनी है, वो मेरा हरीफ़ है क्यूँकि समाज ने, देश ने, क्षत्रियों ने, गुरुओं ने उसको जो आला मक़ाम, आला मर्तबा दिया है, जो मान-सम्मान दिया है, बुलंदी और बहादुरी और शुजाअत के जिस मसनद पर बिठाया है वो दरअसल मेरी अमानत है मैं उसका मुस्तहक़ हूँ, मैं ही उस गद्दी, उस मरतबे का असली वारिस हूँ। हर हाल में तुम्हारे पाँच के पाँच बेटे बच जाएँगे, मगर उन पाँचों में या तो मैं रहूँगा या अर्जुन—

देखिए कौन होता है हरीफ़े मए-मर्द अफ़गने-जंग,
है मुकर्रर लबे नक़ीब पे सला मेरे बाद।

और ये इत्मीनान दिलाकर कर्ण ने कुंती को विदा किया।

कर्ण से विदा होते वक़्त कुंती ने उसे लम्बी ज़िन्दगी की दुआ दी या नहीं इस बाब में श्रुति यानी रावी ख़ामोश है

वो लोग तुमने एक ही शोख़ी में खो दिए,
पैदा किए थे चर्ख़ ने जो ख़ाक छान कर।

ꕥ

ओम श्री गणेशाय नमः
नारायणं नमस्कृत्य नरं चैव नरोत्तमम्
देवीं सरस्वती व्यासं ततो जयमुदीरयेत

आख़िरकार वो दिन आया जब नसीहतें ताक़ पर रखी रह गईं और जंग का कारोबार गर्म हुआ, कैसे कैसे लोग इस जंग में शहीद हुए—

न है गोरे दारा, न क़ब्रे सिकंदर
मिटे नामियों के निशां कैसे कैसे

कैसे कैसे दिलावर इस जंग में खेत रहे

सब कहाँ कुछ लाला ओ गुल में नुमायाँ हो गईं
ख़ाक में क्या सूरतें होंगी कि पिन्हाँ हो गईं

वो जंग जो कभी होनी ही नहीं चाहिए थी वो जंग शुरू होते होते ही रह जाती क्यूँकि जब श्रीकृष्ण अर्जुन को लेकर मैदान ए जंग में पहुँचा तो अर्जुन ये देखकर दंग रह गया कि उसके मुख़ालिफ़ीन में कोई उसका भाई था, कोई उसका चचा, कोई मामू, कोई ताऊ, कोई गुरू, कोई गुरू-भाई, यानी जिनसे वो लड़ने चला था वो भी उसी के ख़ून थे, उसके अपने ही थे और जिनसे लड़ रहे थे वो भी अपने ही थे, ये कैसी लकीर थी जो एक ही ज़मीन को दो हिस्सों में बाँट रही थी। पड़ोसी को पड़ोसी बेदख़ल करने पर मायल किए हुए थी—ऐ सफ़ीर इस बाग़ की कैसी हवा नासाज़ है जो एक ही ख़ानदान को इस तरह बाँट रही थी कि पेड़ अपने ही फल के ख़ून के प्यासे हो रहे थे, परिंदे अपने ही घोंसले को उजाड़ने पर आमादा थे, जहाँ आक़ा और ग़ुलाम एक दूसरे के हरीफ़ हो गए थे, भाई-भाई के ख़ून का

प्यासा हो रहा था, वतन परस्तों की निगाहों में हमवतन इस तरह खटकने लगे थे कि वो उसके लिए ख़ुद वतन को ज़क पहुँचाने को तैयार थे, और फिर सबसे बड़ा अल्मिया ये था कि ये सब दीन-धरम के नाम पर हो रहा था। इज़्ज़त ओ आबरू के नाम पर लोग आँख मूँदकर दूसरों को बेइज़्ज़त करने के लिए तैयार थे, लोक मर्यादा की हिफ़ाज़त के लिए क़त्लेआम करने को तैयार थे—ये सब देखकर अर्जुन अफ़सुर्दा हुआ, रंजीदा हुआ, पज़ामुर्द हुआ, उसका इज़्मेहलाल इस क़दर बढ़ा कि उसने हथियार रख दिए। श्रीकृष्ण ने जब उसे हथियार रखते देखा तो पूछा कि ए फ़रज़न्द तूने हथियार क्यूँ रख दिए, तब अर्जुन बोला, कि मुझसे ये जंग न लड़ी जाएगी जिसे जीत के भी मेरी हार होगी, मैं अपनों का ख़ून बहाके क्या फ़तेह कर लूँगा, किस काम का ये नामो नमूद, किस मक़सद की ये शुहरत जिसके पीछे इतने बेगुनाह इनसानों का ख़ून हो, इस जंग में जो बच गया उसकी बक़ा में इस मुल्क की, इस तहज़ीब की, इस रिवायत की, इस इक़दार की फ़ना है—यहाँ जीत हार है और हार जीत है—

बिगड़ी है बहुत बात बनाए नहीं बनती
अब घर को बग़ैर आग लगाए नहीं बनती
यहाँ तो हमारे पूरे ख़ानदान का ये आलम हो गया है कि
घर फूँकने में अपने मुहाबा नहीं हम को
गर चरख़ भी जल जाए तो परवाह नहीं हम को

ऐसे में मैं क्या हथियार उठाऊँ और किस से लड़ाई करूँ, मुझे डर है कि हिन्दोस्तान जन्नतनिशान की आगे आने वाली नस्ल कहीं मुझ से ये सवाल न करे कि, 'तू ने ये किया और तू ज़िन्दा रहा...'

मैं अपनी आने वाली नस्लों को क्या जवाब दूँगा कैसे किसी को मुँह दिखाऊँगा—

तब श्री कृष्ण ने उसे बहुत समझाया, ज़िन्दगी का और न्याय का और नीति का पाठ पढ़ाया, अदलो इंसाफ़ का सबक़ सिखाया, ये ऐसा बेमिसाल वाज़ था जिसकी बाज़गश्त आज हज़ारों साल बाद भी हिन्दोस्तान जन्नत निशान के ज़र्रे-ज़र्रे में उस अल्वही, कायनाती वाज़ की बाज़गश्त सुनाई देती है—उस वाज़ का सार था—

कर्मण्ये वाधिकारस्ते मा फलेषू कदाचनः—कर्म किये जाओ फल की इच्छा मत करो

इस लासानी लाज़वाल तक़रीर को दुनिया श्रीमद्भगवद गीता के नाम से जानती है।

देखना तक़रीर की लज़्ज़त कि जो तूने कहा
मैंने ये जाना कि गोया ये भी मेरे दिल में है

गीता ने दुनिया को एक नये फ़लसफ़े, एक नये लाहा ऐ अमल से रूशनास कराया जिसकी रू से इनसान नफ़ीसे असबात की तरफ़ बढ़ा, शिकायत से तवक्कुल की तरफ़, नाआसूदगी से क़िनाअत की तरफ़, उसने हमें अमल की तरफ़ राग़िब किया, गीता ने हमें तलक़ीन की कि हम अपनें इरादों को पाक रखें, अपनी नीयत को साफ़ रखें और सतायश और सिले की परवाह किऐ बग़ैर अमल किए जाएँ—

अमल से ज़िन्दगी बनती है जन्नत भी जहन्नुम भी
ये ख़ाकी अपनी फ़ितरत में न नूरी है न नारी है

ऊर्दू में गीता मुक़द्दस के जो दसियों तर्जुमें हुए हैं हम उनमें से एक, पाकिस्तान में किए गए ख़लीफ़ा अब्दुल हकीम के तर्जुमे की एक बानगी पेश करते हैं...

अर्जुन काँप जाता है—
मुकाबिल द्रोणा व भीष्म से बैर
चलाए उन बुज़ुर्गों पे किस तरह तीर
नहीं है मेरे तन में ताबो तवां
यक़ीन दिल से ग़ायब है ग़ालिब गुमाँ

(श्री कृष्ण पर्दा उठाते हैं)
है महदूद जिस्म और जां बेकिनार
है जां सब में एक और बदन बेशुमार
बदन की ये सब सूरतें हैं लिबास
बदलती नहीं जिनसे जां की असास
अगर जामा नापाक हो या कुहन
है बेहतर उतर जाए वो पैरहन
जो आलूदा है पैरहन फैंक दे
इसी तरह जां पे बदन फेंक दे

कृष्ण ख़ुद का तआरूफ़ किस तरह देते हैं

आगर महर्षि हूँ तो भृगू समझ
गुलिस्ताने इरफां की ख़ूश्बू समझ
मैं गोयायी, मैं अलिफ़ वाव मीम
है, इस्मे आज़म ये लफ़्ज़े कदीम
दरख़्तों में पीपल का हूँ मैं दरख़्त
तो ऋषियों में हूँ नारदे नेक बख़्त
गन्धर्वों में हूँ मैं चित्ररथ मिसाल
कपिल सा हूँ सिद्धों में मैं बा कमाल

जो साँपों में पूछो तो हूँ बासुकी
के है ख़ौफ़नाक इसमें कुव्वत भरी
मैं छंदों में गायत्री छंद हूँ
दिल अफ़रोज़ नग़मों से ख़ुरसन्द हूँ
महिनों में साख और ऋतुओं में बसंत
अगरचे न आग़ाज़ मेरा ना अन्त

अब देखे कृष्ण जी कैसे इनसान के गुणों का बयान करते हैं

सतोगुन रजोगुन तमोगुन की क़ैद
बनाती है ये रूहे इन्सां को सैद
सतोगुन का हो रूह में जब वफ़ूर
तो निकले बदन के दरीचों से नूर
जब आए रजोगुन के हाथों में बाग
तो जज़्बात की फिर भड़कती है आग
तमोगुन का है रूह पर ये असर
अँधेरा तग़ाफ़ुल फ़रेबे नज़र
सतोगुन है वा-बसता इरफ़ान से
मगर हरस पैदा है हैजान से
सतोगुन का गर मन में अन्दाज़ है
बहुत दूर तक इसकी परवाज़ है

—और जो इनसे परे हो जाए :

वलादत ना मौत और न पीरी है फिर
ना रन्ज और ग़म की असीरी है फिर
समझ लो पीया इसने अमृत का जाम
हुई उस को हासिल बक़ाए दवाम

श्री कृष्ण अपना जलवा दिखाते हैं

नहीं हद तेरी तू है बर्तर इलाह
तू है सब जहानों की जाए पनाह
तुझी से है सारा वजूदो अदम
तुझी से है क़ायम हदूसो क़िदम
तू है ज़र्फ़ भी और मज़रूफ़ भी
तू आरिफ़ भी है और मारूफ़ भी
तुम्हीं आग हो और तुम्हीं हो हवा

हो प्रजापति और पिता के पिता
नमस्कार हो तुमको हर सुबहो शाम
सलाम और सलाम और सलाम और सलाम

अब देखें श्रीकृष्ण के रूप का जलाल और उनकी तजल्ली की चकाचौंध
हज़ारों ही आँखें हज़ारों दहन :
अजब तन पे ज़ेवर अजब पैरहन
जो चमके बैक वक़्त सौ आफ़ताब
वो हों सामने उसके बे आबो ताब

इधर अर्जुन हैरत में है के ये कृष्ण का कौन सा रूप है :

हर एक तरह क साँप पर नूर है
ऋषि भी तेरे तन में मस्तूर है
बहुत सीने मुँह और आँखें कई
अयाँ सूरतें हैं नई से नई
हर एक सिम्त फैला हुआ एक वजुद
ना इसमें तअय्युन ना उसमें हुदूद
कई दाँत तेरे कई एक देहन
कई लाख आँखें हैं शोला-फ़िगन
निकलते हैं आँखों से तेरी शरर
जिन्हें देखकर मुझको लगता है डर
बड़े सूरमा और बड़े हुकमराँ
जिन्हें देखकर काँपता था जहाँ
धकेले लिए जा रही है अजल
तेरे मुँह में जाते है सब मुँह के बल
पतंगें गिरें शम्मा पर जिस तरह
तेरे मुँह में गिरते हैं ये इस तरह
इन्हें खाकर तू है ज़बां चाटता
इसी तरह सारा जहाँ चाटता
ये हैबत की आग और नारे जलाल
जहाँ जल उठा इससे ऐ लायज़ाल
है किस ज़ात का ये जलाली ज़हूर
हक़ीक़त में क्या है ये नार और नूर

शुरू होना महाभारत का

महाभारत जब शुरू हुई तो कौरवों की तरफ़ से भीष्म पितामह उनके सरदार थे, मगर चूँकि वो पहले ही कर्ण को बुरा भला कहते रहते थे इसलिए कर्ण उनसे काफ़ी बदज़न था और फिर जब जंग की शुरूआत नें भीष्म पितामह ने कौरवों की तरफ़ के सूरमाओं के नाम गिनवाने शुरू किये तो कर्ण को महारथी के बजाए अधरथी कह दिया जिससे कर्ण इतना नाराज़ हुआ कि उसने प्रतिज्ञा की कि जब तक भीष्म सिपहसालार रहेंगे तब तक वो लड़ाई में हिस्सा नहीं लेगा—

पहले पहल तो भीष्म वगैरह ने पांडवों के छक्के छुड़ा दिये मगर फिर श्रीकृष्ण की सलाह से जब भीष्म को शिखंडी का सहारा लेकर पांडवों ने मारा तब कहीं जाकर उन्हें कुछ राहत मिली—भीष्म ने अर्जुन से कहा कि वो उनके लिए वहीं मैदान-ए-जंग में बिस्तर बना दे तब अर्जुन ने सैंकड़ों तीर ज़मीन में छोड़े जिनसे भीष्म का बिस्तर बना और वो बहुत दिनों तक उसी पे लेटे रहे—मगर उस शय्या की खटक से तंग आकर उन्होंने श्रीकृष्ण से पूछा कि मुझसे क्या गुनाह हुआ और कौन सा अधर्म का काम हुआ जिसकी मुझे ये सज़ा मिली—तब श्रीकृष्ण ने उन्हें बताया कि इससे पहले आपके 107 जन्म हो चुके हैं ये आपका 108 वाँ जन्म है—फिर कहा कि मैं आपको पिछले जन्मों से रूबरू कराता हूँ, 106 जन्म जो भीष्म के थे वो बेदाग़ थे, भीष्म ने उन सब जन्मों में बेगुनाह, पाक साफ़, मुत्तक़ी ज़िन्दगी गुज़ारी मगर 107 वें जन्म में जब वो एक बार अपनी फ़ौज की अगुवाई कर रहे थे और पीछे-पीछे उनकी फौज आ रही थी तो उन्हें रास्ते में एक दोमुँहा साँप दिखा, इस डर से कि कहीं साँप फ़ौज के घोड़ों तले कुचल न जाए उन्होंने अपने नेज़े के सिरे पर उसे उठाया और एक तरफ़ को उछाल दिया ताकि वो रास्ते से हट जाए, मगर ग़ैर दानिस्ता तौर पर वो साँप एक कंटीली झाड़ी पर जा गिरा और उसने बद्दुआ दी कि एक दिन तुझे भी ऐसे ही कांटों पे लेटना पड़े; तब श्रीकृष्ण जी ने भीष्म को समझाया कि यही वजह है कि आपको आज इस दिन से गुज़रना पड़ा। मगर इस तकलीफ़ से गुज़रने के बाद आप मोक्ष हासिल कर लेंगे और बार बार जन्म लेने के अज़ाब से नजात पाकर सत् चित् आनन्द में डूब जाएँगे।

भीष्म के बाद द्रौणाचार्य ने कौरवों की कमान सँभाली, दोनों तरफ़ बड़े बड़े धनुर्धर थे, बड़ा घमासान का रन था जव द्रौण ने चक्रव्यूह बनाया, पर अर्जुन का नाबालिग़ बेटा अभिमन्यू उसमें दनदना कर घुस गया, उसने माँ के पेट में अर्जुन से सुना था कि चक्रव्यूह में कैसे दाख़िल होते हैं, गो उसे वापसी का रास्ता नहीं मालूम था मगर जान की परवाह किए बग़ैर वो इस तरह आशुफ़्ता सर अन्दर दाख़िल हुआ कि कौरवों की सफ़ों में भूचाल मच गया, अभिमन्यू के ख़िलाफ़ जो लोग महाज़ लिए खड़े थे उनमें से कोई उसका चचा था, कोई भाई, कोई ताऊ, मगर वो क़यामत का मंज़र था कि—

यौमा यफ़िर्ररूल मरऊमिन अख़ीही
व उम्मिही व अबीही
व साहिबतही व बनीही..
यौमा यन्फ़िख़ू फ़िस्सूरी फ़तअतूना अफ़वाजा
व फ़ुतिहतु स्समाऊ फ़कानत अबवाबा
व सुच्चिरतुल जिबालु फ़कानत सराबा
इन्ना जहन्नमा कानत मिरसादा

वो ऐसा दिन था कि भाई भाई से भागता था औलाद माँ बाप से भागती थी, शौहर बीवी बच्चों से भागता था...वो ऐसा दिन था कि जब शंख फूँका गया तो फौज दर फ़ौज बिखर गई और आसमान ऐसे टूटा जैसे दरवाज़े खुलते हैं और पहाड़ ऐसे गिरा जैसे रेत का ढेर हो। सच में वो क़यामत का ही दिन था।

कौरवों के बड़े बड़े जुगाधरों ने मिलकर अभिमन्यू का क़त्ल किया वर्ना वो अकेले उनका काम तमाम कर देता—उस नाजायज़ क़त्ल में कर्ण भी शामिल था, जयद्रथ भी, दुशासन भी, दुर्योधन भी, द्रोणाचार्य भी—

तब अर्जुन ने अपने ही बहनोई जयद्रथ को मारकर अपने बेटे की मौत का बदला लिया फिर तो द्रोण को इतना ताव आया कि उन्होंने पांडवों के लिए अपनी सारी मुरव्वत को ताक़ पे रख के उन पर हमला करना शुरू किया और ऐसी हाय तौबा मचाई कि पांडवों को मजबूरन उन्हें मारने के लिए एक चाल चलनी पड़ी। उन्होंने तय किया कि द्रोणाचार्य को बताएँ कि उनका बेटा अश्वथामा मारा गया तब वो अफ़सोस में हथियार रख देगा और उस वक़्त द्रौपदी का भाई धृष्टधुम्म उन्हें मार गिराए—और ऐसा ही हुआ, जैसे ही द्रोण को पता लगा कि अश्वत्थामा मारा गया वो इतने दुखी हुए कि उनसे हथियार उठाया न गया, उन्होंने सोचा कि क्या पता इत्तेला झूठी है कि सच्ची है ये बात युधिष्ठिर से पूछनी चाहिए क्यूँकि वो कभी झूठ नहीं बोलता—इत्तेफ़ाक से पांडवों के पास एक हाथी था अश्वत्थामा नाम का, पांडवों ने उसे मार दिया था तो जब द्रोण ने पूछा तो कहा कि हाँ अश्वत्थामा मर गया, और फिर धीमी आवाज़ में बोले, लेकिन हाथी, मगर इन आख़री दो अल्फ़ाज़ की आवाज़ और दबाने के लिए कृष्ण जी ने ज़ोर से शंख बजा दिया उस पे द्रौणाचार्य ने बेजान हो कर हथियार रख दिए और उसी वक़्त धृष्टधुम्न ने उनका काम तमाम किया—

बाद में, बहुत बाद में अश्वत्थामा ने बहीमियत और क्रूरता के लिए इसी वाक़ए को ज़िम्मेदार ठहराया—

हतो अश्वत्थामा नरो वा कुंजरो हतो

ये कह कर उस दिन मेरे अन्दर जो भी कोमल था उसकी भ्रूण हत्या कर दी युधिष्ठिर ने...

कर्ण घटोत्कच की लड़ाई और अमोघअस्त्र का इस्तेमाल होना

भीष्म की मौत के बाद जब कर्ण कौरवों को फ़ौज में शामिल हुआ तो कौरवों के हौसले बढ़ गए—और कर्ण ने भी वो वो हाथ दिखाए कि पांडवों के हत्थे उखड़ गए—एक दिन ऐसे ही उसके ताबड़तोड़ हमलों से पांडव मैदान छोड़कर भाग रहे थे तब युधिष्ठिर अर्जुन के पास गए और बोले कि धनंजय कर्ण ने हमारी फ़ौज का बुरा हाल कर रखा है, अगर तुम्हारे पास उसे मारने की कोई तदबीर है तो अमल करो, तब अर्जुन ने कृष्ण जी से कहा कि भगवन आप रथ उधर ले चलिए जहाँ कर्ण है आज मैं उससे दो दो हाथ करके फ़ैसला कर ही लूँ कि आज वो रहेगा या मैं। तब कृष्ण जी बोले, अर्जुन कर्ण से तुम्हारे अलावा और कोई लोहा नहीं ले सकता मगर तुम्हारे साथ उसके लड़ने का अभी वक़्त नहीं आया है। उसके पास इन्द्र की दी हुई एक ऐसी ताक़त है जो उसने सिर्फ़ तुम्हारे ही लिए रख छोड़ी है। इस वक़्त तुम्हें उससे नहीं लड़ना चाहिए, फ़िलहाल उसका मुक़ाबला करने के लिए मैं घटोत्कच को बुलाता हूँ—ये कहकर कृष्ण जी ने भीम और राक्षसी हिडिम्बा की औलाद घटोत्कच को याद किया, वो एक बहुत ख़तरनाक राक्षस यानी देव था, उसके पास देवों यानी राक्षसों की ताक़त, असुरों और देवताओं की ताक़त, तीनों की ताक़त थी—जब घटोत्कच आया तो कृष्ण जी ने उससे कहा कि बेटा देखते हो न, जैसे चरवाहा गऊओं को हाँकता है उसी तरह कर्ण आज पांडव फ़ौज को खदेड़ रहा है, उसके तीरों से ज़ख़्मी होकर हमारे सिपाही कहीं ठहर नहीं पाते, इस वक़्त कर्ण को तुम्हारे अलावा कोई नहीं रोक सकता—

ऐसा कहाँ से लाऊँ कि तुझ सा कहूँ जिसे

रात का वक़्त है और रात के वक़्त राक्षसों की ताक़त बहुत बढ़ जाती है इसलिए ये वक़्त तुम्हारे मुक़ाबले के लिए मौज़ूँ है, इस आधी रात में तुम अपनी सेहर की माया फैला कर महान सिपाही कर्ण को मार डालो—बहुत अच्छा कहकर घटोत्कच मैदान-ए-जंग में दाख़िल हुआ—उसे देखते ही कौरव हरांसा हो गए, हर तरफ़ उसके आने से मातम मचने लगा, लोगों ने ज़िन्दगी की आस छोड़ी, औरतें अपने बेवगी के ख़ौफ़ से रोने लगीं।

घटोत्कच का जिस्म इतना बड़ा था कि मैदान में खड़े बाक़ी सभी लोग उसके सामने चीटियों के बराबर दिखाई देते थे, उसका मुँह ताँबे जैसा और आँखें सुर्ख़ रंग की हैं, पेट धंसा हुआ, सर के बाल ऊपर उठे हुए, दाढ़ी, मूँछ काली, कान-खूँटी जैसे, ठोढ़ी बड़ी और मुँह का दहाना कान तक फैला हुआ था, उसकी ज़बान लाल लपलपाती हुई थी—भौंहें बड़ी-बड़ी, नाक मोटी, जिस्म का रंग काला, गला लाल और जुस्सा पहाड़ जैसा था, उसके बाज़ू बड़े-बड़े, जिस्म की जिल्द चमड़े की, सर की जगह गोश्त के लोथड़े थे, उसके रथ पर चारों तरफ़ से चमड़ा चढ़ा हुआ था

जिसकी लम्बाई और चौड़ाई चार चार सौ हाथ थी। वो रथ आठ पहियों से चलता था और उसकी गड़गड़ाहट सुन के बादल काँप जाता था, अपने सेहर यानी राक्षसी माया से उसने अपने साथ राक्षसों की एक पूरी फ़ौज जमा कर ली। किसी के हाथ में चट्टान थी तो किसी के हाथ में पेड़। फिर उसने ज़ोर का अट्टाहास लगाया जिसे सुन के हाथियों को पेशाब आ गया। उसका ये रूप देखकर कौरव डर के मारे थर थर काँपने लगे मगर कर्ण ने आगे बढ़कर उसे ललकारा कि एकदम से आसमान से पत्थरों की बारिश होने लगी। हालांकि वो बारिश थोड़ी ही देर को हुई मगर आधी रात के वक़्त उस घड़ी कौरवों को ऐसा लगा कि जैसे पूरे एक साल से बारिश हो रही हो, ये हालत देख के ज़्यादातर कौरव मैदान छोड़ के भाग खड़े हुए, सिर्फ़ कर्ण वहाँ डटा रहा, बेख़ौफ़–अडिग, उसने अपने बाणों से घटोत्कच की माया को दरहम बरहम कर दिया, उधर घटोत्कच कभी अंगूठे के बराबर हो जाता तो कभी समन्दर की लहरों की तरह इधर से उधर तैरने लगता, कभी ज़मीन फाड़कर पानी में घुस जाता कभी अपने रथ के साथ आसमान में उड़ने लगता, ग़रज़ कि घटोत्कच ने इतना हंगामा काटा कि कौरव ज़िन्दगी की आस खो बैठे, उनका ये हाल था कि,

गुज़र रहे हैं अजब मरहले से दीदा ओ दिल
सेहर की आस तो है ज़िन्दगी की आस नहीं

कौरवों के सैंकड़ों सरदार खेत रहे, फिर उनकी तरफ़ से अलायुध लड़ाई करने आया, दोनों राक्षसों की लड़ाई रामायण के बालि–सुग्रीव की याद ताज़ा करती थी, जब उनके हथियार ज़ाया हो गए तो उन्होंने शमी, बरगद, पीपल, पाकर और सेमल के पेड़ों से एक दूसरे पर वार करने लगे मगर फिर घटोत्कच ने उसे उठाकर, घुमाकर, चक्कर देकर ज़मीन पर जो पटका तो उसकी रूह उस उन्सुरे माटी से परवाज़ कर गई, तब घटोत्कच ने इतनी ज़ोर का ठहाका लगाया कि सैंकड़ों कौरव सिपाही उसके ठहाके की आवाज़ से ही मर गये, फिर जो कर्ण ने तीर बरसाने शुरू किए तो कितनों के जिस्म, घोड़े, रथ सब छिन्न–भिन्न हो गए।

कर्ण और घटोत्कच दोनों एक दूसरे पर बढ़ चढ़कर हमला करते थे, लोहे के शूल, गदा, मूसल, मुग़दर, तलवार, तोमर, कर्णी, नाराच, हर तरह के असलहे और हथियार का इस्तेमाल करते थे मगर कोई एक दूसरे पर हावी नहीं होता था, दोनों ज़ख़्मी हो के फिर डट जाते थे। गरज़ कर्ण ने पूरा ज़ोर लगा दिया, अपनी सारी ताक़त, सारे हरबे आज़मा लिए मगर वो घटोत्कच को हलाक़ न कर पाया, उल्टा उसका प्रकोप बढ़ता ही चला गया।

उस वक़्त रात के उस क़हर से तंग आके कौरवों ने कर्ण से गुज़ारिश की, भाई तुम कुछ करो और अभी करो, अगर अभी कुछ नहीं किया तो कौरव बर्बाद हो जायेंगे और नहीं बचेंगे जो भीम और अर्जुन से मुक़ाबला कर सकें तो फिर क्या

फ़ायदा, जान है तो जहान है, तुम इन्द्र के अमोघ अस्त्र से इसे मार डालो। निशीथ का वक़्त था, राक्षस कर्ण पर लगातार हमले कर रहा था, कर्ण बड़े गो म गो में पड़ गया, एक तरफ़ उसकी ज़िन्दगी का मक़सद था अर्जुन को मारना जिसके लिए उसने अमोघ अस्त्र बचा के रखा हुआ था, दूसरी तरफ़ घटोत्कच का फैलाया हुआ क़हर था, बड़ी चेकुनम थी। ये महाभारत का सबसे अहम और फ़ैसलाकुन वक़्त था। इधर मौत सामने थी, उधर शिकस्त, क्या करूँ क्या न करूँ...आख़िरकार उसने फ़ौरी बक़ा को तरजीह दे कर वो वैजयंती नाम शक्ति निकाली जिसकी वो रोज़ पूजा किया करता था, जो गोया मौत की सगी बहन थी...

तो अब आगे का बयान रज़्मनामा से...

महाभारत का फ़ारसी तर्जुमा जो बादशाह अकबर ने करवाया, और जिसे अब्दुर्रहीम ख़ानेख़ानां ने ढेरों और अदीबों के साथ मिल के कई बरसों में तैयार किया—

''कि इन्द्र रा अफ़सूनी बिमन आमोख़्ते आन रा बर नेज़ा मीकुनम व ऊ रा मीकुशम बस कर्ण आन रा बदस्त गिरफ़्त व अज़ तासीरे आन नेज़ा ताबीहे दग़ाबाज़ करदी कि सेहर बातिल शुद व तन्हा ब मुक़ाबिल करन मानद आफ़ियत करण आन नेज़ा ए इन्द्र रा बर घटोत्कच अन्दाख़्त आन नेज़ा बर सीना ए घटोत्कच कि ख़ोरद अज़ पुश्तिश दर गुज़श्त व घटोत्कच अज़ बालाए फ़ील सर निगूँ बर ज़मीन उफ़्ताद, व कौरवान ख़ुशहाल व पांडवान अज़ईन क़िस्सा ग़मगीन शुदंद बाद अज़ आन कि घटोत्कच कुश्ता शुदंद किशन बख़न्दीद व बा पांडवान गुफ़्त कि तुरफ़ा ची-ज़ी अस्त इमरोज़ बलाए कि बर अर्जुन ख़्वास्त नाज़िल शुद बर घटोत्कच उफ़्ताद शुमा अज़ मुरदने घटोत्कच बदहाल मबाशीद किशन गुफ़्त जूँ करण ज़िरह पोशिदंद व हल्क़ा दर गोश अन्दाख़तादर आलम वजूद आमदेह ज़ तासीरान ज़िरह व हल्क़ा दर गोश अन्दाख़्ता दर आलम वजूद आमद अज़ तासीराने ज़िरह दर हल्क़ा हीचकस ऊ रा कुश्त ग़ायतिश रा इन्द्र कारी कर्द कि आनहा रा ब मकरी ओ हीला अज़ करन गिरफ़्त चुनांचे...व दर वक़्ते विदाअ करदंत अज़ इन्द्र आन अफ़सून नेज़ा दस्ती बक़स्दे जान अर्जुन गिरफ़्ता बूद ता आन कि इमरोज़ आन रा बर घटोत्कच अन्दाख़्त व ऊ रा कुश्त शुमा शुक्राना हक़्क़े सुब्हानहू तआला बजाए आरीद कि अर्जुन बसलामत माँद व चुनांचे मन बराए ख़ातिर शुमा जरासंध व शिशुपाल व एकमव्य रा कुश्तम दर ईन नज़दीकी कर्ण रा...मी कुशम, चीज़ों कि ऊ दाश्त आन रेज़ा व ईन अफ़सून इन्द्र बूद ज़िरह ख़ुद बेश अज़ ईन रफ़्ता बूद व अफ़सून शला रफ़्त व कर्ण बी इसलाह मानद दाश्त हाला मर्दाना बाशीद व जंग करदा रा बेकुशीद व अज़ कुश्ता शुदन घटोत्कच ग़मो अफ़सोस बर न ख़ोरीद''

किशन जी को इतना ख़ुश देख के अर्जुन बोले मधुसूदन, आज आपको बेमौक़े इतनी ख़ुशी क्यूँ हो रही है, घटोत्कच के मारे जाने से हमारे लिए शोक का अवसर

है...किशन जी बोले, तुम समझते हो कर्ण ने घटोत्कच को मारा है, पर मैं कहता हूँ कि इन्द्र की दी हुई ताक़त को अपने ऊपर इस्तेमाल करवा के एक तरह से घटोत्कच ने कर्ण को मार डाला है, अब तुम कर्ण को मरा हुआ ही समझो, संसार में कोई भी ऐसा नहीं है जो कर्ण के हाथ में ये ताक़त रहने पर उसके सामने ठहर सकता और अगर कवच कुंडल भी उसके पास होता तब तो तीनों लोकों में से किसी को भी, देवताओं समेत, हरा सकता था, इन्द्र, कुबेर, वरूण या यमराज भी उसका मुक़ाबला नहीं कर सकते थे, आज न तो उसे पास कवच कुंडल है न इन्द्र की अमोघ ताक़त मगर फिर भी दुनिया में सिर्फ़ एक ही आदमी है जो उसे हरा सकता है और वो हो तुम, कर्ण ब्राह्मणों का ख़िदमतगुज़ार, सदाक़त पसन्द, हक़परस्त, रहमदिल, दरियादिल, सख़ी और दिलेर है इसलिए वो वृष मानी धर्म कहलाता है, सारे देवता मिलकर चारों तरफ़ से कर्ण पर बाण चलाएँ और तमाम देव उसपे ख़ून और गोश्त से हमला करें तो भी उसे नहीं हरा सकते; कवच, कुंडल और नेज़े के बग़ैर वो उतना ग़ैर मामूली तो नहीं रहा मगर फिर भी उसमें इतनी नेकियाँ और इतनी सलाहियते बची हैं कि जब उसकी कोई कमज़ोरी दिखाई दे, जब उसका पहिया रथ में फँसा दिखाई दे और वो उसे निकालने की कोशिश कर रहा हो तब मेरे इशारे पर तुम उसे मार डालना।

उधर संजय जो दुर्योधन के नाबीना बाप धृतराष्ट्र को जंग की सारी रूदाद यानी आँखो देखा हाल सुना रहा था जब घटोत्कच की मौत पे पहुँचा तो उस अन्धे बूढ़े ने गिरया किया और बोला कि, संजय कर्ण तो बहुत अक़्लमन्द है फिर उसने इन्द्र की ताक़त को अर्जुन पे क्यूँ नहीं इस्तेमाल किया—अर्जुन के लिए ही तो उसे बचा के रखे था वो, फिर उसने उसे घटोत्कच पे क्यूँ ज़ाया किया ? तुमने कर्ण को क्यूँ नहीं समझाया दुर्योधन ने क्यूँ नहीं समझाया ? तब संजय बोला, महाराज रोज़ रात में दुर्योधन, शकुनि, मैं और दुशासन ये सब लोग कर्ण से रोज़ यही बात कहते थे कि अमोघ अस्त्र को अर्जुन के लिए बचाना है और वो भी इसी बात पर अटल था मगर किशन जी ऐसा अपना मोह हम पर तारी कर देते थे और इसीलिए बड़े बड़े महारथियों को लगातार कर्ण से लड़ने भेजा करते थे कि किस तरह इसकी ताक़त ज़ाया कर दूँ—हम सब रात में सलाह करके इस पर मुसिर रहते थे कि ये ताक़त सिर्फ़ अर्जुन या ख़ुदा न ख़ास्त ख़ुद किशन जी को मारने के लिए इस्तेमाल की जानी चाहिए मगर उस रात पता नहीं क्यूँ हम सबकी अक़्ल मारी गई—यक़ीनन इसके पीछे कोई न कोई मशिय्यते ईज़दी ही होगी—हुज़ूर ये तो आपको पता ही है कि जो हमारी मर्ज़ी का नहीं हो रहा, समझ लिजिए कि ऊपर वाले की मर्ज़ी का हो रहा है—

ताकर कीन्ह न जाने कोई
सांई जाने जो चित्त न होई

तो धृतराष्ट्र बोले,
नहीं कि मुझको क़यामत का ऐतक़ाद नहीं
शबे फ़िराक़ से रोज़े जज़ा ज़ेयाद नहीं
क्या रोयें फ़रेबे आस्माँ को
अपना ही नही है ऐतबार संजय

कर्ण का सेनापति यानी सिपहसालार बनना

द्रोणाचार्य के मरने के बाद कौरवों में बड़ा हरास फैला मगर सबने एख दूसरे की हिम्मत बढ़ाई और आपस में मशविरा कर के तय किया कि कर्ण को सिपहसालार बनाना चाहिए। दुर्योधन ने कर्ण को सिपहसालार का ओहदा देने के लिए बहुत बड़ा यज्ञ किया फिर दही, घी, चावल, सोने की मुहरें, गाय, सोना और बेशक़ीमती कपड़ों के ज़रिए ब्राह्मणों की परसतिश करके उनकी दुआएँ हासिल कीं और फिर सूत, मागध और वंदीजनों ने जय-जयकार किया और इस तरह कर्ण जंग पर निकला—

कर्ण के सेनापति बनने के बाद कौरवों के हौंसले फिर बुलन्द हो गए थे, उसने एक एक करके उनके सरदारों को मारना शुरू किया कि एक दिन उसका मुक़ाबला पांडवों के सबसे छोटे भाई नकुल से हुआ—दोनों तरफ़ के हरीफ़ एक तरफ़ हो के उनका मुक़ाबला देखने लगे—दोनों ने एक एक करके ऐसे तीर आसमान में छोड़े कि जैसे फ़लक़ पर टिड्डियों का जाल फैल गया हो। उन तीरों से आसमान को राह नहीं मिलती थी, फ़लक से किसी शए को रू-ए-ज़मीं का सुराग़ न मिलता था। कर्ण ने हँसते हँसते सैंकड़ों बाणों का जाल फैला दिया जैसे बादलों की घटा घिर जाने से अँधेरा छा जाता है वैसे ही कर्ण के तीरों से हर तरफ़ तारीक़ी छा गई, इसके बाद कर्ण ने नकुल की कमान को शिकस्ता किया फिर उसके सारथी को मार गिराया, फिर उसके चारों घोड़ों को भी राही ए मुल्के अदम किया, फिर उसने नकुल के रथ की धज्जियाँ उड़ा दीं, फिर उसके अलम, निशान, गदा, तलवार, ढाल सब को काट डाला, तब नकुल ने एक पहिया उठाया मगर कर्ण ने उसे भी छिन्न-भिन्न कर दिया। उस वक़्त बेबेसी से नकुल से कुछ न बना तो वो मैदान छोड़कर भाग खड़ा हुआ, फिर कर्ण ने उसका ताआक़ुब पीछा करके उसके गले में अपना कमान डाल दिया और बोला, ए फ़रज़न्दे पांडव, अब बहादुरों से मुक़ाबला करने की हिम्मत मत करना, माद्रीकुमार अगर हार गए तो क्या हुआ, शर्माओ मत, जा घर में छिप के बैठ रहो या किशन जी की हिफ़ाज़त में जाओ—उस वक़्त कर्ण चाहता तो नकुल को मार सकता था लेकिन उसे कुंती को दी हुई क़सम याद थी—

उस रात कर्ण दुर्योधन के पास गया और बोला, देखो, मेरा और अर्जुन का बहुत जल्द सामना होगा तो मैं बता दूँ कि तीर चलाने में, लड़ाई करने में, हाथ की सफ़ाई

में, लड़ने के फ़न में, किसी में अर्जुन मेरे बराबर नहीं है। ताक़त, शुजाअत, बहादुरी और निशाना लगाने में भी वो मुझसे कमतर है। मगर मेरे पास अब कोई ख़ुदाई ताक़त नहीं बची, बस ये एक कमान है जिसे विश्वकर्मा ने इन्द्र के लिए बनाया था, इसी से इन्द्र ने देवों को हराया था। इन्द्र ने ये धनुष परशुरा को दिया था और उन्होंने मुझे दिया है मगर एक चीज़ जो मेरे पास नहीं है वो है किशन जी के बराबर का सारथी तब दुर्योधन ने बोला, मेरी नज़र में उस ओहदे के लिए सबसे मुनासिब आदमी महाराज शल्य हैं, चलो अभी उनके पास चलते हैं, दोनों शल्य के पास पहुँचे और दुर्योधन ने अपनी मंशा ज़ाहिर की, पर ये सुनकर शल्य एकदम भड़क गए, कहने लगे, दुर्योधन तुम होशोहवास में तो हो, कहाँ मैं और कहाँ कर्ण? मेरा उसका क्या मुक़ाबल कि मैं उसका सारथी बनूँ? नाम में, पैदायश में, नस्ल में, हड्डी में, ख़ून में, सलाहियत में, कुल में, ऐश्वर्य में, विद्या में, बल में सबमें कर्ण मुझसे कमतर है—मेरा ख़ानदान भी उससे कहीं ज़्यादा आला है, फिर मैं उशका रथ हाँकूँ, नामुमुकिन। एक क्षत्रिय शुद्र की सेवा करे, नामुमकिन। ऐसी अनर्गल बात सुनने के बाद मैं यहाँ एक पल न ठहरूँगा। ये कहकर शल्य ग़ुस्से से उठ खड़ा हुआ—तब दुर्योधन बोला कि, माफ़ किजिए हुज़ूर मेरा मक़सद आपकी हतक करना नहीं था, आपकी कर्ण के ऊपर बरतरी जग-ज़ाहिर है, मगर जिस तरह जंग में अर्जुन से कर्ण बेहतर है उसी तरह आप अपने ज्ञान में किशन से बढ़कर हैं, इसलिए मैं आपसे गुज़ारिश करने आया था, आपका नाम शल्य है, उसका मतलब है कांटा और अब पांडवों के दिल में कांटे की तरह खटकते हैं।

अपनी बड़ाई सुन कर शल्य ठंडा पड़ा और कहने लगा, ठीक है, मैं कर्ण का सारथी बनने को तैयार हूँ मगर शर्त ये है कि लड़ाई के वक़्त मैं जो चाहे बोलूँगा, जैसे चाहूँगा बात करूँगा मगर कर्ण किसी तरह का एतराज़ नहीं कर सकता। कर्ण और दुर्योधन ने हाथ जोड़कर कहा बहुत अच्छा। और इस तरह शल्य उसका सारथी बनने पर राज़ हुआ—

ता करे न ग़म्माज़ी, कर लिया है दुश्मन को
दोस्त की शिकायत में हमने हमज़बां अपना

कर्ण का सहदेव, भीम और युधिष्ठिर को हराकर उनकी जान बख़्श देना

क़नाअत न कर आलमे रंग़ो बू पर
चमन और भी आशियाँ और भी हैं
तू शाहीं है परवाज़ है काम तेरा
तेरे सामने आसमाँ और भी हैं

जब अलस्सुबह जंग दोबारा शुरू हुई तो कर्ण ने उस सेना को चीरकर धर्मराज युधिष्ठिर पर हमला किया, उस वक़्त पांडवों ने लाख ज़ोर आज़माया मगर उसका वो हाल था—

तीर पर कैसे रूकूँ मैं...आज लहरों का निमंत्रण

युधिष्ठिर का कहाँ तो ये हाल था कि जहाँ-जहाँ नजर डालते वहाँ वहाँ की फ़ौज का सफ़ाया हो जाता था ये देख कर कर्ण अपनी पूरी ताक़त से उनसे लड़ने लगा। युधिष्ठिर ने भी तेज़ किए हुए तीरों से उसपे हमला किया मगर कर्ण ने हँसते हँसते तीन बाणों से और भालों से युधिष्ठिर के सीने में छेद कर दिया, इससे युधिष्ठिर को इतनी तकलीफ़ हुई कि उन्होंने सारथी को रथ वापस ले चलने का हुक्म दिया। नकुल और सहदेव उनकी हिफ़ाज़त कर रहे थे मगर कर्ण ने उनका पीछा किया और ऐसे तीर चलाए कि उन तीनों समेत, उनके घोड़े और रथ भी मजरूह हुए, उस वक़्त कर्ण अगर चाहता तो युधिष्ठिर को मार सकता था मगर उसे कुंती से किया हुआ अहद याद था सो उसने उनकी जान बख़्श दी। इसी तरह एक और मौक़े पर कर्ण ने भीम जैसे जुग़ादर सूरमा को भी हराया और उनकी जान बख़्शी। इस तरह उसने कुंती को दिए हुए वादे का ईफ़ा किया और बड़े भाई होने का सूबूत भी दिया और हक़ भी निभाया।

जान ही दी हुई उसी की थी
हक़ तो ये है कि हक़ अदा न हुआ

युधिष्ठिर के ज़ख़्मी होने की ख़बर सुनके अर्जुन और श्रीकृष्ण उनकी मिज़ाजपुरसी और अयादत के लिए वहाँ पहुँचे। युधिष्ठिर जो कर्ण के ख़िलाफ़ ग़ुस्से से जल रहे थे, उन्हें देखकर समझे कि उन्होंने कर्ण को मार दिया वो बहुत ख़ुश होकर बोले, तुम्हें देख कर मुझे इतनी ख़शी हो रही है कि जैसे मेरे सारे ज़ख़्म भर गए हों। यक़ीनन, तुमने कर्ण को मार डाला है वो बहुत बहादुर, बहुत बेबाक था, परशुराम जी की शागिर्दी में उसने बहुत महारत हासिल कर ली थी। उसकी शुहरत चार दाग आलम में थी, उसका नाम लेना गोया डंके पर चोट करना था, वो दुनिया का सबसे दिलेर इनसान था। आज उसने मेरी बड़ी गत बनाई, मुझे ज़ख़्मी भी किया और बेइज़्ज़त भी। ऐसे आदमी को तुमने मार डाला ये बहुत ही अच्छा काम किया, मैं उसी के ख़याल से डरा रहता था मगर आज मुझे बड़ी राहत महसूस हो रही है, अब बाज़ी हमारे हाथ में है—

तब अर्जुन ने कहा, हजूर कर्ण अभी मरा नहीं है, मैं उसके पीछे ही जा रहा था कि आपके ज़ख़्मी होने की ख़बर सुनके यहाँ चला आया। मगर आप घबराइये मत मैं बहुत जल्द उसे मार डालूँगा।

युधिष्ठिर ने जब सुना कि कर्ण ज़िन्दा है तो उनके ग़ुस्से का पारावार न रहा,

क्या कह रहे हो अर्जुन, वो अभी मरा नहीं? कहीं ऐसा तो नहीं कि तुम उसके डर से वहाँ भीम को अकेला छोड़कर यहाँ भाग आए हो? तुमने क़सम खाई थी कर्ण को मारने की, जब तुम पैदा हुए थे तो हातिफ़ की आवाज़ आई थी कि ये बच्चा इन्द्र की तरह ताक़तवर होगा, इसे कोई हरा नहीं पाएगा, मगर अफ़सोस कर्ण ज़िन्दा है। लगता है, अब देवता भी झूठ बोलने लगे हैं, मुझे नहीं पता था कि तुम दरअसल कर्ण से डरते हो, काश आज अभिमन्यू ज़िन्दा होता, काश घटोत्कच ज़िन्दा होता, कम–अज़–कम वो मेरी हतक और हार का बदला तो लेते, तुमसे क्या हो सका इस जंग में। ख़ैर, कर्ण ने तो दुर्योधन से वफ़ादारी निभाई। लानत है इस ज़िल्लत की ज़िन्दगी पर—ऐसे तो मैं मर ही जांदा ओही अच्छा सी—क्या फ़ायदा तुम्हारे गांडीव का, क्या फ़ायदा श्रीकृष्ण का? लानत है तुम्हारे इस गांडीव को, धिक्कार है तुम्हारी इन भुजाओं को, लानत है तुम्हारी हिम्मत को बेहतर होगा अगर ये गांडीन तुम किसी और को दे दो।

ये सुनकर अर्जुन ग़ुस्से से थर–थर काँपने लगा और तलवार खींचकर हाथ में ले ली, तब किशन जी बोले, क्या करते हो पार्थ, यहाँ कौन दुश्मन है जिसपर तलवार उठाते हो। तब अर्जुन बोला, गोविन्द, मैंने क़सम खाई थी कि जो कोई मुझसे ऐसा कहेगा कि तुम अपना गांडीव उठा के किसी और को दे दो उसका मैं सर काट लूँगा—आप मुझे मत रोकिये वर्ना मेरी क़सम झूठी हो जाएगी।

तब किशन जी बोले, लानत है अर्जुन तुम्हारी अक़्ल को, तुम्हें क्या पता नहीं है कि जो लड़ाई न कर रहा हो, दुश्मन न हो, मैदान से भाग रहा हो, अमान माँगता हो, हाथ जोड़कर पड़ा हो या जो ग़ाफ़िल हो, ऐसे आदमी पर कभी वार नहीं करते? और तुम अपने बड़े भाई धर्मराज, दीन के निगहबान युधिष्ठिर पर तलवार उठाते हो?

ग़रज़ देर तक जब किशन जी समझाया किए तब कहीं जाकर अर्जुन और युधिष्ठिर दोनों ठंडे हुए, और युधिष्ठिर ने ढेरों दुआओं के साथ अर्जुन को विदा किया। फिर किशन जी अर्जुन को लेकर निकले और उसे समझाया कि अर्जुन तुम्हारे पास जादुई और ख़ुदाई हथियार है, तुम निडर हो, दिलेर हो, एक मश्शाक़ सिपाही हो, दुनिया में कोई तुम्हारा सानी नहीं है फिर भी ये याद रखना कि कर्ण को अदना समझने की ग़लती मत करना। मैं कर्ण को तुम्हारे बराबर बल्कि सच पूछो तो तुमसे बढ़कर समझता हूँ। वो आग की तरह तेजस्वी और हवा की तरह तेज़ है, उसे जब ग़ुस्सा आता है तो वो काल की तरह हो जाता है, उसका जिस्म शेर की तरह है, उसकी ऊँचाई 168 अंगुल है, उसके बाज़ू चौड़े हैं वो बहादुर, मग़रूर और शुजाअत में रूस्तम से बढ़के है अगर दुनिया में कोई है जो उसे मार सकता है तो वो सिर्फ़ तुम ही हो।

इस तरह अर्जुन को ख़ूब समझा बुझाकर किशन जी उसे मैदान में लाए।

कर्ण-अर्जुन लड़ाई

आख़िर वो दिन आ पहुँचा जिसका सबको इन्तज़ार था। ये तो सब ही जानते थे कि कर्ण-अर्जुन में जो बच जाएगा फ़तेह उसीको हासिल होगी। अगर अर्जुन बचा तो पांडव जीतेंगे, अगर कर्ण बचा तो कौरव—कर्ण लड़ाई के लिए तैयार होकर निकला तो उसे देखके कौरवों ने बड़े जोश से नारे लगाए, हर तरफ़ जोशो ख़रोश की लहर दौड़ गई। कड़कैत पुकारे, नकीबों ने सदा लगाई, दुहुलज़नी हुई, नफ़ीर बजी, ज़मीन डगमगाई। कर्ण ने ज़ोर का नारा लगाया—

कूदा तेरे घर मे यूँ कोईधम से न होगा
जो काम किया हमने वो रूस्तम से न होगा

देखना शल्य महाराज आज मैं कैसे पांडवो के छक्के छुड़ाऊँगा और कैसे अर्जुन को मार गिराऊँगा, जो काम भीष्म से न हो सके, जहाँ द्रोण नाकाम रहे वो मैं कर दिखाऊँगा और इस तरह दुर्योधन के एहसान का बदला चुकाऊँगा।

वो अभी और कुछ कह ही रहा था कि शल्य हँसा और बोला, बस अब चुप रहो, जोश में आकर बहुत बड़ी-बड़ी बातें कर गए हो, कहाँ अर्जन इनसानों में सबसे अज़ीम और कहाँ तुम? वो अर्जुन ही था जिसने श्रीकृष्ण और शंकर भगवान दोनों से लोहा लिया और ख़ुद को मनवाया। जब विराटनगर में अर्जुन ने तुम्हें भीष्म, द्रोण और अश्वत्थामा और तुम्हारी फ़ौज समेत हराया था तब तुमने क्यूँ नहीं उसे मारा? जंगल में ख़रगोशो के साथ रहने वाला गीदड़ भी जब तक शेर को नहीं देख लेता तब तक ख़ुद को शेर ही समझता है।

तब कर्ण बोला, शल्य मालूम होता है कि तुम दिल से पांडवों के हिमायती हो इसीलिए मुझे डराने के लिए ऐसा कह रहे हो। मगर मैं जानता हूँ तुम मद्र देस के हो, जबकि हम जानते हैं कि जो इलाक़े हिमालय, गंगा-सरस्वती-यमुना और कुरूक्षेत्र की सरहद से बाहर है और जो सतलज, बेआस, रावी, चिनाब और झेलम इन पाँचों और सिंधु नदी के बीच में हैं उन्हें बाहीक कहते हैं और वो नापाक और ख़ारिज-ए-दीन हैं—बाहोक के लोग भुने हुए जौ, लहसुन, और गोमांस खाते हैं और गुड़ की शराब पी के मतवाले रहते हैं, उनमें कोई तमीज़, तहज़ीब नहीं है, वहाँ की औरतें सब के सामने नंगा होकर नाचती हैं, गाती हैं और सबके सामने मैथून तक कर लेती हैं औबाश अय्याश हैं, वहाँ के लोगों के मुँह लगना बेकार है।

तब शल्य बोला, कर्ण तुम्हारा ये हाल है जो एक बार एक हंस और कौवे का हुआ था—एक बार समन्दर किनारे एक वैश्य रहा करता था, वो बहुत रहमदिल था तो सब लोगों, चरिंद-परिंद वग़ैरह को भी सदक़ा ख़ैरात किया करता था। उसके वहाँ एक कौवा रहता था जो उनका झूठा चावल,दही, दूध,खीर वग़ैरहा खा खा के

बहुत मोटा हो गया और अपने को बहुत बरतर और आला समझने लगा। एक बार वहाँ समन्दर पार से उड़ान भर कर मानसरोवर से कुछ हंस आए। तब उस मग़रूर कौवे ने उनसे कहा कि आज तुम्हारी हमारी उड़ान हो जाए, तब हंस उसपे हँसे और बोले कि तुम्हे कौन सी उड़ान आती है तब वो बोला मुझे हर तरह की उड़ान आती है—उड्डीन, परिडीन, अभिडीन, पराडीन, सुडीन, महाडीन, सुंडीन, गतागत, प्रगत जैसे कहो उड़ के दिखाऊँगा—तब हंस बोला कि भई तुम्हें तो 101 उड़ानें आती हैं, मुझे तो सिर्फ़ एक तरह से उड़ना आता है, आओ चलो उड़ के देख लेते हैं। पहले तो दोनों उड़ने लगे, पहले तो कौवा बड़ी ज़ोर से उड़ा मगर जैसे जैसे वो आगे बढ़ते गए उसकी साँस फूलने लगी यहाँ तक कि वो थक कर समन्दर में गिर पड़ा। तब उसने हंस से बहुत मिन्नत समाजत की तब कहीं जाकर वो ज़िन्दा बच पाया—तो हे कर्ण, जिस तरह वो कौवा अपनी औक़ात भूल गया था, उसी तरह तुम भी अपनी औक़ात मत भूलो नहीं तो सब कहेंगे, सयाना कौव्वा गू खाए।

तब कर्ण बोला, शल्य, मुझे परशूराम जी ने सिखाया है मैं कभी मैदान से मुँह नहीं मोड़ूँगा, मैं तुम्हें मार के जंगली जानवरों को खिला देता मगर मुझे दुर्योधन के मफ़ाद से मतलब है दूसरे तुम्हें मारने से मेरी बुराई होगी, तीसरे मैंने माफ़ करने की क़सम खाई है इसलिए आज तुम्हारी जान बख़्शता हूँ—चलो अब रथ बढ़ाओ और मैदान में जल्द पहुँचाओ।

मैदान-ए-जंग

जैसे मद की धारा बहाने वाले हिमाचल के बड़े बड़े दाँतवाले दो हाथी किसी हथिनी के लिए लड़ रहे हों उस तरह अर्जुन और कर्ण एक दूसरे के सामने आए। देवता, दानव, गन्धर्व, पिशाच, नाग, राक्षस सब के सब ये लड़ाई देखने के लिए जमा हो गए थे और सबने किसी एक हरीफ़ का साथ देना तय कर लिया था आसमान एक तरफ़ तो ज़मीन दूसरी तरफ़ पहाड़, समन्दर, नदियाँ, पेड़, दवाइयाँ एक तरफ़, चरिंद एक तरफ़, परिंद एक तरफ़, नबातात एक तरफ़, जमादात दूसरी तरफ़, गन्धर्व और अप्सरा एक तरफ़, प्रेत-पिशाच एक तरफ़, आसमान में रहने वाले तमाम लोग हाथी, घोड़े, रथ और हवा और बादल पर बैठकर ये लड़ाई देखने आए थे, इन्द्र अर्जुन के हिमायती थे और सूरज कर्ण के...कर्ण के रथ के झंडे पर हाथी की ज़ंजीर का निशान था, साँप की तरह की ज़ंजीर और अर्जुन के रथ पर यमराज की तरह एक बन्दर बैठा हुआ था जो दरअसल हनुमान जी थे—सबसे पहले तो दोनों निशानों ने लड़ाई शुरू की फिर दोनों तरफ़ के घोड़े हिनहिनाने लगे और दौड़ लगाने लगे। जैसे एक बादल दूसरे की तरफ़ बढ़े या कोई पहाड़ पहाड़ की तरफ़ बढ़े—अर्जुन ने तीर चलाये तो हर तरफ़ आग ही आग लग गई, सिपाहियों के कपड़े जलने लगे।

ये देखकर कर्ण ने वारूणास्त्र चलाए तो फिर तो हर तरफ़ बादल घिर आए और बरसात होने लगी। अर्जुन के बाण कर्ण के रथ में घुसकर इस तरह चारों तरफ़ बिखर जाते थे जैसे शाम को पंछी दरख़्तों की डालों पर जा बैठते हैं। दोनों की लड़ाई चलती रही, दोनों एक दूसरे पर ख़ुदाई, आस्मानी तीर बरसा रहे थे, हाथी, घोड़े, रथ सब टूट टूट कर बिखर रहे थे—कभी लगता एक की जीत होने ही वाली है कभी लगता दूसरे की, कभी बाक़ी पांडव भाग खड़े होते, कभी कौरव, कभी कर्ण बढ़ता हुआ दिखाई देता कभी अर्जुन। कभी ज़मीन कहती वाह रे कर्ण...कभी आसमान कहता शाबाश अर्जुन।

तब जब एक बार अर्जुन के हमलों ने उसे बहुत ज़ख़्मी कर दिया तब किशन जी बोले—अगर सूरज अपनी जगह से गिर जाए, समन्दर सूख जाए और आग हमेशा हमेशा के लिए ठंडी हो जाए तब भी कर्ण अर्जुन को नहीं मार सकता। मगर कर्ण पूरी हिम्मत से उनके सामने डटा रहा—लड़ते-लड़ते जब दोनों थक गए तो समान से लड़ाई देख रही अप्सराओं ने अपने चुल्लु में चंदन का पानी ले कर उनके चेहरे पर बौछार की, फिर इन्द्र और सूर्य ने अपने हाथों से उनके पसीने पोंछे—जब कर्ण किसी तरह अर्जुन से पार न पा सका तो उसने तय किया कि वो अपनी आख़री ख़ुदाई ताक़त सर्प बाण—साँप बाण—को आज़माएगा। मगर कर्ण को नहीं पता था कि अर्जुन का दुश्मन अश्वसेन नाग उस तीर में छिपा बैठा है, उसने तीर चलाने के लिए ध्यान लगाया और छोड़ने ही वाला था कि शल्य ने कहा, कर्ण तुम्हारा ये तीर अर्जुन के गले में नहीं लगेगा इसलिए नाकाम हो जाएगा, इसे फिर से ध्यान लगा के छोड़ो। मगर ये सुनकर कर्ण ने ग़ुस्से से लाल हो गई आँखों से शल्य को जवाब दिया, कर्ण दो बार बाण छोड़ने का ध्यान नहीं करता—ये कपट का काम है और मैं कभी कपट नहीं करता और तूने सुना नहीं,

मुद्दई लाख बुरा चाहे क्या होता है
वही होता है जो मंज़ूरे ख़ुदा होता है

उस सर्पबाण के छूटते ही आसमान में हर तरफ़ आग लग गई, इन्द्र समेत अर्जुन के सारे हिमायती ख़ौफ़ से दुआएँ माँगने लगे—सबकी घिग्घी बँध गई मगर किशन जी ने पैर जो दबाया उनका रथ आधा ज़मीन में धंस गया और घोड़े भी घुटने टेक कर औंधे बैठ गए इसलिए कर्ण का तीर अर्जुन के ताज से टकराया, वो मुकुट ब्रह्मा और इन्द्र ने अर्जुन के लिए तैयार किया था—और वो ज़मीन पर धमाके की आवाज़ से जा गिरा ऐसे जैसे सूरज ज़मीन पर गिर पड़ा हो—मुकुट गिरने से श्यामवर्ण अर्जुन ऊँची चोटी वाले नीलगिरि की तरह लगने लगे, उन्होंने अपने बालों को सफ़ेद कपड़े से बाँधा, फिर कर्ण पर तीरों की ऐसी बौछार की कि उसका पूरा जिस्म तीरों से छलनी हो गया, उसके जिस्म के ज़िरह बख़्तर और ख़ोर्द को

भी अर्जुन ने बींध डाला, कर्ण ज़ख़्मी हो के वात, पित्त और कफ़ से पैदा हुए बुख़ार के असर में तड़पने लगा, उस वक़्त कर्ण के जिस्म से ऐसे ख़ून बह रहा था जैसे किसी पहाड़ जिसमें गेरू रंग के ज़ख़ीरे या धातू जमा होने से अपने झरनों से लाल पानी बहाया करता है—फिर अर्जुन ने कर्ण के सीने को तीरों से ज़ख़्मी किया यहाँ तक कि कर्ण बेहोश हो गया—तब अर्जुन ने अपने हाथ रोक लिए मगर किशन जी ने कहा, क्या करते हो अर्जुन, दाना कभी दुश्मन को ख़त्म करने का मौक़ा नहीं छोड़ता चाहे अदना से अदना क्यूँ न हो—ख़ासकर अगर दुश्मन मुसीबत में हो तो ज़रूर हमला करो—अर्जुन ने फिर कर्ण पर हमला किया, उस वक़्त चौड़े और मोटे सीने वाले कर्ण का तीरों से छिदा जिस्म ऐसा लग रहा था जैसे किसी पहाड़ पर अशोक, पलाश, सेमल और चंदन के जंगल उगे हों—जैसे पहाड़ की गुफ़ाएँ लाल कनेर के फूलों से सजी हों—तब अर्जुन ने लोहे से बने महारौद्रसत्र और आग से बना हुआ अपना सबसे ख़तरनाक तीर निकाला, अब कर्ण का वक़्त क़रीब आ पहुँचा था, उस वक़्त अजल यानी काल ने उसे ब्राह्मण के शाप की याददेहानी कराई और कहा, अब ज़मीन तुम्हारे रथ के पहिए को निकालना चाहती है—परशुराम ने कर्ण को जो ब्रह्मास्त्र दिया था वो उस वक़्त उसकी याद से उतर गया, उसे याद ही न रही उधर ज़मीन उसके रथ के बायें पहिये को निगलने लगी, उसका रथ डगमगाने लगा। जैसे कोई गगनचुम्बी चैत्य का दरख़्त अपने फूलों समेत ज़मीन में धंसने लगे—तब जब कर्ण के रथ की ये हालत हुए तो परशुराम का अस्त्र भी भूल गया और जब सर्पमुख बाण भी नाकाम गया तब कर्ण मुज़महिल हुआ और कहने लगा कि, बुज़र्गों, मुन्तक़ियों ने हमेशा ये बात कही है कि दीनदार आदमी की हिफ़ाज़त ख़ुद दीन करता है

फ़ानूस बनके जिसकी हिफ़ाज़त हवा करे
वो शमा क्या बुझे जिसे रोशन ख़ुदा करे

हम बसद हैसियत और औक़ात दीन की फ़रमाबरदारी करते हैं मगर फिर भी आख़िरकार धर्म भी हमें मार ही देता है, अपने फ़िदायीन की हिफ़ाज़त नहीं करता, तब जब कर्ण अर्जुन के हमलों से दहल उठा, उसे घोड़े और सारथी लड़खड़ा कर गिरने लगे और उसके क़ल्ब पर चोट लगी तो वो बारंबार धर्म की बुराई और मज़म्मत करने लगा—उधर अर्जुन जब तक दोबारा हमला करता तब तक कर्ण के रथ का पहिया ज़मीन में इतना धंस गया था कि कर्ण रथ से उतर के पहिए को उठाने की कोशिश करने लगा, कर्ण ने उस रथ को ऊपर उठाते हुए ऐसा झटका दिया कि गोया ज़मीन समूची धरती अपने सातों बर्रे-आलम, पहाड़, जंगलों समेत चार उँगल ऊपर उठ आई हो। मगर पहिया ज़मीन से बाहर नहीं निकला, ये देखके कर्ण की आँखों में आँसू आ गए और बोला, कुंतीकुमार दो घड़ी इन्तज़ार करो, मुझे अपना

पहिया बाहर निकालने दो, अभी मुझ पर वार मत करो वर्ना कपट होगा। तुम्हारी बहादुरी की शुहरत सात आसमानों तक है, ऐसी बुज़दिली का काम मत करो अर्जुन जिससे तुम्हारे नाम पर बट्टा लग जाए, सात समावात तुम्हारी तारीफ़ करते हैं, कहीं तुम्हारी इस हरकत से तुम्हारी मज़म्मत न शुरू हो जाए—अर्जुन तुम जानते हो कि जो बाल खोलकर खड़ा हो, लड़ाई से मुँह मोड़ चुका हो, हाथ जोड़कर अमान माँगे, ब्राह्मण हो, ज़िन्दगी की भीख माँगता हो, जिसके बाण, कवच और दूसरे हथियार बर्बाद हो चुके हों ऐसे आदम पर कोई आला किरदार कभी हमला नहीं करता, अर्जुन लोग तुम्हें नेक, सच्चा, दीनदार, ईमानदार समझते हैं, जब तक मैं इस पहिए को बाहर नहीं निकालता तब तक रूक जाओ ताकि हम बराबरी से मुक़ाबला करें, तुम्हारे जैसे सूरमा को ये ज़ेब नहीं देता कि माज़ूर दुश्मन पर हमला करे, कुछ तो मर्यादा का दीनो ईमान का धर्म का लिहाज़ करो।

उस वक़्त किशन जी बोले, राधानंदन कर्ण, क्या अच्छी बात है कि अब तुम्हें धर्म याद आ रहा है यही देखने मे आया है कि बद् किरदार लोग मुसीबत के वक़्त धर्म को कोसने लगते हैं, उन्हें अपने आमाल याद नहीं आते, अपनी बदफ़लियों को वो उस वक़्त भुला देते हैं—जब तुमने दुर्योधन, दुशासन और शकुनि ने एक कपड़े से ढकी रजस्वला द्रौपदी को भरी महफ़िल में बुला के ज़लील किया था उस वक़्त तुम्हारी दीनोईमान कहाँ चला गया था ? जब जुए के फ़न से नाबलद युधिष्ठिर को शकुनि ने बेईमानी से हराया था उस वक़्त तुम्हारा धर्म कहाँ चला गया था ? कर्ण जब वनवास का तेरहवाँ साल बीत जाने पर भी तुमने पांडवों को उनकी हुकूमत नहीं लौटाई थी उस वक़्त तुम्हारा धर्म कहाँ चला गया था ? जब दुर्योधन ने तुम्हारी सलाह पर भीमसेन को ज़हर मिलाया हुआ खाना खिलाया और उन्हें साँपों से डसवाय तब तुम्हारा धर्म कहाँ चला गया था ? जब वारणावतनगर में तुमने लाक्षाघर में सोए हुए पांडवों को जलाने की कोशिश की थी तब तुम्हारा दीनो ईमान कहाँ चला गया था ? जब तुम भरी महफ़िल में द्रौपदी पर हँसे थे, जब तुम उसे आँखें फाड़-फाड़कर देख रहे थे, जब तुम उसे ताना दे रहे थे, तब तुम्हारा धर्म कहाँ चला गया था। जब अभिमन्यू जैसे बच्चे को तुम लोग घेर-घेर के मार रहे थे उस वक़्त तुम्हारा धर्म कहाँ चला गया था—अगर उस वक़्त धर्म का ख़याल नही था तो आज धर्म की दुहाई देके तालू क्यूँ सुखाते हो—हे पार्थ, ज़रा भी मत हिचको, फ़ौरन इस पर हमला करो। पार्थ, कर्ण को रथ पर मत चढ़ने दो, यहीं उसे मार गिराओ। तब अर्जुन को किशन जी की बातों पर इतना ग़ुस्सा आया कि उन्होंने एक ऐसा महाभयंकर अंजलिक नाम का बाण हाथ में लिया, उस तीर को कमान पर चढ़ाते ही पहाड़, जंगल, दरिया समेत सारी ज़मीन डगमगाने लगी, कंकरों की बारिश करती तेज़ हवा चले लगी, हर तरफ़ धूल छा गई। चराचर जगत काँप उठा उन्होंने उसे गांडीव पर लगा कर खींचा कि चाँद और सूरज की तरह चमकने वाले उस तीर ने कर्ण का सर धड़ से अलग कर दिया—

उसका कटा हुआ सर ज़मीन पर गिरा, फिर उसका धड़ भी धराशायी हो के ज़मीन पे गिरा—जैसे सूरज उफ़क़ पर गिरकर ग़ायब होता है उसी शम्स की तरह वो सर ज़मीन पर गिरा—उसके सर ने उसके तन को उतनी ही मुश्किल से छोड़ा जैसे एक अमीर आदमी अपने घर से और सूफ़ी मुहब्बत से आलिम इल्म से और ज़ाहिद तक़वे से जुदा होता है।

वो शख़्स जिसने कभी किसी माँगने वाले को मना नहीं किया, जिसके दर से कोई भी ख़ाली न लौटा—

फ़ अम्मल यतीम फ़ला तक़हर
फ़ अम्मास्साइला फ़ला तन्हर

जिसका सीना चौड़ा, आँखें कमल की तरह ख़ूबसूरत थीं, जिसके जिस्म से सोने की जगमगाहट झलकती थी, वो कर्ण ज़मीन पे धूल से सना पड़ा था। अपने फ़रज़न्द की तरफ़ बारम्बार देखते हुए सूर्यदेव धीरे-धीरे उफ़ुक़ पार अपने मंदिर की तरफ़ जा रहे थे।

बातें कर्ण की याद रहें अब बातें न ऐसी सुनिएगा
पढ़ते किसी को सुनिएगा तो देर तलक सर धुनिएगा

महाभारत में लिखा है जो शख़्स अर्जुन और कर्ण के इस जंग रूपी यज्ञ का ज़िक्र पढ़ेगा या उसका ज़िक्र सुनेगा उसे उतना ही सवाब मिलेगा जितना एक यज्ञ अनुष्ठान का फल होता है, जो अच्छी नीयत से पढ़ता या सुनता है वो हर आलम की सैर करता है और सुखी रहता है—जो इसे ख़ुलूस से पढ़ता या सुनता है वो दौलत, क़िस्मत, शुहरत सबसे मलामाल होता है—उसे रज़ा ए इलाही हासिल होती है, उससे भगवान विष्णु, ब्रह्मा, महेश तीनों ख़ुश रहते हैं—इसे सुनने से जवानों में जवाँमर्दी, आक़िलों में दानाई, इनसानों में सेहत और मेहनतियों में रियाज़त बढ़ती है—इसके सुनने से उतना ही सवाब मिलता है जितना एक साल तक बछड़ों समेत कपिला गाओं की सेवा का।

जब महाभारत ख़त्म हो गई और पांडवों की जीत हो गई तब युधिष्ठिर को उदास देख कर नारद जी ने पूछा कि हे युधिष्ठिर तुम क्यूँ उदास हो ? तब युधिष्ठिर बोले, मैं इसलिए उदास हूँ कि मैंने अपने मफ़ाद और हुकूमत के लिए अपने पूरे ख़ानदान की बर्बादी करवा दी—अभिमन्यू समेत द्रौपदी की सारी औलादें मारी गईं, मैं अपने आल औलादो को क्या जवाब दूँगा और दूसरी बात जो मुझे बहुत सता रही है वो ये है कि माता कुंती ने बड़े भाई कर्ण की पैदायश का राज़ छिपाकर मुझे बहुत दुख में डाल दिया है—वो कर्ण जिसमें दस हज़ार हाथियों की ताक़त थी, जिसका सामना करने वाला कोई महारथी नहीं था, जो मैदाने जंग में शेर की तरह

टहलते थे, जो अक़्लमन्द, दाना, सख़ी, एतेदाल पसन्द, परहेज़गार, मुत्तक़ी और धृतराष्ट्र की औलादों के मुहाफ़िज़ थे, जो तकब्बुर, रोबीले, जलाली शख़्सियत के हामिल थे, जो हमेशा हम से ग़ुस्सा रहते थे, जो हर तरह की जंग करने पर क़ादिर थे, जिनमें तमाम ख़ूबियाँ और सफ़ात यकजा थीं, वही कर्ण हमारे सबके बड़े भाई थे, ये मुझे अब पता चला है, जब हम गंगा नें उनका जलदान कर रहे थे तब माता कुंती ने ये बात मुझे बताई—मैंने अनजाने में तख़्तो-ताज की लालच में भाई को भाई से मरवा दिया—ये सोच कर मैं उशी तरह जल रहा हूँ जैसे आग रूई को जलाती है—जब माता जंग से पहले उन्हें समझाने गई थीं तब भी उन्होंने यही कहा था कि मैं सब कुछ जान के भी दुर्योधन का साथ नहीं छोड़ सकता क्यूँकि ऐसा करने से मैं अहसानफ़रामोश, बदकिरदार और कमज़र्फ़ कहलाऊँगा। अगर इस वक़्त मैं युधिष्ठिर से मिल गया तो लोग कहेंगे कि कर्ण, अर्जुन से डर गया, इसलिए मैं पहले अर्जुन को हराऊँगा और आपके चारों बेटों को जान की अमान दूँगा फिर उनसे गले मिल के युधिष्ठिर के साथ हाथ मिलाऊँगा—कर्ण हमारे बाप के समान बड़े भाई थे मैंने उनको मरवाया, ये सोचकर मुझे बहुत दुख होता है—जब क़िम्मारबाज़ी का मुक़ाबला चल रहा था तो उनकी कड़वी बातें सुनके मुझे बहुत ग़ुस्सा आता था मगर जैसे ही मैं उनके पैरों की तरफ़ देखता धा तो मेरा ग़ुस्सा क़ाफ़ूर हो जाता, उनके पैरों में मुझे माता कुंती के पैरों का हू ब हू अक्स नज़र आता, ऐसा क्यूँ था, ये लाख सर पटकने के बावजूद कभी मेरी समझ में नहीं आया। अब सारी बातें समझ में आती हैं, मगर दिल को तड़पाती हैं

समझते क्या थे मगर सुनते थे तराना ए दहर
समझ में आने लगा जब तो फिर सुना न गया

ये कह के युधिष्ठिर इतने ग़मगीन हो गए कि उनकी साँस साँप की तरह लम्बी चलने लगी, उनकी आँखों से आँसू बहने लगे, युधिष्ठिर को इस हाल में देख के कुंती का बुरा हाल हो गया और वो उसे दिलासा देने लगीं—मैंने और सूर्य देव दोनों ने उसे बहुत समझाया मगर वो उस वक़्त काल के चक्कर में था, उसकी अजल उसे कहीं और बुला रही थी, उसे अपनी वफ़ा का पास ज़्यादा था। युधिष्ठिर बेक़ाबू हो के बोले, माँ तुमने इस बात को राज़ रख के बहुत नाइंसाफ़ी की और मुझे बहुत दुख पहुँचाया—मैं आज से दुनिया की सारी औरतों को ये शाप देता हूँ कि वो कोई भी बात अपने दिल में राज़ नहीं रख पायेंगी।

राजा युधिष्ठिर का दिल अपनो औलादों, पोतों, चचाओं, दादाओं को याद करके मुज़महिल हुआ और वो दर्दो ग़म से ऐसे जलने लगे जैसे लकड़ी धीरे धीरे सुलगती है और उनका दिल ज़िन्दगी, उसकी आराम ओ आसायश तमए दुनिया सब से बेज़ार हो गया—मगर कारोबारे दुनिया कसे तमाम न कर्द—

और जैसा मीर साहब कहते हैं
ये तवहहुम का कारख़ाना है
याँ वही है जो ऐतबार किया

ये दास्तान उन लोगों को सुनाई गई है जो सारे शास्त्रों का इल्म हासिल करने में लगे रहते हैं, क्यूँकि शुक्रगुज़ार और एहसानमन्द शख़्स को जो भी नसीहत दी जाती है वो कारगर साबित होती है—

आदमी जहाँ रहता है वहाँ के लोगों और चीज़ों से नाता जोड़कर उन से वाबस्ता हो जाता है, मगर ये वाबस्तगी, ये लगाव एक तरह की रस्सी है, नेक लोग इसे काट के जन्नत का और दूसरे उत्तम लोकों में जाते हैं लेकिन गुनाहगार इसे काट नहीं पाते और गुनाहों में मुलव्विस रहते हैं, इसलिए कहा गया है

बतनक दुनियाक
तुम्हारा पेट ही दुनिया है

एक न एक दिन सबको फ़ना होना है, याँ किसी को बक़ा नहीं है, जब फ़ना ही होना है तो धन दौलत, रिश्ते-नाते, आल-औलाद, नाम नमूद से क्या लेना

दुनिया ने किसका राहे फ़ना में दिया है साथ
तुम भी चले चलो कि जहाँ तक चली चले
कुल्लु मिन अलैहा फ़ान
व यबक़ा वजहू रब्बिका जुल जलाले वल इकराम

इसलिए जो काम कल करना हो उसे आज ही कर डालो, और जो दोपहर बाद करना हो उसे पहले पहर में करो, क्यूँकि मौत किसी का इन्तज़ार नहीं करती, मौत के बाद नाते, रिश्ते सब पीछे छूट जाते हैं। लोग सिर्फ़ शमशान तक साथ आते हैं और फिर छोड़कर चले जाते हैं

जो ये जानते हैं कि ये दुनिया ये ज़िन्दगी ही सब कुछ नहीं है और नेक लोगों की नेकियाँ कभी रायगां नहीं जाती न फ़ना होती हैं वो सच्चाई के रास्ते पर चलते हैं

हर इनसान के एक न एक दिन अपने अमल का, अपने कर्मों का हिसाब देना है

कुल्लु नफ़सिन बिमा कसबत रहीना

बुरे कर्म करने वाले नर्क में जाते हैं और अच्छे कर्म वाले स्वर्ग में। एक दिन सबको हिसाब देना है

फ़मईय्यामल मिस्क़ाला ज़र्रतिन शर्रूयिन य्यरह
फ़मइय्यमल मिस्क़ाला ज़ईतिन ख़ैरां य्यरह

जिस्म को और क़ल्ब को नफ़्स के बाद साफ़ रखो, इनसान की ख़्वाहिशात उसका नफ़्स है जो उसे कुएँ में धकेलती है।

मैं अकेला हूँ न कोई दूसरा मेरा है, और न मैं दूसरे किसी का हूँ, मुझे सिवाए अपने रब के कोई ऐसा नहीं दिखता जिसका मैं हूँ या जो मेरा हो।

न तुम उनका कुछ कर सकते हो और न वो तुम्हारे किसी काम आ सकते हैं उनके साथ सिर्फ़ उनके आमाल हैं और तुम्हारे साथ तुम्हारे आमाल हैं।

नफ़्स शैतान का हमनवां है, काल का हमनवा है, वो वक़्त, महिनों, दिनों, मौसमों के करछुल से तुम्हारी रूह को उलट पुलट रहा है, सूरज उसके लिए आग है और तुम्हारे आमाल उसके लिए इंधन

वत्तीने, वज़्ज़ैतूने व तूरे सिनीन
व हाज़ल बलदिल अर्मान
लक़द ख़लक़नल इनसाना फी अहसनुत्तक़वीम
सुम्मा रददनाहू असफ़ला सफ़िलीन
इल्ला लज़ीना आमनू व अमिलुस्सालिहाते
फ़लहुम अनरून ग़ैर ममनून
फ़मा युकज़्ज़िबुका बादु बिद्दीन
अ लैसा ल्लाहू बिअहक्रमल हाकिमीन
क़सम है इंजीर के दरख़्त वाले (बुद्ध) की
और ज़ैतून वाले (ईसा)की
और तूर वाले (मूसा) की
और शहरे अमीन (मुहम्मद)की

हमने इनसान को बहुत आला सूरत में पैदा किया मगर वो पस्ती में गिरता चला गया सिवाय उनके जिन्होंने अच्छे करम किए और दीन-धर्म पर चले उनके लिए बेहिसाब फल/इनाम हैं। उस हिसाब के दिन को कोई झुठला नहीं सकता।

इसमें कोई शक नहीं कि करतार ही सबसे बड़ा हक़ीम है
ताकर कीन्ह न जानै कोई
सोई जाने जो चित्त न होई
काहू भोग भगुति सुख सारा
काहू बहुत भूख दुख मारा

कर्ण ने ऐसा क्यूँ किया? अपनी दोस्ती के लिए अपे घरवालों को छोड़ दिया? ऐसी वफ़ादारी निभाई कि जो ज़िन्दगी में सबसे ज़्यादा प्रिय था वही उसे हासिल न हुआ।

दहर में नक़्शे वफ़ा वजहे तसल्ली न हुआ
है ये वो लफ़्ज़ कि शर्मिंदा ए मानी न हुआ

दुनिया उसके क़दमों में थी मगर उसने दुनिया को ठुकरा दिया, उसके पास कुछ नहीं था मगर उसने अपनी जाति अपनी ग़रीबी अपनी गुमनामी के बन्धनों को तोड़कर अपना मक़ाम हासिल किया, उसके अन्दर आक्रोश था ऐसे समाज के ख़िलाफ़ जिसमें इनसान की पैदायश ही उसका मुस्तक़बिल हो, जहाँ पैदा होने के साथ ही तय हो जाता है कि इनसान क्या काम करेगा, किस मुक़ाम तक पहुँचेगा, जहाँ महरूमी ही महरूमी ग़रीब का मुक़द्दर होगी—

मस्तक ऊँचा किए जाति का नाम लिए चलते हो
पर अधर्ममय शोषण के बल से सुख में पलते हो
अधम जातियों से थर थर काँपते तुम्हारे प्राण
छल से माँग लिया करते हो अँगूठे का दान
पूछो मेरी जाति शक्ति हो तो मेर भुजबल से
रवि समान दिपित ललाट से और कवच कुंडल से
पढ़ो उसे जो झलक रहा है मुझमे तेज प्रकाश
मेरे रोम रोम में अंकित है मेरा इतिहास
मेरे रोम रोम में अंकित है मेरा इतिहास
मेरे रोम रोम में अंकित है मेरा इतिहास
है मेरा इतिहास है मेरा इतिहास

आभार

इस किताब को संकलित और संपादित करने
के लिए मोहम्मद काज़िम का सदशुक्रिया।